TEXTAUSGABE

Internationales Privatrecht

Andreas Bucher
Florence Guillaume

TEXTAUSGABE

Internationales Privatrecht

Bundesgesetz und Staatsverträge

10. Auflage

Andreas Bucher
Florence Guillaume
Herausgeber

Helbing Lichtenhahn Verlag

Stand der Erlasse: 1. Juli 2017

Dies ist keine amtliche Veröffentlichung.
Massgebend ist allein die Veröffentlichung durch die Bundeskanzlei.

Bibliographische Information der Deutschen Nationalbibliothek
Die Deutsche Nationalbibliothek verzeichnet diese Publikation
in der Deutschen Nationalbibliographie; detaillierte bibliographische Daten
sind im Internet unter http://dnb.d-nb.de abrufbar.

ISBN 978-3-7190-3989-9

www.helbing.ch

Vorwort

Der Neubeginn mit einer neuen Herausgeberin hat an der Gestaltung dieser Ausgabe nichts geändert. Wie bisher geht es darum, den Studenten und Praktikern den Zugang zu den wesentlichen Quellen des schweizerischen internationalen Privatrechts zu erleichtern. Die Konsultation der Texte wird durch ein Sachregister erleichtert, das als Kompass dienen kann.

Das Bundesgesetz vom 18. Dezember 1987 steht an erster Stelle, einschliesslich der seit der letzten Ausgabe eingetretenen Änderungen (vor allem in Bezug auf die Ehescheidung und den Vorsorgeausgleich). Die in einigen andern Bundesgesetzen (zum Beispiel das Transportrecht, das Versicherungsrecht, den Zivilprozess und die Schuldbetreibung betreffend) und in Verordnungen (wie der Zivilstandsverordnung) enthaltenen einzelnen Kollisionsregeln sind nicht wiedergegeben.

Die aus schweizerischer Sicht wichtigsten Staatsverträge finden sich in dieser Ausgabe: die Lugano-Konvention, die wichtigsten Haager Übereinkommen, die Übereinkommen von Wien und New York, gleich wie mehrere bilaterale Abkommen. Auf die Wiedergabe der Schlussbestimmungen und der bei der Ratifikation abgegebenen Erklärungen ausländischer Staaten ist verzichtet worden. Die Angaben über die Vertragsstaaten beziehen sich auf den 1. Juli 2017. Die Staaten, deren Beitritt zu diesem Zeitpunkt von der Schweiz noch nicht angenommen worden ist, sind nicht aufgeführt. Genauere Auskünfte über die Vertragsstaaten (bzw. über den territorialen Geltungsbereich, zum Beispiel für Grossbritannien oder Frankreich) sind in den einschlägigen Datenbanken zu finden, insbesondere auf der Website des Bureau Permanent des Haager Konferenz für internationales Privatrecht. Informationen über alle die Schweiz bindenden Staatsverträge enthält die Datenbank über Staatsverträge, die von der Direktion für Völkerrecht des Eidgenössischen Departements für auswärtige Angelegenheiten verwaltet wird.

Cologny/Genf und Neuenburg, Juli 2017

Andreas Bucher
Professor em., Universität Genf

Florence Guillaume
Prof. Dr., Universität Neuenburg

Inhaltsübersicht

1. Bundesgesetz über das Internationale Privatrecht (IPRG)

vom 18. Dezember 1987

Die Bundesversammlung der Schweizerischen Eidgenossenschaft,

gestützt auf die Zuständigkeit des Bundes in auswärtigen Angelegenheiten[1]
und auf Artikel 64 der Bundesverfassung[2],
nach Einsicht in eine Botschaft des Bundesrates vom 10. November 1982[3],[4]

beschliesst:

1. Kapitel: Gemeinsame Bestimmungen

1. Abschnitt: Geltungsbereich

Art. 1 [1] Dieses Gesetz regelt im internationalen Verhältnis:

a. die Zuständigkeit der schweizerischen Gerichte oder Behörden;
b. das anzuwendende Recht;
c. die Voraussetzungen der Anerkennung und Vollstreckung ausländischer Entscheidungen;
d. den Konkurs und den Nachlassvertrag;
e. die Schiedsgerichtsbarkeit.

[2] Völkerrechtliche Verträge sind vorbehalten.

2. Abschnitt: Zuständigkeit

I. Im Allgemeinen

Art. 2 Sieht dieses Gesetz keine besondere Zuständigkeit vor, so sind die schweizerischen Gerichte oder Behörden am Wohnsitz des Beklagten zuständig.

II. Notzuständigkeit

Art. 3 Sieht dieses Gesetz keine Zuständigkeit in der Schweiz vor und ist ein Verfahren im Ausland nicht möglich oder unzumutbar, so

---

SR 291; AS 1988 1776

1 Dieser Zuständigkeitsumschreibung entspricht Art. 54 Abs. 1 der neuen Bundesverfassung vom 18. April 1999 (SR 101).

2 [BS 1 3]. Dieser Bestimmung entspricht Art. 122 der neuen Bundesverfassung vom 18. April 1999 (SR 101).

3 BBl 1983 I 263

4 Fassung gemäss Anhang Ziff. 1 des BG vom 8. Okt. 1999 über die in die Schweiz entsandten Arbeitnehmerinnen und Arbeitnehmer, in Kraft seit 1. Juni 2004 (AS 2003 1370; BBl 1999 6128).

sind die schweizerischen Gerichte oder Behörden am Ort zuständig, mit dem der Sachverhalt einen genügenden Zusammenhang aufweist.

III. Arrestprosequierung

Art. 4 Sieht dieses Gesetz keine andere Zuständigkeit in der Schweiz vor, so kann die Klage auf Prosequierung des Arrestes am schweizerischen Arrestort erhoben werden.

IV. Gerichtsstandsvereinbarung

Art. 5 [1] Für einen bestehenden oder für einen zukünftigen Rechtsstreit über vermögensrechtliche Ansprüche aus einem bestimmten Rechtsverhältnis können die Parteien einen Gerichtsstand vereinbaren. Die Vereinbarung kann schriftlich, durch Telegramm, Telex, Telefax oder in einer anderen Form der Übermittlung, die den Nachweis der Vereinbarung durch Text ermöglicht, erfolgen. Geht aus der Vereinbarung nichts anderes hervor, so ist das vereinbarte Gericht ausschliesslich zuständig.

[2] Die Gerichtsstandsvereinbarung ist unwirksam, wenn einer Partei ein Gerichtsstand des schweizerischen Rechts missbräuchlich entzogen wird.

[3] Das vereinbarte Gericht darf seine Zuständigkeit nicht ablehnen:

a. wenn eine Partei ihren Wohnsitz, ihren gewöhnlichen Aufenthalt oder eine Niederlassung im Kanton des vereinbarten Gerichts hat, oder
b. wenn nach diesem Gesetz auf den Streitgegenstand schweizerisches Recht anzuwenden ist.

V. Einlassung

Art. 6 In vermögensrechtlichen Streitigkeiten begründet die vorbehaltlose Einlassung die Zuständigkeit des angerufenen schweizerischen Gerichtes, sofern dieses nach Artikel 5 Absatz 3 seine Zuständigkeit nicht ablehnen kann.

VI. Schiedsvereinbarung

Art. 7 Haben die Parteien über eine schiedsfähige Streitsache eine Schiedsvereinbarung getroffen, so lehnt das angerufene schweizerische Gericht seine Zuständigkeit ab, es sei denn:

a. der Beklagte habe sich vorbehaltlos auf das Verfahren eingelassen;
b. das Gericht stelle fest, die Schiedsvereinbarung sei hinfällig, unwirksam oder nicht erfüllbar, oder
c. das Schiedsgericht könne nicht bestellt werden aus Gründen, für die der im Schiedsverfahren Beklagte offensichtlich einzustehen hat.

VII. Widerklage

Art. 8 Das Gericht, bei dem die Hauptklage hängig ist, beurteilt auch die Widerklage, sofern zwischen Haupt- und Widerklage ein sachlicher Zusammenhang besteht.

VIII. Streitgenossenschaft und Klagenhäufung

Art. 8*a*[5] [1] Richtet sich eine Klage gegen mehrere Streitgenossen, die nach diesem Gesetz in der Schweiz verklagt werden können, so ist das für eine beklagte Partei zuständige schweizerische Gericht für alle beklagten Parteien zuständig.

[2] Stehen mehrere Ansprüche gegen eine beklagte Partei, die nach diesem Gesetz in der Schweiz eingeklagt werden können, in einem sachlichen Zusammenhang, so ist jedes schweizerische Gericht zuständig, das für einen der Ansprüche zuständig ist.

IX. Streitverkündungsklage

Art. 8*b*[6] Für die Streitverkündung mit Klage ist das schweizerische Gericht des Hauptprozesses zuständig, sofern gegen die streitberufene Partei ein Gerichtsstand in der Schweiz nach diesem Gesetz besteht.

X. Adhäsionsklage

Art. 8*c*[7] Kann ein zivilrechtlicher Anspruch in einem Strafprozess adhäsionsweise geltend gemacht werden, so ist das mit dem Strafprozess befasste schweizerische Gericht auch für die zivilrechtliche Klage zuständig, sofern bezüglich dieser Klage ein Gerichtsstand in der Schweiz nach diesem Gesetz besteht.

XI. Rechtshängigkeit[8]

Art. 9 [1] Ist eine Klage über denselben Gegenstand zwischen denselben Parteien zuerst im Ausland hängig gemacht worden, so setzt das schweizerische Gericht das Verfahren aus, wenn zu erwarten ist, dass das ausländische Gericht in angemessener Frist eine Entscheidung fällt, die in der Schweiz anerkennbar ist.

[2] Zur Feststellung, wann eine Klage in der Schweiz hängig gemacht worden ist, ist der Zeitpunkt der ersten, für die Klageeinleitung notwendigen Verfahrenshandlung massgebend. Als solche genügt die Einleitung des Sühneverfahrens.

[3] Das schweizerische Gericht weist die Klage zurück, sobald ihm eine ausländische Entscheidung vorgelegt wird, die in der Schweiz anerkannt werden kann.

---

5 Eingefügt durch Art. 3 Ziff. 3 des BB vom 11. Dez. 2009 (Genehmigung und Umsetzung des Lugano-Übereink.), in Kraft seit 1. Jan. 2011 (AS 2010 5601; BBl 2009 1777).

6 Eingefügt durch Art. 3 Ziff. 3 des BB vom 11. Dez. 2009 (Genehmigung und Umsetzung des Lugano-Übereink.), in Kraft seit 1. Jan. 2011 (AS 2010 5601; BBl 2009 1777).

7 Eingefügt durch Art. 3 Ziff. 3 des BB vom 11. Dez. 2009 (Genehmigung und Umsetzung des Lugano-Übereink.), in Kraft seit 1. Jan. 2011 (AS 2010 5601; BBl 2009 1777).

8 Fassung gemäss Art. 3 Ziff. 3 des BB vom 11. Dez. 2009 (Genehmigung und Umsetzung des Lugano-Übereink.), in Kraft seit 1. Jan. 2011 (AS 2010 5601; BBl 2009 1777).

XII. Vorsorgliche Massnahmen[10]

Art. 10[9] Zuständig zur Anordnung vorsorglicher Massnahmen sind:

a. die schweizerischen Gerichte oder Behörden, die in der Hauptsache zuständig sind; oder
b. die schweizerischen Gerichte und Behörden am Ort, an dem die Massnahme vollstreckt werden soll.

XIII. Rechtshilfe
1. Vermittlung der Rechtshilfe[12]

Art. 11[11] Die Rechtshilfe zwischen der Schweiz und anderen Staaten wird durch das Bundesamt für Justiz vermittelt.

2. Anwendbares Recht

Art. 11*a*[13] 1 Rechtshilfehandlungen, die in der Schweiz durchzuführen sind, werden nach schweizerischem Recht vorgenommen.

2 Auf Begehren der ersuchenden Behörde können auch ausländische Verfahrensformen angewendet oder berücksichtigt werden, wenn es für die Durchsetzung eines Rechtsanspruchs im Ausland notwendig ist und nicht wichtige Gründe auf Seiten des Betroffenen entgegenstehen.

3 Die schweizerischen Gerichte oder Behörden können Urkunden nach einer Form des ausländischen Rechts ausstellen oder einem Gesuchsteller die eidesstattliche Erklärung abnehmen, wenn eine Form nach schweizerischem Recht im Ausland nicht anerkannt wird und deshalb ein schützenswerter Rechtsanspruch dort nicht durchgesetzt werden könnte.

4 Bei Rechtshilfeersuchen um Zustellung oder um Beweiserhebung in die Schweiz und aus der Schweiz ist die Haager Übereinkunft vom 1. März 1954[14] betreffend Zivilprozessrecht anwendbar.

3. Kostenvorschuss und Sicherheit für die Parteientschädigung

Art. 11*b*[15] Der Kostenvorschuss und die Sicherheit für die Parteientschädigung richten sich nach der Zivilprozessordnung vom 19. Dezember 2008[16] (ZPO).

9 Fassung gemäss Anhang 1 Ziff. II 18 der Zivilprozessordnung vom 19. Dez. 2008, in Kraft seit 1. Jan. 2011 (AS 2010 1739; BBl 2006 7221).

10 Fassung gemäss Art. 3 Ziff. 3 des BB vom 11. Dez. 2009 (Genehmigung und Umsetzung des Lugano-Übereink.), in Kraft seit 1. Jan. 2011 (AS 2010 5601; BBl 2009 1777).

11 Fassung gemäss Anhang 1 Ziff. II 18 der Zivilprozessordnung vom 19. Dez. 2008, in Kraft seit 1. Jan. 2011 (AS 2010 1739; BBl 2006 7221).

12 Fassung gemäss Art. 3 Ziff. 3 des BB vom 11. Dez. 2009 (Genehmigung und Umsetzung des Lugano-Übereink.), in Kraft seit 1. Jan. 2011 (AS 2010 5601; BBl 2009 1777).

13 Eingefügt durch Anhang 1 Ziff. II 18 der Zivilprozessordnung vom 19. Dez. 2008, in Kraft seit 1. Jan. 2011 (AS 2010 1739; BBl 2006 7221).

14 SR 0.274.12

15 Eingefügt durch Anhang 1 Ziff. II 18 der Zivilprozessordnung vom 19. Dez. 2008, in Kraft seit 1. Jan. 2011 (AS 2010 1739; BBl 2006 7221).

16 SR 272

4. Unentgeltliche Rechtspflege

Art. 11c[17] Den Personen mit Wohnsitz im Ausland wird die unentgeltliche Rechtspflege unter den gleichen Voraussetzungen gewährt wie den Personen mit Wohnsitz in der Schweiz.

Art. 12[18]

3. Abschnitt: Anwendbares Recht

I. Umfang der Verweisung

Art. 13 Die Verweisung dieses Gesetzes auf ein ausländisches Recht umfasst alle Bestimmungen, die nach diesem Recht auf den Sachverhalt anwendbar sind. Die Anwendbarkeit einer Bestimmung des ausländischen Rechts ist nicht allein dadurch ausgeschlossen, dass ihr ein öffentlichrechtlicher Charakter zugeschrieben wird.

II. Rück- und Weiterverweisung

Art. 14 1 Sieht das anwendbare Recht eine Rückverweisung auf das schweizerische Recht oder eine Weiterverweisung auf ein anderes ausländisches Recht vor, so ist sie zu beachten, wenn dieses Gesetz sie vorsieht.

2 In Fragen des Personen- oder Familienstandes ist die Rückverweisung auf das schweizerische Recht zu beachten.

III. Ausnahmeklausel

Art. 15 1 Das Recht, auf das dieses Gesetz verweist, ist ausnahmsweise nicht anwendbar, wenn nach den gesamten Umständen offensichtlich ist, dass der Sachverhalt mit diesem Recht in nur geringem, mit einem anderen Recht jedoch in viel engerem Zusammenhang steht.

2 Diese Bestimmung ist nicht anwendbar, wenn eine Rechtswahl vorliegt.

IV. Feststellung ausländischen Rechts

Art. 16 1 Der Inhalt des anzuwendenden ausländischen Rechts ist von Amtes wegen festzustellen. Dazu kann die Mitwirkung der Parteien verlangt werden. Bei vermögensrechtlichen Ansprüchen kann der Nachweis den Parteien überbunden werden.

2 Ist der Inhalt des anzuwendenden ausländischen Rechts nicht feststellbar, so ist schweizerisches Recht anzuwenden.

V. Vorbehaltsklausel

Art. 17 Die Anwendung von Bestimmungen eines ausländischen Rechts, ist ausgeschlossen, wenn sie zu einem Ergebnis führen würde, das mit dem schweizerischen Ordre public unvereinbar ist.

---

17 Eingefügt durch Anhang 1 Ziff. II 18 der Zivilprozessordnung vom 19. Dez. 2008, in Kraft seit 1. Jan. 2011 (AS 2010 1739; BBl 2006 7221).

18 Aufgehoben durch Anhang 1 Ziff. II 18 der Zivilprozessordnung vom 19. Dez. 2008, mit Wirkung seit 1. Jan. 2011 (AS 2010 1739; BBl 2006 7221).

VI. Zwingende Anwendung des schweizerischen Rechts

Art. 18 Vorbehalten bleiben Bestimmungen des schweizerischen Rechts, die wegen ihres besonderen Zweckes, unabhängig von dem durch dieses Gesetz bezeichneten Recht, zwingend anzuwenden sind.

VII. Berücksichtigung zwingender Bestimmungen eines ausländischen Rechts

Art. 19 1 Anstelle des Rechts, das durch dieses Gesetz bezeichnet wird, kann die Bestimmung eines andern Rechts, die zwingend angewandt sein will, berücksichtigt werden, wenn nach schweizerischer Rechtsauffassung schützenswerte und offensichtlich überwiegende Interessen einer Partei es gebieten und der Sachverhalt mit jenem Recht einen engen Zusammenhang aufweist.

2 Ob eine solche Bestimmung zu berücksichtigen ist, beurteilt sich nach ihrem Zweck und den daraus sich ergebenden Folgen für eine nach schweizerischer Rechtsauffassung sachgerechte Entscheidung.

4. Abschnitt: Wohnsitz, Sitz und Staatsangehörigkeit

I. Wohnsitz, gewöhnlicher Aufenthalt und Niederlassung einer natürlichen Person

Art. 20 1 Im Sinne dieses Gesetzes hat eine natürliche Person:

a. ihren Wohnsitz in dem Staat, in dem sie sich mit der Absicht dauernden Verbleibens aufhält;
b. ihren gewöhnlichen Aufenthalt in dem Staat, in dem sie während längerer Zeit lebt, selbst wenn diese Zeit zum vornherein befristet ist;
c. ihre Niederlassung in dem Staat, in dem sich der Mittelpunkt ihrer geschäftlichen Tätigkeit befindet.

2 Niemand kann an mehreren Orten zugleich Wohnsitz haben. Hat eine Person nirgends einen Wohnsitz, so tritt der gewöhnliche Aufenthalt an die Stelle des Wohnsitzes. Die Bestimmungen des Zivilgesetzbuches[19] über Wohnsitz und Aufenthalt sind nicht anwendbar.

II. Sitz und Niederlassung von Gesellschaften und Trusts

Art. 21[20] 1 Bei Gesellschaften und bei Trusts nach Artikel 149*a* gilt der Sitz als Wohnsitz.

2 Als Sitz einer Gesellschaft gilt der in den Statuten oder im Gesellschaftsvertrag bezeichnete Ort. Fehlt eine solche Bezeichnung, so gilt als Sitz der Ort, an dem die Gesellschaft tatsächlich verwaltet wird.

3 Als Sitz eines Trusts gilt der in den Bestimmungen des Trusts schriftlich oder in anderer Form durch Text nachweisbar bezeichnete Ort

19 SR 210
20 Fassung gemäss Art. 2 des BB vom 20. Dez. 2006 über die Genehmigung und Umsetzung des Haager Übereink. über das auf Trusts anzuwendende Recht und über ihre Anerkennung, in Kraft seit 1. Juli 2007 (AS 2007 2849; BBl 2006 551).

seiner Verwaltung. Fehlt eine solche Bezeichnung, so gilt als Sitz der tatsächliche Ort seiner Verwaltung.

4 Die Niederlassung einer Gesellschaft oder eines Trusts befindet sich in dem Staat, in dem der Sitz liegt, oder in einem der Staaten, in dem sich eine Zweigniederlassung befindet.

III. Staatsangehörigkeit

Art. 22 Die Staatsangehörigkeit einer natürlichen Person bestimmt sich nach dem Recht des Staates, zu dem die Staatsangehörigkeit in Frage steht.

IV. Mehrfache Staatsangehörigkeit

Art. 23 1 Besitzt eine Person neben der schweizerischen eine andere Staatsangehörigkeit, so ist für die Begründung eines Heimatgerichtsstandes ausschliesslich die schweizerische Staatsangehörigkeit massgebend.

2 Besitzt eine Person mehrere Staatsangehörigkeiten, so ist, soweit dieses Gesetz nichts anderes vorsieht, für die Bestimmung des anwendbaren Rechts die Angehörigkeit zu dem Staat massgebend, mit dem die Person am engsten verbunden ist.

3 Ist die Staatsangehörigkeit einer Person Voraussetzung für die Anerkennung einer ausländischen Entscheidung in der Schweiz, so genügt die Beachtung einer ihrer Staatsangehörigkeiten.

V. Staatenlose und Flüchtlinge

Art. 24 1 Eine Person gilt als staatenlos, wenn ihr diese Eigenschaft im Sinne des New Yorker Übereinkommens vom 28. September 1954[21] über die Rechtsstellung der Staatenlosen zukommt oder wenn ihre Beziehung zum Heimatstaat so gelockert ist, dass dies einer Staatenlosigkeit gleichkommt.

2 Eine Person gilt als Flüchtling, wenn ihr diese Eigenschaft im Sinne des Asylgesetzes vom 5. Oktober 1979[22] zukommt.

3 Ist dieses Gesetz auf Staatenlose oder Flüchtlinge anzuwenden, so gilt der Wohnsitz an Stelle der Staatsangehörigkeit.

21 SR 0.142.40
22 [AS 1980 1718, 1986 2062, 1987 1674, 1990 938 1587 Art. 3 Abs. 1, 1994 1634 Ziff. I 8.1 2876, 1995 146 Ziff. II 1 4356, 1997 2372 2394, 1998 1582. AS 1999 2262 Art. 120 Bst. a]. Heute: BG vom 26. Juni 1998 (SR 142.31).

5. Abschnitt: Anerkennung und Vollstreckung ausländischer Entscheidungen

I. Anerkennung
1. Grundsatz

Art. 25 Eine ausländische Entscheidung wird in der Schweiz anerkannt:

a. wenn die Zuständigkeit der Gerichte oder Behörden des Staates, in dem die Entscheidung ergangen ist, begründet war;
b. wenn gegen die Entscheidung kein ordentliches Rechtsmittel mehr geltend gemacht werden kann oder wenn sie endgültig ist, und
c. wenn kein Verweigerungsgrund im Sinne von Artikel 27 vorliegt.

2. Zuständigkeit ausländischer Behörden

Art. 26 Die Zuständigkeit ausländischer Behörden ist begründet:

a. wenn eine Bestimmung dieses Gesetzes sie vorsieht oder, falls eine solche fehlt, wenn der Beklagte seinen Wohnsitz im Urteilsstaat hatte;
b. wenn in vermögensrechtlichen Streitigkeiten die Parteien sich durch eine nach diesem Gesetz gültige Vereinbarung der Zuständigkeit der Behörde unterworfen haben, welche die Entscheidung getroffen hat;
c. wenn sich der Beklagte in einer vermögensrechtlichen Streitigkeit vorbehaltlos auf den Rechtsstreit eingelassen hat;
d. wenn im Falle einer Widerklage die Behörde, die die Entscheidung getroffen hat, für die Hauptklage zuständig war und zwischen Haupt- und Widerklage ein sachlicher Zusammenhang besteht.

3. Verweigerungsgründe

Art. 27 [1] Eine im Ausland ergangene Entscheidung wird in der Schweiz nicht anerkannt, wenn die Anerkennung mit dem schweizerischen Ordre public offensichtlich unvereinbar wäre.

[2] Eine im Ausland ergangene Entscheidung wird ebenfalls nicht anerkannt, wenn eine Partei nachweist:

a. dass sie weder nach dem Recht an ihrem Wohnsitz noch nach dem am gewöhnlichen Aufenthalt gehörig geladen wurde, es sei denn, sie habe sich vorbehaltlos auf das Verfahren eingelassen;
b. dass die Entscheidung unter Verletzung wesentlicher Grundsätze des schweizerischen Verfahrensrechts zustande gekommen ist, insbesondere dass ihr das rechtliche Gehör verweigert worden ist;
c. dass ein Rechtsstreit zwischen denselben Parteien und über denselben Gegenstand zuerst in der Schweiz eingeleitet oder in der Schweiz entschieden worden ist oder dass er in einem Drittstaat früher entschieden worden ist und dieser Entscheid in der Schweiz anerkannt werden kann.

[3] Im Übrigen darf die Entscheidung in der Sache selbst nicht nachgeprüft werden.

II. Vollstreckung

Art. 28 Eine nach den Artikeln 25–27 anerkannte Entscheidung wird auf Begehren der interessierten Partei für vollstreckbar erklärt.

III. Verfahren

Art. 29 [1] Das Begehren auf Anerkennung oder Vollstreckung ist an die zuständige Behörde des Kantons zu richten, in dem die ausländische Entscheidung geltend gemacht wird. Dem Begehren sind beizulegen:

a. eine vollständige und beglaubigte Ausfertigung der Entscheidung;
b. eine Bestätigung, dass gegen die Entscheidung kein ordentliches Rechtsmittel mehr geltend gemacht werden kann oder dass sie endgültig ist, und
c. im Falle eines Abwesenheitsurteils eine Urkunde, aus der hervorgeht, dass die unterlegene Partei gehörig und so rechtzeitig geladen worden ist, dass sie die Möglichkeit gehabt hatte, sich zu verteidigen.

[2] Im Anerkennungs- und Vollstreckungsverfahren ist die Partei, die sich dem Begehren widersetzt, anzuhören; sie kann ihre Beweismittel geltend machen.

[3] Wird eine Entscheidung vorfrageweise geltend gemacht, so kann die angerufene Behörde selber über die Anerkennung entscheiden.

IV. Gerichtlicher Vergleich

Art. 30 Die Artikel 25–29 gelten auch für den gerichtlichen Vergleich, sofern er in dem Staat, in dem er abgeschlossen worden ist, einer gerichtlichen Entscheidung gleichgestellt wird.

V. Freiwillige Gerichtsbarkeit

Art. 31 Die Artikel 25–29 gelten sinngemäss für die Anerkennung und Vollstreckung einer Entscheidung oder einer Urkunde der freiwilligen Gerichtsbarkeit.

VI. Eintragung in die Zivilstandsregister

Art. 32 [1] Eine ausländische Entscheidung oder Urkunde über den Zivilstand wird aufgrund einer Verfügung der kantonalen Aufsichtsbehörde in die Zivilstandsregister eingetragen.

[2] Die Eintragung wird bewilligt, wenn die Voraussetzungen der Artikel 25–27 erfüllt sind.

[3] Die betroffenen Personen sind vor der Eintragung anzuhören, wenn nicht feststeht, dass im ausländischen Urteilsstaat die verfahrensmässigen Rechte der Parteien hinreichend gewahrt worden sind.

2. Kapitel: Natürliche Personen

I. Grundsatz

Art. 33 1 Sieht dieses Gesetz nichts anderes vor, so sind für personenrechtliche Verhältnisse die schweizerischen Gerichte oder Behörden am Wohnsitz zuständig; sie wenden das Recht am Wohnsitz an.

2 Für Ansprüche aus Persönlichkeitsverletzung gelten die Bestimmungen dieses Gesetzes über unerlaubte Handlungen (Art. 129 ff.).

II. Rechtsfähigkeit

Art. 34 1 Die Rechtsfähigkeit untersteht schweizerischem Recht.

2 Beginn und Ende der Persönlichkeit unterstehen dem Recht des Rechtsverhältnisses, das die Rechtsfähigkeit voraussetzt.

III. Handlungsfähigkeit
1. Grundsatz

Art. 35 Die Handlungsfähigkeit untersteht dem Recht am Wohnsitz. Ein Wechsel des Wohnsitzes berührt die einmal erworbene Handlungsfähigkeit nicht.

2. Verkehrsschutz

Art. 36 1 Wer ein Rechtsgeschäft vorgenommen hat, obwohl er nach dem Recht an seinem Wohnsitz handlungsunfähig war, kann sich auf seine Handlungsunfähigkeit nicht berufen, wenn er nach dem Recht des Staates, in dem er das Rechtsgeschäft vorgenommen hat, handlungsfähig gewesen wäre, es sei denn, die andere Partei habe seine Handlungsunfähigkeit gekannt oder hätte sie kennen müssen.

2 Diese Bestimmung ist auf familien- und erbrechtliche Rechtsgeschäfte sowie auf Rechtsgeschäfte über dingliche Rechte an Grundstücken nicht anwendbar.

IV. Name
1. Grundsatz

Art. 37 1 Der Name einer Person mit Wohnsitz in der Schweiz untersteht schweizerischem Recht; der Name einer Person mit Wohnsitz im Ausland untersteht dem Recht, auf welches das Kollisionsrecht des Wohnsitzstaates verweist.

2 Eine Person kann jedoch verlangen, dass ihr Name dem Heimatrecht untersteht.

2. Namensänderung

Art. 38 1 Für eine Namensänderung sind die schweizerischen Behörden am Wohnsitz des Gesuchstellers zuständig.

2 Ein Schweizer Bürger ohne Wohnsitz in der Schweiz kann bei der Behörde seines Heimatkantons eine Namensänderung verlangen.

3 Voraussetzungen und Wirkungen der Namensänderung unterstehen schweizerischem Recht.

3. Namensänderung im Ausland

Art. 39 Eine im Ausland erfolgte Namensänderung wird in der Schweiz anerkannt, wenn sie im Wohnsitz- oder im Heimatstaat des Gesuchstellers gültig ist.

4. Eintragung in die Zivilstandsregister

Art. 40 Der Name wird nach den schweizerischen Grundsätzen über die Registerführung in die Zivilstandsregister eingetragen.

V. Verschollenerklärung
1. Zuständigkeit und anwendbares Recht

Art. 41 1 Für die Verschollenerklärung sind die schweizerischen Gerichte oder Behörden am letzten bekannten Wohnsitz der verschwundenen Person zuständig.

2 Die schweizerischen Gerichte oder Behörden sind überdies für eine Verschollenerklärung zuständig, wenn hierfür ein schützenswertes Interesse besteht.

3 Voraussetzungen und Wirkungen der Verschollenerklärung unterstehen schweizerischem Recht.

2. Verschollen- und Todeserklärung im Ausland

Art. 42 Eine im Ausland ausgesprochene Verschollen- oder Todeserklärung wird in der Schweiz anerkannt, wenn sie im Staat des letzten bekannten Wohnsitzes oder im Heimatstaat der verschwundenen Person ergangen ist.

3. Kapitel: Eherecht

1. Abschnitt: Eheschliessung

I. Zuständigkeit

Art. 43 1 Die schweizerischen Behörden sind für die Eheschliessung zuständig, wenn die Braut oder der Bräutigam in der Schweiz Wohnsitz oder das Schweizer Bürgerrecht hat.

2 Ausländischen Brautleuten ohne Wohnsitz in der Schweiz kann durch die zuständige Behörde die Eheschliessung in der Schweiz auch bewilligt werden, wenn die Ehe im Wohnsitz- oder im Heimatstaat beider Brautleute anerkannt wird.

3 Die Bewilligung darf nicht allein deshalb verweigert werden, weil eine in der Schweiz ausgesprochene oder anerkannte Scheidung im Ausland nicht anerkannt wird.

II. Anwendbares Recht

Art. 44[23] Die Eheschliessung in der Schweiz untersteht schweizerischem Recht.

23 Fassung gemäss Ziff. I 5 des BG vom 15. Juni 2012 über Massnahmen gegen Zwangsheiraten, in Kraft seit 1. Juli 2013 (AS 2013 1035; BBl 2011 2185).

III. Eheschliessung im Ausland

Art. 45 1 Eine im Ausland gültig geschlossene Ehe wird in der Schweiz anerkannt.

2 Sind Braut oder Bräutigam Schweizer Bürger oder haben beide Wohnsitz in der Schweiz, so wird die im Ausland geschlossene Ehe anerkannt, wenn der Abschluss nicht in der offenbaren Absicht ins Ausland verlegt worden ist, die Vorschriften des schweizerischen Rechts über die Eheungültigkeit zu umgehen.[24]

3 Eine im Ausland gültig geschlossene Ehe zwischen Personen gleichen Geschlechts wird in der Schweiz als eingetragene Partnerschaft anerkannt.[25]

IV. Ungültigerklärung der Ehe

Art. 45*a*[26] 1 Für Klagen auf Ungültigerklärung der Ehe sind die schweizerischen Gerichte am Wohnsitz eines Ehegatten oder, wenn ein Wohnsitz in der Schweiz fehlt, am Eheschliessungsort oder am Heimatort eines Ehegatten zuständig.

2 Die Klage untersteht schweizerischem Recht.

3 Für vorsorgliche Massnahmen und Nebenfolgen gelten die Artikel 62–64 sinngemäss.

4 Ausländische Entscheidungen, welche die Ungültigkeit einer Ehe feststellen, werden in der Schweiz anerkannt, wenn sie im Staat ergangen sind, in dem die Ehe geschlossen wurde. Ist die Klage durch einen Ehegatten eingereicht worden, gilt Artikel 65 sinngemäss.

2. Abschnitt: Wirkungen der Ehe im Allgemeinen

I. Zuständigkeit
1. Grundsatz

Art. 46 Für Klagen oder Massnahmen betreffend die ehelichen Rechte und Pflichten sind die schweizerischen Gerichte oder Behörden am Wohnsitz oder, wenn ein solcher fehlt, diejenigen am gewöhnlichen Aufenthalt eines der Ehegatten zuständig.

2. Heimatzuständigkeit

Art. 47 Haben die Ehegatten weder Wohnsitz noch gewöhnlichen Aufenthalt in der Schweiz und ist einer von ihnen Schweizer Bürger, so sind für Klagen oder Massnahmen betreffend die ehelichen Rechte und Pflichten die Gerichte oder Behörden am Heimatort zuständig, wenn es unmöglich oder unzumutbar ist, die Klage oder das Begeh-

---

24 Fassung gemäss Anhang Ziff. 3 des BG vom 26. Juni 1998, in Kraft seit 1. Jan. 2000 (AS 1999 1118; BBl 1996 I 1).

25 Eingefügt durch Anhang Ziff. 17 des Partnerschaftsgesetzes vom 18. Juni 2004, in Kraft seit 1. Jan. 2007 (AS 2005 5685; BBl 2003 1288).

26 Eingefügt durch Ziff. II 2 des BG vom 7. Okt. 1994 (AS 1995 1126; BBl 1993 I 1169). Fassung gemäss Ziff. I 5 des BG vom 15. Juni 2012 über Massnahmen gegen Zwangsheiraten, in Kraft seit 1. Juli 2013 (AS 2013 1035; BBl 2011 2185).

ren am Wohnsitz oder am gewöhnlichen Aufenthalt eines der Ehegatten zu erheben.

II. Anwendbares Recht
1. Grundsatz

Art. 48 [1] Die ehelichen Rechte und Pflichten unterstehen dem Recht des Staates, in dem die Ehegatten ihren Wohnsitz haben.

[2] Haben die Ehegatten ihren Wohnsitz nicht im gleichen Staat, so unterstehen die ehelichen Rechte und Pflichten dem Recht des Wohnsitzstaates, mit dem der Sachverhalt in engerem Zusammenhang steht.

[3] Sind nach Artikel 47 die schweizerischen Gerichte oder Behörden am Heimatort zuständig, so wenden sie schweizerisches Recht an.

2. Unterhaltspflicht

Art. 49 Für die Unterhaltspflicht zwischen Ehegatten gilt das Haager Übereinkommen vom 2. Oktober 1973[27] über das auf die Unterhaltspflichten anzuwendende Recht.

III. Ausländische Entscheidungen oder Massnahmen

Art. 50 Ausländische Entscheidungen oder Massnahmen über die ehelichen Rechte und Pflichten werden in der Schweiz anerkannt, wenn sie im Staat des Wohnsitzes oder des gewöhnlichen Aufenthaltes eines der Ehegatten ergangen sind.

3. Abschnitt: Ehegüterrecht

I. Zuständigkeit

Art. 51 Für Klagen oder Massnahmen betreffend die güterrechtlichen Verhältnisse sind zuständig:

a. für die güterrechtliche Auseinandersetzung im Falle des Todes eines Ehegatten die schweizerischen Gerichte oder Behörden, die für die erbrechtliche Auseinandersetzung zuständig sind (Art. 86–89);
b. für die güterrechtliche Auseinandersetzung im Falle einer gerichtlichen Auflösung oder Trennung der Ehe die schweizerischen Gerichte, die hierfür zuständig sind (Art. 59, 60, 63, 64);
c. in den übrigen Fällen die schweizerischen Gerichte oder Behörden, die für Klagen oder Massnahmen betreffend die Wirkungen der Ehe zuständig sind (Art. 46, 47).

II. Anwendbares Recht
1. Rechtswahl
a. Grundsatz

Art. 52 [1] Die güterrechtlichen Verhältnisse unterstehen dem von den Ehegatten gewählten Recht.

[2] Die Ehegatten können wählen zwischen dem Recht des Staates, in dem beide ihren Wohnsitz haben oder nach der Eheschliessung

27 SR 0.211.213.01

haben werden, und dem Recht eines ihrer Heimatstaaten. Artikel 23 Absatz 2 ist nicht anwendbar.

b. Modalitäten

Art. 53 1 Die Rechtswahl muss schriftlich vereinbart sein oder sich eindeutig aus dem Ehevertrag ergeben. Im Übrigen untersteht sie dem gewählten Recht.

2 Die Rechtswahl kann jederzeit getroffen oder geändert werden. Wird sie nach Abschluss der Ehe getroffen, so wirkt sie, wenn die Parteien nichts anderes vereinbaren, auf den Zeitpunkt der Eheschliessung zurück.

3 Das gewählte Recht bleibt anwendbar, bis die Ehegatten ein anderes Recht wählen oder die Rechtswahl aufheben.

2. Fehlen einer Rechtswahl
a. Grundsatz

Art. 54 1 Haben die Ehegatten keine Rechtswahl getroffen, so unterstehen die güterrechtlichen Verhältnisse:

a. dem Recht des Staates, in dem beide gleichzeitig ihren Wohnsitz haben, oder, wenn dies nicht der Fall ist,
b. dem Recht des Staates, in dem beide Ehegatten zuletzt gleichzeitig ihren Wohnsitz hatten.

2 Hatten die Ehegatten nie gleichzeitig Wohnsitz im gleichen Staat, so ist ihr gemeinsames Heimatrecht anwendbar.

3 Hatten die Ehegatten nie gleichzeitig Wohnsitz im gleichen Staat und haben sie auch keine gemeinsame Staatsangehörigkeit, so gilt die Gütertrennung des schweizerischen Rechts.

b. Wandelbarkeit und Rückwirkung bei Wohnsitzwechsel

Art. 55 1 Verlegen die Ehegatten ihren Wohnsitz von einem Staat in einen anderen, so ist das Recht des neuen Wohnsitzstaates rückwirkend auf den Zeitpunkt der Eheschliessung anzuwenden. Die Ehegatten können durch schriftliche Vereinbarung die Rückwirkung ausschliessen.

2 Der Wohnsitzwechsel hat keine Wirkung auf das anzuwendende Recht, wenn die Parteien die Weitergeltung des früheren Rechts schriftlich vereinbart haben oder wenn zwischen ihnen ein Ehevertrag besteht.

3. Form des Ehevertrages

Art. 56 Der Ehevertrag ist formgültig, wenn er dem auf den Ehevertrag anwendbaren Recht oder dem Recht am Abschlussort entspricht.

4. Rechtsverhältnisse mit Dritten

Art. 57 1 Die Wirkungen des Güterstandes auf das Rechtsverhältnis zwischen einem Ehegatten und einem Dritten unterstehen dem Recht des Staates, in dem dieser Ehegatte im Zeitpunkt der Entstehung des Rechtsverhältnisses seinen Wohnsitz hat.

² Hat der Dritte im Zeitpunkt der Entstehung des Rechtsverhältnisses das Recht, dem die güterrechtlichen Verhältnisse unterstanden, gekannt oder hätte er es kennen müssen, so ist dieses anzuwenden.

III. Ausländische Entscheidungen

Art. 58 ¹ Ausländische Entscheidungen über güterrechtliche Verhältnisse werden in der Schweiz anerkannt:

a. wenn sie im Wohnsitzstaat des beklagten Ehegatten ergangen sind oder wenn sie dort anerkannt werden;
b. wenn sie im Wohnsitzstaat des klagenden Ehegatten ergangen sind oder dort anerkannt werden, vorausgesetzt, der beklagte Ehegatte hatte seinen Wohnsitz nicht in der Schweiz;
c. wenn sie im Staat, dessen Recht nach diesem Gesetz anwendbar ist, ergangen sind oder wenn sie dort anerkannt werden, oder
d. wenn sie Grundstücke betreffen und am Ort der gelegenen Sache ergangen sind oder dort anerkannt werden.

² Für Entscheidungen über güterrechtliche Verhältnisse, die im Zusammenhang mit Massnahmen zum Schutz der ehelichen Gemeinschaft oder infolge Tod, Nichtigerklärung, Scheidung oder Trennung ergangen sind, richtet sich die Anerkennung nach den Bestimmungen dieses Gesetzes über das Ehe-, Ehescheidungs- oder Erbrecht (Art. 50, 65 und 96).

4. Abschnitt: Scheidung und Trennung

I. Zuständigkeit
1. Grundsatz

Art. 59 Für Klagen auf Scheidung oder Trennung sind zuständig:

a. die schweizerischen Gerichte am Wohnsitz des Beklagten;
b. die schweizerischen Gerichte am Wohnsitz des Klägers, wenn dieser sich seit einem Jahr in der Schweiz aufhält oder wenn er Schweizer Bürger ist.

2. Heimatzuständigkeit

Art. 60 Haben die Ehegatten keinen Wohnsitz in der Schweiz und ist einer von ihnen Schweizer Bürger, so sind die Gerichte am Heimatort für Klagen auf Scheidung oder Trennung der Ehe zuständig, wenn es unmöglich oder unzumutbar ist, die Klage am Wohnsitz eines der Ehegatten zu erheben.

II. Anwendbares Recht

Art. 61[28] Scheidung und Trennung unterstehen schweizerischem Recht.

28 Fassung gemäss Anhang Ziff. 3 des BG vom 19. Juni 2015 (Vorsorgeausgleich bei Scheidung), in Kraft seit 1. Jan. 2017 (AS 2016 2313; BBl 2013 4887).

III. Vorsorgliche Massnahmen

Art. 62 1 Das schweizerische Gericht, bei dem eine Scheidungs- oder Trennungsklage hängig ist, kann vorsorgliche Massnahmen treffen, sofern seine Unzuständigkeit zur Beurteilung der Klage nicht offensichtlich ist oder nicht rechtskräftig festgestellt wurde.

2 Die vorsorglichen Massnahmen unterstehen schweizerischem Recht.

3 Die Bestimmungen dieses Gesetzes über die Unterhaltspflicht der Ehegatten (Art. 49), die Wirkungen des Kindesverhältnisses (Art. 82 und 83) und den Minderjährigenschutz (Art. 85) sind vorbehalten.

IV. Nebenfolgen

Art. 63 1 Die für Klagen auf Scheidung oder Trennung zuständigen schweizerischen Gerichte sind auch für die Regelung der Nebenfolgen zuständig. Die Bestimmungen dieses Gesetzes über den Minderjährigenschutz (Art. 85) bleiben vorbehalten.[29]

1bis Für den Ausgleich von Vorsorgeansprüchen gegenüber einer schweizerischen Einrichtung der beruflichen Vorsorge sind sie ausschliesslich zuständig.[30]

2 Die Nebenfolgen der Scheidung oder Trennung unterstehen schweizerischem Recht.[31] Die Bestimmungen dieses Gesetzes über den Namen (Art. 37–40), die Unterhaltspflicht der Ehegatten (Art. 49), das eheliche Güterrecht (Art. 52–57), die Wirkungen des Kindesverhältnisses (Art. 82 und 83) und den Minderjährigenschutz (Art. 85) sind vorbehalten.

V. Ergänzung oder Abänderung einer Entscheidung

Art. 64 1 Die schweizerischen Gerichte sind für Klagen auf Ergänzung oder Abänderung von Entscheidungen über die Scheidung oder die Trennung zuständig, wenn sie diese selbst ausgesprochen haben oder wenn sie nach Artikel 59 oder 60 zuständig sind. Die Bestimmungen dieses Gesetzes über den Minderjährigenschutz (Art. 85) sind vorbehalten.

1bis Für den Ausgleich von Vorsorgeansprüchen gegenüber einer schweizerischen Einrichtung der beruflichen Vorsorge sind die schweizerischen Gerichte ausschliesslich zuständig. Fehlt eine Zuständigkeit nach Absatz 1, so sind die schweizerischen Gerichte am Sitz der Vorsorgeeinrichtung zuständig.[32]

---

29 Fassung gemäss Anhang Ziff. 3 des BG vom 21. Juni 2013 (Elterliche Sorge), in Kraft seit 1. Juli 2014 (AS 2014 357; BBl 2011 9077).

30 Eingefügt durch Anhang Ziff. 3 des BG vom 19. Juni 2015 (Vorsorgeausgleich bei Scheidung), in Kraft seit 1. Jan. 2017 (AS 2016 2313; BBl 2013 4887).

31 Fassung gemäss Anhang Ziff. 3 des BG vom 19. Juni 2015 (Vorsorgeausgleich bei Scheidung), in Kraft seit 1. Jan. 2017 (AS 2016 2313; BBl 2013 4887).

32 Eingefügt durch Anhang Ziff. 3 des BG vom 19. Juni 2015 (Vorsorgeausgleich bei Scheidung), in Kraft seit 1. Jan. 2017 (AS 2016 2313; BBl 2013 4887).

[2] Die Ergänzung oder Abänderung eines Trennungs- oder Scheidungsurteils untersteht schweizerischem Recht.[33] Die Bestimmungen dieses Gesetzes über den Namen (Art. 37–40), die Unterhaltspflicht der Ehegatten (Art. 49), das eheliche Güterrecht (Art. 52–57), die Wirkungen des Kindesverhältnisses (Art. 82 und 83) und den Minderjährigenschutz (Art. 85) sind vorbehalten.

VI. Ausländische Entscheidungen

Art. 65 [1] Ausländische Entscheidungen über die Scheidung oder Trennung werden in der Schweiz anerkannt, wenn sie im Staat des Wohnsitzes, des gewöhnlichen Aufenthalts oder im Heimatstaat eines Ehegatten ergangen sind oder wenn sie in einem dieser Staaten anerkannt werden.

[2] Ist jedoch die Entscheidung in einem Staat ergangen, dem kein oder nur der klagende Ehegatte angehört, so wird sie in der Schweiz nur anerkannt:

a. wenn im Zeitpunkt der Klageeinleitung wenigstens ein Ehegatte in diesem Staat Wohnsitz oder gewöhnlichen Aufenthalt hatte und der beklagte Ehegatte seinen Wohnsitz nicht in der Schweiz hatte;
b. wenn der beklagte Ehegatte sich der Zuständigkeit des ausländischen Gerichts vorbehaltlos unterworfen hat, oder
c. wenn der beklagte Ehegatte mit der Anerkennung der Entscheidung in der Schweiz einverstanden ist.

3*a*. Kapitel:[34] Eingetragene Partnerschaft[35]

I. Anwendung des dritten Kapitels

Art. 65*a*[36] Die Bestimmungen des dritten Kapitels gelten für die eingetragene Partnerschaft sinngemäss, mit Ausnahme von Artikel 43 Absatz 2.

II. Zuständigkeit am Eintragungsort bei Auflösung

Art. 65*b* Haben die Partnerinnen oder Partner keinen Wohnsitz in der Schweiz und ist keine oder keiner von ihnen Schweizer Bürger, so sind für Klagen oder Begehren betreffend Auflösung der eingetragenen Partnerschaft die schweizerischen Gerichte am Eintragungsort zuständig, wenn es unmöglich oder unzumutbar ist, die Klage oder das Begehren am Wohnsitz einer der Personen zu erheben.

33 Fassung gemäss Anhang Ziff. 3 des BG vom 19. Juni 2015 (Vorsorgeausgleich bei Scheidung), in Kraft seit 1. Jan. 2017 (AS 2016 2313; BBl 2013 4887).
34 Eingefügt durch Anhang Ziff. 17 des Partnerschaftsgesetzes vom 18. Juni 2004 (AS 2005 5685; BBl 2003 1288).
35 Fassung gemäss Ziff. I 5 des BG vom 15. Juni 2012 über Massnahmen gegen Zwangsheiraten, in Kraft seit 1. Juli 2013 (AS 2013 1035; BBl 2011 2185).
36 Fassung gemäss Ziff. I 5 des BG vom 15. Juni 2012 über Massnahmen gegen Zwangsheiraten, in Kraft seit 1. Juli 2013 (AS 2013 1035; BBl 2011 2185).

III. Anwendbares Recht

Art. 65c [1] Kennt das nach den Bestimmungen des dritten Kapitels anwendbare Recht keine Regeln über die eingetragene Partnerschaft, so ist schweizerisches Recht anwendbar; vorbehalten bleibt Artikel 49.

[2] Zusätzlich zu den in Artikel 52 Absatz 2 bezeichneten Rechten können die Partnerinnen oder Partner das Recht des Staates wählen, in dem die Partnerschaft eingetragen worden ist.

IV. Entscheidungen oder Massnahmen des Eintragungsstaats

Art. 65d Ausländische Entscheidungen oder Massnahmen werden in der Schweiz anerkannt, wenn:

a. sie im Staat ergangen sind, in dem die Partnerschaft eingetragen worden ist; und
b. es unmöglich oder unzumutbar war, die Klage oder das Begehren in einem Staat zu erheben, dessen Zuständigkeit in der Schweiz gemäss den Bestimmungen des dritten Kapitels anerkannt ist.

4. Kapitel: Kindesrecht

1. Abschnitt: Entstehung des Kindesverhältnisses durch Abstammung

I. Zuständigkeit
1. Grundsatz

Art. 66 Für Klagen auf Feststellung oder Anfechtung des Kindesverhältnisses sind die schweizerischen Gerichte am gewöhnlichen Aufenthalt des Kindes oder am Wohnsitz der Mutter oder des Vaters zuständig.

2. Heimatzuständigkeit

Art. 67 Haben die Eltern keinen Wohnsitz und das Kind keinen gewöhnlichen Aufenthalt in der Schweiz, so sind die Gerichte am schweizerischen Heimatort der Mutter oder des Vaters für Klagen auf Feststellung oder Anfechtung des Kindesverhältnisses zuständig, wenn es unmöglich oder unzumutbar ist, die Klage am Wohnsitz der Mutter oder des Vaters oder am gewöhnlichen Aufenthalt des Kindes zu erheben.

II. Anwendbares Recht
1. Grundsatz

Art. 68 [1] Die Entstehung des Kindesverhältnisses sowie dessen Feststellung oder Anfechtung unterstehen dem Recht am gewöhnlichen Aufenthalt des Kindes.

[2] Haben jedoch weder die Mutter noch der Vater Wohnsitz im Staat des gewöhnlichen Aufenthaltes des Kindes, besitzen aber die Eltern und das Kind die gleiche Staatsangehörigkeit, so ist ihr gemeinsames Heimatrecht anzuwenden.

2. Massgeblicher Zeitpunkt

Art. 69 [1] Für die Bestimmung des auf die Entstehung, Feststellung oder Anfechtung des Kindesverhältnisses anwendbaren Rechts ist der Zeitpunkt der Geburt massgebend.

[2] Bei gerichtlicher Feststellung oder Anfechtung des Kindesverhältnisses ist jedoch der Zeitpunkt der Klageerhebung massgebend, wenn ein überwiegendes Interesse des Kindes es erfordert.

III. Ausländische Entscheidungen

Art. 70 Ausländische Entscheidungen betreffend die Feststellung oder Anfechtung des Kindesverhältnisses werden in der Schweiz anerkannt, wenn sie im Staat des gewöhnlichen Aufenthaltes des Kindes, in dessen Heimatstaat oder im Wohnsitz- oder im Heimatstaat der Mutter oder des Vaters ergangen sind.

2. Abschnitt: Anerkennung

I. Zuständigkeit

Art. 71 [1] Für die Entgegennahme der Anerkennung sind die schweizerischen Behörden am Geburtsort oder am gewöhnlichen Aufenthalt des Kindes, sowie die Behörden am Wohnsitz oder am Heimatort der Mutter oder des Vaters zuständig.

[2] Erfolgt die Anerkennung im Rahmen eines gerichtlichen Verfahrens, in dem die Abstammung rechtserheblich ist, so kann auch der mit der Klage befasste Richter die Anerkennung entgegennehmen.

[3] Für die Anfechtung der Anerkennung sind die gleichen Gerichte zuständig wie für die Feststellung oder Anfechtung des Kindesverhältnisses (Art. 66 und 67).

II. Anwendbares Recht

Art. 72 [1] Die Anerkennung in der Schweiz kann nach dem Recht am gewöhnlichen Aufenthalt des Kindes, nach dessen Heimatrecht, nach dem Recht am Wohnsitz oder nach dem Heimatrecht der Mutter oder des Vaters erfolgen. Massgebend ist der Zeitpunkt der Anerkennung.

[2] Die Form der Anerkennung in der Schweiz untersteht schweizerischem Recht.

[3] Die Anfechtung der Anerkennung untersteht schweizerischem Recht.

III. Ausländische Anerkennung und Anfechtung der Anerkennung

Art. 73 [1] Die im Ausland erfolgte Anerkennung eines Kindes wird in der Schweiz anerkannt, wenn sie nach dem Recht am gewöhnlichen Aufenthalt des Kindes, nach dessen Heimatrecht, nach dem Recht am Wohnsitz oder nach dem Heimatrecht der Mutter oder des Vaters gültig ist.

[2] Ausländische Entscheidungen über die Anfechtung einer Anerkennung werden in der Schweiz anerkannt, wenn sie in einem der in Absatz 1 genannten Staaten ergangen sind.

IV. Legitimation

Art. 74 Für die Anerkennung einer im Ausland erfolgten Legitimation gilt Artikel 73 sinngemäss.

3. Abschnitt: Adoption

I. Zuständigkeit
1. Grundsatz

Art. 75 [1] Die schweizerischen Gerichte oder Behörden am Wohnsitz der adoptierenden Person oder der adoptierenden Ehegatten sind zuständig, die Adoption auszusprechen.

[2] Für die Anfechtung der Adoption sind die gleichen Gerichte zuständig wie für die Feststellung oder die Anfechtung des Kindesverhältnisses (Art. 66 und 67).

2. Heimatzuständigkeit

Art. 76 Haben die adoptierende Person oder die adoptierenden Ehegatten keinen Wohnsitz in der Schweiz und ist einer von ihnen Schweizer Bürger, so sind die Gerichte oder Behörden am Heimatort für die Adoption zuständig, wenn es unmöglich oder unzumutbar ist, die Adoption an ihrem Wohnsitz durchzuführen.

II. Anwendbares Recht

Art. 77 [1] Die Voraussetzungen der Adoption in der Schweiz unterstehen schweizerischem Recht.

[2] Zeigt sich, dass eine Adoption im Wohnsitz- oder im Heimatstaat der adoptierenden Person oder der adoptierenden Ehegatten nicht anerkannt und dem Kind daraus ein schwerwiegender Nachteil erwachsen würde, so berücksichtigt die Behörde auch die Voraussetzungen des Rechts des betreffenden Staates. Erscheint die Anerkennung auch dann nicht als gesichert, so darf die Adoption nicht ausgesprochen werden.

[3] Die Anfechtung einer in der Schweiz ausgesprochenen Adoption untersteht schweizerischem Recht. Eine im Ausland ausgesprochene Adoption kann in der Schweiz nur angefochten werden, wenn auch ein Anfechtungsgrund nach schweizerischem Recht vorliegt.

III. Ausländische Adoptionen und ähnliche Akte

Art. 78 [1] Ausländische Adoptionen werden in der Schweiz anerkannt, wenn sie im Staat des Wohnsitzes oder im Heimatstaat der adoptierenden Person oder der adoptierenden Ehegatten ausgesprochen worden sind.

[2] Ausländische Adoptionen oder ähnliche Akte, die von einem Kindesverhältnis im Sinne des schweizerischen Rechts wesentlich

abweichende Wirkungen haben, werden in der Schweiz nur mit den Wirkungen anerkannt, die ihnen im Staat der Begründung zukommen.

4. Abschnitt: Wirkungen des Kindesverhältnisses

I. Zuständigkeit
1. Grundsatz

Art. 79 [1] Für Klagen betreffend die Beziehungen zwischen Eltern und Kind, insbesondere betreffend den Unterhalt des Kindes, sind die schweizerischen Gerichte am gewöhnlichen Aufenthalt des Kindes oder am Wohnsitz oder, wenn ein solcher fehlt, am gewöhnlichen Aufenthalt des beklagten Elternteils zuständig.

[2] Die Bestimmungen dieses Gesetzes über den Namen (Art. 33, 37–40), den Schutz Minderjähriger (Art. 85) und das Erbrecht (Art. 86–89) sind vorbehalten.

2. Heimatzuständigkeit

Art. 80 Hat weder das Kind noch der beklagte Elternteil Wohnsitz oder gewöhnlichen Aufenthalt in der Schweiz und ist einer von ihnen Schweizer Bürger, so sind die Gerichte am Heimatort zuständig.

3. Ansprüche Dritter

Art. 81 Die nach Artikel 79 und 80 zuständigen schweizerischen Gerichte entscheiden ebenfalls:

a. über Ansprüche von Behörden, die für den Unterhalt des Kindes Vorschuss geleistet haben;
b. über Ansprüche der Mutter auf Unterhalt und Ersatz der durch die Geburt entstandenen Kosten.

II. Anwendbares Recht
1. Grundsatz

Art. 82 [1] Die Beziehungen zwischen Eltern und Kind unterstehen dem Recht am gewöhnlichen Aufenthalt des Kindes.

[2] Haben jedoch weder die Mutter noch der Vater Wohnsitz im Staat des gewöhnlichen Aufenthaltes des Kindes, besitzen aber die Eltern und das Kind die gleiche Staatsangehörigkeit, so ist ihr gemeinsames Heimatrecht anzuwenden.

[3] Die Bestimmungen dieses Gesetzes über den Namen (Art. 33, 37–40), den Schutz Minderjähriger (Art. 85) und das Erbrecht (Art. 90–95) sind vorbehalten.

2. Unterhaltspflicht

Art. 83 [1] Für die Unterhaltspflicht zwischen Eltern und Kind gilt das Haager Übereinkommen vom 2. Oktober 1973[37] über das auf Unterhaltspflichten anzuwendende Recht.

37 SR 0.211.213.01

2 Soweit das Übereinkommen die Ansprüche der Mutter auf Unterhalt und Ersatz der durch die Geburt entstandenen Kosten nicht regelt, gilt es sinngemäss.

III. Ausländische Entscheidungen

Art. 84 1 Ausländische Entscheidungen betreffend die Beziehungen zwischen Eltern und Kind werden in der Schweiz anerkannt, wenn sie im Staat ergangen sind, in dem das Kind seinen gewöhnlichen Aufenthalt oder der beklagte Elternteil seinen Wohnsitz oder gewöhnlichen Aufenthalt hat.

2 Die Bestimmungen dieses Gesetzes über den Namen (Art. 39), den Schutz Minderjähriger (Art. 85) und das Erbrecht (Art. 96) sind vorbehalten.

5. Kapitel: Vormundschaft, Erwachsenenschutz und andere Schutzmassnahmen[38]

Art. 85[39] 1 Für den Schutz von Kindern gilt in Bezug auf die Zuständigkeit der schweizerischen Gerichte oder Behörden, auf das anwendbare Recht sowie auf die Anerkennung und Vollstreckung ausländischer Entscheidungen oder Massnahmen das Haager Übereinkommen vom 19. Oktober 1996[40] über die Zuständigkeit, das anzuwendende Recht, die Anerkennung, Vollstreckung und Zusammenarbeit auf dem Gebiet der elterlichen Verantwortung und der Massnahmen zum Schutz von Kindern.

2 Für den Schutz von Erwachsenen gilt in Bezug auf die Zuständigkeit der schweizerischen Gerichte oder Behörden, auf das anwendbare Recht sowie auf die Anerkennung und Vollstreckung ausländischer Entscheidungen oder Massnahmen das Haager Übereinkommen vom 13. Januar 2000[41] über den internationalen Schutz von Erwachsenen.

3 Die schweizerischen Gerichte oder Behörden sind ausserdem zuständig, wenn es für den Schutz einer Person oder von deren Vermögen unerlässlich ist.

4 Massnahmen, die in einem Staat ergangen sind, der nicht Vertragsstaat der in den Absätzen 1 und 2 erwähnten Übereinkommen ist, werden anerkannt, wenn sie im Staat des gewöhnlichen Aufenthalts

38 Fassung gemäss Anhang Ziff. 13 des BG vom 19. Dez. 2008 (Erwachsenenschutz, Personenrecht und Kindesrecht), in Kraft seit 1. Jan. 2013 (AS 2011 725; BBl 2006 7001).

39 Fassung gemäss Art. 15 des BG vom 21. Dez. 2007 über internationale Kindesentführung und die Haager Übereinkommen zum Schutz von Kindern und Erwachsenen, in Kraft seit 1. Juli 2009 (AS 2009 3078; BBl 2007 2595).

40 SR 0.211.231.011

41 SR 0.211.232.1

des Kindes oder des Erwachsenen ergangen sind oder dort anerkannt werden.

6. Kapitel: Erbrecht

I. Zuständigkeit
1. Grundsatz

Art. 86 1 Für das Nachlassverfahren und die erbrechtlichen Streitigkeiten sind die schweizerischen Gerichte oder Behörden am letzten Wohnsitz des Erblassers zuständig.

2 Vorbehalten ist die Zuständigkeit des Staates, der für Grundstücke auf seinem Gebiet die ausschliessliche Zuständigkeit vorsieht.

2. Heimatzuständigkeit

Art. 87 1 War der Erblasser Schweizer Bürger mit letztem Wohnsitz im Ausland, so sind die schweizerischen Gerichte oder Behörden am Heimatort zuständig, soweit sich die ausländische Behörde mit seinem Nachlass nicht befasst.

2 Sie sind stets zuständig wenn ein Schweizer Bürger mit letztem Wohnsitz im Ausland sein in der Schweiz gelegenes Vermögen oder seinen gesamten Nachlass durch letztwillige Verfügung oder Erbvertrag der schweizerischen Zuständigkeit oder dem schweizerischen Recht unterstellt hat. Artikel 86 Absatz 2 ist vorbehalten.

3. Zuständigkeit am Ort der gelegenen Sache

Art. 88 1 War der Erblasser Ausländer mit letztem Wohnsitz im Ausland, so sind die schweizerischen Gerichte oder Behörden am Ort der gelegenen Sache für den in der Schweiz gelegenen Nachlass zuständig, soweit sich die ausländischen Behörden damit nicht befassen.

2 Befindet sich Vermögen an mehreren Orten, so sind die zuerst angerufenen schweizerischen Gerichte oder Behörden zuständig.

4. Sichernde Massnahmen

Art. 89 Hinterlässt der Erblasser mit letztem Wohnsitz im Ausland Vermögen in der Schweiz, so ordnen die schweizerischen Behörden am Ort der gelegenen Sache die zum einstweiligen Schutz der Vermögenswerte notwendigen Massnahmen an.

II. Anwendbares Recht
1. Letzter Wohnsitz in der Schweiz

Art. 90 1 Der Nachlass einer Person mit letztem Wohnsitz in der Schweiz untersteht schweizerischem Recht.

2 Ein Ausländer kann jedoch durch letztwillige Verfügung oder Erbvertrag den Nachlass einem seiner Heimatrechte unterstellen. Diese Unterstellung fällt dahin, wenn er im Zeitpunkt des Todes diesem Staat nicht mehr angehört hat oder wenn er Schweizer Bürger geworden ist.

2. Letzter Wohnsitz im Ausland

Art. 91 [1] Der Nachlass einer Person mit letztem Wohnsitz im Ausland untersteht dem Recht, auf welches das Kollisionsrecht des Wohnsitzstaates verweist.

[2] Soweit nach Artikel 87 die schweizerischen Gerichte oder Behörden am Heimatort zuständig sind, untersteht der Nachlass eines Schweizers mit letztem Wohnsitz im Ausland schweizerischem Recht, es sei denn, der Erblasser habe in der letztwilligen Verfügung oder im Erbvertrag ausdrücklich das Recht an seinem letzten Wohnsitz vorbehalten.

3. Umfang des Erbstatuts und Nachlassabwicklung

Art. 92 [1] Das auf den Nachlass anwendbare Recht bestimmt, was zum Nachlass gehört, wer in welchem Umfang daran berechtigt ist, wer die Schulden des Nachlasses trägt, welche Rechtsbehelfe und Massnahmen zulässig sind und unter welchen Voraussetzungen sie angerufen werden können.

[2] Die Durchführung der einzelnen Massnahmen richtet sich nach dem Recht am Ort der zuständigen Behörde. Diesem Recht unterstehen namentlich die sichernden Massnahmen und die Nachlassabwicklung mit Einschluss der Willensvollstreckung.

4. Form

Art. 93 [1] Für die Form der letztwilligen Verfügung gilt das Haager Übereinkommen vom 5. Oktober 1961[42] über das auf die Form letztwilliger Verfügungen anwendbare Recht.

[2] Dieses Übereinkommen gilt sinngemäss auch für die Form anderer Verfügungen von Todes wegen.

5. Verfügungsfähigkeit

Art. 94 Eine Person kann von Todes wegen verfügen, wenn sie im Zeitpunkt der Verfügung nach dem Recht am Wohnsitz oder am gewöhnlichen Aufenthalt oder nach dem Recht eines ihrer Heimatstaaten verfügungsfähig ist.

6. Erbverträge und gegenseitige Verfügungen von Todes wegen

Art. 95 [1] Der Erbvertrag untersteht dem Recht am Wohnsitz des Erblassers zur Zeit des Vertragsabschlusses.

[2] Unterstellt ein Erblasser im Vertrag den ganzen Nachlass seinem Heimatrecht, so tritt dieses an die Stelle des Wohnsitzrechts.

[3] Gegenseitige Verfügungen von Todes wegen müssen dem Wohnsitzrecht jedes Verfügenden oder dem von ihnen gewählten gemeinsamen Heimatrecht entsprechen.

[4] Vorbehalten bleiben die Bestimmungen dieses Gesetzes über die Form und die Verfügungsfähigkeit (Art. 93 und 94).

---

42 SR 0.211.312.1

III. Ausländische Entscheidungen, Massnahmen, Urkunden und Rechte

Art. 96 [1] Ausländische Entscheidungen, Massnahmen und Urkunden, die den Nachlass betreffen, sowie Rechte aus einem im Ausland eröffneten Nachlass werden in der Schweiz anerkannt:

a. wenn sie im Staat des letzten Wohnsitzes des Erblassers oder im Staat, dessen Recht er gewählt hat, getroffen, ausgestellt oder festgestellt worden sind oder wenn sie in einem dieser Staaten anerkannt werden, oder

b. wenn sie Grundstücke betreffen und in dem Staat, in dem sie liegen, getroffen, ausgestellt oder festgestellt worden sind oder wenn sie dort anerkannt werden.

[2] Beansprucht ein Staat für die in seinem Gebiet liegenden Grundstücke des Erblassers die ausschliessliche Zuständigkeit, so werden nur dessen Entscheidungen, Massnahmen und Urkunden anerkannt.

[3] Sichernde Massnahmen des Staates, in dem Vermögen des Erblassers liegt, werden in der Schweiz anerkannt.

7. Kapitel: Sachenrecht

I. Zuständigkeit
1. Grundstücke

Art. 97 Für Klagen betreffend dingliche Rechte an Grundstücken in der Schweiz sind die Gerichte am Ort der gelegenen Sache ausschliesslich zuständig.

2. Bewegliche Sachen

Art. 98 [1] Für Klagen betreffend dingliche Rechte an beweglichen Sachen sind die schweizerischen Gerichte am Wohnsitz oder, wenn ein solcher fehlt, diejenigen am gewöhnlichen Aufenthalt des Beklagten zuständig.

[2] Überdies sind die schweizerischen Gerichte am Ort der gelegenen Sache zuständig.[43]

3. Kulturgut

Art. 98*a*[44] Für Klagen auf Rückführung von Kulturgut nach Artikel 9 des Kulturgütertransfergesetzes vom 20. Juni 2003[45] ist das Gericht am Wohnsitz oder Sitz der beklagten Partei oder am Ort, an dem das Kulturgut sich befindet, zuständig.

II. Anwendbares Recht
1. Grundstücke

Art. 99 [1] Dingliche Rechte an Grundstücken unterstehen dem Recht am Ort der gelegenen Sache.

43 Fassung gemäss Art. 3 Ziff. 3 des BB vom 11. Dez. 2009 (Genehmigung und Umsetzung des Lugano-Übereink.), in Kraft seit 1. Jan. 2011 (AS 2010 5601; BBl 2009 1777).

44 Eingefügt durch Art. 32 Ziff. 3 des Kulturgütertransfergesetzes vom 20. Juni 2003, in Kraft seit 1. Juni 2005 (AS 2005 1869; BBl 2002 535).

45 SR 444.1

[2] Für Ansprüche aus Immissionen, die von einem Grundstück ausgehen, gelten die Bestimmungen dieses Gesetzes über unerlaubte Handlungen (Art. 138).

2. Bewegliche Sachen
a. Grundsatz

Art. 100 [1] Erwerb und Verlust dinglicher Rechte an beweglichen Sachen unterstehen dem Recht des Staates, in dem die Sache im Zeitpunkt des Vorgangs, aus dem der Erwerb oder der Verlust hergeleitet wird, liegt.

[2] Inhalt und Ausübung dinglicher Rechte an beweglichen Sachen unterstehen dem Recht am Ort der gelegenen Sache.

b. Sachen im Transit

Art. 101 Rechtsgeschäftlicher Erwerb und Verlust dinglicher Rechte an Sachen im Transit unterstehen dem Recht des Bestimmungsstaates.

c. Sachen, die in die Schweiz gelangen

Art. 102 [1] Gelangt eine bewegliche Sache in die Schweiz und ist der Erwerb oder der Verlust eines dinglichen Rechts an ihr nicht bereits im Ausland erfolgt, so gelten die im Ausland eingetretenen Vorgänge als in der Schweiz erfolgt.

[2] Gelangt eine bewegliche Sache in die Schweiz und ist an ihr im Ausland ein Eigentumsvorbehalt gültig begründet worden, der den Anforderungen des schweizerischen Rechts nicht genügt, so bleibt der Eigentumsvorbehalt in der Schweiz noch während drei Monaten gültig.

[3] Dem gutgläubigen Dritten kann der Bestand eines solchen Eigentumsvorbehalts nicht entgegengehalten werden.

d. Eigentumsvorbehalt an Sachen, die ausgeführt werden

Art. 103 Der Eigentumsvorbehalt an einer zur Ausfuhr bestimmten beweglichen Sache untersteht dem Recht des Bestimmungsstaates.

e. Rechtswahl

Art. 104 [1] Die Parteien können den Erwerb und den Verlust dinglicher Rechte an beweglichen Sachen dem Recht des Abgangs- oder des Bestimmungsstaates oder dem Recht unterstellen, dem das zugrundeliegende Rechtsgeschäft untersteht.

[2] Die Rechtswahl kann Dritten nicht entgegengehalten werden.

3. Besondere Regeln
a. Verpfändung von Forderungen, Wertpapieren und anderen Rechten

Art. 105 [1] Die Verpfändung von Forderungen, Wertpapieren und anderen Rechten untersteht dem von den Parteien gewählten Recht. Die Rechtswahl kann Dritten nicht entgegengehalten werden.

[2] Fehlt eine Rechtswahl, so untersteht die Verpfändung von Forderungen und Wertpapieren dem Recht am gewöhnlichen Aufenthalt des Pfandgläubigers; die Verpfändung anderer Rechte untersteht dem auf diese anwendbaren Recht.

3 Dem Schuldner kann nur das Recht entgegengehalten werden, dem das verpfändete Recht untersteht.

b. Warenpapiere

Art. 106 1 Das in einem Warenpapier bezeichnete Recht bestimmt, ob das Papier die Ware vertritt. Ist im Papier kein Recht bezeichnet, so gilt das Recht des Staates, in dem der Aussteller seine Niederlassung hat.

2 Vertritt ein Papier die Ware, so unterstehen die dinglichen Rechte am Papier und an der Ware dem Recht, das auf das Warenpapier als bewegliche Sache anwendbar ist.

3 Machen verschiedene Parteien dingliche Rechte an der Ware geltend, die einen unmittelbar, die anderen aufgrund eines Warenpapiers, so entscheidet über den Vorrang das auf die Ware selbst anwendbare Recht.

c. Transportmittel

Art. 107 Die Bestimmungen anderer Gesetze über dingliche Rechte an Schiffen, Luftfahrzeugen und anderen Transportmitteln sind vorbehalten.

III. Ausländische Entscheidungen

Art. 108 1 Ausländische Entscheidungen über dingliche Rechte an Grundstücken werden in der Schweiz anerkannt, wenn sie im Staat, in dem sie liegen, ergangen sind oder wenn sie dort anerkannt werden.

2 Ausländische Entscheidungen über dingliche Rechte an beweglichen Sachen werden in der Schweiz anerkannt:

a. wenn sie im Staat ergangen sind, in dem der Beklagte seinen Wohnsitz hat; oder
b. wenn sie im Staat, in dem die Sache liegt, ergangen sind, sofern der Beklagte dort seinen gewöhnlichen Aufenthalt hatte.
c. …[46]

7*a*. Kapitel:[47] Intermediärverwahrte Wertpapiere

I. Begriff

Art. 108*a* Unter intermediärverwahrten Wertpapieren sind Wertpapiere zu verstehen, die bei einem Intermediär im Sinne des Haager Übereinkommens vom 5. Juli 2006[48] über die auf bestimmte Rechte

46 Aufgehoben durch Art. 2 des BB vom 3. Okt. 2008 über die Genehmigung und die Umsetzung des Übereinkommens über die auf bestimmte Rechte an intermediärverwahrten Wertpapieren anzuwendende Rechtsordnung, mit Wirkung seit 1. Jan. 2010 (AS 2009 6579; BBl 2006 9315).

47 Eingefügt durch Art. 2 des BB vom 3. Okt. 2008 über die Genehmigung und die Umsetzung des Übereinkommens über die auf bestimmte Rechte an intermediärverwahrten Wertpapieren anzuwendende Rechtsordnung, in Kraft seit 1. Jan. 2010 (AS 2009 6579; BBl 2006 9315).

48 SR 0.221.556.1

an intermediärverwahrten Wertpapieren anzuwendende Rechtsordnung verwahrt werden.

II. Zuständigkeit

Art. 108*b* 1 Für Klagen betreffend intermediärverwahrte Wertpapiere sind die schweizerischen Gerichte am Wohnsitz des Beklagten oder, wenn ein solcher fehlt, diejenigen an seinem gewöhnlichen Aufenthalt zuständig.

2 Für Klagen betreffend intermediärverwahrte Wertpapiere aufgrund der Tätigkeit einer Niederlassung in der Schweiz sind überdies die Gerichte am Ort der Niederlassung zuständig.

III. Anwendbares Recht

Art. 108*c* Für intermediärverwahrte Wertpapiere gilt das Haager Übereinkommen vom 5. Juli 2006[49] über die auf bestimmte Rechte an intermediärverwahrten Wertpapieren anzuwendende Rechtsordnung.

IV. Ausländische Entscheidungen

Art. 108*d* Ausländische Entscheidungen über intermediärverwahrte Wertpapiere werden in der Schweiz anerkannt, wenn sie:

a. im Staat ergangen sind, in dem der Beklagte seinen Wohnsitz oder seinen gewöhnlichen Aufenthalt hatte; oder
b. im Staat ergangen sind, in dem der Beklagte seine Niederlassung hatte, und sie Ansprüche aus dem Betrieb dieser Niederlassung betreffen.

8. Kapitel: Immaterialgüterrecht

I. Zuständigkeit

Art. 109[50] 1 Für Klagen betreffend die Gültigkeit oder die Eintragung von Immaterialgüterrechten in der Schweiz sind die schweizerischen Gerichte am Wohnsitz des Beklagten zuständig. Hat der Beklagte keinen Wohnsitz in der Schweiz, so sind die schweizerischen Gerichte am Geschäftssitz des im Register eingetragenen Vertreters oder, wenn ein solcher fehlt, diejenigen am Sitz der schweizerischen Registerbehörde zuständig.

2 Für Klagen betreffend Verletzung von Immaterialgüterrechten sind die schweizerischen Gerichte am Wohnsitz des Beklagten oder, wenn ein solcher fehlt, diejenigen an seinem gewöhnlichen Aufenthaltsort zuständig. Überdies sind die schweizerischen Gerichte am Handlungs- und Erfolgsort sowie für Klagen aufgrund der Tätigkeit einer Niederlassung in der Schweiz die Gerichte am Ort der Niederlassung zuständig.

49 SR 0.221.556.1
50 Fassung gemäss Anhang Ziff. 5 des BG vom 22. Juni 2007, in Kraft seit 1. Juli 2008 (AS 2008 2551; BBl 2006 1).

3 …[51]

II. Anwendbares Recht

Art. 110 1 Immaterialgüterrechte unterstehen dem Recht des Staates, für den der Schutz der Immaterialgüter beansprucht wird.

2 Für Ansprüche aus Verletzung von Immaterialgüterrechten können die Parteien nach Eintritt des schädigenden Ereignisses stets vereinbaren, dass das Recht am Gerichtsort anzuwenden ist.

3 Verträge über Immaterialgüterrechte unterstehen den Bestimmungen dieses Gesetzes über das auf obligationenrechtliche Verträge anzuwendende Recht (Art. 122).

III. Ausländische Entscheidungen

Art. 111 1 Ausländische Entscheidungen betreffend Immaterialgüterrechte werden in der Schweiz anerkannt, wenn sie:

a. im Staat ergangen sind, in dem der Beklagte seinen Wohnsitz hatte; oder
b. am Handlungs- oder Erfolgsort ergangen sind und der Beklagte keinen Wohnsitz in der Schweiz hatte.[52]

2 Ausländische Entscheidungen betreffend Gültigkeit oder Eintragung von Immaterialgüterrechten werden nur anerkannt, wenn sie im Staat ergangen sind, für den der Schutz beansprucht wird, oder wenn sie dort anerkannt werden.

9. Kapitel: Obligationenrecht

1. Abschnitt: Verträge

I. Zuständigkeit
1. Wohnsitz und Niederlassung[53]

Art. 112 1 Für Klagen aus Vertrag sind die schweizerischen Gerichte am Wohnsitz des Beklagten oder, wenn ein solcher fehlt, diejenigen an seinem gewöhnlichen Aufenthalt zuständig.

2 Für Klagen aufgrund der Tätigkeit einer Niederlassung in der Schweiz sind überdies die Gerichte am Ort der Niederlassung zuständig.

2. Erfüllungsort

Art. 113[54] Ist die für den Vertrag charakteristische Leistung in der Schweiz zu erbringen, so kann auch beim schweizerischen Gericht am Erfüllungsort dieser Leistung geklagt werden.

---

51 Aufgehoben durch Art. 3 Ziff. 3 des BB vom 11. Dez. 2009 (Genehmigung und Umsetzung des Lugano-Übereink.), mit Wirkung seit 1. Jan. 2011 (AS 2010 5601; BBl 2009 1777).

52 Fassung gemäss Anhang Ziff. 5 des BG vom 22. Juni 2007, in Kraft seit 1. Juli 2008 (AS 2008 2551; BBl 2006 1).

53 Fassung gemäss Art. 3 Ziff. 3 des BB vom 11. Dez. 2009 (Genehmigung und Umsetzung des Lugano-Übereink.), in Kraft seit 1. Jan. 2011 (AS 2010 5601; BBl 2009 1777).).

54 Fassung gemäss Art. 3 Ziff. 3 des BB vom 11. Dez. 2009 (Genehmigung und Umsetzung des Lugano-Übereink.), in Kraft seit 1. Jan. 2011 (AS 2010 5601; BBl 2009 1777).

3. Verträge mit Konsumenten

Art. 114 1 Für die Klagen eines Konsumenten aus einem Vertrag, der den Voraussetzungen von Artikel 120 Absatz 1 entspricht, sind nach Wahl des Konsumenten die schweizerischen Gerichte zuständig:

a. am Wohnsitz oder am gewöhnlichen Aufenthalt des Konsumenten, oder
b. am Wohnsitz des Anbieters oder, wenn ein solcher fehlt, an dessen gewöhnlichem Aufenthalt.

2 Der Konsument kann nicht zum voraus auf den Gerichtsstand an seinem Wohnsitz oder an seinem gewöhnlichen Aufenthalt verzichten.

4. Arbeitsverträge

Art. 115 1 Für Klagen aus Arbeitsvertrag sind die schweizerischen Gerichte am Wohnsitz des Beklagten oder am Ort zuständig, wo der Arbeitnehmer gewöhnlich seine Arbeit verrichtet.

2 Für Klagen des Arbeitnehmers sind überdies die schweizerischen Gerichte an seinem Wohnsitz oder an seinem gewöhnlichen Aufenthalt zuständig.

3 Für Klagen bezüglich der auf die Arbeitsleistung anzuwendenden Arbeits- und Lohnbedingungen sind zudem die Schweizer Gerichte am Ort zuständig, an den der Arbeitnehmer für einen begrenzten Zeitraum und zur Verrichtung auch nur eines Teils seiner Arbeit aus dem Ausland entsandt worden ist.[55]

II. Anwendbares Recht
1. Im Allgemeinen
a. Rechtswahl

Art. 116 1 Der Vertrag untersteht dem von den Parteien gewählten Recht.

2 Die Rechtswahl muss ausdrücklich sein oder sich eindeutig aus dem Vertrag oder aus den Umständen ergeben. Im Übrigen untersteht sie dem gewählten Recht.

3 Die Rechtswahl kann jederzeit getroffen oder geändert werden. Wird sie nach Vertragsabschluss getroffen oder geändert, so wirkt sie auf den Zeitpunkt des Vertragsabschlusses zurück. Die Rechte Dritter sind vorbehalten.

b. Fehlen einer Rechtswahl

Art. 117 1 Bei Fehlen einer Rechtswahl untersteht der Vertrag dem Recht des Staates, mit dem er am engsten zusammenhängt.

2 Es wird vermutet, der engste Zusammenhang bestehe mit dem Staat, in dem die Partei, welche die charakteristische Leistung erbringen soll, ihren gewöhnlichen Aufenthalt hat oder, wenn sie den Vertrag

55 Eingefügt durch Anhang Ziff. 1 des BG vom 8. Okt. 1999 über die in die Schweiz entsandten Arbeitnehmerinnen und Arbeitnehmer, in Kraft seit 1. Juni 2004 (AS 2003 1370; BBl 1999 6128).

aufgrund einer beruflichen oder gewerblichen Tätigkeit geschlossen hat, in dem sich ihre Niederlassung befindet.

3 Als charakteristische Leistung gilt namentlich:
a. bei Veräusserungsverträgen die Leistung des Veräusserers;
b. bei Gebrauchsüberlassungsverträgen die Leistung der Partei, die eine Sache oder ein Recht zum Gebrauch überlässt;
c. bei Auftrag, Werkvertrag und ähnlichen Dienstleistungsverträgen die Dienstleistung;
d. bei Verwahrungsverträgen die Leistung des Verwahrers;
e. bei Garantie- oder Bürgschaftsverträgen die Leistung des Garanten oder des Bürgen.

2. Im Besonderen
a. Kauf beweglicher körperlicher Sachen

Art. 118 1 Für den Kauf beweglicher körperlicher Sachen gilt das Haager Übereinkommen vom 15. Juni 1955[56] betreffend das auf internationale Kaufverträge über bewegliche körperliche Sachen anzuwendende Recht.

2 Artikel 120 ist vorbehalten.

b. Grundstücke

Art. 119 1 Verträge über Grundstücke oder deren Gebrauch unterstehen dem Recht des Staates, in dem sich die Grundstücke befinden.

2 Eine Rechtswahl ist zulässig.

3 Die Form untersteht dem Recht des Staates, in dem sich das Grundstück befindet, es sei denn, dieses Recht lasse die Anwendung eines anderen Rechts zu. Für ein Grundstück in der Schweiz richtet sich die Form nach schweizerischem Recht.

c. Verträge mit Konsumenten

Art. 120 1 Verträge über Leistungen des üblichen Verbrauchs, die für den persönlichen oder familiären Gebrauch des Konsumenten bestimmt sind und nicht im Zusammenhang mit der beruflichen oder gewerblichen Tätigkeit des Konsumenten stehen, unterstehen dem Recht des Staates, in dem der Konsument seinen gewöhnlichen Aufenthalt hat:
a. wenn der Anbieter die Bestellung in diesem Staat entgegengenommen hat;
b. wenn in diesem Staat dem Vertragsabschluss ein Angebot oder eine Werbung vorausgegangen ist und der Konsument in diesem Staat die zum Vertragsabschluss erforderlichen Rechtshandlungen vorgenommen hat, oder
c. wenn der Anbieter den Konsumenten veranlasst hat, sich ins Ausland zu begeben und seine Bestellung dort abzugeben.

2 Eine Rechtswahl ist ausgeschlossen.

56 SR 0.221.211.4

d. Arbeitsverträge

Art. 121 [1] Der Arbeitsvertrag untersteht dem Recht des Staates, in dem der Arbeitnehmer gewöhnlich seine Arbeit verrichtet.

[2] Verrichtet der Arbeitnehmer seine Arbeit gewöhnlich in mehreren Staaten, so untersteht der Arbeitsvertrag dem Recht des Staates, in dem sich die Niederlassung oder, wenn eine solche fehlt, der Wohnsitz oder der gewöhnliche Aufenthalt des Arbeitgebers befindet.

[3] Die Parteien können den Arbeitsvertrag dem Recht des Staates unterstellen, in dem der Arbeitnehmer seinen gewöhnlichen Aufenthalt hat oder in dem der Arbeitgeber seine Niederlassung, seinen Wohnsitz oder seinen gewöhnlichen Aufenthalt hat.

e. Verträge über Immaterialgüterrechte

Art. 122 [1] Verträge über Immaterialgüterrechte unterstehen dem Recht des Staates, in dem derjenige, der das Immaterialgüterrecht überträgt oder die Benutzung an ihm einräumt, seinen gewöhnlichen Aufenthalt hat.

[2] Eine Rechtswahl ist zulässig.

[3] Verträge zwischen Arbeitgebern und Arbeitnehmern über Rechte an Immaterialgütern, die der Arbeitnehmer im Rahmen der Erfüllung des Arbeitsvertrages geschaffen hat, unterstehen dem auf den Arbeitsvertrag anwendbaren Recht.

3. Gemeinsame Bestimmungen
a. Schweigen auf einen Antrag

Art. 123 Schweigt eine Partei auf einen Antrag zum Abschluss eines Vertrages, so kann sie sich für die Wirkungen des Schweigens auf das Recht des Staates berufen, in dem sie ihren gewöhnlichen Aufenthalt hat.

b. Form

Art. 124 [1] Der Vertrag ist formgültig, wenn er dem auf den Vertrag anwendbaren Recht oder dem Recht am Abschlussort entspricht.

[2] Befinden sich die Parteien im Zeitpunkt des Vertragsabschlusses in verschiedenen Staaten, so genügt es, wenn die Form dem Recht eines dieser Staaten entspricht.

[3] Schreibt das auf den Vertrag anwendbare Recht die Beachtung einer Form zum Schutz einer Partei vor, so richtet sich die Formgültigkeit ausschliesslich nach diesem Recht, es sei denn, dieses lasse die Anwendung eines anderen Rechts zu.

c. Erfüllungs- und Untersuchungsmodalitäten

Art. 125 Erfüllungs- und Untersuchungsmodalitäten unterstehen dem Recht des Staates, in dem sie tatsächlich erfolgen.

d. Stellvertretung

Art. 126 [1] Bei rechtsgeschäftlicher Vertretung untersteht das Verhältnis zwischen dem Vertretenen und dem Vertreter dem auf ihren Vertrag anwendbaren Recht.

2 Die Voraussetzungen, unter denen eine Handlung des Vertreters den Vertretenen gegenüber dem Dritten verpflichtet, unterstehen dem Recht des Staates, in dem der Vertreter seine Niederlassung hat oder, wenn eine solche fehlt oder für den Dritten nicht erkennbar ist, dem Recht des Staates, in dem der Vertreter im Einzelfall hauptsächlich handelt.

3 Steht der Vertreter in einem Arbeitsverhältnis zum Vertretenen und besitzt er keine eigene Geschäftsniederlassung, so befindet sich der Ort seiner Niederlassung am Sitz des Vertretenen.

4 Das nach Absatz 2 anwendbare Recht gilt auch für das Verhältnis zwischen dem nicht ermächtigten Vertreter und dem Dritten.

2. Abschnitt: Ungerechtfertigte Bereicherung

I. Zuständigkeit

Art. 127[57] Für Klagen aus ungerechtfertigter Bereicherung sind die schweizerischen Gerichte am Wohnsitz des Beklagten oder, wenn ein solcher fehlt, diejenigen an seinem gewöhnlichen Aufenthaltsort zuständig. Überdies sind für Klagen aufgrund der Tätigkeit einer Niederlassung in der Schweiz die Gerichte am Ort der Niederlassung zuständig.

II. Anwendbares Recht

Art. 128 1 Ansprüche aus ungerechtfertigter Bereicherung unterstehen dem Recht, dem das bestehende oder das vermeintliche Rechtsverhältnis unterstellt ist, aufgrund dessen die Bereicherung stattgefunden hat.

2 Besteht kein Rechtsverhältnis, so unterstehen die Ansprüche aus ungerechtfertigter Bereicherung dem Recht des Staates, in dem die Bereicherung eingetreten ist; die Parteien können vereinbaren, dass das Recht am Gerichtsort anzuwenden ist.

3. Abschnitt: Unerlaubte Handlungen

I. Zuständigkeit
1. Grundsatz

Art. 129[58] 1 Für Klagen aus unerlaubter Handlung sind die schweizerischen Gerichte am Wohnsitz des Beklagten oder, wenn ein solcher fehlt, diejenigen an seinem gewöhnlichen Aufenthaltsort zuständig. Überdies sind die schweizerischen Gerichte am Handlungs- oder Erfolgsort sowie für Klagen aufgrund der Tätigkeit

57 Fassung gemäss Anhang Ziff. 5 des BG vom 22. Juni 2007, in Kraft seit 1. Juli 2008 (AS 2008 2551; BBl 2006 1).
58 Fassung gemäss Anhang Ziff. 5 des BG vom 22. Juni 2007, in Kraft seit 1. Juli 2008 (AS 2008 2551; BBl 2006 1).

einer Niederlassung in der Schweiz die Gerichte am Ort der Niederlassung zuständig.

2 …[59]

2. Im Besonderen

Art. 130 1 Ist durch eine Kernanlage oder beim Transport von Kernmaterialien Schaden verursacht worden, so sind die schweizerischen Gerichte des Ortes zuständig, an dem das schädigende Ereignis eingetreten ist.

2 Kann dieser Ort nicht ermittelt werden, so sind:

a. wenn der Inhaber einer Kernanlage haftet, die schweizerischen Gerichte des Ortes zuständig, in dem die Kernanlage gelegen ist;
b. wenn der Inhaber einer Transportbewilligung haftet, die schweizerischen Gerichte des Ortes zuständig, an dem der Inhaber der Transportbewilligung seinen Wohnsitz oder sein Gerichtsdomizil hat.

3 Klagen zur Durchsetzung des Auskunftsrechts gegen den Inhaber einer Datensammlung können bei den in Artikel 129 genannten Gerichten oder bei den schweizerischen Gerichten am Ort, wo die Datensammlung geführt oder verwendet wird, eingereicht werden.[60]

3. Unmittelbares Forderungsrecht

Art. 131 Für Klagen aufgrund eines unmittelbaren Forderungsrechts gegen den Haftpflichtversicherer sind die schweizerischen Gerichte am Ort der Niederlassung des Versicherers oder diejenigen am Handlungs- oder am Erfolgsort zuständig.

II. Anwendbares Recht
1. Im Allgemeinen
a. Rechtswahl

Art. 132 Die Parteien können nach Eintritt des schädigenden Ereignisses stets vereinbaren, dass das Recht am Gerichtsort anzuwenden ist.

b. Fehlen einer Rechtswahl

Art. 133 1 Haben Schädiger und Geschädigter ihren gewöhnlichen Aufenthalt im gleichen Staat, so unterstehen Ansprüche aus unerlaubter Handlung dem Recht dieses Staates.

2 Haben Schädiger und Geschädigter ihren gewöhnlichen Aufenthalt nicht im gleichen Staat, so ist das Recht des Staates anzuwenden, in dem die unerlaubte Handlung begangen worden ist. Tritt der Erfolg nicht in dem Staat ein, in dem die unerlaubte Handlung begangen worden ist, so ist das Recht des Staates anzuwenden, in dem der Erfolg eintritt, wenn der Schädiger mit dem Eintritt des Erfolges in diesem Staat rechnen musste.

---

59 Aufgehoben durch Art. 3 Ziff. 3 des BB vom 11. Dez. 2009 (Genehmigung und Umsetzung des Lugano-Übereink.), mit Wirkung seit 1. Jan. 2011 (AS 2010 5601; BBl 2009 1777).

60 Eingefügt durch Anhang Ziff. 3 des BG vom 19. Juni 1992 über den Datenschutz, in Kraft seit 1. Juli 1993 (AS 1993 1945; BBl 1988 II 413).

[3] Wird durch eine unerlaubte Handlung ein zwischen Schädiger und Geschädigtem bestehendes Rechtsverhältnis verletzt, so unterstehen Ansprüche aus unerlaubter Handlung, ungeachtet der Absätze 1 und 2, dem Recht, dem das vorbestehende Rechtsverhältnis unterstellt ist.

2. Im Besonderen
a. Strassenverkehrsunfälle

Art. 134 Für Ansprüche aus Strassenverkehrsunfällen gilt das Haager Übereinkommen vom 4. Mai 1971[61] über das auf Strassenverkehrsunfälle anwendbare Recht.

b. Produktemängel

Art. 135 [1] Ansprüche aus Mängeln oder mangelhafter Beschreibung eines Produktes unterstehen nach Wahl des Geschädigten:

a. dem Recht des Staates, in dem der Schädiger seine Niederlassung oder, wenn eine solche fehlt, seinen gewöhnlichen Aufenthalt hat, oder
b. dem Recht des Staates, in dem das Produkt erworben worden ist, sofern der Schädiger nicht nachweist, dass es in diesem Staat ohne sein Einverständnis in den Handel gelangt ist.

[2] Unterstehen Ansprüche aus Mängeln oder mangelhafter Beschreibung eines Produktes ausländischem Recht, so können in der Schweiz keine weitergehenden Leistungen zugesprochen werden, als nach schweizerischem Recht für einen solchen Schaden zuzusprechen wären.

c. Unlauterer Wettbewerb

Art. 136 [1] Ansprüche aus unlauterem Wettbewerb unterstehen dem Recht des Staates, auf dessen Markt die unlautere Handlung ihre Wirkung entfaltet.

[2] Richtet sich die Rechtsverletzung ausschliesslich gegen betriebliche Interessen des Geschädigten, so ist das Recht des Staates anzuwenden, in dem sich die betroffene Niederlassung befindet.

[3] Artikel 133 Absatz 3 ist vorbehalten.

d. Wettbewerbsbehinderung

Art. 137 [1] Ansprüche aus Wettbewerbsbehinderung unterstehen dem Recht des Staates, auf dessen Markt der Geschädigte von der Behinderung unmittelbar betroffen ist.

[2] Unterstehen Ansprüche aus Wettbewerbsbehinderung ausländischem Recht, so können in der Schweiz keine weitergehenden Leistungen zugesprochen werden als nach schweizerischem Recht für eine unzulässige Wettbewerbsbehinderung zuzusprechen wären.

e. Immissionen

Art. 138 Ansprüche aus schädigenden Einwirkungen, die von einem Grundstück ausgehen, unterstehen nach Wahl des Geschädigten

61 SR 0.741.31

dem Recht des Staates, in dem das Grundstück liegt, oder dem Recht des Staates, in dem der Erfolg einer Einwirkung eintritt.

f. Persönlichkeitsverletzung

Art. 139 [1] Ansprüche aus Verletzung der Persönlichkeit durch Medien, insbesondere durch Presse, Radio, Fernsehen oder durch andere Informationsmittel in der Öffentlichkeit unterstehen nach Wahl des Geschädigten:

a. dem Recht des Staates, in dem der Geschädigte seinen gewöhnlichen Aufenthalt hat, sofern der Schädiger mit dem Eintritt des Erfolges in diesem Staat rechnen musste;
b. dem Recht des Staates, in dem der Urheber der Verletzung seine Niederlassung oder seinen gewöhnlichen Aufenthalt hat, oder
c. dem Recht des Staates, in dem der Erfolg der verletzenden Handlung eintritt, sofern der Schädiger mit dem Eintritt des Erfolges in diesem Staat rechnen musste.

[2] Das Gegendarstellungsrecht gegenüber periodisch erscheinenden Medien richtet sich ausschliesslich nach dem Recht des Staates, in dem das Druckerzeugnis erschienen ist oder von dem aus die Radio- oder Fernsehsendung verbreitet wurde

[3] Absatz 1 ist auch anwendbar auf Ansprüche aus Verletzung der Persönlichkeit durch das Bearbeiten von Personendaten sowie aus Beeinträchtigung des Rechts auf Auskunft über Personendaten.[62]

3. Besondere Bestimmungen
a. Mehrfache Haftpflichtige

Art. 140 Sind mehrere Personen an einer unerlaubten Handlung beteiligt, so ist für jede von ihnen das anwendbare Recht gesondert zu bestimmen, unabhängig von der Art ihrer Beteiligung.

b. Unmittelbares Forderungsrecht

Art. 141 Der Geschädigte kann seinen Anspruch direkt gegen den Versicherer des Haftpflichtigen geltend machen, wenn das auf die unerlaubte Handlung oder auf den Versicherungsvertrag anwendbare Recht es vorsieht.

4. Geltungsbereich

Art. 142 [1] Das auf die unerlaubte Handlung anwendbare Recht bestimmt insbesondere die Deliktsfähigkeit, die Voraussetzungen und den Umfang der Haftung sowie die Person des Haftpflichtigen.

[2] Sicherheits- und Verhaltensvorschriften am Ort der Handlung sind zu berücksichtigen.

62 Eingefügt durch Anhang Ziff. 3 des BG vom 19. Juni 1992 über den Datenschutz, in Kraft seit 1. Juli 1993 (AS 1993 1945; BBl 1988 II 413).

4. Abschnitt: Gemeinsame Bestimmungen

I. Mehrheit von Schuldnern
1. Ansprüche gegen mehrere Schuldner

Art. 143 Hat der Gläubiger Ansprüche gegen mehrere Schuldner, so unterstehen die Rechtsfolgen daraus dem Recht, dem das Rechtsverhältnis zwischen dem Gläubiger und dem in Anspruch genommenen Schuldner unterstellt ist.

2. Rückgriff zwischen Schuldnern

Art. 144 1 Ein Schuldner kann auf einen anderen Schuldner unmittelbar oder durch Eintritt in die Rechtsstellung des Gläubigers insoweit Rückgriff nehmen, als es die Rechte zulassen, denen die entsprechenden Schulden unterstehen.

2 Die Durchführung des Rückgriffs untersteht dem gleichen Recht wie die Schuld des Rückgriffsverpflichteten. Fragen, die nur das Verhältnis zwischen Gläubiger und Rückgriffsberechtigtem betreffen, unterstehen dem Recht, das auf die Schuld des Rückgriffsberechtigten anwendbar ist.

3 Ob einer Einrichtung, die öffentliche Aufgaben wahrnimmt, ein Rückgriffsrecht zusteht, bestimmt sich nach dem auf diese Einrichtung anwendbaren Recht. Für die Zulässigkeit und die Durchführung des Rückgriffes gelten die Absätze 1 und 2.

II. Übergang einer Forderung
1. Abtretung durch Vertrag

Art. 145 1 Die Abtretung einer Forderung durch Vertrag untersteht dem von den Parteien gewählten Recht oder, wenn ein solches fehlt, dem auf die Forderung anzuwendenden Recht. Die Rechtswahl ist gegenüber dem Schuldner ohne dessen Zustimmung unwirksam.

2 Für die Abtretung einer Forderung des Arbeitnehmers ist die Rechtswahl nur insoweit wirksam, als Artikel 121 Absatz 3 sie für den Arbeitsvertrag zulässt.

3 Die Form der Abtretung untersteht ausschliesslich dem auf den Abtretungsvertrag anwendbaren Recht.

4 Fragen, die nur das Verhältnis zwischen den Parteien des Abtretungsvertrages betreffen, unterstehen dem Recht, welches auf das der Abtretung zugrundeliegende Rechtsverhältnis anwendbar ist.

2. Übergang kraft Gesetzes

Art. 146 1 Der Übergang einer Forderung kraft Gesetzes untersteht dem Recht des zugrundeliegenden Rechtsverhältnisses zwischen altem und neuem Gläubiger oder, wenn ein solches fehlt, dem Recht der Forderung.

2 Vorbehalten sind die Bestimmungen des Rechts der Forderung, die den Schuldner schützen.

III. Währung

Art. 147 1 Was unter einer Währung zu verstehen ist, bestimmt das Recht des Staates, dessen Währung in Frage steht.

[2] Die Wirkungen einer Währung auf die Höhe einer Schuld unterstehen dem Recht, das auf die Schuld anwendbar ist.

[3] In welcher Währung zu zahlen ist, richtet sich nach dem Recht des Staates, in dem die Zahlung zu erfolgen hat.

IV. Verjährung und Erlöschen einer Forderung

Art. 148 [1] Verjährung und Erlöschen einer Forderung unterstehen dem auf die Forderung anwendbaren Recht.

[2] Bei der Verrechnung untersteht das Erlöschen dem Recht der Forderung, deren Tilgung mit der Verrechnung bezweckt ist.

[3] Die Neuerung, der Erlass- und der Verrechnungsvertrag richten sich nach den Bestimmungen dieses Gesetzes über das auf Verträge anwendbare Recht (Art. 116 ff.).

5. Abschnitt: Ausländische Entscheidungen

Art. 149 [1] Ausländische Entscheidungen über obligationenrechtliche Ansprüche werden in der Schweiz anerkannt, wenn sie im Staat ergangen sind:

a. in dem der Beklagte seinen Wohnsitz hatte, oder
b. in dem der Beklagte seinen gewöhnlichen Aufenthalt hatte und die Ansprüche mit einer Tätigkeit an diesem Ort zusammenhängen.

[2] Eine ausländische Entscheidung wird ferner anerkannt:

a.[63] wenn sie eine vertragliche Leistung betrifft, im Staat der Erfüllung der charakteristischen Leistung ergangen ist und der Beklagte seinen Wohnsitz nicht in der Schweiz hatte;
b. wenn sie Ansprüche aus Verträgen mit Konsumenten betrifft und am Wohnsitz oder am gewöhnlichen Aufenthalt des Konsumenten ergangen ist, und die Voraussetzungen von Artikel 120 Absatz 1 erfüllt sind;
c. wenn sie Ansprüche aus einem Arbeitsvertrag betrifft, am Arbeits- oder Betriebsort ergangen ist und der Arbeitnehmer seinen Wohnsitz nicht in der Schweiz hatte;
d. wenn sie Ansprüche aus dem Betrieb einer Niederlassung betrifft und am Sitz dieser Niederlassung ergangen ist;
e. wenn sie Ansprüche aus ungerechtfertigter Bereicherung betrifft, am Handlungs- oder am Erfolgsort ergangen ist und der Beklagte seinen Wohnsitz nicht in der Schweiz hatte, oder

63 Fassung gemäss Art. 3 Ziff. 3 des BB vom 11. Dez. 2009 (Genehmigung und Umsetzung des Lugano-Übereink.), in Kraft seit 1. Jan. 2011 (AS 2010 5601; BBl 2009 1777).

f. wenn sie Ansprüche aus unerlaubter Handlung betrifft, am Handlungs- oder am Erfolgsort ergangen ist und der Beklagte seinen Wohnsitz nicht in der Schweiz hatte.

9*a*. Kapitel:[64] Trusts

I. Begriff

Art. 149*a* Als Trusts gelten rechtsgeschäftlich errichtete Trusts im Sinne des Haager Übereinkommens vom 1. Juli 1985[65] über das auf Trusts anzuwendende Recht und über ihre Anerkennung, unabhängig davon, ob sie im Sinne von Artikel 3 des Übereinkommens schriftlich nachgewiesen sind.

II. Zuständigkeit

Art. 149*b* 1 In trustrechtlichen Angelegenheiten ist die Gerichtsstandswahl gemäss den Bestimmungen des Trusts massgebend. Die Wahl oder eine Ermächtigung dazu in den Bestimmungen ist nur zu beachten, wenn sie schriftlich erfolgt ist oder in einer anderen Form, die ihren Nachweis durch Text ermöglicht. Ist nichts anderes bestimmt, so ist das bezeichnete Gericht ausschliesslich zuständig. Artikel 5 Absatz 2 gilt sinngemäss.

2 Das bezeichnete Gericht darf seine Zuständigkeit nicht ablehnen, wenn:

a. eine Partei, der Trust oder ein Trustee Wohnsitz, gewöhnlichen Aufenthalt oder eine Niederlassung im Kanton dieses Gerichts hat, oder
b. ein Grossteil des Trustvermögens sich in der Schweiz befindet.

3 Fehlt eine gültige Gerichtsstandswahl oder ist nach ihr das bezeichnete Gericht nicht ausschliesslich zuständig, so sind die schweizerischen Gerichte zuständig:

a. am Wohnsitz oder, wenn ein solcher fehlt, am gewöhnlichen Aufenthalt der beklagten Partei;
b. am Sitz des Trusts; oder
c. für Klagen aufgrund der Tätigkeit einer Niederlassung in der Schweiz, am Ort dieser Niederlassung.

4 Bei Streitigkeiten über die Verantwortlichkeit infolge öffentlicher Ausgabe von Beteiligungspapieren und Anleihen kann ausserdem bei den schweizerischen Gerichten am Ausgabeort geklagt werden. Diese Zuständigkeit kann durch eine Gerichtsstandswahl nicht ausgeschlossen werden.

64 Eingefügt durch Art. 2 des BB vom 20. Dez. 2006 über die Genehmigung und Umsetzung des Haager Übereink. über das auf Trusts anzuwendende Recht und über ihre Anerkennung, in Kraft seit 1. Juli 2007 (AS 2007 2849; BBl 2006 551).
65 SR 0.221.371

III. Anwendbares Recht

Art. 149*c* 1 Für das auf Trusts anwendbare Recht gilt das Haager Übereinkommen vom 1. Juli 1985[66] über das auf Trusts anzuwendende Recht und über ihre Anerkennung.

2 Das vom Übereinkommen bezeichnete anwendbare Recht ist auch dort massgebend, wo nach Artikel 5 des Übereinkommens dieses nicht anzuwenden ist oder wo nach Artikel 13 des Übereinkommens keine Verpflichtung zur Anerkennung eines Trusts besteht.

IV. Besondere Vorschriften betreffend Publizität

Art. 149*d* 1 Bei Trustvermögen, das auf den Namen von Trustees im Grundbuch, im Schiffsregister oder im Luftfahrzeugbuch eingetragen ist, kann auf das Trustverhältnis durch eine Anmerkung hingewiesen werden.

2 Trustverhältnisse, die in der Schweiz registrierte Immaterialgüterrechte betreffen, werden auf Antrag im jeweiligen Register eingetragen.

3 Ein nicht angemerktes oder eingetragenes Trustverhältnis ist gutgläubigen Dritten gegenüber unwirksam.

V. Ausländische Entscheidungen

Art. 149*e* 1 Ausländische Entscheidungen in trustrechtlichen Angelegenheiten werden in der Schweiz anerkannt, wenn:

a. sie von einem nach Artikel 149*b* Absatz 1 gültig bezeichneten Gericht getroffen worden sind;
b. sie im Staat ergangen sind, in dem die beklagte Partei ihren Wohnsitz, ihren gewöhnlichen Aufenthalt oder ihre Niederlassung hatte;
c. sie im Staat ergangen sind, in dem der Trust seinen Sitz hatte;
d. sie im Staat ergangen sind, dessen Recht der Trust untersteht, oder
e. sie im Staat anerkannt werden, in dem der Trust seinen Sitz hat, und die beklagte Partei ihren Wohnsitz nicht in der Schweiz hatte.

2 Für ausländische Entscheidungen über Ansprüche aus öffentlicher Ausgabe von Beteiligungspapieren und Anleihen aufgrund von Prospekten, Zirkularen und ähnlichen Bekanntmachungen gilt sinngemäss Artikel 165 Absatz 2.

66 SR 0.221.371

10. Kapitel: Gesellschaftsrecht

I. Begriffe

Art. 150 1 Als Gesellschaften im Sinne dieses Gesetzes gelten organisierte Personenzusammenschlüsse und organisierte Vermögenseinheiten.

2 Für einfache Gesellschaften, die sich keine Organisation gegeben haben, gilt das auf Verträge anwendbare Recht (Art. 116 ff.).

II. Zuständigkeit
1. Grundsatz

Art. 151 1 In gesellschaftsrechtlichen Streitigkeiten sind die schweizerischen Gerichte am Sitz der Gesellschaft zuständig für Klagen gegen die Gesellschaft, die Gesellschafter oder die aus gesellschaftsrechtlicher Verantwortlichkeit haftenden Personen.

2 Für Klagen gegen einen Gesellschafter oder gegen eine aus gesellschaftsrechtlicher Verantwortlichkeit haftende Person sind auch die schweizerischen Gerichte am Wohnsitz oder, wenn ein solcher fehlt, diejenigen am gewöhnlichen Aufenthalt des Beklagten zuständig.

3 Für Klagen aus Verantwortlichkeit infolge öffentlicher Ausgabe von Beteiligungspapieren und Anleihen sind ausserdem die schweizerischen Gerichte am Ausgabeort zuständig. Diese Zuständigkeit kann durch eine Gerichtsstandsvereinbarung nicht ausgeschlossen werden.

4 ...[67]

2. Haftung für ausländische Gesellschaften

Art. 152 Für Klagen gegen die nach Artikel 159 haftenden Personen oder gegen die ausländische Gesellschaft, für die sie handeln, sind zuständig:

a. die schweizerischen Gerichte am Wohnsitz oder, wenn ein solcher fehlt, diejenigen am gewöhnlichen Aufenthalt des Beklagten, oder
b. die schweizerischen Gerichte am Ort, an dem die Gesellschaft tatsächlich verwaltet wird.

3. Schutzmassnahmen

Art. 153 Für Massnahmen zum Schutze des in der Schweiz gelegenen Vermögens von Gesellschaften mit Sitz im Ausland sind die schweizerischen Gerichte oder Behörden am Ort des zu schützenden Vermögenswertes zuständig.

III. Anwendbares Recht
1. Grundsatz

Art. 154 1 Gesellschaften unterstehen dem Recht des Staates, nach dessen Vorschriften sie organisiert sind, wenn sie die darin vorgeschriebenen Publizitäts- oder Registrierungsvorschriften dieses Rechts

67 Eingefügt durch Anhang 1 Ziff. II 18 der Zivilprozessordnung vom 19. Dez. 2008 (AS 2010 1739; BBl 2006 7221). Aufgehoben durch Ziff. II 2 des BG vom 28. Sept. 2012, mit Wirkung seit 1. Mai 2013 (AS 2013 1103; BBl 2011 6873).

erfüllen oder, falls solche Vorschriften nicht bestehen, wenn sie sich nach dem Recht dieses Staates organisiert haben.

2 Erfüllt eine Gesellschaft diese Voraussetzungen nicht, so untersteht sie dem Recht des Staates, in dem sie tatsächlich verwaltet wird.

2. Umfang

Art. 155 Unter Vorbehalt der Artikel 156–161 bestimmt das auf die Gesellschaft anwendbare Recht insbesondere:

a. die Rechtsnatur;
b. die Entstehung und den Untergang;
c. die Rechts- und Handlungsfähigkeit;
d. den Namen oder die Firma;
e. die Organisation;
f. die internen Beziehungen, namentlich diejenigen zwischen der Gesellschaft und ihren Mitgliedern;
g. die Haftung aus Verletzung gesellschaftsrechtlicher Vorschriften;
h. die Haftung für ihre Schulden;
i. die Vertretung der aufgrund ihrer Organisation handelnden Personen.

IV. Sonderanknüpfungen
1. Ansprüche aus öffentlicher Ausgabe von Beteiligungspapieren und Anleihen

Art. 156 Ansprüche aus öffentlicher Ausgabe von Beteiligungspapieren und Anleihen aufgrund von Prospekten, Zirkularen und ähnlichen Bekanntmachungen können nach dem auf die Gesellschaft anwendbaren Recht oder nach dem Recht des Staates geltend gemacht werden, in dem die Ausgabe erfolgt ist.

2. Namens- und Firmenschutz

Art. 157 1 Wird in der Schweiz der Name oder die Firma einer im schweizerischen Handelsregister eingetragenen Gesellschaft verletzt, so richtet sich deren Schutz nach schweizerischem Recht.

2 Ist eine Gesellschaft nicht im schweizerischen Handelsregister eingetragen, so richtet sich der Schutz ihres Namens oder ihrer Firma nach dem auf den unlauteren Wettbewerb (Art. 136) oder nach dem auf die Persönlichkeitsverletzung anwendbaren Recht (Art. 132, 133 und 139).

3. Beschränkung der Vertretungsbefugnis

Art. 158 Eine Gesellschaft kann sich nicht auf die Beschränkung der Vertretungsbefugnis eines Organs oder eines Vertreters berufen, die dem Recht des Staates des gewöhnlichen Aufenthalts oder der Niederlassung der anderen Partei unbekannt ist, es sei denn, die andere Partei habe diese Beschränkung gekannt oder hätte sie kennen müssen.

4. Haftung für ausländische Gesellschaften

Art. 159 Werden die Geschäfte einer Gesellschaft, die nach ausländischem Recht gegründet worden ist, in der Schweiz oder von der

Schweiz aus geführt, so untersteht die Haftung der für sie handelnden Personen schweizerischem Recht.

V. Zweigniederlassung ausländischer Gesellschaften in der Schweiz

Art. 160 1 Eine Gesellschaft mit Sitz im Ausland kann in der Schweiz eine Zweigniederlassung haben. Diese untersteht schweizerischem Recht.

2 Die Vertretungsmacht einer solchen Zweigniederlassung richtet sich nach schweizerischem Recht. Mindestens eine zur Vertretung befugte Person muss in der Schweiz Wohnsitz haben und im Handelsregister eingetragen sein.

3 Der Bundesrat erlässt die näheren Vorschriften über die Pflicht zur Eintragung in das Handelsregister.

VI. Verlegung, Fusion, Spaltung und Vermögensübertragung
1. Verlegung der Gesellschaft vom Ausland in die Schweiz
a. Grundsatz[68]

Art. 161 1 Eine ausländische Gesellschaft kann sich ohne Liquidation und Neugründung dem schweizerischen Recht unterstellen, wenn das ausländische Recht es gestattet, die Gesellschaft die Voraussetzungen des ausländischen Rechts erfüllt und die Anpassung an eine schweizerische Rechtsform möglich ist.

2 Der Bundesrat kann die Unterstellung unter das schweizerische Recht auch ohne Berücksichtigung des ausländischen Rechts zulassen, insbesondere wenn erhebliche schweizerische Interessen es erfordern.

b. Massgeblicher Zeitpunkt[69]

Art. 162 1 Eine Gesellschaft, die nach schweizerischem Recht eintragungspflichtig ist, untersteht schweizerischem Recht, sobald sie nachweist, dass sie den Mittelpunkt der Geschäftstätigkeit in die Schweiz verlegt und sich dem schweizerischen Recht angepasst hat.

2 Eine Gesellschaft, die nach schweizerischem Recht nicht eintragungspflichtig ist, untersteht dem schweizerischen Recht, sobald der Wille, dem schweizerischen Recht zu unterstehen, deutlich erkennbar ist, eine genügende Beziehung zur Schweiz besteht und die Anpassung an das schweizerische Recht erfolgt ist.

3 Eine Kapitalgesellschaft hat vor der Eintragung durch den Bericht eines zugelassenen Revisionsexperten im Sinne des Revisionsaufsichtsgesetzes vom 16. Dezember 2005[70] nachzuweisen, dass ihr Grundkapital nach schweizerischem Recht gedeckt ist.[71]

68 Fassung gemäss Anhang Ziff. 4 des Fusionsgesetzes vom 3. Okt. 2003, in Kraft seit 1. Juli 2004 (AS 2004 2617; BBl 2000 4337).

69 Fassung gemäss Anhang Ziff. 4 des Fusionsgesetzes vom 3. Okt. 2003, in Kraft seit 1. Juli 2004 (AS 2004 2617; BBl 2000 4337).

70 SR 221.302

71 Fassung gemäss Anhang Ziff. 4 des BG vom 16. Dez. 2005 (GmbH-Recht sowie Anpassungen im Aktien-, Genossenschafts-, Handelsregister- und Firmenrecht), in Kraft seit 1. Jan. 2008 (AS 2007 4791; BBl 2002 3148, 2004 3969).

2. Verlegung der Gesellschaft von der Schweiz ins Ausland

Art. 163[72] 1 Eine schweizerische Gesellschaft kann sich ohne Liquidation und Neugründung dem ausländischen Recht unterstellen, wenn die Voraussetzungen nach schweizerischem Recht erfüllt sind und sie nach dem ausländischen Recht fortbesteht.

2 Die Gläubiger sind unter Hinweis auf die bevorstehende Änderung des Gesellschaftsstatuts öffentlich zur Anmeldung ihrer Forderungen aufzufordern. Artikel 46 des Fusionsgesetzes vom 3. Oktober 2003[73] findet sinngemäss Anwendung.

3 Die Bestimmungen über vorsorgliche Schutzmassnahmen im Falle internationaler Konflikte im Sinne von Artikel 61 des Landesversorgungsgesetzes vom 8. Oktober 1982[74] sind vorbehalten.

3. Fusion
a. Fusion vom Ausland in die Schweiz

Art. 163*a*[75] 1 Eine schweizerische Gesellschaft kann eine ausländische Gesellschaft übernehmen (Immigrationsabsorption) oder sich mit ihr zu einer neuen schweizerischen Gesellschaft zusammenschliessen (Immigrationskombination), wenn das auf die ausländische Gesellschaft anwendbare Recht dies gestattet und dessen Voraussetzungen erfüllt sind.

2 Im Übrigen untersteht die Fusion dem schweizerischen Recht.

b. Fusion von der Schweiz ins Ausland

Art. 163*b*[76] 1 Eine ausländische Gesellschaft kann eine schweizerische Gesellschaft übernehmen (Emigrationsabsorption) oder sich mit ihr zu einer neuen ausländischen Gesellschaft zusammenschliessen (Emigrationskombination), wenn die schweizerische Gesellschaft nachweist, dass:

a. mit der Fusion ihre Aktiven und Passiven auf die ausländische Gesellschaft übergehen; und
b. die Anteils- oder Mitgliedschaftsrechte in der ausländischen Gesellschaft angemessen gewahrt bleiben.

2 Die schweizerische Gesellschaft hat alle Vorschriften des schweizerischen Rechts zu erfüllen, die für die übertragende Gesellschaft gelten.

3 Die Gläubiger sind unter Hinweis auf die bevorstehende Fusion in der Schweiz öffentlich zur Anmeldung ihrer Ansprüche aufzufordern.

---

72 Fassung gemäss Anhang Ziff. 4 des Fusionsgesetzes vom 3. Okt. 2003, in Kraft seit 1. Juli 2004 (AS 2004 2617; BBl 2000 4337).
73 SR 221.301
74 SR 531
75 Eingefügt durch Anhang Ziff. 4 des Fusionsgesetzes vom 3. Okt. 2003, in Kraft seit 1. Juli 2004 (AS 2004 2617; BBl 2000 4337).
76 Eingefügt durch Anhang Ziff. 4 des Fusionsgesetzes vom 3. Okt. 2003, in Kraft seit 1. Juli 2004 (AS 2004 2617; BBl 2000 4337).

Artikel 46 des Fusionsgesetzes vom 3. Oktober 2003[77] findet sinngemäss Anwendung.

4 Im Übrigen untersteht die Fusion dem Recht der übernehmenden ausländischen Gesellschaft.

c. Fusionsvertrag

Art. 163*c*[78] 1 Der Fusionsvertrag hat den zwingenden gesellschaftsrechtlichen Vorschriften der auf die beteiligten Gesellschaften anwendbaren Rechte mit Einschluss der Formvorschriften zu entsprechen.

2 Im Übrigen untersteht der Fusionsvertrag dem von den Parteien gewählten Recht. Bei Fehlen einer Rechtswahl untersteht der Fusionsvertrag dem Recht des Staates, mit dem er am engsten zusammenhängt. Es wird vermutet, der engste Zusammenhang bestehe mit dem Staat, dessen Rechtsordnung die übernehmende Gesellschaft untersteht.

4. Spaltung und Vermögensübertragung

Art. 163*d*[79] 1 Auf die Spaltung und die Vermögensübertragung, an welchen eine schweizerische und eine ausländische Gesellschaft beteiligt sind, finden die Vorschriften dieses Gesetzes über die Fusion sinngemäss Anwendung. Artikel 163*b* Absatz 3 findet keine Anwendung auf die Vermögensübertragung.

2 Im Übrigen unterstehen die Spaltung und die Vermögensübertragung dem Recht der sich spaltenden oder der ihr Vermögen auf einen anderen Rechtsträger übertragenden Gesellschaft.

3 Auf den Spaltungsvertrag findet unter den Voraussetzungen von Artikel 163*c* Absatz 2 vermutungsweise das Recht der sich spaltenden Gesellschaft Anwendung. Das gilt sinngemäss auch für den Übertragungsvertrag.

5. Gemeinsame Bestimmungen a. Löschung im Handelsregister

Art. 164[80] 1 Eine im schweizerischen Handelsregister eingetragene Gesellschaft kann nur gelöscht werden, wenn durch einen Bericht eines zugelassenen Revisionsexperten bestätigt wird, dass die Forderungen der Gläubiger im Sinne von Artikel 46 des Fusionsgesetzes

77 SR 221.301

78 Eingefügt durch Anhang Ziff. 4 des Fusionsgesetzes vom 3. Okt. 2003, in Kraft seit 1. Juli 2004 (AS 2004 2617; BBl 2000 4337).

79 Eingefügt durch Anhang Ziff. 4 des Fusionsgesetzes vom 3. Okt. 2003, in Kraft seit 1. Juli 2004 (AS 2004 2617; BBl 2000 4337).

80 Fassung gemäss Anhang Ziff. 4 des Fusionsgesetzes vom 3. Okt. 2003, in Kraft seit 1. Juli 2004 (AS 2004 2617; BBl 2000 4337).

vom 3. Oktober 2003[81] sichergestellt oder erfüllt worden sind oder dass die Gläubiger mit der Löschung einverstanden sind.[82]

2 Übernimmt eine ausländische Gesellschaft eine schweizerische, schliesst sie sich mit ihr zu einer neuen ausländischen Gesellschaft zusammen oder spaltet sich eine schweizerische Gesellschaft in ausländische Gesellschaften auf, so muss überdies:

a. nachgewiesen werden, dass die Fusion oder die Spaltung gemäss dem auf die ausländische Gesellschaft anwendbaren Recht rechtsgültig geworden ist; und

b.[83] ein zugelassener Revisionsexperte bestätigen, dass die ausländische Gesellschaft den anspruchsberechtigten Gesellschaftern der schweizerischen Gesellschaft die Anteils- oder Mitgliedschaftsrechte eingeräumt oder eine allfällige Ausgleichszahlung oder Abfindung ausgerichtet oder sichergestellt hat.

b. Betreibungsort und Gerichtsstand

Art. 164*a*[84] 1 Übernimmt eine ausländische Gesellschaft eine schweizerische, schliesst sie sich mit ihr zu einer neuen ausländischen Gesellschaft zusammen oder spaltet sich eine schweizerische Gesellschaft in ausländische Gesellschaften auf, so kann die Klage auf Überprüfung der Anteils- oder Mitgliedschaftsrechte gemäss Artikel 105 des Fusionsgesetzes vom 3. Oktober 2003[85] auch am schweizerischen Sitz des übertragenden Rechtsträgers erhoben werden.

2 Der bisherige Betreibungsort und Gerichtsstand in der Schweiz bleibt bestehen, bis die Forderungen der Gläubiger oder Anteilsinhaber sichergestellt oder befriedigt sind.

c. Verlegung, Fusion, Spaltung und Vermögensübertragung im Ausland

Art. 164*b*[86] Die Unterstellung einer ausländischen Gesellschaft unter eine andere ausländische Rechtsordnung und die Fusion, Spaltung und Vermögensübertragung zwischen ausländischen Gesellschaften werden in der Schweiz als gültig anerkannt, wenn sie nach den beteiligten Rechtsordnungen gültig sind.

---

81 SR 221.301

82 Fassung gemäss Anhang Ziff. 4 des BG vom 16. Dez. 2005 (GmbH-Recht sowie Anpassungen im Aktien-, Genossenschafts-, Handelsregister- und Firmenrecht), in Kraft seit 1. Jan. 2008 (AS 2007 4791; BBl 2002 3148, 2004 3969).

83 Fassung gemäss Anhang Ziff. 4 des BG vom 16. Dez. 2005 (GmbH-Recht sowie Anpassungen im Aktien-, Genossenschafts-, Handelsregister- und Firmenrecht), in Kraft seit 1. Jan. 2008 (AS 2007 4791; BBl 2002 3148, 2004 3969).

84 Eingefügt durch Anhang Ziff. 4 des Fusionsgesetzes vom 3. Okt. 2003, in Kraft seit 1. Juli 2004 (AS 2004 2617; BBl 2000 4337).

85 SR 221.301

86 Eingefügt durch Anhang Ziff. 4 des Fusionsgesetzes vom 3. Okt. 2003, in Kraft seit 1. Juli 2004 (AS 2004 2617; BBl 2000 4337).

VII. Ausländische Entscheidungen[87]

Art. 165 [1] Ausländische Entscheidungen über gesellschaftsrechtliche Ansprüche werden in der Schweiz anerkannt, wenn sie im Staat ergangen sind:

a. in dem die Gesellschaft ihren Sitz hat, oder wenn sie dort anerkannt werden und der Beklagte seinen Wohnsitz nicht in der Schweiz hatte, oder
b. in dem der Beklagte seinen Wohnsitz oder seinen gewöhnlichen Aufenthalt hat.

[2] Ausländische Entscheidungen über Ansprüche aus öffentlicher Ausgabe von Beteiligungspapieren und Anleihen aufgrund von Prospekten, Zirkularen und ähnlichen Bekanntmachungen werden in der Schweiz anerkannt, wenn sie im Staat ergangen sind, in dem der Ausgabeort der Beteiligungspapiere oder Anleihen liegt und der Beklagte seinen Wohnsitz nicht in der Schweiz hatte.

11. Kapitel: Konkurs und Nachlassvertrag

I. Anerkennung

Art. 166 [1] Ein ausländisches Konkursdekret, das am Wohnsitz des Schuldners ergangen ist, wird auf Antrag der ausländischen Konkursverwaltung oder eines Konkursgläubigers anerkannt:

a. wenn das Dekret im Staat, in dem es ergangen ist, vollstreckbar ist;
b. wenn kein Verweigerungsgrund nach Artikel 27 vorliegt, und
c. wenn der Staat, in dem das Dekret ergangen ist, Gegenrecht hält.

[2] Hat der Schuldner eine Zweigniederlassung in der Schweiz, so ist ein Verfahren nach Artikel 50 Absatz 1 des Bundesgesetzes vom 11. April 1889[88] über Schuldbetreibung- und Konkurs bis zur Rechtskraft des Kollokationsplanes nach Artikel 172 dieses Gesetzes zulässig.

II. Verfahren
1. Zuständigkeit

Art. 167 [1] Ein Antrag auf Anerkennung des ausländischen Konkursdekrets ist an das zuständige Gericht am Ort des Vermögens in der Schweiz zu richten. Artikel 29 ist sinngemäss anwendbar.

[2] Befindet sich Vermögen an mehreren Orten, so ist das zuerst angerufene Gericht zuständig.

[3] Forderungen des Gemeinschuldners gelten als dort gelegen, wo der Schuldner des Gemeinschuldners seinen Wohnsitz hat.

87 Fassung gemäss Anhang Ziff. 4 des Fusionsgesetzes vom 3. Okt. 2003, in Kraft seit 1. Juli 2004 (AS 2004 2617; BBl 2000 4337).
88 SR 281.1

2. Sichernde Massnahmen

Art. 168 Sobald die Anerkennung des ausländischen Konkursdekrets beantragt ist, kann das Gericht auf Begehren des Antragstellers die sichernden Massnahmen nach den Artikeln 162–165 und 170 des Bundesgesetzes vom 11. April 1889[89] über Schuldbetreibung- und Konkurs anordnen.

3. Veröffentlichung

Art. 169 [1] Die Entscheidung über die Anerkennung des ausländischen Konkursdekrets wird veröffentlicht.

[2] Diese Entscheidung wird dem Betreibungsamt, dem Konkursamt, dem Grundbuchamt und dem Handelsregister am Ort des Vermögens sowie gegebenenfalls dem eidgenössischen Institut für geistiges Eigentum[90] mitgeteilt. Das Gleiche gilt für den Abschluss und die Einstellung des Konkursverfahrens sowie für den Widerruf des Konkurses.

III. Rechtsfolgen
1. Im Allgemeinen

Art. 170 [1] Die Anerkennung des ausländischen Konkursdekrets zieht, soweit dieses Gesetz nichts anderes vorsieht, für das in der Schweiz gelegene Vermögen des Schuldners die konkursrechtlichen Folgen des schweizerischen Rechts nach sich.

[2] Die Fristen nach schweizerischem Recht beginnen mit der Veröffentlichung der Entscheidung über die Anerkennung.

[3] Es wird weder eine Gläubigerversammlung noch ein Gläubigerausschuss gebildet.

2. Anfechtungsklage

Art. 171 Die Anfechtungsklage untersteht den Artikeln 285–292 des Bundesgesetzes vom 11. April 1889[91] über Schuldbetreibung und Konkurs. Sie kann auch durch die ausländische Konkursverwaltung oder durch einen dazu berechtigten Konkursgläubiger erhoben werden.

3. Kollokationsplan

Art. 172 [1] In den Kollokationsplan werden nur aufgenommen:

a. die pfandversicherten Forderungen nach Artikel 219 des Bundesgesetzes vom 11. April 1889[92] über Schuldbetreibung und Konkurs; und

b.[93] die nicht pfandgesicherten, aber privilegierten Forderungen von Gläubigern mit Wohnsitz in der Schweiz.

---

89 SR 281.1
90 Bezeichnung gemäss nicht veröffentlichtem BRB vom 19. Dez. 1997.
91 SR 281.1
92 SR 281.1
93 Fassung gemäss Anhang Ziff. 22 des BG vom 16. Dez. 1994, in Kraft seit 1. Jan. 1997 (AS 1995 1227; BBl 1991 III 1).

² Zur Kollokationsklage nach Artikel 250 des Bundesgesetzes vom 11. April 1889 über Schuldbetreibung und Konkurs sind nur Gläubiger nach Absatz 1 berechtigt.

³ Ist ein Gläubiger in einem ausländischen Verfahren, das mit dem Konkurs in Zusammenhang steht, teilweise befriedigt worden, so ist dieser Teil nach Abzug der ihm entstandenen Kosten im schweizerischen Verfahren auf die Konkursdividende anzurechnen.

4. Verteilung
a. Anerkennung des ausländischen Kollokationsplanes

Art. 173 ¹ Bleibt nach Befriedigung der Gläubiger gemäss Artikel 172 Absatz 1 dieses Gesetzes ein Überschuss, so wird dieser der ausländischen Konkursverwaltung oder den berechtigten Konkursgläubigern zur Verfügung gestellt.

² Der Überschuss darf erst zur Verfügung gestellt werden, wenn der ausländische Kollokationsplan anerkannt worden ist.

³ Für die Anerkennung des ausländischen Kollokationsplanes ist das schweizerische Gericht zuständig, welches das ausländische Konkursdekret anerkannt hat. Es überprüft insbesondere, ob die Forderungen von Gläubigern mit Wohnsitz in der Schweiz im ausländischen Kollokationsplan angemessen berücksichtigt worden sind. Diese Gläubiger werden angehört.

b. Nichtanerkennung des ausländischen Kollokationsplanes

Art. 174 ¹ Wird der ausländische Kollokationsplan nicht anerkannt, so ist ein Überschuss an die Gläubiger der dritten Klasse mit Wohnsitz in der Schweiz gemäss Artikel 219 Absatz 4 des Bundesgesetzes vom 11. April 1889[94] über Schuldbetreibung und Konkurs zu verteilen.[95]

² Das Gleiche gilt, wenn der Kollokationsplan nicht innert der vom Richter angesetzten Frist zur Anerkennung vorgelegt wird.

IV. Anerkennung ausländischer Nachlassverträge und ähnlicher Verfahren

Art. 175 Eine von der zuständigen ausländischen Behörde ausgesprochene Genehmigung eines Nachlassvertrages oder eines ähnlichen Verfahrens wird in der Schweiz anerkannt. Die Artikel 166–170 gelten sinngemäss. Die Gläubiger mit Wohnsitz in der Schweiz werden angehört.

94 SR 281.1
95 Fassung gemäss Anhang Ziff. 22 des BG vom 16. Dez. 1994, in Kraft seit 1. Jan. 1997 (AS 1995 1227; BBl 1991 III 1).

12. Kapitel: Internationale Schiedsgerichtsbarkeit

I. Geltungsbereich. Sitz des Schiedsgerichts

Art. 176 1 Die Bestimmungen dieses Kapitels gelten für Schiedsgerichte mit Sitz in der Schweiz, sofern beim Abschluss der Schiedsvereinbarung wenigstens eine Partei ihren Wohnsitz oder ihren gewöhnlichen Aufenthalt nicht in der Schweiz hatte.

2 Die Parteien können die Geltung dieses Kapitels durch eine ausdrückliche Erklärung in der Schiedsvereinbarung oder in einer späteren Übereinkunft ausschliessen und die Anwendung des dritten Teils der ZPO[96] vereinbaren.[97]

3 Der Sitz des Schiedsgerichts wird von den Parteien oder der von ihnen benannten Schiedsgerichtsinstitution, andernfalls von den Schiedsrichtern bezeichnet.

II. Schiedsfähigkeit

Art. 177 1 Gegenstand eines Schiedsverfahrens kann jeder vermögensrechtliche Anspruch sein.

2 Ist eine Partei ein Staat, ein staatlich beherrschtes Unternehmen oder eine staatlich kontrollierte Organisation, so kann sie nicht unter Berufung auf ihr eigenes Recht ihre Parteifähigkeit im Schiedsverfahren oder die Schiedsfähigkeit einer Streitsache in Frage stellen, die Gegenstand der Schiedsvereinbarung ist.

III. Schiedsvereinbarung

Art. 178 1 Die Schiedsvereinbarung hat schriftlich, durch Telegramm, Telex, Telefax oder in einer anderen Form der Übermittlung zu erfolgen, die den Nachweis der Vereinbarung durch Text ermöglicht.

2 Die Schiedsvereinbarung ist im Übrigen gültig, wenn sie dem von den Parteien gewählten, dem auf die Streitsache, insbesondere dem auf den Hauptvertrag anwendbaren oder dem schweizerischen Recht entspricht.

3 Gegen eine Schiedsvereinbarung kann nicht eingewendet werden, der Hauptvertrag sei ungültig oder die Schiedsvereinbarung beziehe sich auf einen noch nicht entstandenen Streit.

IV. Schiedsgericht
1. Bestellung

Art. 179 1 Die Schiedsrichter werden gemäss der Vereinbarung der Parteien ernannt, abberufen oder ersetzt.

2 Fehlt eine solche Vereinbarung, so kann der Richter am Sitz des Schiedsgerichts angerufen werden; er wendet sinngemäss die Bestim-

96 SR 272
97 Fassung gemäss Anhang 1 Ziff. II 18 der Zivilprozessordnung vom 19. Dez. 2008, in Kraft seit 1. Jan. 2011 (AS 2010 1739; BBl 2006 7221).

mungen der ZPO[98] über die Ernennung, Abberufung oder Ersetzung der Mitglieder des Schiedsgerichts an.[99]

3 Ist ein staatlicher Richter mit der Ernennung eines Schiedsrichters betraut, so muss er diesem Begehren stattgeben, es sei denn, eine summarische Prüfung ergebe, dass zwischen den Parteien keine Schiedsvereinbarung besteht.

2. Ablehnung eines Schiedsrichters

Art. 180 1 Ein Schiedsrichter kann abgelehnt werden:
a. wenn er nicht den von den Parteien vereinbarten Anforderungen entspricht;
b. wenn ein in der von den Parteien vereinbarten Verfahrensordnung enthaltener Ablehnungsgrund vorliegt, oder
c. wenn Umstände vorliegen, die Anlass zu berechtigten Zweifeln an seiner Unabhängigkeit geben.

2 Eine Partei kann einen Schiedsrichter, den sie ernannt hat oder an dessen Ernennung sie mitgewirkt hat, nur aus Gründen ablehnen, von denen sie erst nach dessen Ernennung Kenntnis erhalten hat. Vom Ablehnungsgrund ist dem Schiedsgericht sowie der anderen Partei unverzüglich Mitteilung zu machen.

3 Soweit die Parteien das Ablehnungsverfahren nicht geregelt haben, entscheidet im Bestreitungsfalle der Richter am Sitz des Schiedsgerichts endgültig.

V. Rechtshängigkeit

Art. 181 Das Schiedsverfahren ist hängig, sobald eine Partei mit einem Rechtsbegehren den oder die in der Schiedsvereinbarung bezeichneten Schiedsrichter anruft oder, wenn die Vereinbarung keinen Schiedsrichter bezeichnet, sobald eine Partei das Verfahren zur Bildung des Schiedsgerichts einleitet.

VI. Verfahren
1. Grundsatz

Art. 182 1 Die Parteien können das schiedsrichterliche Verfahren selber oder durch Verweis auf eine schiedsgerichtliche Verfahrensordnung regeln; sie können es auch einem Verfahrensrecht ihrer Wahl unterstellen.

2 Haben die Parteien das Verfahren nicht selber geregelt, so wird dieses, soweit nötig, vom Schiedsgericht festgelegt, sei es direkt, sei es durch Bezugnahme auf ein Gesetz oder eine schiedsgerichtliche Verfahrensordnung.

3 Unabhängig vom gewählten Verfahren muss das Schiedsgericht in allen Fällen die Gleichbehandlung der Parteien sowie ihren Anspruch

98 SR 272
99 Fassung gemäss Anhang 1 Ziff. II 18 der Zivilprozessordnung vom 19. Dez. 2008, in Kraft seit 1. Jan. 2011 (AS 2010 1739; BBl 2006 7221).

auf rechtliches Gehör in einem kontradiktorischen Verfahren gewährleisten.

2. Vorsorgliche und sichernde Massnahmen

Art. 183 [1] Haben die Parteien nichts anderes vereinbart, so kann das Schiedsgericht auf Antrag einer Partei vorsorgliche oder sichernde Massnahmen anordnen.

[2] Unterzieht sich der Betroffene nicht freiwillig der angeordneten Massnahme, so kann das Schiedsgericht den staatlichen Richter um Mitwirkung ersuchen; dieser wendet sein eigenes Recht an.

[3] Das Schiedsgericht oder der staatliche Richter können die Anordnung vorsorglicher oder sichernder Massnahmen von der Leistung angemessener Sicherheiten abhängig machen.

3. Beweisaufnahme

Art. 184 [1] Das Schiedsgericht nimmt die Beweise selber ab.

[2] Ist für die Durchführung des Beweisverfahrens staatliche Rechtshilfe erforderlich, so kann das Schiedsgericht oder eine Partei mit Zustimmung des Schiedsgerichtes den staatlichen Richter am Sitz des Schiedsgerichtes um Mitwirkung ersuchen; dieser wendet sein eigenes Recht an.

4. Weitere Mitwirkung des staatlichen Richters

Art. 185 Ist eine weitere Mitwirkung des staatlichen Richters erforderlich, so ist der Richter am Sitz des Schiedsgerichts zuständig.

VII. Zuständigkeit

Art. 186 [1] Das Schiedsgericht entscheidet selbst über seine Zuständigkeit.

[1bis] Es entscheidet über seine Zuständigkeit ungeachtet einer bereits vor einem staatlichen Gericht oder einem anderen Schiedsgericht hängigen Klage über denselben Gegenstand zwischen denselben Parteien, es sei denn, dass beachtenswerte Gründe ein Aussetzen des Verfahrens erfordern.[100]

[2] Die Einrede der Unzuständigkeit ist vor der Einlassung auf die Hauptsache zu erheben.

[3] Das Schiedsgericht entscheidet über seine Zuständigkeit in der Regel durch Vorentscheid.

VIII. Sachentscheid
1. Anwendbares Recht

Art. 187 [1] Das Schiedsgericht entscheidet die Streitsache nach dem von den Parteien gewählten Recht oder, bei Fehlen einer Rechtswahl, nach dem Recht, mit dem die Streitsache am engsten zusammenhängt.

---

100 Eingefügt durch Ziff. I des BG vom 6. Okt. 2006 (Schiedsgerichtsbarkeit. Zuständigkeit), in Kraft seit 1. März 2007 (AS 2007 387; BBl 2006 4677 4691).

2 Die Parteien können das Schiedsgericht ermächtigen, nach Billigkeit zu entscheiden.

2. Teilentscheid

Art. 188 Haben die Parteien nichts anderes vereinbart, so kann das Schiedsgericht Teilentscheide treffen.

3. Schiedsentscheid

Art. 189 1 Der Entscheid ergeht nach dem Verfahren und in der Form, welche die Parteien vereinbart haben.

2 Fehlt eine solche Vereinbarung, so wird er mit Stimmenmehrheit gefällt oder, falls sich keine Stimmenmehrheit ergibt, durch den Präsidenten des Schiedsgerichts. Der Entscheid ist schriftlich abzufassen, zu begründen, zu datieren und zu unterzeichnen. Es genügt die Unterschrift des Präsidenten.

IX. Endgültigkeit, Anfechtung
1. Grundsatz

Art. 190 1 Mit der Eröffnung ist der Entscheid endgültig.

2 Der Entscheid kann nur angefochten werden:

a. wenn der Einzelschiedsrichter vorschriftswidrig ernannt oder das Schiedsgericht vorschriftswidrig zusammengesetzt wurde;
b. wenn sich das Schiedsgericht zu Unrecht für zuständig oder unzuständig erklärt hat;
c. wenn das Schiedsgericht über Streitpunkte entschieden hat, die ihm nicht unterbreitet wurden oder wenn es Rechtsbegehren unbeurteilt gelassen hat;
d. wenn der Grundsatz der Gleichbehandlung der Parteien oder der Grundsatz des rechtlichen Gehörs verletzt wurde;
e. wenn der Entscheid mit dem Ordre public unvereinbar ist.

3 Vorentscheide können nur aus den in Absatz 2, Buchstaben a und b genannten Gründen angefochten werden; die Beschwerdefrist beginnt mit der Zustellung des Vorentscheides.

2. Beschwerdeinstanz

Art. 191[101] Einzige Beschwerdeinstanz ist das schweizerische Bundesgericht. Das Verfahren richtet sich nach Artikel 77 des Bundesgerichtsgesetzes vom 17. Juni 2005[102].

X. Verzicht auf Rechtsmittel

Art. 192 1 Hat keine der Parteien Wohnsitz, gewöhnlichen Aufenthalt oder eine Niederlassung in der Schweiz, so können sie durch eine ausdrückliche Erklärung in der Schiedsvereinbarung oder in einer späteren schriftlichen Übereinkunft die Anfechtung der Schiedsentscheide vollständig ausschliessen; sie können auch nur einzelne Anfechtungsgründe gemäss Artikel 190 Absatz 2 ausschliessen.

101 Fassung gemäss Anhang Ziff. 8 des Bundesgerichtsgesetzes vom 17. Juni 2005, in Kraft seit 1. Jan. 2007 (AS 2006 1205; BBl 2001 4202).
102 SR 173.110

² Haben die Parteien eine Anfechtung der Entscheide vollständig ausgeschlossen und sollen die Entscheide in der Schweiz vollstreckt werden, so gilt das New Yorker Übereinkommen vom 10. Juni 1958[103] über die Anerkennung und Vollstreckung ausländischer Schiedssprüche sinngemäss.

XI. Vollstreckbarkeitsbescheinigung

Art. 193 ¹ Jede Partei kann auf ihre Kosten beim schweizerischen Gericht am Sitz des Schiedsgerichts eine Ausfertigung des Entscheides hinterlegen.

² Auf Antrag einer Partei stellt das Gericht eine Vollstreckbarkeitsbescheinigung aus.

³ Auf Antrag einer Partei bescheinigt das Schiedsgericht, dass der Schiedsspruch nach den Bestimmungen dieses Gesetzes ergangen ist; eine solche Bescheinigung ist der gerichtlichen Hinterlegung gleichwertig.

XII. Ausländische Schiedssprüche

Art. 194 Für die Anerkennung und Vollstreckung ausländischer Schiedssprüche gilt das New Yorker Übereinkommen vom 10. Juni 1958[104] über die Anerkennung und Vollstreckung ausländischer Schiedssprüche.

13. Kapitel: Schlussbestimmungen

1. Abschnitt: Aufhebung und Änderung des geltenden Bundesrechts

Art. 195 Die Aufhebung und Änderung des geltenden Bundesrechts stehen im Anhang; dieser ist Bestandteil des Gesetzes.

2. Abschnitt: Übergangsbestimmungen

I. Nichtrückwirkung

Art. 196 ¹ Die rechtlichen Wirkungen von Sachverhalten oder Rechtsvorgängen, die vor Inkrafttreten dieses Gesetzes entstanden und abgeschlossen sind, beurteilen sich nach bisherigem Recht.

² Die rechtlichen Wirkungen von Sachverhalten oder Rechtsvorgängen, die vor Inkrafttreten dieses Gesetzes entstanden, aber auf Dauer angelegt sind, beurteilen sich nach bisherigem Recht. Mit dem Inkrafttreten dieses Gesetzes richtet sich die Wirkung nach neuem Recht.

---

103 SR 0.277.12
104 SR 0.277.12

II. Übergangsrecht
1. Zuständigkeit

Art. 197 1 Für Klagen oder Begehren, die beim Inkrafttreten dieses Gesetzes hängig sind, bleiben die angerufenen schweizerischen Gerichte oder Behörden zuständig, auch wenn nach diesem Gesetz ihre Zuständigkeit nicht mehr begründet ist.

2 Klagen oder Begehren, die vor dem Inkrafttreten dieses Gesetzes von schweizerischen Gerichten oder Behörden mangels Zuständigkeit zurückgewiesen wurden, können nach Inkrafttreten dieses Gesetzes erneut erhoben werden, wenn nach diesem Gesetz eine Zuständigkeit begründet ist und der Rechtsanspruch noch geltend gemacht werden kann.

2. Anwendbares Recht

Art. 198 Für Klagen oder Begehren, die beim Inkrafttreten dieses Gesetzes in erster Instanz hängig sind, bestimmt sich das anwendbare Recht nach diesem Gesetz.

3. Anerkennung und Vollstreckung ausländischer Entscheidungen

Art. 199 Für Begehren auf Anerkennung oder Vollstreckung ausländischer Entscheide, die beim Inkrafttreten dieses Gesetzes hängig sind, richten sich die Voraussetzungen der Anerkennung oder Vollstreckung nach diesem Gesetz.

3. Abschnitt: Referendum und Inkrafttreten

Art. 200 1 Dieses Gesetz untersteht dem fakultativen Referendum.

2 Der Bundesrat bestimmt das Inkrafttreten.

Datum des Inkrafttretens: 1. Januar 1989[105]

105 BRB vom 27. Okt. 1988

Anhang

Aufhebung und Änderung des geltenden Bundesrechts

I. Aufhebung des geltenden Bundesrechts

Es werden aufgehoben:

a. das Bundesgesetz vom 25. Juni 1891[106] betreffend die zivilrechtlichen Verhältnisse der Niedergelassenen und Aufenthalter;

b. Artikel 418*b* Absatz 2 des Obligationenrechts[107];

c. Artikel 14 der Schluss- und Übergangsbestimmungen zum Obligationenrecht;

d. Artikel 85 des Strassenverkehrsgesetzes vom 19. Dezember 1958[108];

e. Artikel 30 des Bundesgesetzes vom 26. September 1890[109] betreffend den Schutz der Fabrik- und Handelsmarken, der Auszeichnungen;

f. Artikel 14 Absatz 3 des Bundesgesetzes vom 30. März 1900[110] betreffend die gewerblichen Muster und Modelle;

g. Artikel 41 Absatz 2 des Bundesgesetzes vom 20. März 1975[111] über den Schutz von Pflanzenzüchtungen.

II. Änderung des geltenden Bundesrechts

...[112]

106 [BS 2 737; AS 1972 2819 Ziff. II 1, 1977 237 Ziff. II 1, 1986 122 Ziff. II 1]
107 SR 220
108 SR 741.01
109 [BS 2 845; AS 1951 903 Art. 1, 1971 1617, 1992 288 Anhang Ziff. 8. AS 1993 274 Art. 74]
110 [BS 2 881; AS 1962 459, 1988 1776 Anhang Ziff. I Bst. f, 1992 288 Anhang Ziff. 9, 1995 1784 5050 Anhang Ziff. 3. AS 2002 1456 Anhang Ziff. 1]
111 SR 232.16
112 Die Änderungen können unter AS 1988 1776 konsultiert werden.

Originaltext

2. Übereinkommen über die gerichtliche Zuständigkeit und die Anerkennung und Vollstreckung von Entscheidungen in Zivil- und Handelssachen
(Lugano-Übereinkommen, LugÜ)

Abgeschlossen in Lugano am 30. Oktober 2007

Von der Bundesversammlung genehmigt am 11. Dezember 2009[1]
Schweizerische Ratifikationsurkunde hinterlegt am 20. Oktober 2010
In Kraft getreten für die Schweiz am 1. Januar 2011

Präambel

Die Hohen Vertragsparteien dieses Übereinkommens,

entschlossen, in ihren Hoheitsgebieten den Rechtsschutz der dort ansässigen Personen zu verstärken,

in der Erwägung, dass es zu diesem Zweck geboten ist, die internationale Zuständigkeit ihrer Gerichte festzulegen, die Anerkennung von Entscheidungen zu erleichtern und ein beschleunigtes Verfahren einzuführen, um die Vollstreckung von Entscheidungen, öffentlichen Urkunden und gerichtlichen Vergleichen sicherzustellen,

im Bewusstsein der zwischen ihnen bestehenden Bindungen, die im wirtschaftlichen Bereich durch die Freihandelsabkommen zwischen der Europäischen Gemeinschaft und bestimmten Mitgliedstaaten der Europäischen Freihandelsassoziation bestätigt worden sind,

unter Berücksichtigung:

- des Brüsseler Übereinkommens vom 27. September 1968 über die gerichtliche Zuständigkeit und die Vollstreckung gerichtlicher Entscheidungen in Zivil- und Handelssachen in der Fassung der infolge der verschiedenen Erweiterungen der Europäischen Union geschlossenen Beitrittsübereinkommen;
- des Luganer Übereinkommens vom 16. September 1988[2] über die gerichtliche Zuständigkeit und die Vollstreckung gerichtlicher Entscheidungen

---

SR 0.275.12; AS 2010 5609; BBl 2009 1777

1 Art. 1 Abs. 1 des BB vom 11. Dez. 2009 (AS 2010 5601)

2 [AS 1991 2436]

in Zivil- und Handelssachen, das die Anwendung der Bestimmungen des Brüsseler Übereinkommens von 1968 auf bestimmte Mitgliedstaaten der Europäischen Freihandelsassoziation erstreckt;

- der Verordnung (EG) Nr. 44/2001 des Rates vom 22. Dezember 2000 über die gerichtliche Zuständigkeit und die Anerkennung und Vollstreckung von Entscheidungen in Zivil- und Handelssachen;
- des Abkommens zwischen der Europäischen Gemeinschaft und dem Königreich Dänemark über die gerichtliche Zuständigkeit und die Anerkennung und Vollstreckung von Entscheidungen in Zivil- und Handelssachen, das am 19. Oktober 2005 in Brüssel unterzeichnet worden ist;

in der Überzeugung, dass die Ausdehnung der Grundsätze der Verordnung (EG) Nr. 44/2001 auf die Vertragsparteien des vorliegenden Übereinkommens die rechtliche und wirtschaftliche Zusammenarbeit verstärken wird,

in dem Wunsch, eine möglichst einheitliche Auslegung des Übereinkommens sicherzustellen,

haben in diesem Sinne beschlossen, dieses Übereinkommen zu schliessen, und

sind wie folgt übereingekommen:

Titel I: Anwendungsbereich

Art. 1 1. Dieses Übereinkommen ist in Zivil- und Handelssachen anzuwenden, ohne dass es auf die Art der Gerichtsbarkeit ankommt. Es erfasst insbesondere nicht Steuer- und Zollsachen sowie verwaltungsrechtliche Angelegenheiten.

2. Dieses Übereinkommen ist nicht anzuwenden auf:
   a) den Personenstand, die Rechts- und Handlungsfähigkeit sowie die gesetzliche Vertretung von natürlichen Personen, die ehelichen Güterstände, das Gebiet des Erbrechts einschliesslich des Testamentsrechts;
   b) Konkurse, Vergleiche und ähnliche Verfahren;
   c) die soziale Sicherheit;
   d) die Schiedsgerichtsbarkeit.

3. In diesem Übereinkommen bezeichnet der Ausdruck «durch dieses Übereinkommen gebundener Staat» jeden Staat, der Vertragspartei dieses Übereinkommens oder ein Mitgliedstaat der Europäischen Gemeinschaft ist. Er kann auch die Europäische Gemeinschaft bezeichnen.

Titel II: Zuständigkeit

Abschnitt 1: Allgemeine Vorschriften

Art. 2 1. Vorbehaltlich der Vorschriften dieses Übereinkommens sind Personen, die ihren Wohnsitz im Hoheitsgebiet eines durch dieses Übereinkommen gebundenen Staates haben, ohne Rücksicht auf ihre Staatsangehörigkeit vor den Gerichten dieses Staates zu verklagen.

2. Auf Personen, die nicht dem durch dieses Übereinkommen gebundenen Staat angehören, in dem sie ihren Wohnsitz haben, sind die für Inländer massgebenden Zuständigkeitsvorschriften anzuwenden.

Art. 3 1. Personen, die ihren Wohnsitz im Hoheitsgebiet eines durch dieses Übereinkommen gebundenen Staates haben, können vor den Gerichten eines anderen durch dieses Übereinkommen gebundenen Staates nur gemäss den Vorschriften der Abschnitte 2–7 dieses Titels verklagt werden.

2. Gegen diese Personen können insbesondere nicht die in Anhang I aufgeführten innerstaatlichen Zuständigkeitsvorschriften geltend gemacht werden.

Art. 4 1. Hat der Beklagte keinen Wohnsitz im Hoheitsgebiet eines durch dieses Übereinkommen gebundenen Staates, so bestimmt sich vorbehaltlich der Artikel 22 und 23 die Zuständigkeit der Gerichte eines jeden durch dieses Übereinkommen gebundenen Staates nach dessen eigenen Gesetzen.

2. Gegenüber einem Beklagten, der keinen Wohnsitz im Hoheitsgebiet eines durch dieses Übereinkommen gebundenen Staates hat, kann sich jede Person, die ihren Wohnsitz im Hoheitsgebiet eines durch dieses Übereinkommen gebundenen Staates hat, in diesem Staat auf die dort geltenden Zuständigkeitsvorschriften, insbesondere auf die in Anhang I aufgeführten Vorschriften, wie ein Inländer berufen, ohne dass es auf ihre Staatsangehörigkeit ankommt.

Abschnitt 2: Besondere Zuständigkeiten

Art. 5 Eine Person, die ihren Wohnsitz im Hoheitsgebiet eines durch dieses Übereinkommen gebundenen Staates hat, kann in einem anderen durch dieses Übereinkommen gebundenen Staat verklagt werden:

1. a) wenn ein Vertrag oder Ansprüche aus einem Vertrag den Gegenstand des Verfahrens bilden, vor dem Gericht des Ortes, an dem die Verpflichtung erfüllt worden ist oder zu erfüllen wäre,

b) im Sinne dieser Vorschrift – und sofern nichts anderes vereinbart worden ist – ist der Erfüllungsort der Verpflichtung:
   - für den Verkauf beweglicher Sachen der Ort in einem durch dieses Übereinkommen gebundenen Staat, an dem sie nach dem Vertrag geliefert worden sind oder hätten geliefert werden müssen
   - für die Erbringung von Dienstleistungen der Ort in einem durch dieses Übereinkommen gebundenen Staat, an dem sie nach dem Vertrag erbracht worden sind oder hätten erbracht werden müssen

c) ist Buchstabe b nicht anwendbar, so gilt Buchstabe a;

2. wenn es sich um eine Unterhaltssache handelt:
   a) vor dem Gericht des Ortes, an dem der Unterhaltsberechtigte seinen Wohnsitz oder seinen gewöhnlichen Aufenthalt hat, oder
   b) im Falle einer Unterhaltssache, über die im Zusammenhang mit einem Verfahren in Bezug auf den Personenstand zu entscheiden ist, vor dem nach seinem Recht für dieses Verfahren zuständigen Gericht, es sei denn, diese Zuständigkeit beruht lediglich auf der Staatsangehörigkeit einer der Parteien, oder
   c) im Falle einer Unterhaltssache, über die im Zusammenhang mit einem Verfahren in Bezug auf die elterliche Verantwortung zu entscheiden ist, vor dem nach seinem Recht für dieses Verfahren zuständigen Gericht, es sei denn, diese Zuständigkeit beruht lediglich auf der Staatsangehörigkeit einer der Parteien;

3. wenn eine unerlaubte Handlung oder eine Handlung, die einer unerlaubten Handlung gleichgestellt ist, oder wenn Ansprüche aus einer solchen Handlung den Gegenstand des Verfahrens bilden, vor dem Gericht des Ortes, an dem das schädigende Ereignis eingetreten ist oder einzutreten droht;

4. wenn es sich um eine Klage auf Schadensersatz oder auf Wiederherstellung des früheren Zustands handelt, die auf eine mit Strafe bedrohte Handlung gestützt wird, vor dem Strafgericht, bei dem die öffentliche Klage erhoben ist, soweit dieses Gericht nach seinem Recht über zivilrechtliche Ansprüche erkennen kann;

5. wenn es sich um Streitigkeiten aus dem Betrieb einer Zweigniederlassung, einer Agentur oder einer sonstigen Niederlassung handelt, vor dem Gericht des Ortes, an dem sich diese befindet;

6. wenn sie in ihrer Eigenschaft als Begründer, *trustee* oder Begünstigter eines *trust* in Anspruch genommen wird, der aufgrund eines Gesetzes oder durch schriftlich vorgenommenes oder schriftlich bestätigtes Rechtsgeschäft errichtet worden ist, vor den Gerichten des durch dieses Übereinkommen gebundenen Staates, in dessen Hoheitsgebiet der *trust* seinen Sitz hat;

7. wenn es sich um eine Streitigkeit wegen der Zahlung von Berge- und Hilfslohn handelt, der für Bergungs- oder Hilfeleistungsarbeiten gefordert wird, die zugunsten einer Ladung oder einer Frachtforderung erbracht worden sind,

vor dem Gericht, in dessen Zuständigkeitsbereich diese Ladung oder die entsprechende Frachtforderung:

a) mit Arrest belegt worden ist, um die Zahlung zu gewährleisten, oder
b) mit Arrest hätte belegt werden können, jedoch dafür eine Bürgschaft oder eine andere Sicherheit geleistet worden ist;

diese Vorschrift ist nur anzuwenden, wenn behauptet wird, dass der Beklagte Rechte an der Ladung oder an der Frachtforderung hat oder zur Zeit der Bergungs- oder Hilfeleistungsarbeiten hatte.

Art. 6 Eine Person, die ihren Wohnsitz im Hoheitsgebiet eines durch dieses Übereinkommen gebundenen Staates hat, kann auch verklagt werden:

1. wenn mehrere Personen zusammen verklagt werden, vor dem Gericht des Ortes, an dem einer der Beklagten seinen Wohnsitz hat, sofern zwischen den Klagen eine so enge Beziehung gegeben ist, dass eine gemeinsame Verhandlung und Entscheidung geboten erscheint, um zu vermeiden, dass in getrennten Verfahren widersprechende Entscheidungen ergehen könnten;
2. wenn es sich um eine Klage auf Gewährleistung oder um eine Interventionsklage handelt, vor dem Gericht des Hauptprozesses, es sei denn, dass die Klage nur erhoben worden ist, um diese Person dem für sie zuständigen Gericht zu entziehen;
3. wenn es sich um eine Widerklage handelt, die auf denselben Vertrag oder Sachverhalt wie die Klage selbst gestützt wird, vor dem Gericht, bei dem die Klage selbst anhängig ist;
4. wenn ein Vertrag oder Ansprüche aus einem Vertrag den Gegenstand des Verfahrens bilden und die Klage mit einer Klage wegen dinglicher Rechte an unbeweglichen Sachen gegen denselben Beklagten verbunden werden kann, vor dem Gericht des durch dieses Übereinkommen gebundenen Staates, in dessen Hoheitsgebiet die unbewegliche Sache belegen ist.

Art. 7 Ist ein Gericht eines durch dieses Übereinkommen gebundenen Staates nach diesem Übereinkommen zur Entscheidung in Verfahren wegen einer Haftpflicht aufgrund der Verwendung oder des Betriebs eines Schiffes zuständig, so entscheidet dieses oder ein anderes an seiner Stelle durch das Recht dieses Staates bestimmtes Gericht auch über Klagen auf Beschränkung dieser Haftung.

Abschnitt 3: Zuständigkeit für Versicherungssachen

Art. 8 Für Klagen in Versicherungssachen bestimmt sich die Zuständigkeit unbeschadet des Artikels 4 und des Artikels 5 Nummer 5 nach diesem Abschnitt.

Art. 9 1. Ein Versicherer, der seinen Wohnsitz im Hoheitsgebiet eines durch dieses Übereinkommen gebundenen Staates hat, kann verklagt werden:

a) vor den Gerichten des Staates, in dem er seinen Wohnsitz hat;
b) in einem anderen durch dieses Übereinkommen gebundenen Staat bei Klagen des Versicherungsnehmers, des Versicherten oder des Begünstigten vor dem Gericht des Ortes, an dem der Kläger seinen Wohnsitz hat; oder
c) falls es sich um einen Mitversicherer handelt, vor dem Gericht eines durch dieses Übereinkommen gebundenen Staates, bei dem der federführende Versicherer verklagt wird.

2. Hat der Versicherer im Hoheitsgebiet eines durch dieses Übereinkommen gebundenen Staates keinen Wohnsitz, besitzt er aber in einem durch dieses Übereinkommen gebundenen Staat eine Zweigniederlassung, Agentur oder sonstige Niederlassung, so wird er für Streitigkeiten aus ihrem Betrieb so behandelt, wie wenn er seinen Wohnsitz im Hoheitsgebiet dieses Staates hätte.

Art. 10 Bei der Haftpflichtversicherung oder bei der Versicherung von unbeweglichen Sachen kann der Versicherer ausserdem vor dem Gericht des Ortes, an dem das schädigende Ereignis eingetreten ist, verklagt werden. Das Gleiche gilt, wenn sowohl bewegliche als auch unbewegliche Sachen in ein und demselben Versicherungsvertrag versichert und von demselben Schadensfall betroffen sind.

Art. 11 1. Bei der Haftpflichtversicherung kann der Versicherer auch vor das Gericht, bei dem die Klage des Geschädigten gegen den Versicherten anhängig ist, geladen werden, sofern dies nach dem Recht des angerufenen Gerichts zulässig ist.

2. Auf eine Klage, die der Geschädigte unmittelbar gegen den Versicherer erhebt, sind die Artikel 8, 9 und 10 anzuwenden, sofern eine solche unmittelbare Klage zulässig ist.

3. Sieht das für die unmittelbare Klage massgebliche Recht die Streitverkündung gegen den Versicherungsnehmer oder den Versicherten vor, so ist dasselbe Gericht auch für diese Personen zuständig.

Art. 12 1. Vorbehaltlich der Bestimmungen des Artikels 11 Absatz 3 kann der Versicherer nur vor den Gerichten des durch dieses Übereinkommen gebundenen Staates klagen, in dessen Hoheitsgebiet der Beklagte seinen Wohnsitz hat, ohne Rücksicht darauf, ob dieser Versicherungsnehmer, Versicherter oder Begünstigter ist.

2. Die Vorschriften dieses Abschnitts lassen das Recht unberührt, eine Widerklage vor dem Gericht zu erheben, bei dem die Klage selbst gemäss den Bestimmungen dieses Abschnitts anhängig ist.

Art. 13 Von den Vorschriften dieses Abschnitts kann im Wege der Vereinbarung nur abgewichen werden:

1. wenn die Vereinbarung nach der Entstehung der Streitigkeit getroffen wird;
2. wenn sie dem Versicherungsnehmer, Versicherten oder Begünstigten die Befugnis einräumt, andere als die in diesem Abschnitt angeführten Gerichte anzurufen;
3. wenn sie zwischen einem Versicherungsnehmer und einem Versicherer, die zum Zeitpunkt des Vertragsabschlusses ihren Wohnsitz oder gewöhnlichen Aufenthalt in demselben durch dieses Übereinkommen gebundenen Staat haben, getroffen ist, um die Zuständigkeit der Gerichte dieses Staates auch für den Fall zu begründen, dass das schädigende Ereignis im Ausland eintritt, es sei denn, dass eine solche Vereinbarung nach dem Recht dieses Staates nicht zulässig ist;
4. wenn sie von einem Versicherungsnehmer geschlossen ist, der seinen Wohnsitz nicht in einem durch dieses Übereinkommen gebundenen Staat hat, ausgenommen soweit sie eine Versicherung, zu deren Abschluss eine gesetzliche Verpflichtung besteht, oder die Versicherung von unbeweglichen Sachen in einem durch dieses Übereinkommen gebundenen Staat betrifft, oder
5. wenn sie einen Versicherungsvertrag betrifft, soweit dieser eines oder mehrere der in Artikel 14 aufgeführten Risiken deckt.

Art. 14 Die in Artikel 13 Nummer 5 erwähnten Risiken sind die folgenden:

1. sämtliche Schäden:
   a) an Seeschiffen, Anlagen vor der Küste und auf hoher See oder Luftfahrzeugen aus Gefahren, die mit ihrer Verwendung zu gewerblichen Zwecken verbunden sind,
   b) an Transportgütern, ausgenommen Reisegepäck der Passagiere, wenn diese Güter ausschliesslich oder zum Teil mit diesen Schiffen oder Luftfahrzeugen befördert werden;
2. Haftpflicht aller Art, mit Ausnahme der Haftung für Personenschäden an Passagieren oder Schäden an deren Reisegepäck:
   a) aus der Verwendung oder dem Betrieb von Seeschiffen, Anlagen oder Luftfahrzeugen gemäss Nummer 1 Buchstabe a, es sei denn, dass – was die letztgenannten betrifft – nach den Rechtsvorschriften des durch dieses Übereinkommen gebundenen Staates, in dem das Luftfahrzeug eingetragen ist, Gerichtsstandsvereinbarungen für die Versicherung solcher Risiken untersagt sind,
   b) für Schäden, die durch Transportgüter während einer Beförderung im Sinne von Nummer 1 Buchstabe b verursacht werden;

3. finanzielle Verluste im Zusammenhang mit der Verwendung oder dem Betrieb von Seeschiffen, Anlagen oder Luftfahrzeugen gemäss Nummer 1 Buchstabe a, insbesondere Fracht- oder Charterverlust;
4. irgendein zusätzliches Risiko, das mit einem der unter den Nummern 1–3 genannten Risiken in Zusammenhang steht;
5. unbeschadet der Nummern 1–4 alle Grossrisiken.

Abschnitt 4: Zuständigkeit bei Verbrauchersachen

Art. 15 1. Bilden ein Vertrag oder Ansprüche aus einem Vertrag, den eine Person, der Verbraucher, zu einem Zweck geschlossen hat, der nicht der beruflichen oder gewerblichen Tätigkeit dieser Person zugerechnet werden kann, den Gegenstand des Verfahrens, so bestimmt sich die Zuständigkeit unbeschadet des Artikels 4 und des Artikels 5 Nummer 5 nach diesem Abschnitt:

a) wenn es sich um den Kauf beweglicher Sachen auf Teilzahlung handelt;
b) wenn es sich um ein in Raten zurückzuzahlendes Darlehen oder ein anderes Kreditgeschäft handelt, das zur Finanzierung eines Kaufs derartiger Sachen bestimmt ist; oder
c) in allen anderen Fällen, wenn der andere Vertragspartner in dem durch dieses Übereinkommen gebundenen Staat, in dessen Hoheitsgebiet der Verbraucher seinen Wohnsitz hat, eine berufliche oder gewerbliche Tätigkeit ausübt oder eine solche auf irgendeinem Wege auf diesen Staat oder auf mehrere Staaten, einschliesslich dieses Staates, ausrichtet und der Vertrag in den Bereich dieser Tätigkeit fällt.

2. Hat der Vertragspartner des Verbrauchers im Hoheitsgebiet eines durch dieses Übereinkommen gebundenen Staates keinen Wohnsitz, besitzt er aber in einem durch dieses Übereinkommen gebundenen Staat eine Zweigniederlassung, Agentur oder sonstige Niederlassung, so wird er für Streitigkeiten aus ihrem Betrieb so behandelt, wie wenn er seinen Wohnsitz im Hoheitsgebiet dieses Staates hätte.

3. Dieser Abschnitt ist nicht auf Beförderungsverträge mit Ausnahme von Reiseverträgen, die für einen Pauschalpreis kombinierte Beförderungs- und Unterbringungsleistungen vorsehen, anzuwenden.

Art. 16 1. Die Klage eines Verbrauchers gegen den anderen Vertragspartner kann entweder vor den Gerichten des durch dieses Übereinkommen gebundenen Staates erhoben werden, in dessen Hoheitsgebiet dieser Vertragspartner seinen Wohnsitz hat, oder vor dem Gericht des Ortes, an dem der Verbraucher seinen Wohnsitz hat.

2. Die Klage des anderen Vertragspartners gegen den Verbraucher kann nur vor den Gerichten des durch dieses Übereinkommen gebundenen Staates

erhoben werden, in dessen Hoheitsgebiet der Verbraucher seinen Wohnsitz hat.

3. Die Vorschriften dieses Artikels lassen das Recht unberührt, eine Widerklage vor dem Gericht zu erheben, bei dem die Klage selbst gemäss den Bestimmungen dieses Abschnitts anhängig ist.

Art. 17 Von den Vorschriften dieses Abschnitts kann im Wege der Vereinbarung nur abgewichen werden:
1. wenn die Vereinbarung nach der Entstehung der Streitigkeit getroffen wird;
2. wenn sie dem Verbraucher die Befugnis einräumt, andere als die in diesem Abschnitt angeführten Gerichte anzurufen; oder
3. wenn sie zwischen einem Verbraucher und seinem Vertragspartner, die zum Zeitpunkt des Vertragsabschlusses ihren Wohnsitz oder gewöhnlichen Aufenthalt in demselben durch dieses Übereinkommen gebundenen Staat haben, getroffen ist und die Zuständigkeit der Gerichte dieses Staates begründet, es sei denn, dass eine solche Vereinbarung nach dem Recht dieses Staates nicht zulässig ist.

Abschnitt 5: Zuständigkeit für individuelle Arbeitsverträge

Art. 18 1. Bilden ein individueller Arbeitsvertrag oder Ansprüche aus einem individuellen Arbeitsvertrag den Gegenstand des Verfahrens, so bestimmt sich die Zuständigkeit unbeschadet des Artikels 4 und des Artikels 5 Nummer 5 nach diesem Abschnitt.

2. Hat der Arbeitgeber, mit dem der Arbeitnehmer einen individuellen Arbeitsvertrag geschlossen hat, im Hoheitsgebiet eines durch dieses Übereinkommen gebundenen Staates keinen Wohnsitz, besitzt er aber in einem der durch dieses Übereinkommen gebundenen Staaten eine Zweigniederlassung, Agentur oder sonstige Niederlassung, so wird er für Streitigkeiten aus ihrem Betrieb so behandelt, wie wenn er seinen Wohnsitz im Hoheitsgebiet dieses Staates hätte.

Art. 19 Ein Arbeitgeber, der seinen Wohnsitz im Hoheitsgebiet eines durch dieses Übereinkommen gebundenen Staates hat, kann verklagt werden:
1. vor den Gerichten des Staates, in dem er seinen Wohnsitz hat;
2. in einem anderen durch dieses Übereinkommen gebundenen Staat
   a) vor dem Gericht des Ortes, an dem der Arbeitnehmer gewöhnlich seine Arbeit verrichtet oder zuletzt gewöhnlich verrichtet hat, oder
   b) wenn der Arbeitnehmer seine Arbeit gewöhnlich nicht in ein und demselben Staat verrichtet oder verrichtet hat, vor dem Gericht des Ortes,

an dem sich die Niederlassung, die den Arbeitnehmer eingestellt hat, befindet bzw. befand.

Art. 20 1. Die Klage des Arbeitgebers kann nur vor den Gerichten des durch dieses Übereinkommen gebundenen Staates erhoben werden, in dessen Hoheitsgebiet der Arbeitnehmer seinen Wohnsitz hat.

2. Die Vorschriften dieses Abschnitts lassen das Recht unberührt, eine Widerklage vor dem Gericht zu erheben, bei dem die Klage selbst gemäss den Bestimmungen dieses Abschnitts anhängig ist.

Art. 21 Von den Vorschriften dieses Abschnitts kann im Wege der Vereinbarung nur abgewichen werden:

1. wenn die Vereinbarung nach der Entstehung der Streitigkeit getroffen wird; oder
2. wenn sie dem Arbeitnehmer die Befugnis einräumt, andere als die in diesem Abschnitt angeführten Gerichte anzurufen.

Abschnitt 6: Ausschliessliche Zuständigkeiten

Art. 22 Ohne Rücksicht auf den Wohnsitz sind ausschliesslich zuständig:

1. für Klagen, welche dingliche Rechte an unbeweglichen Sachen sowie die Miete oder Pacht von unbeweglichen Sachen zum Gegenstand haben, die Gerichte des durch dieses Übereinkommen gebundenen Staates, in dem die unbewegliche Sache belegen ist.

   Jedoch sind für Klagen betreffend die Miete oder Pacht unbeweglicher Sachen zum vorübergehenden privaten Gebrauch für höchstens sechs aufeinander folgende Monate auch die Gerichte des durch dieses Übereinkommen gebundenen Staates zuständig, in dem der Beklagte seinen Wohnsitz hat, sofern es sich bei dem Mieter oder Pächter um eine natürliche Person handelt und der Eigentümer sowie der Mieter oder Pächter ihren Wohnsitz in demselben durch dieses Übereinkommen gebundenen Staat haben;
2. für Klagen, welche die Gültigkeit, die Nichtigkeit oder die Auflösung einer Gesellschaft oder juristischen Person oder die Gültigkeit der Beschlüsse ihrer Organe zum Gegenstand haben, die Gerichte des durch dieses Übereinkommen gebundenen Staates, in dessen Hoheitsgebiet die Gesellschaft oder juristische Person ihren Sitz hat. Bei der Entscheidung darüber, wo der Sitz sich befindet, wendet das Gericht die Vorschriften seines Internationalen Privatrechts an;

3. für Klagen, welche die Gültigkeit von Eintragungen in öffentliche Register zum Gegenstand haben, die Gerichte des durch dieses Übereinkommen gebundenen Staates, in dessen Hoheitsgebiet die Register geführt werden;
4. für Klagen, welche die Eintragung oder die Gültigkeit von Patenten, Marken, Mustern und Modellen sowie ähnlicher Rechte, die einer Hinterlegung oder Registrierung bedürfen, zum Gegenstand haben, unabhängig davon, ob die Frage klageweise oder einredeweise aufgeworfen wird, die Gerichte des durch dieses Übereinkommen gebundenen Staates, in dessen Hoheitsgebiet die Hinterlegung oder Registrierung beantragt oder vorgenommen worden ist oder aufgrund eines Gemeinschaftsrechtsakts oder eines zwischenstaatlichen Übereinkommens als vorgenommen gilt.

   Unbeschadet der Zuständigkeit des Europäischen Patentamts nach dem am 5. Oktober 1973[3] in München unterzeichneten Übereinkommen über die Erteilung europäischer Patente sind die Gerichte eines jeden durch dieses Übereinkommen gebundenen Staates ohne Rücksicht auf den Wohnsitz der Parteien für alle Verfahren ausschliesslich zuständig, welche die Erteilung oder die Gültigkeit eines europäischen Patents zum Gegenstand haben, das für diesen Staat erteilt wurde, unabhängig davon, ob die Frage klageweise oder einredeweise aufgeworfen wird;
5. für Verfahren, welche die Zwangsvollstreckung aus Entscheidungen zum Gegenstand haben, die Gerichte des durch dieses Übereinkommen gebundenen Staates, in dessen Hoheitsgebiet die Zwangsvollstreckung durchgeführt werden soll oder durchgeführt worden ist.

Abschnitt 7: Vereinbarung über die Zuständigkeit

Art. 23 1. Haben die Parteien, von denen mindestens eine ihren Wohnsitz im Hoheitsgebiet eines durch dieses Übereinkommen gebundenen Staates hat, vereinbart, dass ein Gericht oder die Gerichte eines durch dieses Übereinkommen gebundenen Staates über eine bereits entstandene Rechtsstreitigkeit oder über eine künftige aus einem bestimmten Rechtsverhältnis entspringende Rechtsstreitigkeit entscheiden sollen, so sind dieses Gericht oder die Gerichte dieses Staates zuständig. Dieses Gericht oder die Gerichte dieses Staates sind ausschliesslich zuständig, sofern die Parteien nichts anderes vereinbart haben. Eine solche Gerichtsstandsvereinbarung muss geschlossen werden:

a) schriftlich oder mündlich mit schriftlicher Bestätigung; oder
b) in einer Form, welche den Gepflogenheiten entspricht, die zwischen den Parteien entstanden sind; oder
c) im internationalen Handel in einer Form, die einem Handelsbrauch entspricht, den die Parteien kannten oder kennen mussten und den

3 SR 0.232.142.2

Parteien von Verträgen dieser Art in dem betreffenden Geschäftszweig allgemein kennen und regelmässig beachten.

2. Elektronische Übermittlungen, die eine dauerhafte Aufzeichnung der Vereinbarung ermöglichen, sind der Schriftform gleichgestellt.

3. Wenn eine solche Vereinbarung von Parteien geschlossen wurde, die beide ihren Wohnsitz nicht im Hoheitsgebiet eines durch dieses Übereinkommen gebundenen Staates haben, so können die Gerichte der anderen durch dieses Übereinkommen gebundenen Staaten nicht entscheiden, es sei denn, das vereinbarte Gericht oder die vereinbarten Gerichte haben sich rechtskräftig für unzuständig erklärt.

4. Ist in schriftlich niedergelegten *trust*-Bedingungen bestimmt, dass über Klagen gegen einen Begründer, *trustee* oder Begünstigten eines *trust* ein Gericht oder die Gerichte eines durch dieses Übereinkommen gebundenen Staates entscheiden sollen, so ist dieses Gericht oder sind diese Gerichte ausschliesslich zuständig, wenn es sich um Beziehungen zwischen diesen Personen oder ihre Rechte oder Pflichten im Rahmen des *trust* handelt.

5. Gerichtsstandsvereinbarungen und entsprechende Bestimmungen in *trust*-Bedingungen haben keine rechtliche Wirkung, wenn sie den Vorschriften der Artikel 13, 17 und 21 zuwiderlaufen oder wenn die Gerichte, deren Zuständigkeit abbedungen wird, aufgrund des Artikels 22 ausschliesslich zuständig sind.

Art. 24 Sofern das Gericht eines durch dieses Übereinkommen gebundenen Staates nicht bereits nach anderen Vorschriften dieses Übereinkommens zuständig ist, wird es zuständig, wenn sich der Beklagte vor ihm auf das Verfahren einlässt. Dies gilt nicht, wenn der Beklagte sich einlässt, um den Mangel der Zuständigkeit geltend zu machen oder wenn ein anderes Gericht aufgrund des Artikels 22 ausschliesslich zuständig ist.

Abschnitt 8: Prüfung der Zuständigkeit und der Zulässigkeit des Verfahrens

Art. 25 Das Gericht eines durch dieses Übereinkommen gebundenen Staates hat sich von Amts wegen für unzuständig zu erklären, wenn es wegen einer Streitigkeit angerufen wird, für die das Gericht eines anderen durch dieses Übereinkommen gebundenen Staates aufgrund des Artikels 22 ausschliesslich zuständig ist.

Art. 26 1. Lässt sich der Beklagte, der seinen Wohnsitz im Hoheitsgebiet eines durch dieses Übereinkommen gebundenen Staates hat und der vor den Gerichten eines anderen durch dieses Übereinkommen gebundenen Staates verklagt wird, auf das Verfahren nicht ein, so hat sich das Gericht von Amts wegen für unzuständig zu erklären, wenn seine Zuständigkeit nicht nach diesem Übereinkommen begründet ist.

2. Das Gericht hat das Verfahren so lange auszusetzen, bis festgestellt ist, dass es dem Beklagten möglich war, das verfahrenseinleitende Schriftstück oder ein gleichwertiges Schriftstück so rechtzeitig zu empfangen, dass er sich verteidigen konnte oder dass alle hierzu erforderlichen Massnahmen getroffen worden sind.

3. An die Stelle von Absatz 2 tritt Artikel 15 des Haager Übereinkommens vom 15. November 1965[4] über die Zustellung gerichtlicher und aussergerichtlicher Schriftstücke im Ausland in Zivil- oder Handelssachen, wenn das verfahrenseinleitende Schriftstück oder ein gleichwertiges Schriftstück nach dem genannten Übereinkommen zu übermitteln war.

4. Die Mitgliedstaaten der Europäischen Gemeinschaft, die durch die Verordnung (EG) Nr. 1348/2000 des Rates vom 29. Mai 2000 oder durch das am 19. Oktober 2005 in Brüssel unterzeichnete Abkommen zwischen der Europäischen Gemeinschaft und dem Königreich Dänemark über die Zustellung gerichtlicher und aussergerichtlicher Schriftstücke in Zivil- oder Handelssachen gebunden sind, wenden in ihrem Verhältnis untereinander Artikel 19 der genannten Verordnung an, wenn das verfahrenseinleitende Schriftstück oder ein gleichwertiges Schriftstück nach dieser Verordnung oder nach dem genannten Abkommen zu übermitteln war.

Abschnitt 9: Rechtshängigkeit und im Zusammenhang stehende Verfahren

Art. 27 1. Werden bei Gerichten verschiedener durch dieses Übereinkommen gebundener Staaten Klagen wegen desselben Anspruchs zwischen denselben Parteien anhängig gemacht, so setzt das später angerufene Gericht das Verfahren von Amts wegen aus, bis die Zuständigkeit des zuerst angerufenen Gerichts feststeht.

2. Sobald die Zuständigkeit des zuerst angerufenen Gerichts feststeht, erklärt sich das später angerufene Gericht zugunsten dieses Gerichts für unzuständig.

Art. 28 1. Sind bei Gerichten verschiedener durch dieses Übereinkommen gebundener Staaten Klagen, die im Zusammenhang stehen, anhängig, so kann jedes später angerufene Gericht das Verfahren aussetzen.

2. Sind diese Klagen in erster Instanz anhängig, so kann sich jedes später angerufene Gericht auf Antrag einer Partei auch für unzuständig erklären, wenn das zuerst angerufene Gericht für die betreffenden Klagen zuständig ist und die Verbindung der Klagen nach seinem Recht zulässig ist.

4 SR 0.274.131

3. Klagen stehen im Sinne dieses Artikels im Zusammenhang, wenn zwischen ihnen eine so enge Beziehung gegeben ist, dass eine gemeinsame Verhandlung und Entscheidung geboten erscheint, um zu vermeiden, dass in getrennten Verfahren widersprechende Entscheidungen ergehen könnten.

Art. 29 Ist für die Klagen die ausschliessliche Zuständigkeit mehrerer Gerichte gegeben, so hat sich das zuletzt angerufene Gericht zugunsten des zuerst angerufenen Gerichts für unzuständig zu erklären.

Art. 30 Für die Zwecke dieses Abschnitts gilt ein Gericht als angerufen:
1. zu dem Zeitpunkt, zu dem das verfahrenseinleitende Schriftstück oder ein gleichwertiges Schriftstück bei Gericht eingereicht worden ist, vorausgesetzt, dass der Kläger es in der Folge nicht versäumt hat, die ihm obliegenden Massnahmen zu treffen, um die Zustellung des Schriftstücks an den Beklagten zu bewirken; oder
2. falls die Zustellung an den Beklagten vor Einreichung des Schriftstücks bei Gericht zu bewirken ist, zu dem Zeitpunkt, zu dem die für die Zustellung verantwortliche Stelle das Schriftstück erhalten hat, vorausgesetzt, dass der Kläger es in der Folge nicht versäumt hat, die ihm obliegenden Massnahmen zu treffen, um das Schriftstück bei Gericht einzureichen.

Abschnitt 10: Einstweilige Massnahmen einschliesslich solcher, die auf eine Sicherung gerichtet sind

Art. 31 Die im Recht eines durch dieses Übereinkommen gebundenen Staates vorgesehenen einstweiligen Massnahmen einschliesslich solcher, die auf eine Sicherung gerichtet sind, können bei den Gerichten dieses Staates auch dann beantragt werden, wenn für die Entscheidung in der Hauptsache das Gericht eines anderen durch dieses Übereinkommen gebundenen Staates aufgrund dieses Übereinkommens zuständig ist.

Titel III: Anerkennung und Vollstreckung

Art. 32 Unter «Entscheidung» im Sinne dieses Übereinkommens ist jede Entscheidung zu verstehen, die von einem Gericht eines durch dieses Übereinkommen gebundenen Staates erlassen worden ist, ohne Rücksicht auf ihre Bezeichnung wie Urteil, Beschluss, Zahlungsbefehl oder Vollstreckungsbescheid, einschliesslich des Kostenfestsetzungsbeschlusses eines Gerichtsbediensteten.

Abschnitt 1: Anerkennung

Art. 33 1. Die in einem durch dieses Übereinkommen gebundenen Staat ergangenen Entscheidungen werden in den anderen durch dieses Übereinkommen gebundenen Staaten anerkannt, ohne dass es hierfür eines besonderen Verfahrens bedarf.

2. Bildet die Frage, ob eine Entscheidung anzuerkennen ist, als solche den Gegenstand eines Streites, so kann jede Partei, welche die Anerkennung geltend macht, in dem Verfahren nach den Abschnitten 2 und 3 dieses Titels die Feststellung beantragen, dass die Entscheidung anzuerkennen ist.

3. Wird die Anerkennung in einem Rechtsstreit vor dem Gericht eines durch dieses Übereinkommen gebundenen Staates, dessen Entscheidung von der Anerkennung abhängt, verlangt, so kann dieses Gericht über die Anerkennung entscheiden.

Art. 34 Eine Entscheidung wird nicht anerkannt, wenn:
1. die Anerkennung der öffentlichen Ordnung (*ordre public*) des Staates, in dem sie geltend gemacht wird, offensichtlich widersprechen würde;
2. dem Beklagten, der sich auf das Verfahren nicht eingelassen hat, das verfahrenseinleitende Schriftstück oder ein gleichwertiges Schriftstück nicht so rechtzeitig und in einer Weise zugestellt worden ist, dass er sich verteidigen konnte, es sei denn, der Beklagte hat gegen die Entscheidung keinen Rechtsbehelf eingelegt, obwohl er die Möglichkeit dazu hatte;
3. sie mit einer Entscheidung unvereinbar ist, die zwischen denselben Parteien in dem Staat, in dem die Anerkennung geltend gemacht wird, ergangen ist;
4. sie mit einer früheren Entscheidung unvereinbar ist, die in einem anderen durch dieses Übereinkommen gebundenen Staat oder in einem Drittstaat zwischen denselben Parteien in einem Rechtsstreit wegen desselben Anspruchs ergangen ist, sofern die frühere Entscheidung die notwendigen Voraussetzungen für ihre Anerkennung in dem Staat erfüllt, in dem die Anerkennung geltend gemacht wird.

Art. 35 1. Eine Entscheidung wird ferner nicht anerkannt, wenn die Vorschriften der Abschnitte 3, 4 und 6 des Titels II verletzt worden sind oder wenn ein Fall des Artikels 68 vorliegt. Des Weiteren kann die Anerkennung einer Entscheidung versagt werden, wenn ein Fall des Artikels 64 Absatz 3 oder des Artikels 67 Absatz 4 vorliegt.

2. Das Gericht oder die sonst befugte Stelle des Staates, in dem die Anerkennung geltend gemacht wird, ist bei der Prüfung, ob eine der in Absatz 1 angeführten Zuständigkeiten gegeben ist, an die tatsächlichen Feststellungen gebunden, aufgrund deren das Gericht des Ursprungsstaats seine Zuständigkeit angenommen hat.

3. Die Zuständigkeit der Gerichte des Ursprungsstaats darf, unbeschadet der Bestimmungen des Absatzes 1, nicht nachgeprüft werden. Die Vorschriften über die Zuständigkeit gehören nicht zur öffentlichen Ordnung (*ordre public*) im Sinne des Artikels 34 Nummer 1.

Art. 36 Die ausländische Entscheidung darf keinesfalls in der Sache selbst nachgeprüft werden.

Art. 37 1. Das Gericht eines durch dieses Übereinkommen gebundenen Staates, vor dem die Anerkennung einer in einem anderen durch dieses Übereinkommen gebundenen Staat ergangenen Entscheidung geltend gemacht wird, kann das Verfahren aussetzen, wenn gegen die Entscheidung ein ordentlicher Rechtsbehelf eingelegt worden ist.

2. Das Gericht eines durch dieses Übereinkommen gebundenen Staates, vor dem die Anerkennung einer in Irland oder im Vereinigten Königreich ergangenen Entscheidung geltend gemacht wird, kann das Verfahren aussetzen, wenn die Vollstreckung der Entscheidung im Ursprungsstaat wegen der Einlegung eines Rechtsbehelfs einstweilen eingestellt ist.

Abschnitt 2: Vollstreckung

Art. 38 1. Die in einem durch dieses Übereinkommen gebundenen Staat ergangenen Entscheidungen, die in diesem Staat vollstreckbar sind, werden in einem anderen durch dieses Übereinkommen gebundenen Staat vollstreckt, wenn sie dort auf Antrag eines Berechtigten für vollstreckbar erklärt worden sind.

2. Im Vereinigten Königreich jedoch wird eine derartige Entscheidung in England und Wales, in Schottland oder in Nordirland vollstreckt, wenn sie auf Antrag eines Berechtigten zur Vollstreckung in dem betreffenden Teil des Vereinigten Königreichs registriert worden ist.

Art. 39 1. Der Antrag ist an das Gericht oder die sonst befugte Stelle zu richten, die in Anhang II aufgeführt ist.

2. Die örtliche Zuständigkeit wird durch den Wohnsitz des Schuldners oder durch den Ort, an dem die Zwangsvollstreckung durchgeführt werden soll, bestimmt.

Art. 40 1. Für die Stellung des Antrags ist das Recht des Vollstreckungsstaats massgebend.

2. Der Antragsteller hat im Bezirk des angerufenen Gerichts ein Wahldomizil zu begründen. Ist das Wahldomizil im Recht des Vollstreckungsstaats nicht

vorgesehen, so hat der Antragsteller einen Zustellungsbevollmächtigten zu benennen.

3. Dem Antrag sind die in Artikel 53 angeführten Urkunden beizufügen.

Art. 41 Sobald die in Artikel 53 vorgesehenen Förmlichkeiten erfüllt sind, wird die Entscheidung unverzüglich für vollstreckbar erklärt, ohne dass eine Prüfung nach den Artikeln 34 und 35 erfolgt. Der Schuldner erhält in diesem Abschnitt des Verfahrens keine Gelegenheit, eine Erklärung abzugeben.

Art. 42 1. Die Entscheidung über den Antrag auf Vollstreckbarerklärung wird dem Antragsteller unverzüglich in der Form mitgeteilt, die das Recht des Vollstreckungsstaats vorsieht.

2. Die Vollstreckbarerklärung und, soweit dies noch nicht geschehen ist, die Entscheidung werden dem Schuldner zugestellt.

Art. 43 1. Gegen die Entscheidung über den Antrag auf Vollstreckbarerklärung kann jede Partei einen Rechtsbehelf einlegen.

2. Der Rechtsbehelf wird bei dem in Anhang III aufgeführten Gericht eingelegt.

3. Über den Rechtsbehelf wird nach den Vorschriften entschieden, die für Verfahren mit beiderseitigem rechtlichen Gehör massgebend sind.

4. Lässt sich der Schuldner auf das Verfahren vor dem mit dem Rechtsbehelf des Antragstellers befassten Gericht nicht ein, so ist Artikel 26 Absätze 2–4 auch dann anzuwenden, wenn der Schuldner seinen Wohnsitz nicht im Hoheitsgebiet eines durch dieses Übereinkommen gebundenen Staates hat.

5. Der Rechtsbehelf gegen die Vollstreckbarerklärung ist innerhalb eines Monats nach ihrer Zustellung einzulegen. Hat der Schuldner seinen Wohnsitz im Hoheitsgebiet eines anderen durch dieses Übereinkommen gebundenen Staates als dem, in dem die Vollstreckbarerklärung ergangen ist, so beträgt die Frist für den Rechtsbehelf zwei Monate und beginnt von dem Tage an zu laufen, an dem die Vollstreckbarerklärung ihm entweder in Person oder in seiner Wohnung zugestellt worden ist. Eine Verlängerung dieser Frist wegen weiter Entfernung ist ausgeschlossen.

Art. 44 Gegen die Entscheidung, die über den Rechtsbehelf ergangen ist, kann nur ein Rechtsbehelf nach Anhang IV eingelegt werden.

Art. 45 1. Die Vollstreckbarerklärung darf von dem mit einem Rechtsbehelf nach Artikel 43 oder Artikel 44 befassten Gericht nur aus einem der in den Artikeln 34 und 35 aufgeführten Gründe versagt oder aufgehoben werden. Das Gericht erlässt seine Entscheidung unverzüglich.

2. Die ausländische Entscheidung darf keinesfalls in der Sache selbst nachgeprüft werden.

Art. 46 1. Das nach Artikel 43 oder Artikel 44 mit dem Rechtsbehelf befasste Gericht kann auf Antrag des Schuldners das Verfahren aussetzen, wenn gegen die Entscheidung im Ursprungsstaat ein ordentlicher Rechtsbehelf eingelegt oder die Frist für einen solchen Rechtsbehelf noch nicht verstrichen ist; in letzterem Fall kann das Gericht eine Frist bestimmen, innerhalb deren der Rechtsbehelf einzulegen ist.

2. Ist die Entscheidung in Irland oder im Vereinigten Königreich ergangen, so gilt jeder im Ursprungsstaat statthafte Rechtsbehelf als ordentlicher Rechtsbehelf im Sinne von Absatz 1.

3. Das Gericht kann auch die Zwangsvollstreckung von der Leistung einer Sicherheit, die es bestimmt, abhängig machen.

Art. 47 1. Ist eine Entscheidung nach diesem Übereinkommen anzuerkennen, so ist der Antragsteller nicht daran gehindert, einstweilige Massnahmen einschliesslich solcher, die auf eine Sicherung gerichtet sind, nach dem Recht des Vollstreckungsstaats in Anspruch zu nehmen, ohne dass es einer Vollstreckbarerklärung nach Artikel 41 bedarf.

2. Die Vollstreckbarerklärung gibt die Befugnis, Massnahmen, die auf eine Sicherung gerichtet sind, zu veranlassen.

3. Solange die in Artikel 43 Absatz 5 vorgesehene Frist für den Rechtsbehelf gegen die Vollstreckbarerklärung läuft und solange über den Rechtsbehelf nicht entschieden ist, darf die Zwangsvollstreckung in das Vermögen des Schuldners nicht über Massnahmen zur Sicherung hinausgehen.

Art. 48 1. Ist durch die ausländische Entscheidung über mehrere mit der Klage geltend gemachte Ansprüche erkannt und kann die Vollstreckbarerklärung nicht für alle Ansprüche erteilt werden, so erteilt das Gericht oder die sonst befugte Stelle sie für einen oder mehrere dieser Ansprüche.

2. Der Antragsteller kann beantragen, dass die Vollstreckbarerklärung nur für einen Teil des Gegenstands der Verurteilung erteilt wird.

Art. 49 Ausländische Entscheidungen, die auf Zahlung eines Zwangsgelds lauten, sind im Vollstreckungsstaat nur vollstreckbar, wenn die Höhe des Zwangsgelds durch die Gerichte des Ursprungsstaats endgültig festgesetzt ist.

Art. 50 1. Ist dem Antragsteller im Ursprungsstaat ganz oder teilweise Prozesskostenhilfe oder Kosten- und Gebührenbefreiung gewährt worden, so geniesst er in dem Verfahren nach diesem Abschnitt hinsichtlich der Prozesskostenhilfe oder der Kosten- und Gebührenbefreiung die günstigste Behandlung, die das Recht des Vollstreckungsstaats vorsieht.

2. Der Antragsteller, der die Vollstreckung einer Entscheidung einer Verwaltungsbehörde begehrt, die in Dänemark, Island oder Norwegen in Unterhaltssachen ergangen ist, kann im Vollstreckungsstaat Anspruch auf die in Absatz 1

genannten Vorteile erheben, wenn er eine Erklärung des dänischen, isländischen oder norwegischen Justizministeriums darüber vorlegt, dass er die wirtschaftlichen Voraussetzungen für die vollständige oder teilweise Bewilligung der Prozesskostenhilfe oder für die Kosten- und Gebührenbefreiung erfüllt.

Art. 51 Der Partei, die in einem durch dieses Übereinkommen gebundenen Staat eine in einem anderen durch dieses Übereinkommen gebundenen Staat ergangene Entscheidung vollstrecken will, darf wegen ihrer Eigenschaft als Ausländer oder wegen Fehlens eines inländischen Wohnsitzes oder Aufenthalts eine Sicherheitsleistung oder Hinterlegung, unter welcher Bezeichnung es auch sei, nicht auferlegt werden.

Art. 52 Im Vollstreckungsstaat dürfen im Vollstreckbarerklärungsverfahren keine nach dem Streitwert abgestuften Stempelabgaben oder Gebühren erhoben werden.

Abschnitt 3: Gemeinsame Vorschriften

Art. 53 1. Die Partei, die die Anerkennung einer Entscheidung geltend macht oder eine Vollstreckbarerklärung beantragt, hat eine Ausfertigung der Entscheidung vorzulegen, die die für ihre Beweiskraft erforderlichen Voraussetzungen erfüllt.

2. Unbeschadet des Artikels 55 hat die Partei, die eine Vollstreckbarerklärung beantragt, ferner die Bescheinigung nach Artikel 54 vorzulegen.

Art. 54 Das Gericht oder die sonst befugte Stelle des durch dieses Übereinkommen gebundenen Staates, in dem die Entscheidung ergangen ist, stellt auf Antrag die Bescheinigung unter Verwendung des Formblatts in Anhang V dieses Übereinkommens aus.

Art. 55 1. Wird die Bescheinigung nach Artikel 54 nicht vorgelegt, so kann das Gericht oder die sonst befugte Stelle eine Frist bestimmen, innerhalb deren die Bescheinigung vorzulegen ist, oder sich mit einer gleichwertigen Urkunde begnügen oder von der Vorlage der Bescheinigung befreien, wenn es oder sie eine weitere Klärung nicht für erforderlich hält.

2. Auf Verlangen des Gerichts oder der sonst befugten Stelle ist eine Übersetzung der Urkunden vorzulegen. Die Übersetzung ist von einer hierzu in einem der durch dieses Übereinkommen gebundenen Staaten befugten Person zu beglaubigen.

Art. 56 Die in Artikel 53 und in Artikel 55 Absatz 2 angeführten Urkunden sowie die Urkunde über die Prozessvollmacht, falls eine solche erteilt wird, bedürfen weder der Legalisation noch einer ähnlichen Förmlichkeit.

Titel IV: Öffentliche Urkunden und Prozessvergleiche

Art. 57 1. Öffentliche Urkunden, die in einem durch dieses Übereinkommen gebundenen Staat aufgenommen und vollstreckbar sind, werden in einem anderen durch dieses Übereinkommen gebundenen Staat auf Antrag in dem Verfahren nach den Artikeln 38 ff. für vollstreckbar erklärt. Die Vollstreckbarerklärung ist von dem mit einem Rechtsbehelf nach Artikel 43 oder Artikel 44 befassten Gericht nur zu versagen oder aufzuheben, wenn die Zwangsvollstreckung aus der Urkunde der öffentlichen Ordnung (*ordre public*) des Vollstreckungsstaats offensichtlich widersprechen würde.

2. Als öffentliche Urkunden im Sinne von Absatz 1 werden auch vor Verwaltungsbehörden geschlossene oder von ihnen beurkundete Unterhaltsvereinbarungen oder -verpflichtungen angesehen.

3. Die vorgelegte Urkunde muss die Voraussetzungen für ihre Beweiskraft erfüllen, die in dem Staat, in dem sie aufgenommen wurde, erforderlich sind.

4. Die Vorschriften des Abschnitts 3 des Titels III sind sinngemäss anzuwenden. Die befugte Stelle des durch dieses Übereinkommen gebundenen Staates, in dem eine öffentliche Urkunde aufgenommen worden ist, stellt auf Antrag die Bescheinigung unter Verwendung des Formblatts in Anhang VI dieses Übereinkommens aus.

Art. 58 Vergleiche, die vor einem Gericht im Laufe eines Verfahrens geschlossen und in dem durch dieses Übereinkommen gebundenen Staat, in dem sie errichtet wurden, vollstreckbar sind, werden in dem Vollstreckungsstaat unter denselben Bedingungen wie öffentliche Urkunden vollstreckt. Das Gericht oder die sonst befugte Stelle des durch dieses Übereinkommen gebundenen Staates, in dem ein Prozessvergleich geschlossen worden ist, stellt auf Antrag die Bescheinigung unter Verwendung des Formblatts in Anhang V dieses Übereinkommens aus.

Titel V: Allgemeine Vorschriften

Art. 59 1. Ist zu entscheiden, ob eine Partei im Hoheitsgebiet des durch dieses Übereinkommen gebundenen Staates, dessen Gerichte angerufen sind, einen Wohnsitz hat, so wendet das Gericht sein Recht an.

2. Hat eine Partei keinen Wohnsitz in dem durch dieses Übereinkommen gebundenen Staat, dessen Gerichte angerufen sind, so wendet das Gericht, wenn es zu entscheiden hat, ob die Partei einen Wohnsitz in einem anderen durch dieses Übereinkommen gebundenen Staat hat, das Recht dieses Staates an.

Art. 60 1. Gesellschaften und juristische Personen haben für die Anwendung dieses Übereinkommens ihren Wohnsitz an dem Ort, an dem sich:

a) ihr satzungsmässiger Sitz;
b) ihre Hauptverwaltung; oder
c) ihre Hauptniederlassung

befindet.

2. Im Falle des Vereinigten Königreichs und Irlands ist unter dem Ausdruck «satzungsmässiger Sitz» das *registered office* oder, wenn ein solches nirgendwo besteht, der *place of incorporation* (Ort der Erlangung der Rechtsfähigkeit) oder, wenn ein solcher nirgendwo besteht, der Ort, nach dessen Recht die *formation* (Gründung) erfolgt ist, zu verstehen.

3. Um zu bestimmen, ob ein *trust* seinen Sitz in dem durch dieses Übereinkommen gebundenen Staat hat, bei dessen Gerichten die Klage anhängig ist, wendet das Gericht sein Internationales Privatrecht an.

Art. 61 Unbeschadet günstigerer innerstaatlicher Vorschriften können Personen, die ihren Wohnsitz im Hoheitsgebiet eines durch dieses Übereinkommen gebundenen Staates haben und die vor den Strafgerichten eines anderen durch dieses Übereinkommen gebundenen Staates, dessen Staatsangehörigkeit sie nicht besitzen, wegen einer fahrlässig begangenen Straftat verfolgt werden, sich von hierzu befugten Personen vertreten lassen, selbst wenn sie persönlich nicht erscheinen. Das Gericht kann jedoch das persönliche Erscheinen anordnen; wird diese Anordnung nicht befolgt, so braucht die Entscheidung, die über den Anspruch aus einem Rechtsverhältnis des Zivilrechts ergangen ist, ohne dass sich der Angeklagte verteidigen konnte, in den anderen durch dieses Übereinkommen gebundenen Staaten weder anerkannt noch vollstreckt zu werden.

Art. 62 Im Sinne dieses Übereinkommens umfasst die Bezeichnung «Gericht» jede Behörde, die von einem durch dieses Übereinkommen gebundenen Staat als für die in den Anwendungsbereich dieses Übereinkommens fallenden Rechtsgebiete zuständig bezeichnet worden ist.

Titel VI: Übergangsvorschriften

Art. 63 1. Die Vorschriften dieses Übereinkommens sind nur auf solche Klagen und öffentliche Urkunden anzuwenden, die erhoben oder aufgenommen worden sind, nachdem dieses Übereinkommen im Ursprungsstaat und, sofern die Anerkennung oder Vollstreckung einer Entscheidung oder einer öffentlichen Urkunde geltend gemacht wird, im ersuchten Staat in Kraft getreten ist.

2. Ist die Klage im Ursprungsstaat vor dem Inkrafttreten dieses Übereinkommens erhoben worden, so werden nach diesem Zeitpunkt erlassene Entscheidungen nach Massgabe des Titels III anerkannt und zur Vollstreckung zugelassen:
  a) wenn die Klage im Ursprungsstaat erhoben wurde, nachdem das Übereinkommen von Lugano vom 16. September 1988 sowohl im Ursprungsstaat als auch in dem ersuchten Staat in Kraft getreten war;
  b) in allen anderen Fällen, wenn das Gericht aufgrund von Vorschriften zuständig war, die mit den Zuständigkeitsvorschriften des Titels II oder eines Abkommens übereinstimmen, das im Zeitpunkt der Klageerhebung zwischen dem Ursprungsstaat und dem ersuchten Staat in Kraft war.

Titel VII: Verhältnis zu der Verordnung (EG) Nr. 44/2001 des Rates und zu anderen Rechtsinstrumenten

Art. 64 1. Dieses Übereinkommen lässt die Anwendung folgender Rechtsakte durch die Mitgliedstaaten der Europäischen Gemeinschaft unberührt: der Verordnung (EG) Nr. 44/2001 des Rates über die gerichtliche Zuständigkeit und die Anerkennung und Vollstreckung von Entscheidungen in Zivil- und Handelssachen einschliesslich deren Änderungen, des am 27. September 1968 in Brüssel unterzeichneten Übereinkommens über die gerichtliche Zuständigkeit und die Vollstreckung gerichtlicher Entscheidungen in Zivil- und Handelssachen und des am 3. Juni 1971 in Luxemburg unterzeichneten Protokolls über die Auslegung des genannten Übereinkommens durch den Gerichtshof der Europäischen Gemeinschaften in der Fassung der Übereinkommen, mit denen die neuen Mitgliedstaaten der Europäischen Gemeinschaften jenem Übereinkommen und dessen Protokoll beigetreten sind, sowie des am 19. Oktober 2005 in Brüssel unterzeichneten Abkommens zwischen der Europäischen Gemeinschaft und dem Königreich Dänemark über die gerichtliche Zuständigkeit und die Anerkennung und Vollstreckung von Entscheidungen in Zivil- und Handelssachen.

2. Dieses Übereinkommen wird jedoch in jedem Fall angewandt:
  a) in Fragen der gerichtlichen Zuständigkeit, wenn der Beklagte seinen Wohnsitz im Hoheitsgebiet eines Staates hat, in dem dieses Übereinkommen, aber keines der in Absatz 1 aufgeführten Rechtsinstrumente gilt, oder wenn die Gerichte eines solchen Staates nach Artikel 22 oder 23 dieses Übereinkommens zuständig sind;
  b) bei Rechtshängigkeit oder im Zusammenhang stehenden Verfahren im Sinne der Artikel 27 und 28, wenn Verfahren in einem Staat anhängig gemacht werden, in dem dieses Übereinkommen, aber keines der in

Absatz 1 aufgeführten Rechtsinstrumente gilt, und in einem Staat, in dem sowohl dieses Übereinkommen als auch eines der in Absatz 1 aufgeführten Rechtsinstrumente gilt;

c) in Fragen der Anerkennung und Vollstreckung, wenn entweder der Ursprungsstaat oder der ersuchte Staat keines der in Absatz 1 aufgeführten Rechtsinstrumente anwendet.

3. Ausser aus den in Titel III vorgesehenen Gründen kann die Anerkennung oder Vollstreckung versagt werden, wenn sich der der Entscheidung zugrunde liegende Zuständigkeitsgrund von demjenigen unterscheidet, der sich aus diesem Übereinkommen ergibt, und wenn die Anerkennung oder Vollstreckung gegen eine Partei geltend gemacht wird, die ihren Wohnsitz in einem Staat hat, in dem dieses Übereinkommen, aber keines der in Absatz 1 aufgeführten Rechtsinstrumente gilt, es sei denn, dass die Entscheidung anderweitig nach dem Recht des ersuchten Staates anerkannt oder vollstreckt werden kann.

Art. 65 Dieses Übereinkommen ersetzt unbeschadet des Artikels 63 Absatz 2 und der Artikel 66 und 67 im Verhältnis zwischen den durch dieses Übereinkommen gebundenen Staaten die zwischen zwei oder mehr dieser Staaten bestehenden Übereinkünfte, die sich auf dieselben Rechtsgebiete erstrecken wie dieses Übereinkommen. Durch dieses Übereinkommen werden insbesondere die in Anhang VII aufgeführten Übereinkünfte ersetzt.

Art. 66 1. Die in Artikel 65 angeführten Übereinkünfte behalten ihre Wirksamkeit für die Rechtsgebiete, auf die dieses Übereinkommen nicht anzuwenden ist.

2. Sie bleiben auch weiterhin für die Entscheidungen und die öffentlichen Urkunden wirksam, die vor Inkrafttreten dieses Übereinkommens ergangen sind oder aufgenommen worden sind.

Art. 67 1. Dieses Übereinkommen lässt Übereinkünfte unberührt, denen die Vertragsparteien und/oder die durch dieses Übereinkommen gebundenen Staaten angehören und die für besondere Rechtsgebiete die gerichtliche Zuständigkeit, die Anerkennung oder die Vollstreckung von Entscheidungen regeln. Unbeschadet der Verpflichtungen aus anderen Übereinkünften, denen manche Vertragsparteien angehören, schliesst dieses Übereinkommen nicht aus, dass die Vertragsparteien solche Übereinkünfte schliessen.

2. Dieses Übereinkommen schliesst nicht aus, dass ein Gericht eines durch dieses Übereinkommen gebundenen Staates, der Vertragspartei einer Übereinkunft über ein besonderes Rechtsgebiet ist, seine Zuständigkeit auf eine solche Übereinkunft stützt, und zwar auch dann, wenn der Beklagte seinen Wohnsitz in einem anderen durch dieses Übereinkommen gebundenen Staat hat, der nicht Vertragspartei der betreffenden Übereinkunft ist. In jedem Fall wendet dieses Gericht Artikel 26 dieses Übereinkommens an.

3. Entscheidungen, die in einem durch dieses Übereinkommen gebundenen Staat von einem Gericht erlassen worden sind, das seine Zuständigkeit auf eine Übereinkunft über ein besonderes Rechtsgebiet gestützt hat, werden in den anderen durch dieses Übereinkommen gebundenen Staaten nach Titel III dieses Übereinkommens anerkannt und vollstreckt.

4. Neben den in Titel III vorgesehenen Gründen kann die Anerkennung oder Vollstreckung versagt werden, wenn der ersuchte Staat nicht durch die Übereinkunft über ein besonderes Rechtsgebiet gebunden ist und die Person, gegen die die Anerkennung oder Vollstreckung geltend gemacht wird, ihren Wohnsitz in diesem Staat hat oder wenn der ersuchte Staat ein Mitgliedstaat der Europäischen Gemeinschaft ist und die Übereinkunft von der Europäischen Gemeinschaft geschlossen werden müsste, in einem ihrer Mitgliedstaaten, es sei denn, die Entscheidung kann anderweitig nach dem Recht des ersuchten Staates anerkannt oder vollstreckt werden.

5. Sind der Ursprungsstaat und der ersuchte Staat Vertragsparteien einer Übereinkunft über ein besonderes Rechtsgebiet, welche die Voraussetzungen für die Anerkennung und Vollstreckung von Entscheidungen regelt, so gelten diese Voraussetzungen. In jedem Fall können die Bestimmungen dieses Übereinkommens über das Verfahren zur Anerkennung und Vollstreckung von Entscheidungen angewandt werden.

Art. 68 1. Dieses Übereinkommen lässt Übereinkünfte unberührt, durch die sich die durch dieses Übereinkommen gebundenen Staaten vor Inkrafttreten dieses Übereinkommens verpflichtet haben, Entscheidungen der Gerichte anderer durch dieses Übereinkommen gebundener Staaten gegen Beklagte, die ihren Wohnsitz oder gewöhnlichen Aufenthalt im Hoheitsgebiet eines Drittstaats haben, nicht anzuerkennen, wenn die Entscheidungen in den Fällen des Artikels 4 nur auf einen der in Artikel 3 Absatz 2 angeführten Zuständigkeitsgründe gestützt werden könnten. Unbeschadet der Verpflichtungen aus anderen Übereinkünften, denen manche Vertragsparteien angehören, schliesst dieses Übereinkommen nicht aus, dass die Vertragsparteien solche Übereinkünfte treffen.

2. Keine Vertragspartei kann sich jedoch gegenüber einem Drittstaat verpflichten, eine Entscheidung nicht anzuerkennen, die in einem anderen durch dieses Übereinkommen gebundenen Staat durch ein Gericht gefällt wurde, dessen Zuständigkeit auf das Vorhandensein von Vermögenswerten des Beklagten in diesem Staat oder die Beschlagnahme von dort vorhandenem Vermögen durch den Kläger gegründet ist:

a) wenn die Klage erhoben wird, um Eigentums- oder Inhaberrechte hinsichtlich dieses Vermögens festzustellen oder anzumelden oder um Verfügungsgewalt darüber zu erhalten, oder wenn die Klage sich aus einer anderen Streitsache im Zusammenhang mit diesem Vermögen ergibt; oder

b) wenn das Vermögen die Sicherheit für einen Anspruch darstellt, der Gegenstand des Verfahrens ist.

Titel VIII: Schlussvorschriften

Art. 69 1. Dieses Übereinkommen liegt für die Europäische Gemeinschaft, Dänemark und die Staaten, die Mitglieder der Europäischen Freihandelsassoziation sind, zur Unterzeichnung auf.

2. Dieses Übereinkommen bedarf der Ratifikation durch die Unterzeichnerstaaten. Die Ratifikationsurkunden werden beim Schweizerischen Bundesrat hinterlegt, der der Verwahrer dieses Übereinkommens ist.

3. Zum Zeitpunkt der Ratifizierung kann jede Vertragspartei Erklärungen gemäss den Artikeln I, II und III des Protokolls 1 abgeben.

4. Dieses Übereinkommen tritt am ersten Tag des sechsten Monats in Kraft, der auf den Tag folgt, an dem die Europäische Gemeinschaft und ein Mitglied der Europäischen Freihandelsassoziation ihre Ratifikationsurkunden hinterlegt haben.

5. Für jede andere Vertragspartei tritt dieses Übereinkommen am ersten Tag des dritten Monats in Kraft, der auf die Hinterlegung ihrer Ratifikationsurkunde folgt.

6. Unbeschadet des Artikels 3 Absatz 3 des Protokolls 2 ersetzt dieses Übereinkommen ab dem Tag seines Inkrafttretens gemäss den Absätzen 4 und 5 das am 16. September 1988 in Lugano geschlossene Übereinkommen über die gerichtliche Zuständigkeit und die Vollstreckung gerichtlicher Entscheidungen in Zivil- und Handelssachen. Jede Bezugnahme auf das Lugano-Übereinkommen von 1988 in anderen Rechtsinstrumenten gilt als Bezugnahme auf dieses Übereinkommen.

7. Im Verhältnis zwischen den Mitgliedstaaten der Europäischen Gemeinschaft und den aussereuropäischen Gebieten im Sinne von Artikel 70 Absatz 1 Buchstabe b ersetzt dieses Übereinkommen ab dem Tag seines Inkrafttretens für diese Gebiete gemäss Artikel 73 Absatz 2 das am 27. September 1968 in Brüssel unterzeichnete Übereinkommen über die gerichtliche Zuständigkeit und die Vollstreckung gerichtlicher Entscheidungen in Zivil- und Handelssachen und das am 3. Juni 1971 in Luxemburg unterzeichnete Protokoll über die Auslegung des genannten Übereinkommens durch den Gerichtshof der Europäischen Gemeinschaften in der Fassung der Übereinkommen, mit denen die neuen Mitgliedstaaten der Europäischen Gemeinschaften jenem Übereinkommen und dessen Protokoll beigetreten sind.

Art. 70 1. Dem Übereinkommen können nach seinem Inkrafttreten beitreten:

a) die Staaten, die nach Auflage dieses Übereinkommens zur Unterzeichnung Mitglieder der Europäischen Freihandelsassoziation werden, unter den Voraussetzungen des Artikels 71;

b) ein Mitgliedstaat der Europäischen Gemeinschaft im Namen bestimmter aussereuropäischer Gebiete, die Teil seines Hoheitsgebiets sind oder für deren Aussenbeziehungen dieser Mitgliedstaat zuständig ist, unter den Voraussetzungen des Artikels 71;

c) jeder andere Staat unter den Voraussetzungen des Artikels 72.

2. Die in Absatz 1 genannten Staaten, die diesem Übereinkommen beitreten wollen, richten ein entsprechendes Ersuchen an den Verwahrer. Dem Beitrittsersuchen und den Angaben nach den Artikeln 71 und 72 ist eine englische und französische Übersetzung beizufügen.

Art. 71 1. Jeder in Artikel 70 Absatz 1 Buchstaben a und b genannte Staat, der diesem Übereinkommen beitreten will:

a) teilt die zur Anwendung dieses Übereinkommens erforderlichen Angaben mit;

b) kann Erklärungen nach Massgabe der Artikel I und III des Protokolls 1 abgeben.

2. Der Verwahrer übermittelt den anderen Vertragsparteien vor der Hinterlegung der Beitrittsurkunde des betreffenden Staates die Angaben, die ihm nach Absatz 1 mitgeteilt wurden.

Art. 72 1. Jeder in Artikel 70 Absatz 1 Buchstabe c genannte Staat, der diesem Übereinkommen beitreten will:

a) teilt die zur Anwendung dieses Übereinkommens erforderlichen Angaben mit;

b) kann Erklärungen nach Massgabe der Artikel I und III des Protokolls 1 abgeben;

c) erteilt dem Verwahrer Auskünfte insbesondere über:

   1) sein Justizsystem mit Angaben zur Ernennung der Richter und zu deren Unabhängigkeit,

   2) sein innerstaatliches Zivilprozess- und Vollstreckungsrecht,

   3) sein Internationales Zivilprozessrecht.

2. Der Verwahrer übermittelt den anderen Vertragsparteien die Angaben, die ihm nach Absatz 1 mitgeteilt worden sind, bevor er den betreffenden Staat gemäss Absatz 3 zum Beitritt einlädt.

3. Unbeschadet des Absatzes 4 lädt der Verwahrer den betreffenden Staat nur dann zum Beitritt ein, wenn die Zustimmung aller Vertragsparteien vorliegt. Die Vertragsparteien sind bestrebt, ihre Zustimmung spätestens innerhalb eines Jahres nach der Aufforderung durch den Verwahrer zu erteilen.

4. Für den beitretenden Staat tritt dieses Übereinkommen nur im Verhältnis zu den Vertragsparteien in Kraft, die vor dem ersten Tag des dritten Monats, der auf die Hinterlegung der Beitrittsurkunde folgt, keine Einwände gegen den Beitritt erhoben haben.

Art. 73 1. Die Beitrittsurkunden werden beim Verwahrer hinterlegt.

2. Für einen in Artikel 70 genannten beitretenden Staat tritt dieses Übereinkommen am ersten Tag des dritten Monats, der auf die Hinterlegung seiner Beitrittsurkunde folgt, in Kraft. Ab diesem Zeitpunkt gilt der beitretende Staat als Vertragspartei dieses Übereinkommens.

3. Jede Vertragspartei kann dem Verwahrer den Wortlaut dieses Übereinkommens in ihrer oder ihren Sprachen übermitteln, der, sofern die Vertragsparteien nach Artikel 4 des Protokolls 2 zugestimmt haben, ebenfalls als verbindlich gilt.

Art. 74 1. Dieses Übereinkommen wird auf unbegrenzte Zeit geschlossen.

2. Jede Vertragspartei kann dieses Übereinkommen jederzeit durch eine an den Verwahrer gerichtete Notifikation kündigen.

3. Die Kündigung wird am Ende des Kalenderjahres wirksam, das auf einen Zeitraum von sechs Monaten folgt, gerechnet vom Eingang ihrer Notifikation beim Verwahrer.

Art. 75 Diesem Übereinkommen sind beigefügt:

- ein Protokoll 1 über bestimmte Zuständigkeits-, Verfahrens- und Vollstreckungsfragen;
- ein Protokoll 2 über die einheitliche Auslegung des Übereinkommens und den Ständigen Ausschuss;
- ein Protokoll 3 über die Anwendung von Artikel 67;
- die Anhänge I bis IV und Anhang VII mit Angaben zur Anwendung des Übereinkommens;
- die Anhänge V und VI mit den Formblättern für die Bescheinigungen im Sinne der Artikel 54, 58 und 57;
- Anhang VIII mit der Angabe der verbindlichen Sprachfassungen des Übereinkommens gemäss Artikel 79;
- Anhang IX mit den Angaben gemäss Artikel II des Protokolls 1.

Die Protokolle und Anhänge sind Bestandteil des Übereinkommens.

Art. 76 Unbeschadet des Artikels 77 kann jede Vertragspartei eine Revision dieses Übereinkommens beantragen. Zu diesem Zweck beruft der Verwahrer den Ständigen Ausschuss nach Artikel 4 des Protokolls 2 ein.

Art. 77 1. Die Vertragsparteien teilen dem Verwahrer den Wortlaut aller Rechtsvorschriften mit, durch den die Listen in den Anhängen I bis IV geändert werden, sowie alle Streichungen oder Zusätze in der Liste des Anhangs VII und den Zeitpunkt ihres Inkrafttretens. Diese Mitteilung erfolgt rechtzeitig vor Inkrafttreten; ihr ist eine englische und französische Übersetzung beizufügen. Der Verwahrer passt die betreffenden Anhänge nach Anhörung des Ständigen Ausschusses gemäss Artikel 4 des Protokolls 2 entsprechend an. Zu diesem Zweck erstellen die Vertragsparteien eine Übersetzung der Anpassungen in ihren Sprachen.

2. Jede Änderung der Anhänge V und VI sowie VIII und IX wird vom Ständigen Ausschuss gemäss Artikel 4 des Protokolls 2 angenommen.

Art. 78 1. Der Verwahrer notifiziert den Vertragsparteien:

a) die Hinterlegung jeder Ratifikations- oder Beitrittsurkunde;
b) den Tag, an dem dieses Übereinkommen für die Vertragsparteien in Kraft tritt;
c) die nach den Artikeln I bis IV des Protokolls 1 eingegangenen Erklärungen;
d) die Mitteilungen nach Artikel 74 Absatz 2, Artikel 77 Absatz 1 sowie Absatz 4 des Protokolls 3.

2. Den Notifikationen ist eine englische und französische Übersetzung beizufügen.

Art. 79 Dieses Übereinkommen ist in einer Urschrift in den in Anhang VIII aufgeführten Sprachen abgefasst, wobei jeder Wortlaut gleichermassen verbindlich ist; es wird im Schweizerischen Bundesarchiv hinterlegt. Der Schweizerische Bundesrat übermittelt jeder Vertragspartei eine beglaubigte Abschrift.

Protokoll 1 über bestimmte Zuständigkeits-, Verfahrens- und Vollstreckungsfragen

Die Hohen Vertragsparteien sind wie folgt übereingekommen:

Art. I 1. Gerichtliche und aussergerichtliche Schriftstücke, die in einem durch dieses Übereinkommen gebundenen Staat ausgefertigt worden sind und einer Person zugestellt werden sollen, die sich im Hoheitsgebiet eines anderen durch dieses Übereinkommen gebundenen Staates befindet, werden nach den zwischen diesen Staaten geltenden Übereinkünften übermittelt.

2. Sofern die Vertragspartei, in deren Hoheitsgebiet die Zustellung bewirkt werden soll, nicht durch eine an den Verwahrer gerichtete Erklärung widersprochen hat, können diese Schriftstücke auch von den gerichtlichen Amtspersonen des Staates, in dem sie ausgefertigt worden sind, unmittelbar den gerichtlichen Amtspersonen des Staates übersandt werden, in dessen Hoheitsgebiet sich die Person befindet, für welche das Schriftstück bestimmt ist. In diesem Fall übersendet die gerichtliche Amtsperson des Ursprungsstaats der gerichtlichen Amtsperson des ersuchten Staates, die für die Übermittlung an den Empfänger zuständig ist, eine Abschrift des Schriftstücks. Diese Übermittlung wird in den Formen vorgenommen, die das Recht des ersuchten Staates vorsieht. Sie wird durch eine Bescheinigung festgestellt, die der gerichtlichen Amtsperson des Ursprungsstaats unmittelbar zugesandt wird.

3. Die Mitgliedstaaten der Europäischen Gemeinschaft, die durch die Verordnung (EG) Nr. 1348/2000 des Rates vom 29. Mai 2000 oder durch das am 19. Oktober 2005 in Brüssel unterzeichnete Abkommen zwischen der Europäischen Gemeinschaft und dem Königreich Dänemark über die Zustellung gerichtlicher und aussergerichtlicher Schriftstücke in Zivil- oder Handelssachen gebunden sind, wenden diese Verordnung und dieses Abkommen in ihrem Verhältnis untereinander an.

Art. II 1. Die in Artikel 6 Nummer 2 und Artikel 11 für eine Gewährleistungs- oder Interventionsklage vorgesehene Zuständigkeit kann in den in Anhang IX genannten Staaten, die durch dieses Übereinkommen gebunden sind, nicht in vollem Umfang geltend gemacht werden. Jede Person, die ihren Wohnsitz in einem anderen durch dieses Übereinkommen gebundenen Staat hat, kann vor den Gerichten dieser Staaten nach Massgabe der in Anhang IX genannten Vorschriften verklagt werden.

2. Die Europäische Gemeinschaft kann zum Zeitpunkt der Ratifizierung erklären, dass die in Artikel 6 Nummer 2 und Artikel 11 genannten Verfahren in bestimmten anderen Mitgliedstaaten nicht in Anspruch genommen werden können, und Angaben zu den geltenden Vorschriften mitteilen.

3. Entscheidungen, die in den anderen durch dieses Übereinkommen gebundenen Staaten aufgrund des Artikels 6 Nummer 2 und des Artikels 11 ergangen sind, werden in den in den Absätzen 1 und 2 genannten Staaten nach Titel III anerkannt und vollstreckt. Die Wirkungen, welche die in diesen Staaten ergangenen Entscheidungen gemäss den Absätzen 1 und 2 gegenüber Dritten haben, werden auch in den anderen durch dieses Übereinkommen gebundenen Staaten anerkannt.

Art. III 1. Die Schweizerische Eidgenossenschaft behält sich das Recht vor, bei der Hinterlegung der Ratifikationsurkunde zu erklären, dass sie den folgenden Teil der Bestimmung in Artikel 34 Absatz 2 nicht anwenden wird:

«es sei denn, der Beklagte hat gegen die Entscheidung keinen Rechtsbehelf eingelegt, obwohl er die Möglichkeit dazu hatte».

Falls die Schweizerische Eidgenossenschaft diese Erklärung abgibt, wenden die anderen Vertragsparteien denselben Vorbehalt gegenüber Entscheidungen der schweizerischen Gerichte an.

2. Die Vertragsparteien können sich in Bezug auf Entscheidungen, die in einem beitretenden Staat gemäss Artikel 70 Absatz 1 Buchstabe c ergangen sind, durch Erklärung folgende Rechte vorbehalten:

a) das in Absatz 1 erwähnte Recht; und
b) das Recht einer Behörde im Sinne von Artikel 39, unbeschadet der Vorschriften des Artikels 41 von Amts wegen zu prüfen, ob Gründe für die Versagung der Anerkennung oder Vollstreckung einer Entscheidung vorliegen.

3. Hat eine Vertragspartei einen solchen Vorbehalt gegenüber einem beitretenden Staat nach Absatz 2 erklärt, kann dieser beitretende Staat sich durch Erklärung dasselbe Recht in Bezug auf Entscheidungen vorbehalten, die von Gerichten dieser Vertragspartei erlassen worden sind.

4. Mit Ausnahme des Vorbehalts gemäss Absatz 1 gelten die Erklärungen für einen Zeitraum von fünf Jahren und können für jeweils weitere fünf Jahre verlängert werden. Die Vertragspartei notifiziert die Verlängerung einer Erklärung gemäss Absatz 2 spätestens sechs Monate vor Ablauf des betreffenden Zeitraums. Ein beitretender Staat kann seine Erklärung gemäss Absatz 3 erst nach Verlängerung der betreffenden Erklärung gemäss Absatz 2 verlängern.

Art. IV Die Erklärungen nach diesem Protokoll können jederzeit durch Notifikation an den Verwahrer zurückgenommenen werden. Der Notifikation ist eine englische und französische Übersetzung beizufügen. Die Vertragsparteien erstellen eine Übersetzung in ihren Sprachen. Die Rücknahme wird am ersten Tag des dritten Monats nach der Notifikation wirksam.

Protokoll 2
über die einheitliche Auslegung des Übereinkommens und den Ständigen Ausschuss

Präambel

Die Hohen Vertragsparteien,

gestützt auf Artikel 75 des Übereinkommens,

in Anbetracht der sachlichen Verknüpfung zwischen diesem Übereinkommen, dem Lugano-Übereinkommen von 1988 und den in Artikel 64 Absatz 1 dieses Übereinkommens genannten Rechtsinstrumenten,

in der Erwägung, dass der Gerichtshof der Europäischen Gemeinschaften für Entscheidungen über die Auslegung der in Artikel 64 Absatz 1 dieses Übereinkommens genannten Rechtsinstrumente zuständig ist,

in der Erwägung, dass dieses Übereinkommen Teil des Gemeinschaftsrechts wird und der Gerichtshof der Europäischen Gemeinschaften deshalb für Entscheidungen über die Auslegung dieses Übereinkommens in Bezug auf dessen Anwendung durch die Gerichte der Mitgliedstaaten der Europäischen Gemeinschaft zuständig ist,

in Kenntnis der bis zur Unterzeichnung dieses Übereinkommens ergangenen Entscheidungen des Gerichtshofs der Europäischen Gemeinschaften über die Auslegung der in Artikel 64 Absatz 1 dieses Übereinkommens genannten Rechtsinstrumente und der bis zur Unterzeichnung dieses Übereinkommens ergangenen Entscheidungen der Gerichte der Vertragsparteien des Lugano-Übereinkommens von 1988 über die Auslegung des letzteren Übereinkommens,

in der Erwägung, dass sich die gleichzeitige Revision des Lugano-Übereinkommens von 1988 und des Brüsseler Übereinkommens von 1968, die zum Abschluss eines revidierten Texts dieser Übereinkommen geführt hat, sachlich auf die vorgenannten Entscheidungen zu dem Brüsseler Übereinkommen und dem Lugano-Übereinkommen stützte,

in der Erwägung, dass der revidierte Text des Brüsseler Übereinkommens nach Inkrafttreten des Vertrags von Amsterdam in die Verordnung (EG) Nr. 44/2001 Eingang gefunden hat,

in der Erwägung, dass dieser revidierte Text auch die Grundlage für den Text dieses Übereinkommens war,

in dem Bestreben, bei voller Wahrung der Unabhängigkeit der Gerichte voneinander abweichende Auslegungen zu vermeiden und zu einer möglichst einheitlichen Auslegung der Bestimmungen dieses Übereinkommens und der

Bestimmungen der Verordnung (EG) Nr. 44/2001, die in ihrem wesentlichen Gehalt in das vorliegende Übereinkommen übernommen worden sind, sowie der anderen in Artikel 64 Absatz 1 dieses Übereinkommens genannten Rechtsinstrumente zu gelangen,

sind wie folgt übereingekommen:

Art. 1 1. Jedes Gericht, das dieses Übereinkommen anwendet und auslegt, trägt den Grundsätzen gebührend Rechnung, die in massgeblichen Entscheidungen von Gerichten der durch dieses Übereinkommen gebundenen Staaten sowie in Entscheidungen des Gerichtshofs der Europäischen Gemeinschaften zu den Bestimmungen dieses Übereinkommens oder zu ähnlichen Bestimmungen des Lugano-Übereinkommens von 1988 und der in Artikel 64 Absatz 1 dieses Übereinkommens genannten Rechtsinstrumente entwickelt worden sind.

2. Für die Gerichte der Mitgliedstaaten der Europäischen Gemeinschaft gilt die Verpflichtung in Absatz 1 unbeschadet ihrer Verpflichtungen gegenüber dem Gerichtshof der Europäischen Gemeinschaften, wie sie sich aus dem Vertrag zur Gründung der Europäischen Gemeinschaft oder aus dem am 19. Oktober 2005 in Brüssel unterzeichneten Abkommen zwischen der Europäischen Gemeinschaft und dem Königreich Dänemark über die gerichtliche Zuständigkeit und die Anerkennung und Vollstreckung von Entscheidungen in Zivil- und Handelssachen ergeben.

Art. 2 Jeder durch dieses Übereinkommen gebundene Staat, der kein Mitgliedstaat der Europäischen Gemeinschaft ist, hat das Recht, gemäss Artikel 23 des Protokolls über die Satzung des Gerichtshofs der Europäischen Gemeinschaften Schriftsätze einzureichen oder schriftliche Erklärungen abzugeben, wenn ein Gericht eines Mitgliedstaats der Europäischen Gemeinschaft dem Gerichtshof eine Frage über die Auslegung dieses Übereinkommens oder der in Artikel 64 Absatz 1 dieses Übereinkommens genannten Rechtsinstrumente zur Vorabentscheidung vorlegt.

Art. 3 1. Die Kommission der Europäischen Gemeinschaften richtet ein System für den Austausch von Informationen über die Entscheidungen ein, die in Anwendung dieses Übereinkommens sowie des Lugano-Übereinkommens von 1988 und der in Artikel 64 Absatz 1 dieses Übereinkommens genannten Rechtsinstrumente ergangen sind. Dieses System ist öffentlich zugänglich und enthält Entscheidungen letztinstanzlicher Gerichte sowie des Gerichtshofs der Europäischen Gemeinschaften und andere besonders wichtige, rechtskräftig gewordene Entscheidungen, die in Anwendung dieses Übereinkommens, des Lugano-Übereinkommens von 1988 und der in Artikel 64 Absatz 1 dieses Übereinkommens genannten Rechtsinstrumente ergangen sind. Die Entscheidungen werden klassifiziert und mit einer Zusammenfassung versehen.

Die zuständigen Behörden der durch dieses Übereinkommen gebundenen Staaten übermitteln der Kommission auf der Grundlage dieses Systems die von den Gerichten dieser Staaten erlassenen vorgenannten Entscheidungen.

2. Der Kanzler des Gerichtshofs der Europäischen Gemeinschaften wählt die für die Anwendung des Übereinkommens besonders interessanten Fälle aus und legt diese gemäss Artikel 5 auf einer Sitzung der Sachverständigen vor.

3. Bis die Europäischen Gemeinschaften das System im Sinne von Absatz 1 eingerichtet haben, behält der Gerichtshof der Europäischen Gemeinschaften das System für den Austausch von Informationen über die in Anwendung dieses Übereinkommens sowie des Lugano-Übereinkommens von 1988 ergangenen Entscheidungen bei.

Art. 4 1. Es wird ein Ständiger Ausschuss eingesetzt, der aus den Vertretern der Vertragsparteien besteht.

2. Auf Antrag einer Vertragspartei beruft der Verwahrer des Übereinkommens Sitzungen des Ausschusses ein zu:

- einer Konsultation über das Verhältnis zwischen diesem Übereinkommen und anderen internationalen Rechtsinstrumenten;
- einer Konsultation über die Anwendung des Artikels 67 einschliesslich des beabsichtigten Beitritts zu Rechtsinstrumenten über ein besonderes Rechtsgebiet im Sinne von Artikel 67 Absatz 1 und Rechtsetzungsvorschlägen gemäss dem Protokoll 3;
- der Erwägung des Beitritts neuer Staaten. Der Ausschuss kann an beitretende Staaten im Sinne von Artikel 70 Absatz 1 Buchstabe c insbesondere Fragen über ihr Justizsystem und die Umsetzung dieses Übereinkommens richten. Der Ausschuss kann auch Anpassungen dieses Übereinkommens in Betracht ziehen, die für dessen Anwendung in den beitretenden Staaten notwendig sind;
- der Aufnahme neuer verbindlicher Sprachfassungen nach Artikel 73 Absatz 3 des Übereinkommens und den notwendigen Änderungen des Anhangs VIII;
- einer Konsultation über eine Revision des Übereinkommens gemäss Artikel 76;
- einer Konsultation über Änderungen der Anhänge I bis IV und des Anhangs VII gemäss Artikel 77 Absatz 1;
- der Annahme von Änderungen der Anhänge V und VI gemäss Artikel 77 Absatz 2;
- der Rücknahme von Vorbehalten und Erklärungen der Vertragsparteien nach Protokoll 1 und notwendigen Änderungen des Anhangs IX.

3. Der Ausschuss gibt sich eine Geschäftsordnung mit Regeln für seine Arbeitsweise und Beschlussfassung. Darin ist auch die Möglichkeit vorzusehen, dass Konsultation und Beschlussfassung im schriftlichen Verfahren erfolgen.

Art. 5 1. Der Verwahrer kann im Bedarfsfall eine Sitzung der Sachverständigen zu einem Meinungsaustausch über die Wirkungsweise des Übereinkommens einberufen, insbesondere über die Entwicklung der Rechtsprechung und neue Rechtsvorschriften, die die Anwendung des Übereinkommens beeinflussen können.

2. An der Sitzung nehmen Sachverständige der Vertragsparteien, der durch dieses Übereinkommen gebundenen Staaten, des Gerichtshofs der Europäischen Gemeinschaften und der Europäischen Freihandelsassoziation teil. Die Sitzung steht weiteren Sachverständigen offen, deren Anwesenheit zweckdienlich erscheint.

3. Probleme, die sich bei der Anwendung des Übereinkommens stellen, können dem Ständigen Ausschuss gemäss Artikel 4 zur weiteren Behandlung vorgelegt werden.

Protokoll 3
über die Anwendung von Artikel 67 des Übereinkommens

Die Hohen Vertragsparteien sind wie folgt übereingekommen:

1. Für die Zwecke dieses Übereinkommens werden die Bestimmungen, die für besondere Rechtsgebiete die gerichtliche Zuständigkeit, die Anerkennung oder die Vollstreckung von Entscheidungen regeln und in Rechtsakten der Organe der Europäischen Gemeinschaften enthalten sind oder künftig darin enthalten sein werden, ebenso behandelt wie die in Artikel 67 Absatz 1 bezeichneten Übereinkünfte.

2. Ist eine Vertragspartei der Auffassung, dass eine Bestimmung eines vorgeschlagenen Rechtsakts der Organe der Europäischen Gemeinschaften mit dem Übereinkommen nicht vereinbar ist, so fassen die Vertragsparteien unbeschadet der Anwendung des in Protokoll 2 vorgesehenen Verfahrens unverzüglich eine Änderung nach Artikel 76 ins Auge.

3. Werden einige oder alle Bestimmungen, die in Rechtsakten der Organe der Europäischen Gemeinschaften im Sinne von Absatz 1 enthalten sind, von einer Vertragspartei oder mehreren Vertragsparteien gemeinsam in innerstaatliches Recht umgesetzt, werden diese Bestimmungen des innerstaatlichen Rechts in gleicher Weise behandelt wie die Übereinkünfte im Sinne von Artikel 67 Absatz 1 des Übereinkommens.

4. Die Vertragsparteien teilen dem Verwahrer den Wortlaut der in Absatz 3 genannten Bestimmungen mit. Dieser Mitteilung ist eine englische und französische Übersetzung beizufügen.

Anhang I[5]

Die innerstaatlichen Zuständigkeitsvorschriften im Sinne von Artikel 3 Absatz 2 und Artikel 4 Absatz 2 des Übereinkommens sind folgende:

- in Bulgarien: Artikel 4 Absatz 1 Nummer 2 des Gesetzbuchs über Internationales Privatrecht,
- in der Tschechischen Republik: Gesetz Nr. 91/2012 über Internationales Privatrecht *(Zákon o mezinárodním právu soukromém)*, insbesondere Artikel 6,
- in Dänemark: Artikel 246 Absätze 2 und 3 der Prozessordnung (*Lov om rettens pleje*),
- in Deutschland: § 23 der Zivilprozessordnung,
- in Estland: Artikel 86 (Gerichtliche Zuständigkeit am Ort der Belegenheit des Vermögens) der Zivilprozessordnung *(Tsiviilkohtumenetluse seadustik)*, sofern sich die Klage nicht auf das Vermögen der Person bezieht; Artikel 100 (Klage auf Einstellung der Anwendung von Standardklauseln) der Zivilprozessordnung, soweit die Klage bei dem Gericht eingereicht wird, in dessen örtlichem Zuständigkeitsbereich die Standardklausel angewandt wurde,
- in Griechenland: Artikel 40 der Zivilprozessordnung (*Κώδικας Πολιτικής Δικονομίας*),
- in Frankreich: Artikel 14 und 15 des Zivilgesetzbuches (*Code civil*),
- in Island: Artikel 32 Absatz 4 der Zivilprozessordnung (*Lög um meðferð einkamála nr. 91/1991*),
- in Irland: Vorschriften, nach denen die Zuständigkeit durch Zustellung eines verfahrenseinleitenden Schriftstücks an den Beklagten während dessen vorübergehender Anwesenheit in Irland begründet wird,
- in Italien: Artikel 3 und 4 des Gesetzes Nr. 218 vom 31. Mai 1995,
- in Zypern: Artikel 21 des Gerichtsgesetzes, Gesetz 14/60,
- in Lettland: Artikel 27 Absatz 2 und Artikel 28 Absätze 3, 5, 6 und 9 der Zivilprozessordnung (*Civilprocesa likums*),
- in Litauen: Artikel 783 Absatz 3, Artikel 787 und Artikel 789 Absatz 3 der Zivilprozessordnung (*Civilinio proceso kodeksas*),
- in Luxemburg: Artikel 14 und 15 des Zivilgesetzbuches (*Code civil*),
- in Ungarn: Artikel 57 der Gesetzesverordnung Nr. 13 von 1979 über Internationales Privatrecht (*a nemzetközi magánjogról szóló 1979. évi 13. törvényerejű rendelet*),
- in Malta: Artikel 742, 743 und 744 der Gerichtsverfassungs- und Zivilprozessordnung – Kapitel 12 (*Kodiċi ta' Organizzazzjoni u Proċedura Ċivili – Kap. 12*) und Artikel 549 des Handelsgesetzbuches – Kapitel 13 (*Kodiċi tal-kummerċ – Kap. 13*),

5 Bereinigt gemäss Ziff. I der Mitteilungen der EU vom 28. März 2011 und der Schweiz vom 29. April 2011 (AS 2011 6059), der Mitteilungen der EU vom 7. März 2014 AS 2014 4703) und vom 8. April 2016 (AS 2017 113).

- in Norwegen: Abschnitt 4–3 Absatz 2 Satz 2 der Prozessordnung (*tvisteloven*),
- in Österreich: § 99 der Jurisdiktionsnorm,
- in Kroatien: Artikel 54 des Gesetzes zur Lösung von Gesetzeskollisionen mit den Vorschriften anderer Staaten für bestimmte Verhältnisse;
- in Polen: Artikel 1103 Nummer 4 und Artikel 1110 der Zivilprozessordnung (*Kodeks postępowania cywilnego*), insofern als letzterer die Zuständigkeit ausschließlich nach Folgendem begründet: Der Antragsteller besitzt die polnische Staatsangehörigkeit oder hat seinen gewöhnlichen Aufenthalt, Wohnsitz oder Sitz in Polen;
- in Portugal: Artikel 63 Absatz 1 der Zivilprozessordnung (*Código de Processo Civil*), insofern als nach diesem Artikel ein exorbitanter Gerichtsstand begründet werden kann – zum Beispiel ist das Gericht des Ortes zuständig, an dem sich die Zweigniederlassung, Agentur oder sonstige Niederlassung befindet (sofern sie sich in Portugal befindet), wenn die (im Ausland befindliche) Hauptverwaltung Zustellungsadressat ist –, und Artikel 10 der Arbeitsprozessordnung (*Código de Processo do Trabalho*), insofern als nach diesem Artikel ein exorbitanter Gerichtsstand begründet werden kann – zum Beispiel ist in einem Verfahren, das ein Arbeitnehmer in Bezug auf einen individuellen Arbeitsvertrag gegen einen Arbeitgeber angestrengt hat, das Gericht des Ortes zuständig, an dem der Kläger seinen Wohnsitz hat,
- in Rumänien: Titel I «Internationale Zuständigkeit der rumänischen Gerichte» Artikel 1065 bis 1081 in Buch VII «Internationales Zivilverfahrensrecht» des Gesetzes Nr. 134/2010 über die Zivilprozessordnung.
- in Slowenien: Artikel 48 Absatz 2 des Gesetzes über Internationales Privat- und Zivilprozessrecht (*Zakon o medarodnem zasebnem pravu in postopku*) in Bezug auf Artikel 47 Absatz 2 der Zivilprozessordnung (*Zakon o pravdnem postopku*) und Artikel 58 des Gesetzes über Internationales Privatrecht und die Prozessordnung (*Zakon o medarodnem zasebnem pravu in postopku*) in Bezug auf Artikel 59 der Zivilprozessordnung (*Zakon o pravdnem postopku*),
- in der Slowakei: die Artikel 37–37*e* des Gesetzes Nr. 97/1963 über Internationales Privatrecht und die entsprechenden Verfahrensvorschriften,
- in der Schweiz: Artikel 4 des Bundesgesetzes über das internationale Privatrecht[6] (Gerichtsstand des Arrestortes/for du lieu du séquestre/foro del luogo del sequestro),
- in Finnland: Kapitel 10 § 18 Absatz 1 Unterabsätze 1 und 2 der Prozessordnung (*oikeudenkäymiskaari/rättegångsbalken*),
- in Schweden: Kapitel 10 § 3 Absatz 1 Satz 1 der Prozessordnung (*rättegångsbalken*),

6 SR 291

- im Vereinigten Königreich: Vorschriften, nach denen die Zuständigkeit begründet wird durch:
  a) die Zustellung eines verfahrenseinleitenden Schriftstücks an den Beklagten während dessen vorübergehender Anwesenheit im Vereinigten Königreich,
  b) das Vorhandensein von Vermögenswerten des Beklagten im Vereinigten Königreich oder
  c) die Beschlagnahme von Vermögenswerten im Vereinigten Königreich durch den Kläger.

Anhang II[7]

Anträge nach Artikel 39 des Übereinkommens sind bei folgenden Gerichten oder zuständigen Behörden einzureichen:

- in Belgien beim *tribunal de première instance* oder bei der *rechtbank van eerste aanleg* oder beim *erstinstanzlichen Gericht,*
- in Bulgarien beim *Окръжния съд,*
- in der Tschechischen Republik beim *«okresní soud»,*
- in Dänemark beim *Byret,*
- in Deutschland:
  a) beim Vorsitzenden einer Kammer des *Landgerichts,*
  b) bei einem Notar für die Vollstreckbarerklärung einer öffentlichen Urkunde,
- in Estland beim *Maakohus,*
- in Griechenland beim *Μονομελές Πρωτοδικείο,*
- in Spanien beim *Juzgado de Primera Instancia,*
- in Frankreich:
  a) beim *greffier en chef du tribunal de grande instance,*
  b) beim *président de la chambre départementale des notaires* im Falle eines Antrags auf Vollstreckbarerklärung einer notariellen öffentlichen Urkunde,
- in Irland beim *High Court,*
- in Island beim *héraðsdómur,*
- in Italien bei der *Corte d'appello,*
- in Zypern beim *Επαρχιακό Δικαστήριο* oder für Entscheidungen in Unterhaltssachen beim *Οικογενειακό Δικαστήριο,*
- in Lettland beim *Rajona (pilsētas) tiesa,*
- in Litauen beim *Lietuvos apeliacinis teismas,*
- in Luxemburg beim Präsidenten des *tribunal d'arrondissement,*
- in Ungarn beim *«törvényszék székhelyén működő járásbíróság»* und in Budapest beim *«Budai Központi Kerületi Bíróság»,*
- in Malta beim *Prim' Awla tal-Qorti Ċivili* oder *Qorti tal-Maġistrati ta' Għawdex fil-ġurisdizzjoni superjuri tagħha,* oder für Entscheidungen in Unterhaltssachen beim *Reġistratur tal-Qorti* auf Befassung durch den *Ministru responsabbli għall-Ġustizzja,*
- in den Niederlanden beim *voorzieningenrechter van de rechtbank,*
- in Norwegen beim *Tingrett,*
- in Österreich beim *Bezirksgericht,*
- in Polen beim *Sąd Okręgowy,*

7 Bereinigt gemäss Ziff. I der Mitteilungen der EU vom 28. März 2011 und der Schweiz vom 29. April 2011 (AS 2011 6059), der Mitteilungen der EU vom 7. März 2014 AS 2014 4703) und vom 8. April 2016 (AS 2017 113).

- in Portugal: bei den *«instâncias centrais de competência especializada cível, instâncias locais, secção competência genérica»* oder *«secção cível»* – sofern es letzteres gibt – der *«tribunais de comarca»*. Bei Unterhaltspflichten gegenüber Kindern (unter oder über 18 Jahren) und bei Unterhaltspflichten im Verhältnis der Ehegatten untereinander bei den *«secções de família e menores das instâncias centrais»* oder in Ermangelung derselben bei den *«secções de competência genérica»* oder *«secção cível»* – sofern es letzteres gibt – der *«instâncias locais»*. Für die übrigen Unterhaltspflichten, die auf einem Familien- oder Verwandtschaftsverhältnis oder auf Schwägerschaft beruhen, bei den *«secções de competência genérica»* oder den *«secção cível»* – sofern es letzteres gibt – der *«instâncias locais»*,
- in Rumänien beim *Tribunal*,
- in Slowenien beim *Okrožno sodišče*,
- in der Slowakei beim *okresný súd*,
- in der Schweiz beim *kantonalen Vollstreckungsgericht/tribunal cantonal de l'exécution/giudice cantonale dell'esecuzione*,
- in Finnland beim *Käräjäoikeus/tingsrätt*,
- in Schweden: *«tingsrätt»*,
- in Kroatien beim *općinski sudovi* in Zivilsachen, beim *Općinski građanski sud u Zagrebu* und beim *trgovački sudovi* in Handelssachen;
- im Vereinigten Königreich:
  a) in England und Wales beim *High Court of Justice* oder für Entscheidungen in Unterhaltssachen beim *Family Court* über den *Secretary of State*,
  b) in Schottland beim *Court of Session* oder für Entscheidungen in Unterhaltssachen beim *Sheriff Court* über die *Scottish Ministers*,
  c) in Nordirland beim *High Court of Justice* oder für Entscheidungen in Unterhaltssachen beim *Magistrates' Court* über das *Department of Justice*,
  d) in Gibraltar beim *Supreme Court of Gibraltar* oder für Entscheidungen in Unterhaltssachen beim *Magistrates' Court* über den *Attorney General of Gibraltar*.

Anhang III[8]

Die Rechtsbehelfe nach Artikel 43 Absatz 2 des Übereinkommens sind bei folgenden Gerichten einzulegen:
- in Belgien:
  a) im Falle des Schuldners beim *tribunal de première instance* oder bei der *rechtbank van eerste aanleg* oder beim *erstinstanzlichen Gericht*,

8 Bereinigt gemäss Ziff. I der Mitteilungen der EU vom 28. März 2011 und der Schweiz vom 29. April 2011 (AS 2011 6059), der Mitteilungen der EU vom 7. März 2014 AS 2014 4703) und vom 8. April 2016 (AS 2017 113).

b) im Falle des Antragstellers bei der *cour d'appel* oder beim *hof van beroep*,
- in Bulgarien beim *Апелативен съд – София*,
- in der Tschechischen Republik beim *«okresní soud»*,
- in Dänemark beim *landsret*,
- in Deutschland beim *Oberlandesgericht*,
- in Estland beim *Ringkonnakohus*,
- in Griechenland beim *Εφετείο*,
- in Spanien bei der *Audiencia Provincial* über das *Juzgado de Primera Instancia*, das die Entscheidung erlassen hat,
- in Frankreich:
  a) bei der *Cour d'appel* in Bezug auf Entscheidungen zur Genehmigung des Antrags,
  b) beim vorsitzenden Richter des *Tribunal de grande instance* in Bezug auf Entscheidungen zur Ablehnung des Antrags,
- in Irland beim *High Court*,
- in Island beim *héraðsdómur*,
- in Italien bei der *Corte d'appello*,
- in Zypern beim *Επαρχιακό Δικαστήριο* oder für Entscheidungen in Unterhaltssachen beim *Οικογενειακό Δικαστήριο*,
- in Lettland beim *Apgabaltiesa* über das *rajona (pilsētas) tiesa*,
- in Litauen beim *Lietuvos apeliacinis teismas*,
- in Luxemburg bei der *Cour supérieure de Justice* als Berufungsinstanz für Zivilsachen,
- in Ungarn beim *«törvényszék székhelyén működő járásbíróság»* (in Budapest beim *«Budai Központi Kerületi Bíróság»*); über den Rechtsbehelf entscheidet das *«törvényszék»* (in Budapest das *«Fővárosi Törvényszék»*),
- in Malta beim *«Qorti ta' l-Appell»* nach dem in der Zivilprozessordnung *«Kodiċi ta' Organizzazzjoni u Proċedura Ċivili – Kap. 12»* festgelegten Verfahren oder für Entscheidungen in Unterhaltssachen durch *«rikors ġuramentat»* vor dem *«Prim' Awla tal-Qorti Ċivili jew il-Qorti tal-Maġistrati ta' Għawdex fil-ġurisdizzjoni superjuri tagħha»*,
- in den Niederlanden: die *rechtbank*,
- in Norwegen beim *lagmannsrett*,
- in Österreich beim *Landesgericht* über das *Bezirksgericht*,
- in Polen beim *Sąd Apelacyjny* über das *Sąd Okręgowy*,
- in Portugal beim *Tribunal da Relação* über das Gericht, das die Entscheidung erlassen hat,
- in Rumänien bei der *Curte de Apel*,
- in Slowenien beim *okrožno sodišče*,
- in der Slowakei beim Berufungsgericht, über das Bezirksgericht, gegen dessen Entscheidung Berufung eingelegt wird,
- in der Schweiz beim oberen Gericht des Kantons,

- in Finnland beim *hovioikeus/hovrätt,*
- in Schweden: *«tingsrätt»,*
- in Kroatien beim *županijski sud* über das *općinski sud* in Zivilsachen und *Visoki trgovački sud Republike Hrvatske* über das *trgovački sud* in Handelssachen;
- im Vereinigten Königreich:
  a) in England und Wales beim *High Court of Justice* oder für Entscheidungen in Unterhaltssachen beim *Family Court,*
  b) in Schottland beim *Court of Session* oder für Entscheidungen in Unterhaltssachen beim *Sheriff Court,*
  c) in Nordirland beim *High Court of Justice* oder für Entscheidungen in Unterhaltssachen beim *Magistrates' Court,*
  d) in Gibraltar beim *Supreme Court of Gibraltar* oder für Entscheidungen in Unterhaltssachen beim *Magistrates' Court.*

Anhang IV[9]

Nach Artikel 44 des Übereinkommens können folgende Rechtsbehelfe eingelegt werden:

- in Belgien, Griechenland, Spanien, Frankreich, Italien, Luxemburg und den Niederlanden: Kassationsbeschwerde,
- in Bulgarien: *обжалване пред Върховния касационен съд*,
- in der Tschechischen Republik: ein *«dovolání»*, ein *«žaloba na obnovu řízení»* und ein *«žaloba pro zmatečnost»*,
- in Dänemark: ein Rechtsbehelf beim *højesteret* nach Genehmigung des *Procesbevillingsnævnet*,
- in Deutschland: Rechtsbeschwerde,
- in Estland: *kassatsioonikaebus*,
- in Irland: ein auf Rechtsfragen beschränkter Rechtsbehelf beim *Court of Appeal*,
- in Island: ein Rechtsbehelf beim *Hæstiréttur*,
- in Zypern: ein Rechtsbehelf beim obersten Gericht,
- in Kroatien: ein Rechtsbehelf beim *Vrhovni sud Republike Hrvatske*,
- in Lettland: ein Rechtsbehelf beim *«Augstākā tiesa»* über das *«Apgabaltiesa»*,
- in Litauen: eine Kassationsbeschwerde beim *Lietuvos Aukščiausiasis Teismas*,
- in Ungarn: *felülvizsgálati kérelem*,
- in Malta: Es können keine weiteren Rechtsbehelfe eingelegt werden; bei Entscheidungen in Unterhaltssachen *Qorti ta' l-Appell* nach dem in der Gerichtsverfassungs- und Zivilprozessordnung (kodiċi ta' Organizzazzjoni u Procedura Ċivili – Kap. 12) für Rechtsbehelfe festgelegten Verfahren,
- in Norwegen: ein Rechtsbehelf beim *Høyesteretts Ankeutvalg* oder *Høyesterett*,
- in Österreich: *Revisionsrekurs*,
- in Polen: *skarga kasacyjna*,
- in Portugal: ein auf Rechtsfragen beschränkter Rechtsbehelf,
- in Rumänien: ein *«recursul»*,
- in Slowenien: ein Rechtsbehelf beim *Vrhovno sodišče Republike Slovenije*,
- in der Slowakei: *dovolanie*,
- in der Schweiz: *Beschwerde beim Bundesgericht/ recours devant le Tribunal fédéral/ ricorso davanti al Tribunale federale*,
- in Finnland: ein Rechtsbehelf beim *korkein oikeus/högsta domstolen*,
- in Schweden: ein Rechtsbehelf beim *«hovrätt»* und *«Högsta domstolen»*,
- im Vereinigten Königreich: ein einziger auf Rechtsfragen beschränkter Rechtsbehelf.

9 Bereinigt gemäss den Mitteilungen der EU vom 7. März 2014 (AS 2014 4703) und vom 8. April 2016 (AS 2017 113).

Anhang V

Bescheinigung über Urteile und gerichtliche Vergleiche im Sinne der Artikel 54 und 58 des Übereinkommens über die gerichtliche Zuständigkeit und die Anerkennung und Vollstreckung von Entscheidungen in Zivil- und Handelssachen

1. Ursprungsstaat: ....
2. Gericht oder sonst befugte Stelle, das/die die vorliegende Bescheinigung ausgestellt hat
   2.1 Name: ....
   2.2 Anschrift: ....
   2.3 Tel./Fax/E-Mail: ....
3. Gericht, das die Entscheidung erlassen hat/vor dem der Prozessvergleich geschlossen wurde*
   3.1 Bezeichnung des Gerichts: ....
   3.2 Gerichtsort: ....
4. Entscheidung/Prozessvergleich*
   4.1 Datum: ....
   4.2 Aktenzeichen: ....
   4.3 Die Parteien der Entscheidung/des Prozessvergleichs*
      4.3.1 Name(n) des (der) Kläger(s): ....
      4.3.2 Name(n) des (der) Beklagten: ....
      4.3.3 gegebenenfalls Name(n) der anderen Partei(en): ....
   4.4 Datum der Zustellung des verfahrenseinleitenden Schriftstücks, wenn die Entscheidung in einem Verfahren ergangen ist, auf das sich der Beklagte nicht eingelassen hat
   4.5 Wortlaut des Urteilsspruchs/des Prozessvergleichs* in der Anlage zu dieser Bescheinigung
5. Namen der Parteien, denen Prozesskostenhilfe gewährt wurde: ....

....

Die Entscheidung/der Prozessvergleich* ist im Ursprungsstaat vollstreckbar (Art. 38 und 58 des Übereinkommens) gegen:

Name: ....

Geschehen zu ...., am ....

Unterschrift und/oder Dienstsiegel

....

* Nichtzutreffendes streichen.

Anhang VI

Bescheinigung über öffentliche Urkunden im Sinne des Artikels 57 Absatz 4 des Übereinkommens über die gerichtliche Zuständigkeit und die Anerkennung und Vollstreckung von Entscheidungen in Zivil- und Handelssachen

1. Ursprungsstaat: ....
2. Gericht oder sonst befugte Stelle, das/die die vorliegende Bescheinigung ausgestellt hat
   - 2.1 Name: ....
   - 2.2 Anschrift: ....
   - 2.3 Tel./Fax/E-Mail: ....
3. Befugte Stelle, aufgrund deren Mitwirkung eine öffentliche Urkunde vorliegt
   - 3.1 Stelle, die an der Aufnahme der öffentlichen Urkunde beteiligt war (falls zutreffend)
     - 3.1.1 Name und Bezeichnung dieser Stelle: ....
     - 3.1.2 Sitz dieser Stelle: ....
   - 3.2 Stelle, die die öffentliche Urkunde registriert hat (falls zutreffend)
     - 3.2.1 Art der Stelle: ....
     - 3.2.2 Sitz dieser Stelle: ....
4. Öffentliche Urkunde
   - 4.1 Bezeichnung der Urkunde: ....
   - 4.2 Datum: ....
     - 4.2.1 an dem die Urkunde aufgenommen wurde
     - 4.2.2 falls abweichend: an dem die Urkunde registriert wurde
   - 4.3 Aktenzeichen: ....
   - 4.4 Die Parteien der Urkunde
   - 4.4.1 Name des Gläubigers: ....
   - 4.4.2 Name des Schuldners: ....
5. Wortlaut der vollstreckbaren Verpflichtung in der Anlage zu dieser Bescheinigung

Die öffentliche Urkunde ist im Ursprungsstaat gegen den Schuldner vollstreckbar (Art. 57 Abs. 1 des Übereinkommens)

Geschehen zu ...., am ....

Unterschrift und/oder Dienstsiegel

....

Anhang VII

Die nachstehenden Übereinkünfte werden gemäss Artikel 65 des Übereinkommens durch das Übereinkommen ersetzt:

- der am 19. November 1896[10] in Madrid unterzeichnete spanisch-schweizerische Vertrag über die gegenseitige Vollstreckung gerichtlicher Urteile und Entscheidungen in Zivil- und Handelssachen,
- der am 21. Dezember 1926[11] in Bern unterzeichnete Vertrag zwischen der Schweiz und der Tschechoslowakischen Republik über die Anerkennung und Vollstreckung gerichtlicher Entscheidungen mit Zusatzprotokoll,
- das am 2. November 1929[12] in Bern unterzeichnete deutsch-schweizerische Abkommen über die gegenseitige Anerkennung und Vollstreckung von gerichtlichen Entscheidungen und Schiedssprüchen,
- das am 16. März 1932 in Kopenhagen unterzeichnete Übereinkommen zwischen Dänemark, Finnland, Island, Norwegen und Schweden über die Anerkennung und Vollstreckung gerichtlicher Entscheidungen,
- das am 3. Januar 1933[13] in Rom unterzeichnete italienisch-schweizerische Abkommen über die Anerkennung und Vollstreckung gerichtlicher Entscheidungen,
- das am 15. Januar 1936[14] in Stockholm unterzeichnete schwedisch-schweizerische Abkommen über die Anerkennung und Vollstreckung von gerichtlichen Entscheidungen und Schiedssprüchen,
- das am 29. April 1959[15] in Bern unterzeichnete belgisch-schweizerische Abkommen über die Anerkennung und Vollstreckung von gerichtlichen Entscheidungen und Schiedssprüchen,
- der am 16. Dezember 1960[16] in Bern unterzeichnete österreichisch-schweizerische Vertrag über die Anerkennung und Vollstreckung gerichtlicher Entscheidungen,
- das am 12. Juni 1961 in London unterzeichnete britisch-norwegische Abkommen über die gegenseitige Anerkennung und Vollstreckung gerichtlicher Entscheidungen in Zivilsachen,
- der am 17. Juni 1977 in Oslo unterzeichnete deutsch-norwegische Vertrag über die gegenseitige Anerkennung und Vollstreckung gerichtlicher Entscheidungen und anderer Schuldtitel in Zivil- und Handelssachen,
- das am 11. Oktober 1977 in Kopenhagen unterzeichnete Übereinkommen zwischen Dänemark, Finnland, Island, Norwegen und Schweden über die Anerkennung und Vollstreckung gerichtlicher Entscheidungen in Zivilsachen,

10 SR 0.276.193.321
11 SR 0.276.197.411
12 SR 0.276.191.361
13 SR 0.276.194.541
14 SR 0.276.197.141
15 SR 0.276.191.721
16 SR 0.276.191.632

- das am 21. Mai 1984 in Wien unterzeichnete norwegisch-österreichische Abkommen über die Anerkennung und die Vollstreckung von Entscheidungen in Zivilsachen.

Anhang VIII

Sprachen im Sinne des Artikels 79 des Übereinkommens sind: Bulgarisch, Tschechisch, Dänisch, Niederländisch, Englisch, Estnisch, Finnisch, Französisch, Deutsch, Griechisch, Ungarisch, Isländisch, Irisch, Italienisch, Lettisch, Litauisch, Maltesisch, Norwegisch, Polnisch, Portugiesisch, Rumänisch, Slowakisch, Slowenisch, Spanisch und Schwedisch.

Anhang IX[17]

Die Staaten und Vorschriften im Sinne des Artikels II des Protokolls 1 sind folgende:
- Deutschland: §§ 68 und 72–74 der Zivilprozessordnung, die für die Streitverkündung gelten,
- Estland: Artikel 214 Absätze 3 und 4 und Artikel 216 der Zivilprozessordnung (*Tsiviilkohtumenetluse seadustik*), die für die Streitverkündung gelten,
- Kroatien: Artikel 211 der Zivilprozessordnung (*Zakon o parničnom postupku*),
- Lettland: Artikel 75, 78, 79, 80 und 81 der Zivilprozessordnung (*Civilprocesa likums*), die für die Streitverkündung gelten,
- Litauen: Artikel 47 der Zivilprozessordnung (*Civilinio proceso kodeksas*),
- Ungarn: Artikel 58–60 der Zivilprozessordnung (*Polgári perrendtartás*), die für die Streitverkündung gelten,
- Österreich: § 21 der Zivilprozessordnung, der für die Streitverkündung gilt,
- Polen: Artikel 84–85 der Zivilprozessordnung (*Kodeks postępowania cywilnego*), die für die Streitverkündung (*przypozwanie*) gelten,
- Slowenien: Artikel 204 der Zivilprozessordnung (*Zakon o pravdnem postopku*), der für die Streitverkündung gilt.

17 Fassung gemäss Beschluss des Ständigen Ausschusses am 3. Mai 2011 (AS 2011 6059). Bereinigt gemäss der Mitteilung der EU vom 8. April 2016 (AS 2017 113).

Geltungsbereich am 3. März 2011[18]

Vertragsstaaten	Ratifikation		Inkrafttreten	
Dänemark[a]	24. September	2009	1. Januar	2010
Europäische Union*	18. Mai	2009	1. Januar	2010
Island	25. Februar	2011	1. Mai	2011
Norwegen	1. Juli	2009	1. Januar	2010
Schweiz*	20. Oktober	2010	1. Januar	2011

* Vorbehalte und Erklärungen.
Die Vorbehalte und Erklärungen werden in der AS nicht veröffentlicht, mit Ausnahme jener der Schweiz. Die französischen Texte können auf der Internetseite des Depositars: www.eda.admin.ch/ eingesehen oder bei der Direktion für Völkerrecht, Sektion Staatsverträge, 3003 Bern bezogen werden.

[a] Das Übereinkommen gilt nicht für die Färöer-Inseln und Grönland.

Vorbehalte und Erklärungen

Schweiz[19]

Die Schweizerische Eidgenossenschaft behält sich das in Artikel I Absatz 2 des Protokolls 1 vorgesehene Recht vor, für die Zustellung von Schriftstücken zwischen gerichtlichen Amtspersonen von und nach der Schweiz die Einhaltung abweichender Formen zu verlangen.

Die Schweizerische Eidgenossenschaft erklärt entsprechend Artikel III Absatz 1 des Protokolls 1, dass sie den folgenden Teilsatz der Bestimmung von Artikel 34 Absatz 2 nicht anwenden wird: «es sei denn, der Beklagte hat gegen die Entscheidung keinen Rechtsbehelf eingelegt, obwohl er die Möglichkeit dazu hatte».

18 AS 2010 5660 und 2011 1215. Eine aktualisierte Fassung des Geltungsbereiches findet sich auf der Internetseite des EDA (www.eda.admin.ch/vertraege).

19 Art. 1 Abs. 3 des BB vom 11. Dez. 2009 (AS 2010 5601)

Übersetzung aus dem englischen und französischen Originaltext[1]

3. Abkommen über die Rechtsstellung der Flüchtlinge

Abgeschlossen in Genf am 28. Juli 1951

Von der Bundesversammlung genehmigt am 14. Dezember 1954[2]
Schweizerische Ratifikationsurkunde hinterlegt am 21. Januar 1955
In Kraft getreten für die Schweiz am 21. April 1955

[...]

Kapitel I Allgemeine Bestimmungen

Art. 1

Definition des Begriffs «Flüchtling»

A. «Flüchtling» im Sinne dieses Abkommens ist jede Person,

1. die nach den Vereinbarungen vom 12. Mai 1926 und 30. Juni 1928 oder nach den Abkommen vom 28. Oktober 1933 und 10. Februar 1938 und des Protokolls vom 14. September 1939 oder nach der Verfassung der Internationalen Flüchtlingsorganisation als Flüchtling betrachtet wurde; die von der Internationalen Flüchtlingsorganisation während ihrer Tätigkeit getroffenen Entscheide über die Anerkennung eines Flüchtlings sind kein Hindernis, um einer Person, die die Bedingungen von Ziffer 2 dieses Abschnittes erfüllt, die Flüchtlingseigenschaft zuerkennen zu können;
2. die sich auf Grund von Ereignissen, die vor dem 1. Januar 1951 eingetreten sind, und aus begründeter Furcht vor Verfolgung wegen ihrer Rasse, Religion, Staatszugehörigkeit, Zugehörigkeit zu einer bestimmten sozialen Gruppe oder wegen ihrer politischen Überzeugung ausserhalb ihres Heimatlandes befindet und dessen Schutz nicht beanspruchen kann oder wegen dieser Befürchtungen nicht beanspruchen will; oder die sich als Staatenlose infolge solcher Ereignisse ausserhalb ihres Wohnsitzstaates befindet und dorthin nicht zurückkehren kann oder wegen der erwähnten Befürchtungen nicht zurückkehren will.

Wenn jemand mehr als eine Staatsangehörigkeit besitzt, wird als Heimatstaat jedes Land betrachtet, dessen Staatsangehörigkeit er besitzt. Wer nicht aus

---

SR 0.142.30; AS 1955 443; BBl 1954 II 69

1 Der französische Originaltext findet sich unter der gleichen Nummer in der französischen Ausgabe dieser Sammlung.

2 AS 1955 441

einem stichhaltigen, auf begründeter Furcht beruhenden Grunde den Schutz eines der Staaten, dessen Staatsangehörigkeit er besitzt, ablehnt, gilt nicht als des Schutzes seines Heimatstaates beraubt.

B. 1. Im Sinne dieses Abkommens sind unter den im Artikel 1, Abschnitt A enthaltenen Worten «Ereignisse, die vor dem 1. Januar 1951 eingetreten sind», zu verstehen:

a) «Ereignisse, die vor dem 1. Januar 1951 in Europa eingetreten sind» oder
b) «Ereignisse, die vor dem 1. Januar 1951 in Europa oder anderswo eingetreten sind».

Jeder vertragsschliessende Staat hat im Zeitpunkt der Unterzeichnung, der Ratifikation oder des Beitritts eine Erklärung darüber abzugeben, welche Bedeutung er dem Ausdruck mit Bezug auf seine aus diesem Abkommen übernommenen Verpflichtungen zu geben beabsichtigt.

2. Jeder vertragsschliessende Staat, der die Alternative unter Buchstabe a angenommen hat, kann jederzeit durch Mitteilung an den Generalsekretär der Vereinten Nationen seine Verpflichtungen durch Annahme der Alternative gemäss Buchstabe b erweitern.

C. Eine Person, auf die die Bestimmungen des Abschnittes A zutreffen, fällt nicht mehr unter dieses Abkommen,

1. wenn sie sich freiwillig wieder unter den Schutz des Landes, dessen Staatsangehörigkeit sie besitzt, gestellt hat; oder
2. wenn sie freiwillig die verlorene Staatsangehörigkeit wieder erworben hat; oder
3. wenn sie eine neue Staatsangehörigkeit erworben hat und den Schutz des neuen Heimatstaates geniesst; oder
4. wenn sie freiwillig in das Land, das sie aus Furcht vor Verfolgung verlassen oder nicht mehr betreten hat, zurückgekehrt ist und sich dort niedergelassen hat; oder
5. wenn sie nach Wegfall der Umstände, auf Grund deren sie als Flüchtling anerkannt worden ist, es nicht mehr ablehnen kann, den Schutz ihres Heimatstaates in Anspruch zu nehmen.

Diese Bestimmungen sind jedoch nicht auf die in Ziffer 1 des Abschnittes A erwähnten Flüchtlinge anwendbar, die den Schutz ihres Heimatstaates aus triftigen Gründen, die auf frühere Verfolgungen zurückgehen, ablehnen;

6. wenn sie staatenlos und nach Wegfall der Umstände, auf Grund deren sie als Flüchtling anerkannt worden ist, in der Lage ist, in das Land ihres früheren Wohnsitzes zurückzukehren;

Diese Bestimmungen sind jedoch nicht auf die in Ziffer 1 des Abschnitts A erwähnten Flüchtlinge anwendbar, die die Rückkehr in das Land ihres früheren Wohnsitzes aus triftigen Gründen, die auf frühere Verfolgungen zurückgehen, ablehnen.

D. Dieses Abkommen ist nicht anwendbar auf Personen, die zurzeit durch eine andere Organisation oder Institution der Vereinten Nationen als den Hochkommissär der Vereinten Nationen für Flüchtlinge Schutz oder Hilfe erhalten.

Wenn dieser Schutz oder diese Hilfe aus irgendeinem Grunde wegfallen, ohne dass die Stellung dieser Personen durch entsprechende Beschlüsse der Generalversammlung der Vereinten Nationen endgültig geregelt worden wäre, geniessen sie alle Rechte dieses Abkommens.

E. Dieses Abkommen ist nicht anwendbar auf Personen, welche nach Auffassung der zuständigen Behörden des Wohnsitzstaates im Besitze aller Rechte und Pflichten von Staatsangehörigen des Landes stehen.

F. Die Bestimmungen dieses Abkommens sind nicht anwendbar auf Personen, für die ernsthafte Gründe für den Verdacht bestehen:

a) dass sie ein Verbrechen gegen den Frieden, ein Kriegsverbrechen oder ein Verbrechen gegen die Menschlichkeit im Sinne der internationalen Vertragswerke begangen haben, die Bestimmungen zur Verhinderung solcher Verbrechen enthalten;
b) dass sie ein schweres Verbrechen des gemeinen Rechts ausserhalb des Gastlandes begangen haben, bevor sie dort als Flüchtling aufgenommen worden sind;
c) dass sie sich Handlungen zuschulden kommen liessen, die gegen die Ziele und Grundsätze der Vereinten Nationen gerichtet sind.

Art. 2–11

(nicht abgedruckt)

Kapitel II Rechtsstellung

Art. 12 Personenrechtliche Stellung

1. Die personenrechtliche Stellung eines Flüchtlings bestimmt sich nach dem Gesetz seines Wohnsitzlandes oder, wenn er keinen Wohnsitz hat, nach dem Gesetz des Aufenthaltslandes.

2. Rechte, die ein Flüchtling vorher erworben hat und die auf seiner personenrechtlichen Stellung beruhen, insbesondere solche Rechte, die sich aus der Eheschliessung ergeben, sind von den vertragsschliessenden Staaten zu achten, vorausgesetzt, dass die in der Gesetzgebung dieses Staates allfällig vorgesehenen Formalitäten erfüllt sind; Voraussetzung ist ferner, dass es sich um Rechte handelt, die von diesem Staat auch dann anerkannt worden wären, wenn die fragliche Person nicht Flüchtling geworden wäre.

Art. 13 Bewegliches und unbewegliches Eigentum

Die vertragsschliessenden Staaten haben den Flüchtlingen mit Bezug auf den Erwerb von beweglichem und unbeweglichem Eigentum und den dazu gehörenden Rechten und in Bezug auf Miet- und andere Verträge über bewegliches und unbewegliches Eigentum eine möglichst günstige Behandlung zuteil werden zu lassen, die auf alle Fälle nicht ungünstiger sein darf als die, welche Ausländern im allgemeinen unter den gleichen Umständen zugestanden wird.

Art. 14 Geistiges und gewerbliches Eigentum

Mit Bezug auf den Schutz des gewerblichen Eigentums, insbesondere von Erfindungen, technischen Plänen, Modellen, Fabrikmarken, Handelsfirmen und den Schutz von Werken der Literatur, Kunst und Wissenschaft geniessen Flüchtlinge im Wohnsitzstaat den Schutz, der den eigenen Staatsangehörigen gewährt wird. Im Gebiet eines andern vertragsschliessenden Staates geniesst der Flüchtling den Schutz, der dort Staatsangehörigen des Landes gewährt wird, in dem er seinen gewöhnlichen Aufenthalt hat.

Art. 15 Vereinsrecht

Die vertragsschliessenden Staaten haben den Flüchtlingen, die sich rechtmässig auf ihrem Gebiet aufhalten, in Bezug auf Vereinigungen zu unpolitischen und nicht auf Erwerb gerichteten Zwecken sowie in Bezug auf Gewerkschaften die günstigste Behandlung zu gewähren, die den Angehörigen eines fremden Landes unter den gleichen Umständen gewährt wird.

Art. 16 Zutritt zu den Gerichten

1. Flüchtlinge haben auf dem Gebiete der vertragsschliessenden Staaten freien Zutritt zu den Gerichten.

2. Flüchtlingen wird im Wohnsitzstaat hinsichtlich der Zulassung vor Gericht, einschliesslich des Armenrechts und der Befreiung von der *cautio judicatum solvi,* die gleiche Behandlung zuteil wie den Angehörigen dieses Staates.

3. In den vertragsschliessenden Staaten, in denen ein Flüchtling nicht seinen ordentlichen Aufenthalt hat, geniesst er mit Bezug auf die in Ziffer 2 erwähnten Rechte die gleiche Behandlung wie ein Angehöriger des Landes, in dem er seinen ordentlichen Aufenthalt hat.

Art. 17–46

(nicht abgedruckt)

Vertragsstaaten: Afghanistan, Ägypten, Albanien, Algerien, Angola, Antigua und Barbuda, Äquatorialguinea, Argentinien, Armenien, Aserbaidschan, Äthiopien, Australien, Bahamas, Belarus, Belgien, Belize, Benin, Bolivien, Bosnien und Herzegowina, Botsuana, Brasilien, Bulgarien, Burkina Faso, Burundi, Chile, China, China-Macau, Costa Rica, Côte d'Ivoire, Dänemark, Deutschland, Dominica, Dominikanische Republik, Dschibuti, Ecuador, El Salvador, Estland, Fidschi, Finnland, Frankreich, Gabun, Gambia, Georgien, Ghana, Griechenland, Guatemala, Guinea, Guinea-Bissau, Haiti, Heiliger Stuhl, Honduras, Iran, Irland, Island, Israel, Italien, Jamaika, Japan, Jemen, Kambodscha, Kamerun, Kanada, Kasachstan, Kenia, Kirgisistan, Kolumbien, Kongo (Brazzaville), Kongo (Kinshasa), Korea (Süd-), Kroatien, Lesotho, Lettland, Liberia, Liechtenstein, Litauen, Luxemburg, Madagaskar, Malawi, Mali, Malta, Marokko, Mauretanien, Mazedonien, Mexiko, Moldau, Monaco, Montenegro, Mosambik, Namibia, Nauru, Neuseeland, Nicaragua, Niederlande, Niger, Nigeria, Norwegen, Österreich, Panama, Papua-Neuguinea, Paraguay, Peru, Philippinen, Polen, Portugal, Ruanda, Rumänien, Russland, Salomoninseln, Sambia, Samoa, São Tomé und Principe, Schweden, Schweiz, Senegal, Serbien, Seychellen, Sierra Leone, Simbabwe, Slowakei, Slowenien, Somalia, Spanien, St. Kitts und Nevis, St. Vincent und die Grenadinen, Südafrika, Sudan, Suriname, Swasiland, Tadschikistan, Tansania, Timor-Leste, Togo, Trinidad und Tobago, Tschad, Tschechische Republik, Tunesien, Türkei, Turkmenistan, Tuvalu, Uganda, Ukraine, Ungarn, Uruguay, Vereinigtes Königreich, Zentralafrikanische Republik, Zypern.

Die Worte «Ereignisse, die vor dem 1. Januar 1951 eingetreten sind», werden von der Schweiz verstanden als «Ereignisse, die vor dem 1. Januar 1951 in Europa oder anderswo eingetreten sind».

Übersetzung aus dem französischen und englischen Originaltext[1]

4. Übereinkommen über die Rechtsstellung der Staatenlosen

Abgeschlossen in New York am 28. September 1954

Von der Bundesversammlung genehmigt am 27. April 1972[2]

Schweizerische Ratifikationsurkunde hinterlegt am 3. Juli 1972

In Kraft getreten für die Schweiz am 1. Oktober 1972

[...]

Kapitel I: Allgemeine Bestimmungen

Art. 1 Definition des Begriffs «Staatenloser»

1. «Staatenlos» im Sinne dieses Übereinkommens ist eine Person, die kein Staat auf Grund seiner Gesetzgebung als seinen Angehörigen betrachtet.

2. Dieses Übereinkommen ist nicht anwendbar:

i) auf Personen, die zurzeit durch eine andere Organisation oder Institution der Vereinten Nationen als den Hochkommissar der Vereinten Nationen für Flüchtlinge Schutz oder Hilfe erhalten, solange sie diesen Schutz oder diese Hilfe geniessen;

ii) auf Personen, welche nach Auffassung der zuständigen Behörden des Aufenthaltslandes im Besitze der Rechte und Pflichten der Staatsangehörigen des Landes stehen;

iii) auf Personen, für die ernsthafte Gründe für den Verdacht bestehen:

  a) dass sie ein Verbrechen gegen den Frieden, ein Kriegsverbrechen oder ein Verbrechen gegen die Menschlichkeit im Sinne der internationalen Vertragswerke begangen haben, die ausgearbeitet worden sind, um Bestimmungen bezüglich dieser Verbrechen zu treffen;

  b) dass sie ein schweres Verbrechen des gemeinen Rechts ausserhalb des Aufenthaltslandes begangen haben, bevor sie in diesem aufgenommen worden sind;

  c) dass sie sich Handlungen zuschulden kommen liessen, die gegen die Ziele und Grundsätze der Vereinten Nationen gerichtet sind.

SR 0.142.40; AS 1972 2320; BBl 1971 II 424

1 Der französische Originaltext befindet sich unter der gleichen Nummer in der entsprechenden Ausgabe dieser Sammlung.

2 Abs. 1 des BB vom 27. April 1972 (AS 1972 2317; SR 855.1)

Art. 2–11
(nicht abgedruckt)

Kapitel II: Rechtsstellung

Art. 12 Personenrechtliche Stellung

1. Die personenrechtliche Stellung eines Staatenlosen bestimmt sich nach dem Gesetz seines Wohnsitzlandes oder, wenn er keinen Wohnsitz hat, nach dem Gesetz des Aufenthaltslandes.

2. Rechte, die ein Staatenloser vorher erworben hat und die auf seiner personenrechtlichen Stellung beruhen, insbesondere solche Rechte, die sich aus der Eheschliessung ergeben, sind von den vertragschliessenden Staaten zu achten, vorausgesetzt, dass die in der Gesetzgebung dieses Staates allfällig vorgesehenen Formalitäten erfüllt sind; Voraussetzung ist ferner, dass es sich um Rechte handelt, die von diesem Staat auch dann anerkannt worden wären, wenn die fragliche Person nicht staatenlos geworden wäre.

Art. 13 Bewegliches und unbewegliches Eigentum

Die vertragschliessenden Staaten gewähren den Staatenlosen in Bezug auf den Erwerb von beweglichem und unbeweglichem Eigentum und den dazu gehörenden Rechten und in Bezug auf Miet- und andere Verträge über bewegliches und unbewegliches Eigentum eine möglichst günstige Behandlung, die auf alle Fälle nicht ungünstiger ist als die, welche Ausländern im allgemeinen unter den gleichen Umständen gewährt wird.

Art. 14 Geistiges und gewerbliches Eigentum

In Bezug auf den Schutz des gewerblichen Eigentums, insbesondere von Erfindungen, technischen Plänen, Modellen, Fabrikmarken, Handelsfirmen, und auf den Schutz von Werken der Literatur, Kunst und Wissenschaft geniessen Staatenlose im Land, wo sie ihren gewöhnlichen Aufenthalt haben, den Schutz, der den eigenen Staatsangehörigen gewährt wird. Im Gebiet eines andern vertragschliessenden Staates geniesst der Staatenlose den Schutz, der dort Staatsangehörigen des Landes gewährt wird, in dem er seinen gewöhnlichen Aufenthalt hat.

Art. 15 Vereinsrecht

Die vertragschliessenden Staaten gewähren den Staatenlosen, die sich rechtmässig auf ihrem Gebiet aufhalten, in Bezug auf Vereinigungen zu unpolitischen und nicht auf Erwerb gerichteten Zwecken sowie in Bezug auf Gewerkschaften eine möglichst günstige Behandlung, die auf alle Fälle nicht ungünstiger ist als die, welche Ausländern im allgemeinen unter den gleichen Umständen gewährt wird.

Art. 16 Zutritt zu den Gerichten

1. Staatenlose haben auf dem Gebiete der vertragschliessenden Staaten freien Zutritt zu den Gerichten.

2. Staatenlosen wird im vertragschliessenden Staat, wo sie ihren gewöhnlichen Aufenthalt haben, hinsichtlich der Zulassung vor Gericht, einschliesslich des Armenrechts und der Befreiung von der *cautio judicatum solvi*, die gleiche Behandlung zuteil wie den Angehörigen dieses Staates.

3. In den vertragschliessenden Staaten, in denen ein Staatenloser nicht seinen gewöhnlichen Aufenthalt hat, geniesst er in Bezug auf die in Absatz 2 erwähnten Rechte die gleiche Behandlung wie ein Angehöriger des Landes, in dem er seinen gewöhnlichen Aufenthalt hat.

Art. 17–42

(nicht abgedruckt)

Vertragsstaaten: Albanien, Algerien, Antigua und Barbuda, Argentinien, Armenien, Aserbaidschan, Australien, Barbados, Belgien, Belize, Benin, Bolivien, Bosnien und Herzegowina, Botsuana, Brasilien, Bulgarien, Burkina Faso, China-Hongkong, Costa Rica, Côte d'Ivoire, Dänemark, Deutschland, Ecuador, El Salvador, Fidschi, Finnland, Frankreich, Gambia, Georgien, Griechenland, Guatemala, Guinea, Guinea-Bissau, Honduras, Irland, Israel, Italien, Kiribati, Korea (Süd-), Kroatien, Lesotho, Lettland, Liberia, Libyen, Liechtenstein, Litauen, Luxemburg, Malawi, Mali, Mazedonien, Mexiko, Moldau, Montenegro, Mosambik, Nicaragua, Niederlande, Niger, Nigeria, Norwegen, Österreich, Panama, Paraguay, Peru, Philippinen, Portugal, Ruanda, Rumänien, Sambia, Schweden, Schweiz, Senegal, Serbien, Sierra Leone, Simbabwe, Slowakei, Slowenien, Spanien, St. Vincent und die Grenadinen, Swasiland, Trinidad und Tobago, Tschad, Tschechische Republik, Tunesien, Türkei, Turkmenistan, Uganda, Ukraine, Ungarn, Uruguay, Vereinigtes Königreich.

Übersetzung[1]

5. Übereinkommen über die Anerkennung von Ehescheidungen und Ehetrennungen

Abgeschlossen in Den Haag am 1. Juni 1970

Von der Bundesversammlung genehmigt am 4. März 1976[2]
Schweizerische Ratifikationsurkunde hinterlegt am 18. Mai 1976
In Kraft getreten für die Schweiz am 17. Juli 1976

Die Unterzeichnerstaaten dieses Übereinkommens,

in dem Wunsch, die Anerkennung von Ehescheidungen und Ehetrennungen zu erleichtern, die auf ihrem Hoheitsgebiet erwirkt worden sind,

haben beschlossen, zu diesem Zweck ein Übereinkommen zu schliessen, und haben die folgenden Bestimmungen vereinbart:

Art. 1 Dieses Übereinkommen ist auf die Anerkennung von Ehescheidungen und Ehetrennungen in einem Vertragsstaat anzuwenden, die in einem anderen Vertragsstaat aufgrund eines gerichtlichen oder eines in diesem Staat amtlich anerkannten Verfahrens erwirkt wurden und dort rechtswirksam sind.

Das Übereinkommen ist auf die in der Ehescheidungs- oder Ehetrennungsentscheidung ergangenen Beschlüsse oder Verurteilungen zu Zahlungen und Anordnungen über das Sorgerecht für die Kinder, nicht anzuwenden.

Art. 2 Diese Ehescheidungen und Ehetrennungen werden vorbehaltlich der sonstigen Bestimmungen dieses Übereinkommens in jedem anderen Vertragsstaat anerkannt, wenn im Zeitpunkt der Einleitung des Verfahrens im Scheidungs- oder Trennungsstaat (im folgenden als «Ursprungsstaat» bezeichnet)

1. der Antragsgegner seinen gewöhnlichen Aufenthalt im Ursprungsstaat hatte;
2. der Antragsteller seinen gewöhnlichen Aufenthalt im Ursprungsstaat hatte und ausserdem eine der folgenden Voraussetzungen erfüllt war:
   a) der gewöhnliche Aufenthalt hatte unmittelbar vor der Einleitung des Verfahrens mindestens ein Jahr gedauert, oder

SR 0.211.212.3; AS 1976 1546; BBl 1975 II 1369

1 Mit Deutschland und Österreich im Jahre 1994 neue abgestimmte Übersetzung, welche von der Publikation in der AS 1976 1546 abweicht. Der Originaltext findet sich unter der gleichen Nummer in der französischen Ausgabe dieser Sammlung.

2 AS 1976 1544

   b) die Ehegatten hatten dort ihren letzten gemeinsamen gewöhnlichen Aufenthalt gehabt;
3. beide Ehegatten Angehörige des Ursprungsstaates waren;
4. der Antragsteller Angehöriger des Ursprungsstaats war und ausserdem eine der folgenden Voraussetzungen erfüllt war:
   a) der Antragsteller hatte seinen gewöhnlichen Aufenthalt im Ursprungsstaat, oder
   b) der Antragsteller hatte dort ein Jahr lang ununterbrochen seinen gewöhnlichen Aufenthalt gehabt, wovon zumindest ein Teil innerhalb eines Zeitraumes von zwei Jahren vor der Einleitung des Verfahrens lag, oder
5. der Antragsteller des Scheidungsverfahrens Angehöriger des Ursprungsstaats war und ausserdem die beiden folgenden Voraussetzungen erfüllt waren:
   a) der Antragsteller war im Zeitpunkt der Einleitung des Verfahrens im Ursprungsstaat anwesend, und
   b) die Ehegatten hatten ihren gemeinsamen gewöhnlichen Aufenthalt zuletzt in einem Staat, dessen Recht im Zeitpunkt der Einleitung des Verfahrens die Ehescheidung nicht vorsah.

Art. 3 Beruht im Ursprungsstaat die Zuständigkeit für Ehescheidungs- und Ehetrennungssachen auf dem Wohnsitz, so umfasst der in Artikel 2 gebrauchte Ausdruck «gewöhnlicher Aufenthalt» auch den Begriff des Wohnsitzes, wie er in diesem Staat verwendet wird.

Absatz 1 ist jedoch nicht auf den Wohnsitz der Ehefrau anzuwenden, wenn dieser von dem des Ehemannes abgeleitet ist.

Art. 4 Im Falle einer Widerklage wird die aufgrund der Klage oder Widerklage erwirkte Ehescheidung oder Ehetrennung anerkannt, wenn eine der beiden Klagen die Voraussetzungen der Artikel 2 oder 3 erfüllt.

Art. 5 Ist eine den Bestimmungen dieses Übereinkommens entsprechende Ehetrennung im Ursprungsstaat in eine Ehescheidung umgewandelt worden, so darf die Anerkennung der Ehescheidung nicht mit der Begründung versagt werden, dass die in den Artikeln 2 und 3 genannten Voraussetzungen im Zeitpunkt der Einleitung des Scheidungsverfahrens nicht mehr erfüllt waren.

Art. 6 Hat der Antragsgegner am Verfahren teilgenommen, so sind die Behörden des Staates, in dem die Anerkennung einer Ehescheidung oder Ehetrennung geltend gemacht wird (Anerkennungsstaate), an die tatsächlichen Feststellungen gebunden, auf welche die Zuständigkeit gegründet worden ist.

Die Anerkennung einer Ehescheidung oder Ehetrennung darf nicht mit der Begründung versagt werden,

a) dass das innerstaatliche Recht des Anerkennungsstaats die Ehescheidung oder Ehetrennung wegen derselben Tatsachen nicht zulassen würde oder
b) dass ein anderes als das Recht angewendet worden ist, das nach den Vorschriften des internationalen Privatrechts des Anerkennungsstaats anzuwenden gewesen wäre.

Unbeschadet einer Nachprüfung, die für die Anwendung anderer Bestimmungen dieses Übereinkommens erforderlich sein könnte, dürfen die Behörden des Anerkennungsstaats die Entscheidung in der Sache selbst nicht nachprüfen.

Art. 7 Jeder Vertragsstaat kann, die Anerkennung einer Ehescheidung versagen, wenn beide Ehegatten im Zeitpunkt der Entscheidung ausschliesslich Angehörige eines Staates waren, dessen Recht die Ehescheidung nicht vorsah.

Art. 8 Wurden unter Würdigung aller Umstände keine angemessenen Vorkehrungen getroffen, um den Antragsgegner vom Ehescheidungs- oder Ehetrennungsverfahren in Kenntnis zu setzen, oder wurde dem Antragsgegner keine ausreichende Gelegenheit gegeben, seine Rechte geltend zu machen, so kann die Anerkennung der Ehescheidung oder Ehetrennung versagt werden.

Art. 9 Jeder Vertragsstaat kann die Anerkennung einer Ehescheidung oder Ehetrennung versagen, wenn sie mit einer früheren Entscheidung über den ehelichen Stand der Ehegatten unvereinbar ist, die im Anerkennungsstaat ergangen ist oder die in diesem Staat anerkannt worden ist oder sie die Voraussetzungen für die Anerkennung erfüllt.

Art. 10 Jeder Vertragsstaat kann die Anerkennung einer Ehescheidung oder Ehetrennung versagen, wenn eine solche Anerkennung mit seiner öffentlichen Ordnung offensichtlich unvereinbar ist.

Art. 11 Ein Staat, der nach diesem Übereinkommen verpflichtet ist, eine Ehescheidung anzuerkennen, darf keinem der Ehegatten eine neue Eheschliessung mit der Begründung verweigern, dass das Recht eines anderen Staates diese Ehescheidung nicht anerkennt.

Art. 12 Das in diesem Vertragsstaat anhängige Ehescheidungs- oder Ehetrennungsverfahren kann ausgesetzt werden, wenn der eheliche Stand eines Ehegatten Gegenstand eines Verfahrens in einem anderen Vertragsstaat ist.

Art. 13 Für Ehescheidungen oder Ehetrennungen, die in Vertragsstaaten erwirkt worden sind oder deren Anerkennung in Vertragsstaaten geltend gemacht wird, in denen für Ehescheidungs- oder Ehetrennungssachen zwei oder mehr Rechtssysteme bestehen, die in verschiedenen Gebietseinheiten gelten, ist

1. eine Verweisung auf das Recht des Ursprungsstaates als Verweisung auf das Recht der Gebietseinheit zu verstehen, in der die Ehescheidung oder Ehetrennung erwirkt worden ist;
2. eine Verweisung auf das Recht des Anerkennungsstaats als Verweisung auf das Recht des Gerichtsortes (*lex fori*) zu verstehen und
3. eine Verweisung auf den Wohnort oder den Aufenthalt im Ursprungsstaat als Verweisung auf den Wohnsitz oder den Aufenthalt in der Gebietseinheit zu verstehen, in der die Ehescheidung oder Ehetrennung erwirkt worden ist.

Art. 14 Bestehen im Ursprungsstaat für Ehescheidungen oder Ehetrennungen zwei oder mehr Rechtssysteme, die in verschiedenen Gebietseinheiten gelten, so gilt für die Anwendung der Artikel 2 und 3 folgendes:

1. Artikel 2 Nummer[3] 3 ist ohne Rücksicht auf den gewöhnlichen Aufenthalt der Ehegatten anzuwenden, wenn beide Ehegatten Angehörige des Staates waren, in dessen Gebietseinheit die Ehescheidung oder Ehetrennung erwirkt worden ist;
2. Artikel 2 Nummern 4 und 5 sind anzuwenden, wenn der Antragsteller Angehöriger des Staates war, in dessen Gebietseinheit die Ehescheidung oder Ehetrennung erwirkt worden ist.

Art. 15 Bestehen in einem Vertragsstaat für Ehescheidungen oder Ehetrennungen zwei oder mehr Rechtssysteme, die für verschiedene Personengruppen gelten, so ist eine Verweisung auf das Recht dieses Staates als Verweisung auf das Rechtssystem zu verstehen, das sich aus dem Recht dieses Staates ergibt.

Art. 16 Ist in Anwendung dieses Übereinkommens das Recht eines anderen Staates als des Ursprungs- oder Anerkennungsstaats in Betracht zu ziehen, unabhängig davon, ob er Vertragsstaat ist oder nicht, und bestehen in diesem Staat für Ehescheidungen oder Ehetrennungen zwei oder mehr Rechtssysteme mit verschiedener räumlicher oder personeller Geltung, so ist das Rechtssystem anzuwenden, das sich aus dem Recht dieses Staates ergibt.

Art. 17 Dieses Übereinkommen hindert einen Vertragsstaat nicht, auf die Anerkennung im Ausland erwirkter Ehescheidungen und Ehetrennungen günstigere Rechtsnormen anzuwenden.

Art. 18 Dieses Übereinkommen steht der Anwendung anderer Übereinkünfte nicht entgegen, denen ein oder mehrere Vertragsstaaten als Vertrags-

3 Für die Republik Österreich: «Zahl».

parteien angehören oder angehören werden und die Bestimmungen über die durch dieses Übereinkommen geregelten Angelegenheiten enthalten.

Die Vertragsstaaten werden jedoch dafür sorgen, dass auf diesem Rechtsgebiet keine mit den Regelungen dieses Übereinkommens unvereinbaren weiteren Übereinkünfte geschlossen werden, es sei denn aus besonderen Gründen, die auf regionalen oder anderen Bindungen beruhen; ungeachtet der Bestimmungen solcher Übereinkünfte verpflichten sich die Vertragsstaaten, nach diesem Übereinkommen Ehescheidungen und Ehetrennungen anzuerkennen, die in solchen Übereinkünften nicht angehörenden Vertragsstaaten erwirkt worden sind.

Art. 19 Jeder Vertragsstaat kann sich spätestens bei der Ratifikation oder dem Beitritt das Recht vorbehalten,

1. die Anerkennung einer Ehescheidung oder Ehetrennung zu versagen, wenn beide Ehegatten im Zeitpunkt der Scheidung oder Trennung ausschliesslich seine Angehörigen waren und ein anderes als das von seinem internationalen Privatrecht bestimmte Recht angewandt worden ist, es sei denn, die Anwendung des anderen Rechts hätte zum selben Ergebnis geführt, wie wenn das nach seinem internationalen Privatrecht massgebliche Recht angewandt worden wäre;
2. die Anerkennung einer Ehescheidung zu versagen, wenn beide Ehegatten in dem Zeitpunkt, in dem sie erwirkt worden ist, ihren gewöhnlichen Aufenthalt in Staaten hatten, welche die Scheidung nicht vorsahen. Ein Staat, der diesen Vorbehalt anbringt, darf die Anerkennung nicht nach Artikel 7 versagen.

Art. 20 Jeder Vertragsstaat, dessen Recht die Ehescheidung nicht vorsieht, kann sich spätestens bei der Ratifikation oder dem Beitritt das Recht vorbehalten, eine Ehescheidung nicht anzuerkennen, wenn einer der Ehegatten in dem Zeitpunkt, in dem sie erwirkt worden ist, Angehöriger eines Staates war, dessen Recht die Ehescheidung nicht vorsah.

Dieser Vorbehalt bleibt nur solange wirksam, wie das Recht des Staates, der ihn angebracht hat, die Ehescheidung nicht vorsieht.

Art. 21 Jeder Vertragsstaat, dessen Recht die Ehetrennung nicht vorsieht, kann sich spätestens bei der Ratifikation oder beim Beitritt das Recht vorbehalten, die Anerkennung einer solchen Ehetrennung zu versagen, wenn einer der Ehegatten in dem Zeitpunkt, in dem sie erwirkt worden ist, Angehöriger eines Vertragsstaats war, dessen Recht die Ehetrennung nicht vorsah.

Art. 22 Jeder Vertragsstaat kann jederzeit erklären, dass bestimmte Personengruppen, die seine Staatsangehörigkeit besitzen, bei der Anwendung dieses Übereinkommens nicht als seine Angehörigen angesehen werden müssen.

Art. 23 Jeder Vertragsstaat, in dem für Ehescheidungen und Ehetrennungen zwei oder mehr Rechtssysteme bestehen, kann bei der Unterzeichnung, der Ratifikation oder dem Beitritt erklären, dass dieses Übereinkommen auf alle seine Rechtssysteme oder nur auf eines oder mehrere von ihnen erstrecken soll, und kann seine Erklärung jederzeit durch eine neue Erklärung ändern.

Die Erklärungen sind dem Ministerium für Auswärtige Angelegenheiten der Niederlande zu notifizieren und haben ausdrücklich anzugeben, auf welche Rechtssysteme das Übereinkommen sich erstreckt.

Jeder Vertragsstaat kann die Anerkennung einer Ehescheidung oder Ehetrennung versagen, wenn in dem Zeitpunkt, in dem die Anerkennung geltend gemacht wird, das Übereinkommen auf das Rechtssystem nicht anzuwenden ist, aufgrund dessen die Scheidung oder Trennung erwirkt worden.

Art. 24 Dieses Übereinkommen ist unabhängig von dem Zeitpunkt anzuwenden, in dem die Ehescheidung oder Ehetrennung erwirkt worden ist.

Jeder Vertragsstaat kann sich jedoch spätestens bei der Ratifikation oder dem Beitritt das Recht vorbehalten, das Übereinkommen auf eine Ehescheidung oder Ehetrennung nicht anzuwenden, die vor dem Inkrafttreten des Übereinkommens für diesen Staat erwirkt worden ist.

Art. 25–31
(nicht abgedruckt)

Vertragsstaaten: Ägypten, Albanien, Australien, China-Hongkong, Dänemark, Estland, Finnland, Italien, Luxemburg, Moldau, Niederlande, Norwegen, Polen, Portugal, Schweden, Schweiz, Slowakei, Tschechische Republik, Vereinigtes Königreich, Zypern.

Schweiz[1]

Die Schweiz macht von der in Artikel 24 Absatz 2 des Übereinkommens vorgesehenen Vorbehaltsmöglichkeit Gebrauch und behält sich das Recht vor, das Übereinkommen nicht auf eine Ehescheidung oder Ehetrennung anzuwenden, die vor dem Inkrafttreten des Übereinkommens für die Schweiz erwirkt worden ist.

1) Art. 1 Abs. 1 des BB vom 4. März 1976 (AS 1976 1544).

Übersetzung[1]

6. Übereinkommen über das auf Unterhaltspflichten anzuwendende Recht

Abgeschlossen in Den Haag am 2. Oktober 1973

von der Bundesversammlung genehmigt am 4. März 1976[2]
Schweizerische Ratifikationsurkunde hinterlegt am 18. Mai 1976
In Kraft getreten für die Schweiz am 1. Oktober 1977

Die Unterzeichnerstaaten dieses Übereinkommens,

in dem Wunsch, gemeinsame Bestimmungen über das auf Unterhaltspflichten gegenüber Erwachsenen anzuwendende Recht aufzustellen,

in dem Wunsch, diese Bestimmungen an die des Übereinkommens vom 24. Oktober 1956[3] über das auf Unterhaltsverpflichtungen gegenüber Kindern anzuwendende Recht anzupassen,

haben beschlossen, zu diesem Zweck ein Übereinkommen zu schliessen, und haben die folgenden Bestimmungen vereinbart:

Abschnitt I Anwendungsbereich des Übereinkommens

Art. 1 Dieses Übereinkommen ist auf Unterhaltspflichten anzuwenden, die sich aus Beziehungen der Familie, Verwandtschaft, Ehe oder Schwägerschaft ergeben, einschliesslich der Unterhaltspflicht gegenüber einem nichtehelichen Kind.

Art. 2 Dieses Übereinkommen regelt das Kollisionsrecht nur auf dem Gebiet der Unterhaltspflicht.

Die in Anwendung dieses Übereinkommens ergangenen Entscheidungen greifen dem Bestehen einer der in Artikel 1 genannten Beziehungen nicht vor.

Art. 3 Das von diesem Übereinkommen bestimmte Recht ist unabhängig vom Erfordernis der Gegenseitigkeit anzuwenden, auch wenn es das Recht eines Nichtvertragsstaates ist.

SR 0.211.213.01; AS 1977 1620; BBl 1975 II 1395

1 Der französische Originaltext befindet sich unter der gleichen Nummer in der entsprechenden Ausgabe dieser Sammlung.

2 Art. 1 Abs. 1 des BB vom 4. März 1976 (AS 1976 1557)

3 SR 0.211.221.431

Abschnitt II Anzuwendendes Recht

Art. 4 Für die in Artikel 1 genannten Unterhaltspflichten ist das am gewöhnlichen Aufenthalt des Unterhaltsberechtigten geltende innerstaatliche Recht massgebend.

Wechselt der Unterhaltsberechtigte seinen gewöhnlichen Aufenthalt, so ist vom Zeitpunkt des Aufenthaltswechsels an das innerstaatliche Recht am neuen gewöhnlichen Aufenthalt anzuwenden.

Art. 5 Kann der Berechtigte nach dem in Artikel 4 vorgesehenen Recht vom Verpflichteten keinen Unterhalt erhalten, so ist das Recht des Staates, dem sie gemeinsam angehören, anzuwenden.

Art. 6 Kann der Berechtigte nach den in den Artikeln 4 und 5 vorgesehenen Rechten vom Verpflichteten keinen Unterhalt erhalten, so ist das innerstaatliche Recht der angerufenen Behörde anzuwenden.

Art. 7 Bei Unterhaltspflichten zwischen Verwandten in der Seitenlinie oder Verschwägerten kann der Verpflichtete dem Anspruch des Berechtigten entgegenhalten, dass nach dem Recht des Staates, dem sie angehören, oder, mangels einer gemeinsamen Staatsangehörigkeit, nach dem innerstaatlichen Recht am gewöhnlichen Aufenthalt des Verpflichteten eine solche Pflicht nicht besteht.

Art. 8 Abweichend von den Artikeln 4 bis 6 ist in einem Vertragsstaat, in dem eine Ehescheidung ausgesprochen oder anerkannt worden ist, für die Unterhaltspflichten zwischen den geschiedenen Ehegatten und die Änderung von Entscheidungen über diese Pflichten das auf die Ehescheidung angewandte Recht massgebend.

Der vorstehende Absatz ist auch im Fall einer Trennung ohne Auflösung des Ehebandes und im Fall einer für nichtig oder als ungültig erklärten Ehe anzuwenden.

Art. 9 Für das Recht einer öffentliche Aufgaben wahrnehmenden Einrichtung auf Erstattung der dem Unterhaltsberechtigten erbrachten Leistungen ist das Recht massgebend, dem die Einrichtung untersteht.

Art. 10 Das auf eine Unterhaltspflicht anzuwendende Recht bestimmt insbesondere,

1. ob, in welchem Ausmass und von wem der Berechtigte Unterhalt verlangen kann;
2. wer zur Einleitung des Unterhaltsverfahrens berechtigt ist und welche Fristen für die Einleitung gelten;

3. das Ausmass der Erstattungspflicht des Unterhaltsverpflichteten, wenn eine öffentliche Aufgaben wahrnehmende Einrichtung die Erstattung der dem Berechtigten erbrachten Leistungen verlangt.

Art. 11 Von der Anwendung des durch dieses Übereinkommen bestimmten Rechtes darf nur abgesehen werden, wenn sie mit der öffentlichen Ordnung offensichtlich unvereinbar ist.

Jedoch sind bei der Bemessung des Unterhaltsbeitrages die Bedürfnisse des Berechtigten und die wirtschaftlichen Verhältnisse des Unterhaltsverpflichteten zu berücksichtigen, selbst wenn das anzuwendende Recht etwas anderes bestimmt.

Abschnitt III Verschiedene Bestimmungen

Art. 12 Dieses Übereinkommen ist nicht auf Unterhalt anzuwenden, der in einem Vertragsstaat für die vor dem Inkrafttreten des Übereinkommens in diesem Staat liegende Zeit verlangt wird.

Art. 13 Jeder Vertragsstaat kann sich gemäss Artikel 24 das Recht vorbehalten, dieses Übereinkommen nur anzuwenden auf Unterhaltspflichten
1. zwischen Ehegatten und zwischen früheren Ehegatten;
2. gegenüber einer Person, die das einundzwanzigste Lebensjahr noch nicht vollendet hat und unverheiratet ist.

Art. 14 Jeder Vertragsstaat kann sich gemäss Artikel 24 das Recht vorbehalten, dieses Übereinkommen nicht anzuwenden auf Unterhaltspflichten
1. zwischen Verwandten in der Seitenlinie;
2. zwischen Verschwägerten;
3. zwischen geschiedenen oder ohne Auflösung des Ehebandes getrennten Ehegatten oder zwischen Ehegatten, deren Ehe für nichtig oder als ungültig erklärt worden ist, wenn das Erkenntnis auf Scheidung, Trennung, Nichtigkeit oder Ungültigkeit der Ehe in einem Versäumnisverfahren in einem Staat ergangen ist, in dem die säumige Partei nicht ihren gewöhnlichen Aufenthalt hatte.

Art. 15 Jeder Vertragsstaat kann gemäss Artikel 24 einen Vorbehalt anbringen, dass seine Behörden sein innerstaatliches Recht anwenden werden, wenn sowohl der Berechtigte als auch der Verpflichtete Staatsangehörige dieses Staates sind und der Verpflichtete dort seinen gewöhnlichen Aufenthalt hat.

Art. 16 Kommt das Recht eines Staates mit zwei oder mehr Rechtsordnungen mit räumlicher oder personeller Anwendung auf dem Gebiet der Unterhaltspflicht in Betracht – beispielsweise, wenn auf das Recht des gewöhnlichen Aufenthalts des Berechtigten oder des Verpflichteten oder auf das Recht des Staates, dem sie gemeinsam angehören, verwiesen wird – so ist die Rechtsordnung anzuwenden, die durch die in diesem Staat geltenden Vorschriften bestimmt wird, oder mangels solcher Vorschriften die Rechtsordnung, zu der die Beteiligten die engsten Bindungen haben.

Art. 17 Ein Vertragsstaat, in dem verschiedene Gebietseinheiten ihre eigenen Rechtsvorschriften über die Unterhaltspflicht haben, ist nicht verpflichtet, dieses Übereinkommen auf Kollisionsfälle anzuwenden, die nur seine Gebietseinheiten betreffen.

Art. 18 Dieses Übereinkommen ersetzt in den Beziehungen zwischen den Staaten, die Vertragsparteien sind, das Haager Übereinkommen vom 24. Oktober 1956[4] über das auf Unterhaltsverpflichtungen gegenüber Kindern anzuwendende Recht.

Jedoch ist der vorstehende Absatz nicht auf Staaten anzuwenden, die durch einen Vorbehalt nach Artikel 13 die Anwendung dieses Übereinkommens auf Unterhaltspflichten gegenüber Personen ausgeschlossen haben, die das einundzwanzigste Lebensjahr noch nicht vollendet haben und unverheiratet sind.

Art. 19 Dieses Übereinkommen berührt nicht andere internationale Übereinkünfte, deren Vertragspartei ein Vertragsstaat des Übereinkommens ist oder wird und die Bestimmungen über die durch dieses Übereinkommen geregelten Angelegenheiten enthalten.

Abschnitt IV Schlussbestimmungen

Art. 20–27
(nicht abgedruckt)

4 SR 0.211.221.431

Vertragsstaaten: Albanien, Deutschland, Estland, Frankreich, Griechenland, Italien, Japan, Litauen, Luxemburg, Niederlande, Polen, Portugal, Schweiz, Spanien, Türkei.

Schweiz[1)]

Die Schweiz behält sich nach Artikel 24 das in Artikel 15 vorgesehene Recht vor, das schweizerische Recht auf Unterhaltspflichten anzuwenden, wenn der Unterhaltsberechtigte und der Unterhaltspflichtige Schweizer Bürger sind und der Unterhaltspflichtige seinen gewöhnlichen Aufenthalt in der Schweiz hat.

1) Art. 1 Abs. 1 des BB vom 4. März 1976 (SR 292.021.11) und Art. 3 Abs. 1 des BB vom 17. Dezember 1992 (AS 1993 2434).

Übersetzung[1]

7. Übereinkommen über die Anerkennung und Vollstreckung von Unterhaltsentscheidungen

Abgeschlossen in Den Haag am 2. Oktober 1973
Von der Bundesversammlung genehmigt am 4. März 1976[2]
Schweizerische Ratifikationsurkunde hinterlegt am 18. Mai 1976
In Kraft getreten für die Schweiz am 1. August 1976

Die Unterzeichnerstaaten dieses Übereinkommens,

in dem Wunsch, gemeinsame Bestimmungen zur Regelung der gegenseitigen Anerkennung und Vollstreckung von Entscheidungen über die Unterhaltspflicht gegenüber Erwachsenen aufzustellen,

in dem Wunsch, diese Bestimmungen an die des Übereinkommens vom 15. April 1958[3] über die Anerkennung und Vollstreckung von Entscheidungen auf dem Gebiet der Unterhaltspflicht gegenüber Kindern anzupassen,

haben beschlossen, zu diesem Zweck ein Übereinkommen zu schliessen, und haben die folgenden Bestimmungen vereinbart:

Abschnitt I Anwendungsbereich des Übereinkommens

Art. 1 Dieses Übereinkommen ist anzuwenden auf Entscheidungen über Unterhaltspflichten aus Beziehungen der Familie, Verwandtschaft, Ehe oder Schwägerschaft, einschliesslich der Unterhaltspflicht gegenüber einem nichtehelichen Kind, die von Gerichten oder Verwaltungsbehörden eines Vertragsstaates erlassen worden sind entweder

1. zwischen einem Unterhaltsberechtigten und einem Unterhaltsverpflichteten oder
2. zwischen einem Unterhaltsverpflichteten und einer öffentliche Aufgaben wahrnehmenden Einrichtung, die die Erstattung der einem Unterhaltsberechtigten erbrachten Leistung verlangt.

SR 0.211.213.02; AS 1976 1559; BBl 1975 II 1395

1 Der französische Originaltext befindet sich unter der gleichen Nummer in der entsprechenden Ausgabe dieser Sammlung.

2 Art. 2 Abs. 1 des BB vom 4. März 1976 (AS 1976 1557)

3 SR 0.211.221.432

Es ist auch anzuwenden auf Vergleiche auf diesem Gebiet, die vor diesen Behörden und zwischen diesen Personen geschlossen worden sind.

Art. 2 Das Übereinkommen ist auf Entscheidungen und Vergleiche ohne Rücksicht auf ihre Bezeichnung anzuwenden.

Es ist auch auf Entscheidungen oder Vergleiche anzuwenden, durch die eine frühere Entscheidung oder ein früherer Vergleich geändert worden ist, selbst wenn diese Entscheidung oder dieser Vergleich aus einem Nichtvertragsstaat stammt.

Es ist ohne Rücksicht darauf, ob der Unterhaltsanspruch international oder innerstaatlich ist, und unabhängig von der Staatsangehörigkeit oder dem gewöhnlichen Aufenthalt der Parteien anzuwenden.

Art. 3 Betrifft die Entscheidung oder der Vergleich nicht nur die Unterhaltspflicht, so bleibt die Wirkung des Übereinkommens auf die Unterhaltspflicht beschränkt.

Abschnitt II Voraussetzungen der Anerkennung und Vollstreckung von Entscheidungen

Art. 4 Die in einem Vertragsstaat ergangene Entscheidung ist in einem anderen Vertragsstaat anzuerkennen oder für vollstreckbar zu erklären/zu vollstrecken,

1. wenn sie von einer Behörde erlassen worden ist, die nach Artikel 7 oder 8 als zuständig anzusehen ist, und
2. wenn gegen sie im Ursprungsstaat kein ordentliches Rechtsmittel mehr zulässig ist.

Vorläufig vollstreckbare Entscheidungen und einstweilige Massnahmen sind, obwohl gegen sie ein ordentliches Rechtsmittel zulässig ist, im Vollstreckungsstaat anzuerkennen oder für vollstreckbar zu erklären/zu vollstrecken, wenn dort gleichartige Entscheidungen erlassen und vollstreckt werden können.

Art. 5 Die Anerkennung oder Vollstreckung der Entscheidung darf jedoch versagt werden,

1. wenn die Anerkennung oder Vollstreckung mit der öffentlichen Ordnung des Vollstreckungsstaates offensichtlich unvereinbar ist; oder
2. wenn die Entscheidung das Ergebnis betrügerischer Machenschaften im Verfahren ist; oder
3. wenn ein denselben Gegenstand betreffendes Verfahren zwischen denselben Parteien vor einer Behörde des Vollstreckungsstaates anhängig und als erstes eingeleitet worden ist; oder

4. wenn die Entscheidung unvereinbar ist mit einer Entscheidung, die zwischen denselben Parteien über denselben Gegenstand entweder in dem Vollstreckungsstaat oder in einem anderen Staat ergangen ist, im letztgenannten Fall jedoch nur, sofern diese Entscheidung die für die Anerkennung und Vollstreckung im Vollstreckungsstaat erforderlichen Voraussetzungen erfüllt.

Art. 6 Eine Versäumnisentscheidung wird nur anerkannt oder für vollstreckbar erklärt/vollstreckt, wenn das das Verfahren einleitende Schriftstück mit den wesentlichen Klagegründen der säumigen Partei nach dem Recht des Ursprungsstaates zugestellt worden ist und wenn diese Partei eine nach den Umständen ausreichende Frist zu ihrer Verteidigung hatte; Artikel 5 bleibt unberührt.

Art. 7 Eine Behörde des Ursprungsstaates ist als zuständig im Sinn des Übereinkommens anzusehen,

1. wenn der Unterhaltsverpflichtete oder der Unterhaltsberechtigte zur Zeit der Einleitung des Verfahrens seinen gewöhnlichen Aufenthalt im Ursprungsstaat hatte; oder
2. wenn der Unterhaltsverpflichtete und der Unterhaltsberechtigte zur Zeit der Einleitung des Verfahrens Staatsangehörige des Ursprungsstaates waren; oder
3. wenn sich der Beklagte der Zuständigkeit dieser Behörde entweder ausdrücklich oder dadurch unterworfen hat, dass er sich, ohne deren Unzuständigkeit geltend zu machen, auf das Verfahren in der Sache selbst eingelassen hat.

Art. 8 Die Behörden eines Vertragsstaates, die über ein Unterhaltsbegehren entschieden haben, sind als zuständig im Sinn des Übereinkommens anzusehen, wenn der Unterhalt infolge einer von einer Behörde dieses Staates ausgesprochenen Scheidung, Trennung ohne Auflösung des Ehebandes, Nichtigkeit oder Ungültigkeit der Ehe geschuldet und wenn die diesbezügliche Zuständigkeit der Behörde nach dem Recht des Vollstreckungsstaates anerkannt wird; Artikel 7 bleibt unberührt.

Art. 9 Die Behörde des Vollstreckungsstaates ist an die tatsächlichen Feststellungen gebunden, auf welche die Behörde des Ursprungsstaates ihre Zuständigkeit gestützt hat.

Art. 10 Betrifft die Entscheidung mehrere Ansprüche in einem Unterhaltsbegehren und kann die Anerkennung oder Vollstreckung nicht für alle Ansprüche bewilligt werden, so hat die Behörde des Vollstreckungsstaates das Übereinkommen auf denjenigen Teil der Entscheidung anzuwenden, der anerkannt oder für vollstreckbar erklärt/vollstreckt werden kann.

Art. 11[4] Ist in der Entscheidung die Unterhaltsleistung durch regelmässig wiederkehrende Zahlungen angeordnet, so ist die Vollstreckung sowohl für die bereits fälligen als auch für die künftig fällig werdenden Zahlungen zu bewilligen.

Art. 12 Die Behörde des Vollstreckungsstaates darf die Entscheidung in der Sache selbst nicht nachprüfen, sofern das Übereinkommen nicht etwas anderes bestimmt.

Abschnitt III Verfahren der Anerkennung und Vollstreckung von Entscheidungen

Art. 13 Das Verfahren der Anerkennung oder Vollstreckung der Entscheidung richtet sich nach dem Recht des Vollstreckungsstaates, sofern das Übereinkommen nicht etwas anderes bestimmt.

Art. 14 Es kann auch die teilweise Anerkennung oder Vollstreckung einer Entscheidung beantragt werden.

Art. 15 Der Unterhaltsberechtigte, der im Ursprungsstaat ganz oder teilweise Verfahrenshilfe oder Befreiung von Verfahrenskosten genossen hat, geniesst in jedem Anerkennungs- oder Vollstreckungsverfahren die günstigste Verfahrenshilfe oder die weitestgehende Befreiung, die im Recht des Vollstreckungsstaates vorgesehen ist.

Art. 16 In den durch das Übereinkommen erfassten Verfahren braucht für die Zahlung der Verfahrenskosten keine Sicherheit oder Hinterlegung, unter welcher Bezeichnung auch immer, geleistet zu werden.

Art. 17 Die Partei, die die Anerkennung einer Entscheidung geltend macht oder ihre Vollstreckung beantragt, hat folgende Unterlagen beizubringen:

1. eine vollständige, mit der Urschrift übereinstimmende Ausfertigung der Entscheidung;
2. die Urkunden, aus denen sich ergibt, dass gegen die Entscheidung im Ursprungsstaat kein ordentliches Rechtsmittel mehr zulässig ist und, gegebenenfalls, dass die Entscheidung dort vollstreckbar ist;
3. wenn es sich um eine Versäumnisentscheidung handelt, die Urschrift oder eine beglaubigte Abschrift der Urkunde, aus der sich ergibt, dass das das Verfahren einleitende Schriftstück mit den wesentlichen Gründen des Begehrens der säumigen Partei nach dem Recht des Ursprungsstaates ordnungsgemäss zugestellt worden ist;

4 Siehe AS 1976 1557 Art. 2 Abs. 3.

4. gegebenenfalls jedes Schriftstück, aus dem sich ergibt, dass die Partei im Ursprungsstaat Verfahrenshilfe oder Befreiung von Verfahrenskosten erhalten hat;
5. eine beglaubigte Übersetzung der genannten Urkunden, wenn die Behörde des Vollstreckungsstaates nicht darauf verzichtet.

Werden die genannten Urkunden nicht vorgelegt oder ermöglicht es der Inhalt der Entscheidung der Behörde des Vollstreckungsstaates nicht, nachzuprüfen, ob die Voraussetzungen dieses Übereinkommens erfüllt sind, so setzt sie eine Frist für die Vorlegung aller erforderlichen Urkunden.

Eine weitere Beglaubigung oder ähnliche Förmlichkeit darf nicht verlangt werden.

Abschnitt IV Ergänzende Vorschriften über öffentliche Aufgaben wahrnehmende Einrichtungen

Art. 18 Ist die Entscheidung gegen den Unterhaltsverpflichteten auf Antrag einer öffentliche Aufgaben wahrnehmenden Einrichtung ergangen, welche die Erstattung der einem Unterhaltsberechtigten erbrachten Leistungen verlangt, so ist diese Entscheidung nach dem Übereinkommen anzuerkennen und für vollstreckbar zu erklären/zu vollstrecken,

1. wenn die Einrichtung nach dem Recht, dem sie untersteht, die Erstattung verlangen kann;
2. wenn das nach dem internationalen Privatrecht des Vollstreckungsstaates anzuwendende innerstaatliche Recht eine Unterhaltspflicht zwischen dem Unterhaltsberechtigten und dem Unterhaltsverpflichteten vorsieht.

Art. 19 Eine öffentliche Aufgaben wahrnehmende Einrichtung darf, soweit sie dem Unterhaltsberechtigten Leistungen erbracht hat, die Anerkennung oder Vollstreckung einer zwischen dem Unterhaltsberechtigten und dem Unterhaltsverpflichteten ergangenen Entscheidung verlangen, wenn sie nach dem Recht, dem sie untersteht, kraft Gesetzes berechtigt ist, an Stelle des Unterhaltsberechtigten die Anerkennung der Entscheidung geltend zu machen oder ihre Vollstreckung zu beantragen.

Art. 20 Die öffentliche Aufgaben wahrnehmende Einrichtung, welche die Anerkennung geltend macht oder die Vollstreckung beantragt, hat die Urkunden vorzulegen, aus denen sich ergibt, dass sie die in Artikel 18 Ziffer 1 oder Artikel 19 genannten Voraussetzungen erfüllt und dass die Leistungen dem Unterhaltsberechtigten erbracht worden sind; Artikel 17 bleibt unberührt.

Abschnitt V Vergleiche

Art. 21 Die im Ursprungsstaat vollstreckbaren Vergleiche sind unter denselben Voraussetzungen wie Entscheidungen anzuerkennen und für vollstreckbar zu erklären/zu vollstrecken, soweit diese Voraussetzungen auf sie anwendbar sind.

Abschnitt VI Verschiedene Bestimmungen

Art. 22 Bestehen nach dem Recht eines Vertragsstaates Beschränkungen für die Überweisung von Geldbeträgen, so hat dieser Vertragsstaat der Überweisung von Geldbeträgen, die zur Erfüllung von Unterhaltsansprüchen oder zur Deckung von Kosten für Verfahren nach diesem Übereinkommen bestimmt sind, den grösstmöglichen Vorrang zu gewähren.

Art. 23 Dieses Übereinkommen schliesst nicht aus, dass eine andere internationale Übereinkunft zwischen dem Ursprungsstaat und dem Vollstreckungsstaat oder das nichtvertragliche Recht des Vollstreckungsstaates angewendet wird, um die Anerkennung oder Vollstreckung einer Entscheidung oder eines Vergleiches zu erwirken.

Art. 24 Dieses Übereinkommen ist unabhängig von dem Zeitpunkt anzuwenden, in dem die Entscheidung ergangen ist.

Ist die Entscheidung ergangen, bevor dieses Übereinkommen zwischen dem Ursprungsstaat und dem Vollstreckungsstaat in Kraft getreten ist, so ist sie im letztgenannten Staat nur hinsichtlich der nach diesem Inkrafttreten fällig werdenden Zahlungen für vollstreckbar zu erklären/zu vollstrecken.

Art. 25 Jeder Vertragsstaat kann jederzeit erklären, dass er in seinen Beziehungen zu den Staaten, die dieselbe Erklärung abgegeben haben, alle vor einer Behörde oder einer Urkundsperson errichteten öffentlichen Urkunden, die im Ursprungsstaat aufgenommen und vollstreckbar sind, in das Übereinkommen einbezieht, soweit sich dessen Bestimmungen auf solche Urkunden anwenden lassen.

Art. 26 Jeder Vertragsstaat kann sich nach Artikel 34 das Recht vorbehalten, weder anzuerkennen noch für vollstreckbar zu erklären/zu vollstrecken:

1. Entscheidungen und Vergleiche über Unterhaltsleistungen, die ein Unterhaltsverpflichteter, der nicht der Ehegatte oder der frühere Ehegatte des Unterhaltsberechtigten ist, für die Zeit nach der Eheschliessung oder nach dem vollendeten einundzwanzigsten Lebensjahr des Unterhaltsberechtigten schuldet;

2. Entscheidungen und Vergleiche in Unterhaltssachen
   a. zwischen Verwandten in der Seitenlinie;
   b. zwischen Verschwägerten;
3. Entscheidungen und Vergleiche, die die Unterhaltsleistung nicht durch regelmässig wiederkehrende Zahlungen vorsehen.

Ein Vertragsstaat, der einen Vorbehalt angebracht hat, kann nicht verlangen, dass das Übereinkommen auf Entscheidungen und Vergleiche angewendet wird, die er durch seinen Vorbehalt ausgeschlossen hat.

Art. 27 Sieht das Recht eines Vertragsstaates in Unterhaltssachen zwei oder mehr Rechtsordnungen vor, die für verschiedene Personenkreise gelten, so ist eine Verweisung auf das Recht dieses Staates als Verweisung auf die Rechtsordnung zu verstehen, die nach dem Recht dieses Staates für einen bestimmten Personenkreis gilt.

Art. 28 Besteht ein Vertragsstaat aus zwei oder mehr Gebietseinheiten, in denen verschiedene Rechtsordnungen für die Anerkennung und Vollstreckung von Unterhaltsentscheidungen gelten, so ist

1. eine Verweisung auf das Recht, das Verfahren oder die Behörde des Ursprungsstaates als Verweisung auf das Recht, das Verfahren oder die Behörde der Gebietseinheit zu verstehen, in der die Entscheidung ergangen ist;
2. eine Verweisung auf das Recht, das Verfahren oder die Behörde des Vollstreckungsstaates als Verweisung auf das Recht, das Verfahren oder die Behörde der Gebietseinheit zu verstehen, in der die Anerkennung oder Vollstreckung beantragt wird;
3. eine Verweisung nach den Ziffern 1 und 2 auf das Recht oder das Verfahren des Ursprungsstaates oder des Vollstreckungsstaates in dem Sinne zu verstehen, dass auch auf die einschlägigen Rechtsvorschriften und -grundsätze des Vertragsstaates, die für dessen Gebietseinheiten gelten, verwiesen ist;
4. eine Verweisung auf den gewöhnlichen Aufenthalt des Unterhaltsberechtigten oder des Unterhaltsverpflichteten im Ursprungsstaat als Verweisung auf den gewöhnlichen Aufenthalt in der Gebietseinheit zu verstehen, in der die Entscheidung ergangen ist.

Jeder Vertragsstaat kann jederzeit erklären, dass er eine oder mehrere dieser Vorschriften auf eine oder mehrere Bestimmungen dieses Übereinkommens nicht anwenden wird.

Art. 29 Dieses Übereinkommen ersetzt in den Beziehungen zwischen den Staaten, die Vertragsparteien sind, das Haager Übereinkommen vom 15. April 1958 über die Anerkennung und Vollstreckung von Entscheidungen auf dem Gebiet der Unterhaltspflicht gegenüber Kindern.

Abschnitt VII Schlussbestimmungen

Art. 30–37

(nicht abgedruckt)

Vertragsstaaten: Albanien, Andorra, Australien, Dänemark, Deutschland, Estland, Finnland, Frankreich, Griechenland, Italien, Litauen, Luxemburg, Niederlande, Norwegen, Polen, Portugal, Schweden, Schweiz, Slowakei, Spanien, Tschechische Republik, Türkei, Ukraine, Vereinigtes Königreich.

Übersetzung[1]

8. Übereinkommen über die Geltendmachung von Unterhaltsansprüchen im Ausland

Abgeschlossen in New York am 20. Juni 1956

Von der Bundesversammlung genehmigt am 17. Dezember 1975[2]
Schweizerische Beitrittsurkunde hinterlegt am 5. Oktober 1977
In Kraft getreten für die Schweiz am 4. November 1977

Präambel

In Anbetracht der Dringlichkeit einer Lösung des humanitären Problems, das sich aus der Lage bedürftiger Personen ergibt, die für ihren Unterhalt auf Personen im Ausland angewiesen sind,

in der Erwägung, dass die Geltendmachung von Unterhaltsklagen oder die Vollstreckung von Entscheidungen im Ausland mit schwerwiegenden rechtlichen und praktischen Schwierigkeiten verbunden ist, und

entschlossen, dafür Sorge zu tragen, dass diese Probleme gelöst und diese Schwierigkeiten überwunden werden,

sind die Vertragsstaaten wie folgt übereingekommen:

Art. 1 Gegenstand des Übereinkommens

1. Dieses Übereinkommen hat den Zweck, einer Person – nachfolgend als Gläubiger bezeichnet –, die sich im Gebiet eines Vertragsstaates befindet, die Geltendmachung von Unterhaltsansprüchen zu erleichtern, die sie gegen eine andere Person – nachfolgend als Schuldner bezeichnet –, zu besitzen behauptet, die der Gerichtsbarkeit eines anderen Vertragsstaates untersteht. Dieser Zweck wird mit Hilfe von Stellen verwirklicht, die im Folgenden als Übermittlungs- und Empfangsstellen bezeichnet werden.

2. Die in diesem Übereinkommen vorgesehenen Rechtswege ergänzen alle anderen nach innerstaatlichem oder internationalem Recht bestehenden Rechtswege, ersetzen diese aber nicht.

SR 0.274.15; AS 1977 1910; BBl 1975 I 1566

1 Der französische Originaltext findet sich unter der gleichen Nummer in der französischen Ausgabe dieser Sammlung.

2 AS 1977 1909

Art. 2 Bestimmung der Stellen

1. Jeder Vertragsstaat bezeichnet in dem Zeitpunkt, an dem er seine Ratifikations- oder Beitrittsurkunde hinterlegt eine oder mehrere Gerichts- oder Verwaltungsbehörden, die in seinem Gebiet als Übermittlungsstellen tätig werden.

2. Jeder Vertragsstaat bezeichnet in dem Zeitpunkt, an dem er seine Ratifikations- oder Beitrittsurkunde hinterlegt, eine öffentliche oder private Stelle, die in seinem Gebiet als Empfangsstelle tätig wird.

3. Jeder Vertragsstaat unterrichtet den Generalsekretär der Vereinten Nationen unverzüglich über die Bezeichnungen, die er nach den Absätzen 1 und 2 getroffen hat, und über die Änderungen, die nachträglich in dieser Hinsicht eintreten.

4. Die Übermittlungs- und Empfangsstellen dürfen mit den Übermittlungs- und Empfangsstellen der anderen vertragsschliessenden Teile unmittelbar verkehren.

Art. 3 Einreichung von Gesuchen bei der Übermittlungsstelle

1. Befindet sich ein Gläubiger im Gebiet eines Vertragsstaates, nachfolgend als Staat des Gläubigers bezeichnet, und untersteht der Schuldner der Gerichtsbarkeit eines anderen Vertragsstaates, nachfolgend als Staat des Schuldners bezeichnet, so kann der Gläubiger bei einer Übermittlungsstelle des Staates, in dem er sich befindet, ein Gesuch einreichen, mit dem er einen Unterhaltsanspruch gegen den Schuldner geltend macht.

2. Jeder Vertragsstaat teilt dem Generalsekretär mit, welche Beweise nach dem Recht des Staates der Empfangsstelle für den Nachweis von Unterhaltsansprüchen in der Regel erforderlich sind, wie diese Beweise beigebracht und welche anderen Erfordernisse nach diesem Recht erfüllt werden müssen.

3. Dem Gesuch sind alle erheblichen Urkunden beizufügen einschliesslich einer etwa erforderlichen Vollmacht, welche die Empfangsstelle ermächtigt, in Vertretung des Gläubigers tätig zu werden oder eine andere Person hierfür zu bestellen. Ferner ist ein Lichtbild des Gläubigers und, falls verfügbar, ein Lichtbild des Schuldners beizufügen.

4. Die Übermittlungsstelle unternimmt alle geeigneten Schritte, um sicherzustellen, dass die Erfordernisse des in dem Staat der Empfangsstelle geltenden Rechts erfüllt werden; das Gesuch muss unter Berücksichtigung dieses Rechts mindestens folgendes enthalten:

a) den Namen und die Vornamen, die Adresse, das Geburtsdatum, die Staatsangehörigkeit und den Beruf (oder die Beschäftigung) des Gläubigers sowie gegebenenfalls den Namen und die Adresse seines gesetzlichen Vertreters;

b) den Namen und die Vornamen des Schuldners; ferner, soweit der Gläubiger hiervon Kenntnis hat, die verschiedenen Adressen des Schuldners in den letzten fünf Jahren, sein Geburtsdatum, seine Staatsangehörigkeit und seinen Beruf;
c) nähere Angaben über die Gründe, auf die der Anspruch gestützt wird, und über Art und Höhe des geforderten Unterhalts sowie Angaben, namentlich über die finanziellen und familiären Verhältnisse des Gläubigers und Schuldners.

Art. 4 Übermittlung der Unterlagen

1. Die Übermittlungsstelle stellt die Unterlagen der Empfangsstelle des Staates des Schuldners zu, es sei denn, dass sie zu der Überzeugung gelangt, das Gesuch sei mutwillig gestellt.

2. Bevor die Übermittlungsstelle die Unterlagen zustellt, überzeugt sie sich davon, dass die Schriftstücke den im Staat des Gläubigers geltenden Formvorschriften entsprechen.

3. Die Übermittlungsstelle kann der Empfangsstelle ihre Ansicht darüber mitteilen, ob sie das Gesuch sachlich für begründet hält; sie kann auch empfehlen, dem Gläubiger das Armenrecht und die Befreiung von den Kosten zu gewähren.

Art. 5 Übermittlung von Urteilen und anderen gerichtlichen Titeln

1. Die Übermittlungsstelle übersendet nach Artikel 4 auf Antrag des Gläubigers endgültige oder vorläufige Entscheidungen und andere gerichtliche Titel, die der Gläubiger bei einem zuständigen Gericht eines der vertragschliessenden Teile wegen der Leistung von Unterhalt erlangt hat und, falls notwendig und möglich, das Protokoll des Verfahrens, in dem die Entscheidung ergangen ist.

2. Die in Absatz 1 erwähnten Entscheidungen und gerichtlichen Titel können an Stelle oder in Ergänzung der in Artikel 3 genannten Urkunden zugestellt werden.

3. Die in Artikel 6 vorgesehenen Verfahren können entsprechend dem Recht des Staates des Schuldners entweder in einem Exequatur- oder Registrierungsverfahren oder in einer Klage bestehen, die sich auf einen nach Absatz 1 übersandten Titel stützt.

Art. 6 Aufgaben der Empfangsstelle

1. Die Empfangsstelle unternimmt im Rahmen der ihr vom Gläubiger erteilten Ermächtigung und in seiner Vertretung alle zur Geltendmachung des Unterhaltsanspruchs geeigneten Schritte; dazu gehört insbesondere eine Regelung des Anspruchs im Wege des Vergleichs und, falls erforderlich, die Einleitung

und Durchführung einer Unterhaltsklage sowie die Vollstreckung einer Entscheidung oder eines anderen gerichtlichen Titels auf Leistung von Unterhalt.

2. Die Empfangsstelle unterrichtet laufend die Übermittlungsstelle. Kann sie nicht tätig werden, so teilt sie der Übermittlungsstelle die Gründe hierfür mit und sendet die Unterlagen zurück.

3. Ungeachtet der Vorschriften dieses Übereinkommens ist bei der Entscheidung aller Fragen, die sich bei einer Klage oder in einem Verfahren auf Leistung von Unterhalt ergeben, das Recht des Staates des Schuldners einschliesslich des internationalen Privatrechts dieses Staates anzuwenden.

Art. 7 Rechtshilfeersuchen

Kann nach dem Recht der beiden beteiligten Vertragsstaaten um Rechtshilfe ersucht werden, so sind folgende Bestimmungen anzuwenden:

a) Ein Gericht, bei dem eine Unterhaltsklage anhängig ist, kann Rechtshilfeersuchen um Erhebung weiterer Beweise, sei es durch Urkunden oder durch andere Beweismittel, entweder an das zuständige Gericht des anderen Vertragsstaates oder an jede andere Behörde oder Stelle richten, welche der andere Vertragsstaat, in dessen Gebiet das Ersuchen ausgeführt werden soll, bestimmt hat.

b) Um den Parteien die Anwesenheit oder Vertretung zu ermöglichen, hat die ersuchte Behörde der beteiligten Empfangs- und Übermittlungsstelle sowie dem Schuldner den Zeitpunkt und den Ort der Durchführung des Rechtshilfeersuchens mitzuteilen.

c) Rechtshilfeersuchen sind mit möglichster Beschleunigung auszuführen; ist ein Ersuchen nicht innerhalb von vier Monaten nach Eingang bei der ersuchten Behörde ausgeführt worden, so sind der ersuchenden Behörde die Gründe für die Nichterledigung oder Verzögerung mitzuteilen.

d) Für die Erledigung von Rechtshilfeersuchen werden Gebühren oder Kosten irgendwelcher Art nicht erstattet.

e) Die Ausführung eines Rechtshilfeersuchens darf nur abgelehnt werden,
   1. wenn die Echtheit des Dokumentes nicht feststeht;
   2. wenn der Vertragsstaat, in dessen Gebiet das Ersuchen ausgeführt werden soll, der Auffassung ist, dass die Ausführung seine Hoheitsrechte oder seine Sicherheit beeinträchtigen könnte.

Art. 8 Änderung von Entscheidungen

Die Bestimmungen dieses Übereinkommens gelten auch für Gesuche, die auf eine Änderung von Unterhaltsentscheidungen gerichtet sind.

Art. 9 Befreiungen und Erleichterungen

1. In Verfahren nach diesem Übereinkommen geniessen die Gläubiger die gleiche Behandlung und dieselben Befreiungen von der Zahlung von Kosten

und Gebühren wie die Bewohner oder Staatsangehörigen des Staates, in dem die Klage eingereicht wird.

2. Die Gläubiger sind nicht verpflichtet, wegen ihrer Eigenschaft als Ausländer oder wegen Fehlens eines inländischen Aufenthalts als Sicherheit für die Prozesskosten oder andere Zwecke eine Garantieerklärung beizubringen oder eine Zahlung oder Hinterlegung vorzunehmen.

3. Die Übermittlungs- und Empfangsstellen erheben für ihre Tätigkeit, die sie auf Grund dieses Übereinkommens leisten, keine Gebühren.

Art. 10 Überweisung von Geldbeträgen

Bestehen nach dem Recht eines Vertragsstaates Beschränkungen für die Überweisung von Geldbeträgen in das Ausland, so hat dieser Vertragsstaat Überweisungen, die zur Erfüllung von Unterhaltsansprüchen oder zur Deckung von Auslagen für Verfahren nach diesem Übereinkommen bestimmt sind, den grösstmöglichen Vorrang zu gewähren.

Art. 11–21

(nicht abgedruckt)

Vertragsstaaten: Algerien, Argentinien, Australien, Barbados, Belarus, Belgien, Bosnien und Herzegowina, Brasilien, Burkina Faso, Chile, Dänemark, Deutschland, Ecuador, Estland, Finnland, Frankreich, Griechenland, Guatemala, Haiti, Heiliger Stuhl, Irland, Israel, Italien, Kap Verde, Kasachstan, Kirgisistan, Kolumbien, Kroatien, Liberia, Luxemburg, Marokko, Mazedonien, Mexiko, Moldau, Monaco, Montenegro, Neuseeland, Niederlande, Niger, Norwegen, Österreich, Pakistan, Philippinen, Polen, Portugal, Rumänien, Schweden, Schweiz, Serbien, Seychellen, Slowakei, Slowenien, Spanien, Sri Lanka, Suriname, Taiwan, Tschechische Republik, Tunesien, Türkei, Ukraine, Ungarn, Uruguay, Vereinigtes Königreich, Zentralafrikanische Republik, Zypern.

Übersetzung[1]

9. Übereinkommen über den Schutz von Kindern und die Zusammenarbeit auf dem Gebiet der Internationalen Adoption

Abgeschlossen in Den Haag am 29. Mai 1993

Von der Bundesversammlung genehmigt am 22. Juni 2001[2]
Ratifikationsurkunde von der Schweiz hinterlegt am 24. September 2002
In Kraft getreten für die Schweiz am 1. Januar 2003

Die Unterzeichnerstaaten dieses Übereinkommens,

in der Erkenntnis, dass das Kind zur vollen und harmonischen Entfaltung seiner Persönlichkeit in einer Familie und umgeben von Glück, Liebe und Verständnis aufwachsen sollte,

unter Hinweis darauf, dass jeder Staat vorrangig angemessene Massnahmen treffen sollte, um es dem Kind zu ermöglichen, in seiner Herkunftsfamilie zu bleiben,

in der Erkenntnis, dass die internationale Adoption den Vorteil bieten kann, einem Kind, für das in seinem Heimatstaat keine geeignete Familie gefunden werden kann, eine dauerhafte Familie zu geben,

überzeugt von der Notwendigkeit, Massnahmen zu treffen, um sicherzustellen, dass internationale Adoptionen zum Wohl des Kindes und unter Wahrung seiner Grundrechte stattfinden, und die Entführung und den Verkauf von Kindern sowie den Handel mit Kindern zu verhindern,

in dem Wunsch, zu diesem Zweck gemeinsame Bestimmungen festzulegen, die von den Grundsätzen ausgehen, die in internationalen Übereinkünften anerkannt sind, insbesondere dem Übereinkommen der Vereinten Nationen vom 20. November 1989[3] über die Rechte des Kindes und der Erklärung der Vereinten Nationen über die sozialen und rechtlichen Grundsätze für den Schutz und das Wohl von Kindern unter besonderer Berücksichtigung der Aufnahme in eine Pflegefamilie und der Adoption auf nationaler und interna-

SR 0.211.221.311; AS 2003 415; BBl 1999 5795

1 Der französische Originaltext findet sich unter der gleichen Nummer in der entsprechenden Ausgabe dieser Sammlung.

2 AS 2003 414

3 SR 0.107

tionaler Ebene (Resolution 41/85 der Generalversammlung vom 3. Dezember 1986),

haben die folgenden Bestimmungen vereinbart:

Kapitel I: Anwendungsbereich des Übereinkommens

Art. 1 Ziel dieses Übereinkommens ist es,

a) Schutzvorschriften einzuführen, damit internationale Adoptionen zum Wohl des Kindes und unter Wahrung seiner völkerrechtlich anerkannten Grundrechte stattfinden;

b) ein System der Zusammenarbeit unter den Vertragsstaaten einzurichten, um die Einhaltung dieser Schutzvorschriften sicherzustellen und dadurch die Entführung und den Verkauf von Kindern sowie den Handel mit Kindern zu verhindern;

c) in den Vertragsstaaten die Anerkennung der gemäss dem Übereinkommen zu Stande gekommenen Adoptionen zu sichern.

Art. 2 (1) Das Übereinkommen ist anzuwenden, wenn ein Kind mit gewöhnlichem Aufenthalt in einem Vertragsstaat («Heimatstaat») in einen anderen Vertragsstaat («Aufnahmestaat») gebracht worden ist, wird oder werden soll, entweder nach seiner Adoption im Heimatstaat durch Ehegatten oder eine Person mit gewöhnlichem Aufenthalt im Aufnahmestaat oder im Hinblick auf eine solche Adoption im Aufnahme- oder Heimatstaat.

(2) Das Übereinkommen betrifft nur Adoptionen, die ein dauerhaftes Eltern-Kind-Verhältnis begründen.

Art. 3 Das Übereinkommen ist nicht mehr anzuwenden, wenn die in Artikel 17 Buchstabe c vorgesehenen Zustimmungen nicht erteilt wurden, bevor das Kind das achtzehnte Lebensjahr vollendet hat.

Kapitel II: Voraussetzungen Internationaler Adoption

Art. 4 Eine Adoption nach dem Übereinkommen kann nur durchgeführt werden, wenn die zuständigen Behörden des Heimatstaats

a) festgestellt haben, dass das Kind adoptiert werden kann;

b) nach gebührender Prüfung der Unterbringungsmöglichkeiten für das Kind im Heimatstaat entschieden haben, dass eine internationale Adoption dem Wohl des Kindes dient;

c) sich vergewissert haben,
   1. dass die Personen, Institutionen und Behörden, deren Zustimmung zur Adoption notwendig ist, soweit erforderlich beraten und gebührend über die Wirkungen ihrer Zustimmung unterrichtet worden sind, insbesondere darüber, ob die Adoption dazu führen wird, dass das Rechtsverhältnis zwischen dem Kind und seiner Herkunftsfamilie erlischt oder weiter besteht;
   2. dass diese Personen, Institutionen und Behörden ihre Zustimmung unbeeinflusst in der gesetzlich vorgeschriebenen Form erteilt haben und diese Zustimmung schriftlich gegeben oder bestätigt worden ist;
   3. dass die Zustimmungen nicht durch irgendeine Zahlung oder andere Gegenleistung herbeigeführt worden sind und nicht widerrufen wurden und
   4. dass die Zustimmung der Mutter, sofern erforderlich, erst nach der Geburt des Kindes erteilt worden ist, und
d) sich unter Berücksichtigung des Alters und der Reife des Kindes vergewissert haben,
   1. dass das Kind beraten und gebührend über die Wirkungen der Adoption und seiner Zustimmung zur Adoption, soweit diese Zustimmung notwendig ist, unterrichtet worden ist;
   2. dass die Wünsche und Meinungen des Kindes berücksichtigt worden sind;
   3. dass das Kind seine Zustimmung zur Adoption, soweit diese Zustimmung notwendig ist, unbeeinflusst in der gesetzlich vorgeschriebenen Form erteilt hat und diese Zustimmung schriftlich gegeben oder bestätigt worden ist und
   4. dass diese Zustimmung nicht durch irgendeine Zahlung oder andere Gegenleistung herbeigeführt worden ist.

Art. 5 Eine Adoption nach dem Übereinkommen kann nur durchgeführt werden, wenn die zuständigen Behörden des Aufnahmestaats

a) entschieden haben, dass die künftigen Adoptiveltern für eine Adoption in Betracht kommen und dazu geeignet sind;
b) sich vergewissert haben, dass die künftigen Adoptiveltern soweit erforderlich beraten worden sind, und
c) entschieden haben, dass dem Kind die Einreise in diesen Staat und der ständige Aufenthalt dort bewilligt worden sind oder werden.

Kapitel III: Zentrale Behörden und zugelassene Organisationen

Art. 6 (1) Jeder Vertragsstaat bestimmt eine Zentrale Behörde, welche die ihr durch dieses Übereinkommen übertragenen Aufgaben wahrnimmt.

(2) Einem Bundesstaat, einem Staat mit mehreren Rechtssystemen oder einem Staat, der aus autonomen Gebietseinheiten besteht, steht es frei, mehrere Zentrale Behörden zu bestimmen und deren räumliche und persönliche Zuständigkeit festzulegen. Macht ein Staat von dieser Möglichkeit Gebrauch, so bestimmt er die Zentrale Behörde, an welche Mitteilungen zur Übermittlung an die zuständige Zentrale Behörde in diesem Staat gerichtet werden können.

Art. 7 (1) Die Zentralen Behörden arbeiten zusammen und fördern die Zusammenarbeit der zuständigen Behörden ihrer Staaten, um Kinder zu schützen und die anderen Ziele des Übereinkommens zu verwirklichen.

(2) Sie treffen unmittelbar alle geeigneten Massnahmen, um

a) Auskünfte über das Recht ihrer Staaten auf dem Gebiet der Adoption zu erteilen und andere allgemeine Informationen, wie beispielsweise statistische Daten und Musterformulare, zu übermitteln;

b) einander über die Wirkungsweise des Übereinkommens zu unterrichten und Hindernisse, die seiner Anwendung entgegenstehen, so weit wie möglich auszuräumen.

Art. 8 Die Zentralen Behörden treffen unmittelbar oder mit Hilfe staatlicher Stellen alle geeigneten Massnahmen, um unstatthafte Vermögens- oder sonstige Vorteile im Zusammenhang mit einer Adoption auszuschliessen und alle den Zielen des Übereinkommens zuwiderlaufenden Praktiken zu verhindern.

Art. 9 Die Zentralen Behörden treffen unmittelbar oder mit Hilfe staatlicher Stellen oder anderer in ihrem Staat ordnungsgemäss zugelassener Organisationen alle geeigneten Massnahmen, um insbesondere

a) Auskünfte über die Lage des Kindes und der künftigen Adoptiveltern einzuholen, aufzubewahren und auszutauschen, soweit dies für das Zustandekommen der Adoption erforderlich ist;

b) das Adoptionsverfahren zu erleichtern, zu überwachen und zu beschleunigen;

c) den Aufbau von Diensten zur Beratung während und nach der Adoption in ihrem Staat zu fördern;

d) Berichte über allgemeine Erfahrungen auf dem Gebiet der internationalen Adoption auszutauschen;

e) begründete Auskunftsersuchen anderer Zentraler Behörden oder staatlicher Stellen zu einem bestimmten Adoptionsfall zu beantworten, soweit das Recht ihres Staates dies zulässt.

Art. 10 Die Zulassung erhalten und behalten nur Organisationen, die darlegen, dass sie fähig sind, die ihnen übertragenen Aufgaben ordnungsgemäss auszuführen.

Art. 11 Eine zugelassene Organisation muss
a) unter Einhaltung der von den zuständigen Behörden des Zulassungsstaats festgelegten Voraussetzungen und Beschränkungen ausschliesslich gemeinnützige Zwecke verfolgen;
b) von Personen geleitet und verwaltet werden, die nach ihren ethischen Grundsätzen und durch Ausbildung oder Erfahrung für die Arbeit auf dem Gebiet der internationalen Adoption qualifiziert sind, und
c) in Bezug auf ihre Zusammensetzung, Arbeitsweise und Finanzlage der Aufsicht durch die zuständigen Behörden des Zulassungsstaats unterliegen.

Art. 12 Eine in einem Vertragsstaat zugelassene Organisation kann in einem anderen Vertragsstaat nur tätig werden, wenn die zuständigen Behörden beider Staaten dies genehmigt haben.

Art. 13 Jeder Vertragsstaat teilt die Bestimmung der Zentralen Behörden und gegebenenfalls den Umfang ihrer Aufgaben sowie die Namen und Anschriften der zugelassenen Organisationen dem Ständigen Büro der Haager Konferenz für Internationales Privatrecht mit.

Kapitel IV: Verfahrensrechtliche Voraussetzungen der Internationalen Adoption

Art. 14 Personen mit gewöhnlichem Aufenthalt in einem Vertragsstaat, die ein Kind mit gewöhnlichem Aufenthalt in einem anderen Vertragsstaat adoptieren möchten, haben sich an die Zentrale Behörde im Staat ihres gewöhnlichen Aufenthalts zu wenden.

Art. 15 (1) Hat sich die Zentrale Behörde des Aufnahmestaats davon überzeugt, dass die Antragsteller für eine Adoption in Betracht kommen und dazu geeignet sind, so verfasst sie einen Bericht, der Angaben zur Person der Antragsteller und über ihre rechtliche Fähigkeit und ihre Eignung zur Adoption, ihre persönlichen und familiären Umstände, ihre Krankheitsgeschichte, ihr soziales Umfeld, die Beweggründe für die Adoption, ihre Fähigkeit zur Übernahme der mit einer internationalen Adoption verbundenen Aufgaben sowie die Eigenschaften der Kinder enthält, für die zu sorgen sie geeignet wären.

(2) Sie übermittelt den Bericht der Zentralen Behörde des Heimatstaats.

Art. 16 (1) Hat sich die Zentrale Behörde des Heimatstaats davon überzeugt, dass das Kind adoptiert werden kann, so

a) verfasst sie einen Bericht, der Angaben zur Person des Kindes und darüber, dass es adoptiert werden kann, über sein soziales Umfeld, seine persönliche und familiäre Entwicklung, seine Krankheitsgeschichte einschliesslich derjenigen seiner Familie sowie besondere Bedürfnisse des Kindes enthält;
b) trägt sie der Erziehung des Kindes sowie seiner ethnischen, religiösen und kulturellen Herkunft gebührend Rechnung;
c) vergewissert sie sich, dass die Zustimmungen nach Artikel 4 vorliegen, und
d) entscheidet sie, insbesondere auf Grund der Berichte über das Kind und die künftigen Adoptiveltern, ob die in Aussicht genommene Unterbringung dem Wohl des Kindes dient.

(2) Sie übermittelt der Zentralen Behörde des Aufnahmestaats ihren Bericht über das Kind, den Nachweis über das Vorliegen der notwendigen Zustimmungen sowie die Gründe für ihre Entscheidung über die Unterbringung, wobei sie dafür sorgt, dass die Identität der Mutter und des Vaters nicht preisgegeben wird, wenn diese im Heimatstaat nicht offen gelegt werden darf.

Art. 17 Eine Entscheidung, ein Kind künftigen Adoptiveltern anzuvertrauen, kann im Heimatstaat nur getroffen werden, wenn

a) die Zentrale Behörde dieses Staates sich vergewissert hat, dass die künftigen Adoptiveltern einverstanden sind;
b) die Zentrale Behörde des Aufnahmestaats diese Entscheidung gebilligt hat, sofern das Recht dieses Staates oder die Zentrale Behörde des Heimatstaats dies verlangt;
c) die Zentralen Behörden beider Staaten der Fortsetzung des Adoptionsverfahrens zugestimmt haben und
d) nach Artikel 5 entschieden wurde, dass die künftigen Adoptiveltern für eine Adoption in Betracht kommen und dazu geeignet sind und dem Kind die Einreise in den Aufnahmestaat und der ständige Aufenthalt dort bewilligt worden sind oder werden.

Art. 18 Die Zentralen Behörden beider Staaten treffen alle erforderlichen Massnahmen, um die Bewilligung der Ausreise des Kindes aus dem Heimatstaat sowie der Einreise in den Aufnahmestaat und des ständigen Aufenthalts dort zu erwirken.

Art. 19 (1) Das Kind kann nur in den Aufnahmestaat gebracht werden, wenn die Voraussetzungen des Artikels 17 erfüllt sind.

(2) Die Zentralen Behörden beider Staaten sorgen dafür, dass das Kind sicher und unter angemessenen Umständen in den Aufnahmestaat gebracht wird und dass die Adoptiveltern oder die künftigen Adoptiveltern das Kind wenn möglich begleiten.

(3) Wird das Kind nicht in den Aufnahmestaat gebracht, so werden die in den Artikeln 15 und 16 vorgesehenen Berichte an die absendenden Behörden zurückgesandt.

Art. 20 Die Zentralen Behörden halten einander über das Adoptionsverfahren und die zu seiner Beendigung getroffenen Massnahmen sowie über den Verlauf der Probezeit, falls eine solche verlangt wird, auf dem Laufenden.

Art. 21 (1) Soll die Adoption erst durchgeführt werden, nachdem das Kind in den Aufnahmestaat gebracht worden ist, und dient es nach Auffassung der Zentralen Behörde dieses Staates nicht mehr dem Wohl des Kindes, wenn es in der Aufnahmefamilie bleibt, so trifft diese Zentrale Behörde die zum Schutz des Kindes erforderlichen Massnahmen, indem sie insbesondere

a) veranlasst, dass das Kind aus der Aufnahmefamilie entfernt und vorläufig betreut wird;
b) in Absprache mit der Zentralen Behörde des Heimatstaats unverzüglich die Unterbringung des Kindes in einer neuen Familie mit dem Ziel der Adoption veranlasst oder, falls dies nicht angebracht ist, für eine andere dauerhafte Betreuung sorgt; eine Adoption kann erst durchgeführt werden, wenn die Zentrale Behörde des Heimatstaats gebührend über die neuen Adoptiveltern unterrichtet worden ist;
c) als letzte Möglichkeit die Rückkehr des Kindes veranlasst, wenn sein Wohl dies erfordert.

(2) Unter Berücksichtigung insbesondere des Alters und der Reife des Kindes ist es zu den nach diesem Artikel zu treffenden Massnahmen zu befragen und gegebenenfalls seine Zustimmung dazu einzuholen.

Art. 22 (1) Die Aufgaben einer Zentralen Behörde nach diesem Kapitel können von staatlichen Stellen oder nach Kapitel III zugelassenen Organisationen wahrgenommen werden, soweit das Recht des Staates der Zentralen Behörde dies zulässt.

(2) Ein Vertragsstaat kann gegenüber dem Depositar des Übereinkommens erklären, dass die Aufgaben der Zentralen Behörde nach den Artikeln 15 bis 21 in diesem Staat in dem nach seinem Recht zulässigen Umfang und unter Aufsicht seiner zuständigen Behörden auch von Organisationen oder Personen wahrgenommen werden können, welche

a) die von diesem Staat verlangten Voraussetzungen der Integrität, fachlichen Kompetenz, Erfahrung und Verantwortlichkeit erfüllen und
b) nach ihren ethischen Grundsätzen und durch Ausbildung oder Erfahrung für die Arbeit auf dem Gebiet der internationalen Adoption qualifiziert sind.

(3) Ein Vertragsstaat, der die in Absatz 2 vorgesehene Erklärung abgibt, teilt dem Ständigen Büro der Haager Konferenz für Internationales Privatrecht regelmässig die Namen und Anschriften dieser Organisationen und Personen mit.

(4) Ein Vertragsstaat kann gegenüber dem Depositar des Übereinkommens erklären, dass Adoptionen von Kindern, die ihren gewöhnlichen Aufenthalt in seinem Hoheitsgebiet haben, nur durchgeführt werden können, wenn die Aufgaben der Zentralen Behörden in Übereinstimmung mit Absatz 1 wahrgenommen werden.

(5) Ungeachtet jeder nach Absatz 2 abgegebenen Erklärung werden die in den Artikeln 15 und 16 vorgesehenen Berichte in jedem Fall unter der Verantwortung der Zentralen Behörde oder anderer Behörden oder Organisationen in Übereinstimmung mit Absatz 1 verfasst.

Kapitel V: Anerkennung und Wirkungen der Adoption

Art. 23 (1) Eine Adoption wird in den anderen Vertragsstaaten kraft Gesetzes anerkannt, wenn die zuständige Behörde des Staates, in dem sie durchgeführt worden ist, bescheinigt, dass sie gemäss dem Übereinkommen zu Stande gekommen ist. Die Bescheinigung gibt an, wann und von wem die Zustimmungen nach Artikel 17 Buchstabe c erteilt worden sind.

(2) Jeder Vertragsstaat notifiziert dem Depositar des Übereinkommens bei der Unterzeichnung, der Ratifikation, der Annahme, der Genehmigung oder dem Beitritt Identität und Aufgaben der Behörde oder Behörden, die in diesem Staat für die Ausstellung der Bescheinigung zuständig sind. Er notifiziert ihm ferner jede Änderung in der Bezeichnung dieser Behörden.

Art. 24 Die Anerkennung einer Adoption kann in einem Vertragsstaat nur versagt werden, wenn die Adoption seiner öffentlichen Ordnung offensichtlich widerspricht, wobei das Wohl des Kindes zu berücksichtigen ist.

Art. 25 Jeder Vertragsstaat kann gegenüber dem Depositar des Übereinkommens erklären, dass er nicht verpflichtet ist, auf Grund des Übereinkommens Adoptionen anzuerkennen, die in Übereinstimmung mit einer nach Artikel 39 Absatz 2 geschlossenen Vereinbarung zu Stande gekommen sind.

Art. 26 (1) Die Anerkennung einer Adoption umfasst die Anerkennung
a) des Eltern-Kind-Verhältnisses zwischen dem Kind und seinen Adoptiveltern;
b) der elterlichen Verantwortlichkeit der Adoptiveltern für das Kind;
c) der Beendigung des früheren Rechtsverhältnisses zwischen dem Kind und seiner Mutter und seinem Vater, wenn die Adoption dies in dem Vertragsstaat bewirkt, in dem sie durchgeführt worden ist.

(2) Bewirkt die Adoption die Beendigung des früheren Eltern-Kind-Verhältnisses, so geniesst das Kind im Aufnahmestaat und in jedem anderen Vertragsstaat, in dem die Adoption anerkannt wird, Rechte entsprechend denen, die sich aus Adoptionen mit dieser Wirkung in jedem dieser Staaten ergeben.

(3) Die Absätze 1 und 2 lassen die Anwendung für das Kind günstigerer Bestimmungen unberührt, die in einem Vertragsstaat gelten, der die Adoption anerkennt.

Art. 27 (1) Bewirkt eine im Heimatstaat durchgeführte Adoption nicht die Beendigung des früheren Eltern-Kind-Verhältnisses, so kann sie im Aufnahmestaat, der die Adoption nach dem Übereinkommen anerkennt, in eine Adoption mit einer derartigen Wirkung umgewandelt werden, wenn
a) das Recht des Aufnahmestaats dies gestattet und
b) die in Artikel 4 Buchstaben c und d vorgesehenen Zustimmungen zum Zweck einer solchen Adoption erteilt worden sind oder werden.

(2) Artikel 23 ist auf die Umwandlungsentscheidung anzuwenden.

Kapitel VI: Allgemeine Bestimmungen

Art. 28 Das Übereinkommen steht Rechtsvorschriften des Heimatstaats nicht entgegen, nach denen die Adoption eines Kindes mit gewöhnlichem Aufenthalt in diesem Staat auch dort durchgeführt werden muss oder nach denen es untersagt ist, vor einer Adoption das Kind in einer Familie im Aufnahmestaat unterzubringen oder es in diesen Staat zu bringen.

Art. 29 Zwischen den künftigen Adoptiveltern und den Eltern des Kindes oder jeder anderen Person, welche die Sorge für das Kind hat, darf kein Kontakt stattfinden, solange die Erfordernisse des Artikels 4 Buchstaben a bis c und des Artikels 5 Buchstabe a nicht erfüllt sind, es sei denn, die Adoption finde innerhalb einer Familie statt oder der Kontakt entspreche den von der zuständigen Behörde des Heimatstaats aufgestellten Bedingungen.

Art. 30 (1) Die zuständigen Behörden eines Vertragsstaats sorgen dafür, dass die ihnen vorliegenden Angaben über die Herkunft des Kindes, insbesondere über die Identität seiner Eltern, sowie über die Krankheitsgeschichte des Kindes und seiner Familie aufbewahrt werden.

(2) Sie gewährleisten, dass das Kind oder sein Vertreter unter angemessener Anleitung Zugang zu diesen Angaben hat, soweit das Recht des betreffenden Staates dies zulässt.

Art. 31 Unbeschadet des Artikels 30 werden die auf Grund des Übereinkommens gesammelten oder übermittelten personenbezogenen Daten, insbesondere die in den Artikeln 15 und 16 bezeichneten, nur für die Zwecke verwendet, für die sie gesammelt oder übermittelt worden sind.

Art. 32 (1) Niemand darf aus einer Tätigkeit im Zusammenhang mit einer internationalen Adoption unstatthafte Vermögens- oder sonstige Vorteile erlangen.

(2) Nur Kosten und Auslagen, einschliesslich angemessener Honorare an der Adoption beteiligter Personen, dürfen in Rechnung gestellt und gezahlt werden.

(3) Die Leiter, Verwaltungsmitarbeiter und Angestellten von Organisationen, die an einer Adoption beteiligt sind, dürfen keine im Verhältnis zu den geleisteten Diensten unangemessen hohe Vergütung erhalten.

Art. 33 Eine zuständige Behörde, die feststellt, dass eine der Bestimmungen des Übereinkommens nicht beachtet worden ist oder missachtet zu werden droht, unterrichtet sofort die Zentrale Behörde ihres Staates. Diese Zentrale Behörde ist dafür verantwortlich, dass geeignete Massnahmen getroffen werden.

Art. 34 Wenn die zuständige Behörde des Bestimmungsstaats eines Schriftstücks darum ersucht, ist eine beglaubigte Übersetzung beizubringen. Sofern nichts anderes bestimmt ist, werden die Kosten der Übersetzung von den künftigen Adoptiveltern getragen.

Art. 35 Die zuständigen Behörden der Vertragsstaaten handeln in Adoptionsverfahren mit der gebotenen Eile.

Art. 36 Bestehen in einem Staat auf dem Gebiet der Adoption zwei oder mehr Rechtssysteme, die in verschiedenen Gebietseinheiten gelten, so ist

a) eine Verweisung auf den gewöhnlichen Aufenthalt in diesem Staat als Verweisung auf den gewöhnlichen Aufenthalt in einer Gebietseinheit dieses Staates zu verstehen;
b) eine Verweisung auf das Recht dieses Staates als Verweisung auf das in der betreffenden Gebietseinheit geltende Recht zu verstehen;

c) eine Verweisung auf die zuständigen Behörden oder die staatlichen Stellen dieses Staates als Verweisung auf solche zu verstehen, die befugt sind, in der betreffenden Gebietseinheit zu handeln;
d) eine Verweisung auf die zugelassenen Organisationen dieses Staates als Verweisung auf die in der betreffenden Gebietseinheit zugelassenen Organisationen zu verstehen.

Art. 37 Bestehen in einem Staat auf dem Gebiet der Adoption zwei oder mehr Rechtssysteme, die für verschiedene Personengruppen gelten, so ist eine Verweisung auf das Recht dieses Staates als Verweisung auf das Rechtssystem zu verstehen, das sich aus dem Recht dieses Staates ergibt.

Art. 38 Ein Staat, in dem verschiedene Gebietseinheiten ihre eigenen Rechtsvorschriften auf dem Gebiet der Adoption haben, ist nicht verpflichtet, das Übereinkommen anzuwenden, wenn ein Staat mit einheitlichem Rechtssystem dazu nicht verpflichtet wäre.

Art. 39 (1) Das Übereinkommen lässt internationale Übereinkünfte unberührt, denen Vertragsstaaten als Vertragsparteien angehören und die Bestimmungen über die in dem Übereinkommen geregelten Angelegenheiten enthalten, sofern die durch eine solche Übereinkunft gebundenen Staaten keine gegenteilige Erklärung abgeben.

(2) Jeder Vertragsstaat kann mit einem oder mehreren anderen Vertragsstaaten Vereinbarungen zur erleichterten Anwendung des Übereinkommens in ihren gegenseitigen Beziehungen schliessen. Diese Vereinbarungen können nur von den Bestimmungen der Artikel 14 bis 16 und 18 bis 21 abweichen. Die Staaten, die eine solche Vereinbarung geschlossen haben, übermitteln dem Depositar des Übereinkommens eine Abschrift.

Art. 40 Vorbehalte zu dem Übereinkommen sind nicht zulässig.

Art. 41[4] Das Übereinkommen ist in jedem Fall anzuwenden, in dem ein Antrag nach Artikel 14 eingegangen ist, nachdem das Übereinkommen im Aufnahme- und im Heimatstaat in Kraft getreten ist.

Art. 42 Der Generalsekretär der Haager Konferenz für Internationales Privatrecht beruft in regelmässigen Abständen eine Spezialkommission zur Prüfung der praktischen Durchführung des Übereinkommens ein.

4 AS 2008 5909

Kapitel VII: Schlussbestimmungen

Art. 43–48
(nicht abgedruckt)

Vertragsstaaten: Albanien, Andorra, Armenien, Aserbaidschan, Australien, Belarus, Belgien, Belize, Bolivien, Brasilien, Bulgarien, Burkina Faso, Burundi, Chile, China, Costa Rica, Côte d'Ivoire, Dänemark, Deutschland, Dominikanische Republik, Ecuador, El Salvador, Estland, Fidschi, Finnland, Frankreich, Georgien, Ghana, Griechenland, Guatemala, Guinea, Haiti, Indien, Irland, Island, Israel, Italien, Kambodscha, Kanada, Kap Verde, Kasachstan, Kenia, Kolumbien, Kroatien, Kuba, Lesotho, Lettland, Liechtenstein, Litauen, Luxemburg, Madagaskar, Mali, Malta, Mauritius, Mazedonien, Mexiko, Moldau, Monaco, Mongolei, Montenegro, Namibia, Neuseeland, Niederlande, Norwegen, Österreich, Panama, Paraguay, Peru, Philippinen, Polen, Portugal, Ruanda, Rumänien, Sambia, San Marino, Schweden, Schweiz, Senegal, Serbien, Seychellen, Slowakei, Slowenien, Spanien, Sri Lanka, Südafrika, Swasiland, Thailand, Togo, Tschechische Republik, Türkei, Ungarn, Uruguay, Venezuela, Vereinigte Staaten von Amerika, Vereinigtes Königreich, Vietnam, Zypern.

Schweiz

Art. 22

Die Schweiz erklärt, dass Adoptionen von Kindern mit gewöhnlichem Aufenthalt im Hoheitsgebiet der Schweiz nur durchgeführt werden können, wenn die Aufgaben der Zentralen Behörden in Übereinstimmung mit Artikel 22 Absatz 1 wahrgenommen werden.

Art. 25

Nach Artikel 25 erklärt die Schweiz, dass sie nicht verpflichtet ist, aufgrund des Übereinkommens Adoptionen anzuerkennen, die gemäss einer nach Artikel 39 Absatz 2 geschlossenen Vereinbarung zu Stande gekommen sind.

10. Bundesgesetz zum Haager Adoptionsübereinkommen und über Massnahmen zum Schutz des Kindes bei internationalen Adoptionen (BG-HAÜ)

vom 22. Juni 2001

Die Bundesversammlung der Schweizerischen Eidgenossenschaft,

in Ausführung des Übereinkommens vom 29. Mai 1993[1] über den Schutz von Kindern und die Zusammenarbeit auf dem Gebiet der internationalen Adoption (Haager Adoptionsübereinkommen, HAÜ),

gestützt auf die Artikel 54 Absatz 1, 122 und 123 der Bundesverfassung[2],

nach Einsicht in die Botschaft des Bundesrates vom 19. Mai 1999[3],

beschliesst:

1. Kapitel: Gegenstand

Art. 1

1 Dieses Gesetz regelt das Verfahren zur Aufnahme eines Kindes nach dem Haager Adoptionsübereinkommen.

2 Es sieht Massnahmen zum Schutz von Kindern aus dem Ausland vor, die von Personen mit gewöhnlichem Aufenthalt in der Schweiz zur Adoption aufgenommen werden.

2. Kapitel: Vollzug des Haager Adoptionsübereinkommens

1. Abschnitt: Zentrale Behörden

Art. 2 Zentrale Behörde des Bundes

1 Zentrale Behörde des Bundes ist die vom Bundesrat bezeichnete Verwaltungsstelle.

SR 211.221.31; AS 2002 3988

1 SR 0.211.221.311

2 SR 101

3 BBl 1999 5795

[2] Sie hat die Aufgabe:

a. die Mitteilungen und Berichte im grenzüberschreitenden Verkehr (Art. 6 Abs. 2, 9 Bst. a, d und e, 13, 15 Abs. 2, 16 Abs. 2, 17, 18, 20 und 21 Abs. 1 Bst. b HAÜ) zu übermitteln und entgegenzunehmen, soweit sie nicht die Zentralen Behörden der Kantone dazu ermächtigt hat;
b. die Zentralen Behörden der Kantone in Rechtsfragen zu beraten;
c. die Schweiz gegenüber ausländischen Zentralen Behörden zu vertreten;
d. allgemeine Weisungen über den Vollzug des Haager Adoptionsübereinkommens zu erlassen;
e. den Erfahrungsaustausch zwischen den Zentralen Behörden der Kantone, den Adoptionsvermittlungsstellen und den Bundesbehörden sowie die Koordination auf dem Gebiet des Adoptionswesens zu fördern.

Art. 3 Zentrale Behörden der Kantone

[1] Zentrale Behörde eines Kantons ist die nach Artikel 316 Absatz 1bis des Zivilgesetzbuches[4] (ZGB) bezeichnete Behörde (Art. 6 HAÜ).

[2] Soweit Artikel 2 nichts anderes bestimmt, ist sie für die Aufgaben zuständig, die das Haager Adoptionsübereinkommen den Zentralen Behörden zuweist, namentlich für:

a. die Untersuchung und das Erstellen der Berichte über die Eignung der künftigen Adoptiveltern und des Kindes zur Adoption (Art. 9 Bst. a, 15 Abs. 1, 16 Abs. 1 und 20 HAÜ);
b. den Entscheid, das Kind den künftigen Adoptiveltern anzuvertrauen, die Zustimmung zum entsprechenden Entscheid der ausländischen Zentralen Behörde sowie die Zustimmung zur Fortsetzung des Verfahrens (Art. 17 HAÜ);
c. den Entscheid über die Rückkehr des Kindes in seinen Heimatstaat (Art. 21 Abs. 1 Bst. c HAÜ);
d. die Ausstellung der Adoptionsbescheinigung (Art. 23 Abs. 1 HAÜ), wenn die Adoption in der Schweiz ausgesprochen worden ist.

2. Abschnitt: Verfahren

Art. 4 Einleitung des Verfahrens

[1] Wer ein Kind aus einem Vertragsstaat adoptieren will, hat gegebenenfalls unter Mithilfe einer Adoptionsvermittlungsstelle bei der Zentralen Behörde

4 SR 210

des Kantons ein Gesuch um Erteilung einer vorläufigen Bewilligung zur Aufnahme eines Pflegekindes[5] einzureichen.

2 Das Verfahren richtet sich nach der Verordnung vom 19. Oktober 1977[6] über die Aufnahme von Pflegekindern (PAVO).

Art. 5 Dossier über die Adoptiveltern

1 Die Zentrale Behörde des Kantons erstellt ein Dossier über die künftigen Adoptiveltern. Es muss namentlich enthalten:

a. die vorläufige Bewilligung zur Aufnahme eines Pflegekindes[7];
b. den Bericht über die künftigen Adoptiveltern (Art. 15 Abs. 1 HAÜ);
c. die nötigen Übersetzungen.

2 Wird das Dossier von einer Adoptionsvermittlungsstelle vorbereitet, so prüft die Zentrale Behörde des Kantons, ob es vollständig und richtig ist, und veranlasst die nötigen Ergänzungen.

3 Die Zentrale Behörde des Bundes prüft, ob das Dossier vollständig ist, und leitet die erforderlichen Dokumente an die Zentrale Behörde des Heimatstaates des Kindes weiter; stellt sie Mängel fest, so weist sie das Dossier an die Zentrale Behörde des Kantons zur Verbesserung zurück.

Art. 6 Einverständnis der Adoptiveltern

Erhält die Zentrale Behörde des Kantons den Bericht über das Kind sowie den Nachweis, dass die erforderlichen Zustimmungen vorliegen (Art. 16 HAÜ), so vergewissert sie sich, dass die künftigen Adoptiveltern mit der Aufnahme des Kindes einverstanden sind (Art. 17 Bst. a HAÜ). Sie müssen eine entsprechende Erklärung unterzeichnen.

Art. 7 Fortsetzung des Verfahrens

1 Die Zentrale Behörde des Kantons entscheidet nach Massgabe der Artikel 8 und 9, ob das Verfahren fortgesetzt wird (Art. 17 Bst. b und c HAÜ).

2 Sie übermittelt ihren Entscheid zusammen mit der Erklärung der künftigen Adoptiveltern (Art. 6) sowie den nötigen Übersetzungen der Zentralen Behörde des Bundes zwecks Weiterleitung an die Zentrale Behörde des Heimatstaates des Kindes.

3 Die Zentrale Behörde des Kantons benachrichtigt die Kindesschutzbehörde[8] am Wohnsitz der künftigen Adoptiveltern.

---

5 Heute: Eignungsbescheinigung.

6 SR 211.222.338. Heute: Art. 6 der Adoptionsverordnung vom 29. Juni 2011 (AdoV; SR 211.221.36).

7 Heute: Eignungsbescheinigung.

8 Ausdruck gemäss Anhang Ziff. 7 Abs. 1 des BG vom 19. Dez. 2008 (Erwachsenenschutz, Personenrecht und Kindesrecht), in Kraft seit 1. Jan. 2013 (AS 2011 725; BBl 2006 7001). Diese Änd. wurde im ganzen Erlass berücksichtigt.

Art. 8 Voraussetzungen für die Fortsetzung des Verfahrens

1 Soll das Kind erst nach seiner Aufnahme in der Schweiz adoptiert werden, so wird das Verfahren fortgesetzt, wenn:

a. die Zentrale Behörde des Kantons als Pflegekinderaufsichtsbehörde den künftigen Adoptiveltern die Aufnahme des betreffenden Kindes nach den entsprechenden Bestimmungen der PAVO[9] bewilligt; und
b. die Fremdenpolizei das Visum erteilt oder die Aufenthaltsbewilligung zusichert.

2 Soll das Kind vor der Ausreise in seinem Heimatstaat adoptiert werden, so wird das Verfahren fortgesetzt, wenn:

a. die Zentrale Behörde des Kantons die Adoption im Heimatstaat (Art. 9) bewilligt; und
b. die Fremdenpolizei das Visum erteilt oder die Niederlassungs- oder Aufenthaltsbewilligung zusichert, falls die Adoption nicht den Erwerb des Schweizer Bürgerrechts bewirkt.

3 Soll das Kind in seinem Heimatstaat, aber nach seiner Aufnahme in der Schweiz adoptiert werden, so ist Absatz 1 anwendbar.

Art. 9 Bewilligung der Adoption im Heimatstaat

1 Die Zentrale Behörde des Kantons bewilligt die Adoption im Heimatstaat, wenn:

a. das Kind wenigstens 16 Jahre jünger ist als die Adoptiveltern;
b. anzunehmen ist, die Adoption diene dem Wohl des Kindes, ohne andere Kinder der Adoptiveltern in unbilliger Weise zurückzusetzen;
c. die Adoptiveltern die Voraussetzungen nach den Artikeln 264*a* und 264*b* des Zivilgesetzbuches[10] erfüllen; und
d. die Zentrale Behörde des Kantons sich vergewissert hat, dass die erforderlichen Zustimmungen vorliegen (Art. 4 Bst. c und d HAÜ).

2 Verlangt der Heimatstaat keine Pflegezeit vor einer Adoption und hatten die Adoptiveltern und das Kind noch keinen persönlichen Kontakt, so bewilligt die Zentrale Behörde des Kantons die Adoption nur unter der Auflage, dass die Adoptiveltern das Kind zuvor besuchen.

Art. 10 Einreise des Kindes

Bewirkt die Adoption im Heimatstaat den Erwerb des Schweizer Bürgerrechts, so stellt die Zentrale Behörde des Bundes ein Dokument aus, das dem Kind die Einreise in die Schweiz erlaubt.

---

9 SR 211.222.338. Heute: der AdoV (SR 211.221.36).
10 SR 210

Art. 11 Meldepflicht

1 Die Adoptiveltern müssen die Einreise des Kindes unverzüglich der Zentralen Behörde des Kantons melden.

2 Diese benachrichtigt die Kindesschutzbehörde, die Zentrale Behörde des Bundes und gegebenenfalls die Fremdenpolizei.

Art. 12 Adoptionsbescheinigung

Ist das Kind in der Schweiz adoptiert worden, so stellt die Zentrale Behörde des Kantons die Adoptionsbescheinigung (Art. 23 Abs. 1 HAÜ) aus.

Art. 13 Adoption von Kindern aus der Schweiz im Ausland

1 Soll ein Kind mit gewöhnlichem Aufenthalt in der Schweiz im Ausland adoptiert werden, so veranlasst die Zentrale Behörde des Kantons die Untersuchung (Art. 4 und 16 HAÜ).

2 Sie vergewissert sich, dass die künftigen Adoptiveltern mit der Aufnahme des Kindes einverstanden sind (Art. 17 Bst. a HAÜ).

3 Sie trifft den Entscheid über die Fortsetzung des Verfahrens (Art. 17 Bst. b und c HAÜ).

3. Abschnitt: Weitere Bestimmungen

Art. 14 Auskunftspflicht

Die zuständigen kantonalen Behörden erteilen der Zentralen Behörde des Bundes auf Verlangen Auskunft über die Verfahren, die sie in Anwendung des Haager Adoptionsübereinkommens durchführen.

Art. 15 Gebühren

1 Die Zentrale Behörde des Bundes erhebt für ihre Dienstleistungen eine Gebühr von den Adoptiveltern.

2 Sie kann von den Adoptiveltern die Bezahlung eines Vorschusses verlangen.

3 Der Bundesrat setzt die Gebühren fest.

Art. 16 Rechtsmittel

1 ...[11]

2 Die Zentrale Behörde des Bundes ist berechtigt, gegen Verfügungen der Zentralen Behörden der Kantone die Rechtsmittel des kantonalen und des eidgenössischen Rechts zu ergreifen.

11 Aufgehoben durch Ziff. II 9 des BG vom 20. März 2008 zur formellen Bereinigung des Bundesrechts, mit Wirkung seit 1. Aug. 2008 (AS 2008 3437; BBl 2007 6121).

3. Kapitel: Massnahmen zum Schutz des Kindes bei internationalen Adoptionen

Art. 17 Beistandschaft bei Adoption vor der Einreise

1 Ist das Kind vor seiner Einreise in die Schweiz adoptiert worden und ist zu erwarten, dass die Adoption in der Schweiz anerkannt wird, so ernennt die Kindesschutzbehörde dem Kind unverzüglich einen Beistand.

2 Der Beistand unterstützt die Adoptiveltern in ihrer Sorge um das Kind mit Rat und Tat. Hat die Adoption die Rechtsbeziehungen des Kindes zu den leiblichen Eltern nicht erlöschen lassen, so hilft er den Adoptiveltern, wenn sie eine Adoption nach schweizerischem Recht anstreben (Art. 27 HAÜ).

3 Der Beistand erstattet der Kindesschutzbehörde spätestens ein Jahr nach seiner Ernennung Bericht über die Entwicklung des Adoptionsverhältnisses.

4 Die Beistandschaft fällt spätestens 18 Monate nach der Mitteilung der Einreise des Kindes oder, falls keine Mitteilung erfolgt ist, nach ihrer Errichtung von Gesetzes wegen dahin. Vorbehalten bleibt die Anordnung von Kindesschutzmassnahmen nach den Artikeln 307 ff. des Zivilgesetzbuches[12].

Art. 18 Vormundschaft bei Adoption nach der Einreise

Wird das Kind erst nach seiner Einreise in die Schweiz adoptiert oder kann eine im Ausland ausgesprochene Adoption in der Schweiz nicht anerkannt werden, so ernennt ihm die Kindesschutzbehörde für die Dauer des Pflegeverhältnisses einen Vormund.

Art. 19 Massnahmen bei Aufnahme ohne Bewilligung

1 Ist ein Kind mit gewöhnlichem Aufenthalt im Ausland zum Zweck der späteren Adoption in der Schweiz aufgenommen worden, ohne dass die Voraussetzungen für die Einreise nach Artikel 17 des Haager Adoptionsübereinkommens und Artikel 8 dieses Gesetzes oder nach der PAVO[13] erfüllt waren, so bringt die Pflegekinderaufsichtsbehörde des Kantons (Art. 316 Abs. 1bis ZGB[14]) es unverzüglich in einer geeigneten Pflegefamilie oder in einem Heim unter. Erfordert es das Kindeswohl, so kann das Kind auch bei der Aufnahmefamilie bleiben, bis eine Lösung gefunden wird.

2 Rechtsmittel haben keine aufschiebende Wirkung.

3 Die Pflegekinderaufsichtsbehörde ordnet die Rückkehr des Kindes in seinen Heimatstaat an, wenn dies seinem Wohl dient. Bleibt das Kind in der Schweiz,

12 SR 210
13 SR 211.222.338. Heute: der AdoV (SR 211.221.36).
14 SR 210

so trifft die Kindesschutzbehörde[15] die zur Wahrung des Kindeswohls erforderlichen Massnahmen.

Art. 20 Unterhaltspflicht

1 Wer ein Kind mit gewöhnlichem Aufenthalt im Ausland mit oder ohne Zustimmung der zuständigen Behörde zur Adoption in der Schweiz aufnimmt, muss für dessen Unterhalt wie für den eines eigenen Kindes aufkommen. Die Artikel 276 ff. des Zivilgesetzbuches[16] gelten sinngemäss.

2 Ist unter Berücksichtigung der besonderen Umstände des Einzelfalls die Unterhaltspflicht für die pflichtige Person eine unbillige Belastung, so kann das Gericht sie ermässigen oder aufheben.

3 Die Unterhaltspflicht erlischt, sobald das Kind von Drittpersonen adoptiert worden ist oder in seinen Heimatstaat zurückgekehrt ist.

Art. 21–28

(nicht abgedruckt)

---

15 Ausdruck gemäss Anhang Ziff. 7 Abs. 2 des BG vom 19. Dez. 2008 (Erwachsenenschutz, Personenrecht und Kindesrecht), in Kraft seit 1. Jan. 2013 (AS 2011 725; BBl 2006 7001).

16 SR 210

Übersetzung[1]

11. Übereinkommen über die Zuständigkeit, das anzuwendende Recht, die Anerkennung, Vollstreckung und Zusammenarbeit auf dem Gebiet der elterlichen Verantwortung und der Massnahmen zum Schutz von Kindern

(Haager Kindesschutzübereinkommen, HKsÜ)

Abgeschlossen in Den Haag am 19. Oktober 1996

Von der Bundesversammlung genehmigt am 21. Dezember 2007[2]
Schweizerische Ratifikationsurkunde hinterlegt am 27. März 2009
In Kraft getreten für die Schweiz am 1. Juli 2009

Die Unterzeichnerstaaten dieses Übereinkommens,

in der Erwägung, dass der Schutz von Kindern im internationalen Bereich verbessert werden muss;

in dem Wunsch, Konflikte zwischen ihren Rechtssystemen in Bezug auf die Zuständigkeit, das anzuwendende Recht, die Anerkennung und Vollstreckung von Massnahmen zum Schutz von Kindern zu vermeiden;

eingedenk der Bedeutung der internationalen Zusammenarbeit für den Schutz von Kindern;

bekräftigend, dass das Wohl des Kindes vorrangig zu berücksichtigen ist;

angesichts der Notwendigkeit, das Übereinkommen vom 5. Oktober 1961[3] über die Zuständigkeit der Behörden und das anzuwendende Recht auf dem Gebiet des Schutzes von Minderjährigen zu überarbeiten;

SR 0.211.231.011; AS 2009 3085; BBl 2007 2595

1 Gemeinsame deutsche Übersetzung nach dem Ergebnis der Übersetzungskonferenz in Bern vom 10. bis 14. Februar 1997. Der französische Originaltext findet sich unter der gleichen Nummer in der entsprechenden Ausgabe dieser Sammlung.

2 Art. 1 Abs. 1 Bst. a des BB vom 21. Dez. 2007 (AS 2009 3077).

3 SR 0.211.231.01

in dem Wunsch, zu diesem Zweck unter Berücksichtigung des Übereinkommens der Vereinten Nationen vom 20. November 1989[4] über die Rechte des Kindes gemeinsame Bestimmungen festzulegen,

haben die folgenden Bestimmungen vereinbart:

Kapitel I Anwendungsbereich des Übereinkommens

Art. 1 (1) Ziel dieses Übereinkommens ist es:

a) den Staat zu bestimmen, dessen Behörden zuständig sind, Massnahmen zum Schutz der Person oder des Vermögens des Kindes zu treffen;
b) das von diesen Behörden bei der Ausübung ihrer Zuständigkeit anzuwendende Recht zu bestimmen;
c) das auf die elterliche Verantwortung anzuwendende Recht zu bestimmen;
d) die Anerkennung und Vollstreckung der Schutzmassnahmen in allen Vertragsstaaten sicherzustellen;
e) die zur Verwirklichung der Ziele dieses Übereinkommens notwendige Zusammenarbeit zwischen den Behörden der Vertragsstaaten einzurichten.

(2) Im Sinn dieses Übereinkommens umfasst der Begriff «elterliche Verantwortung» die elterliche Sorge[5] und jedes andere entsprechende Sorgeverhältnis, das die Rechte, Befugnisse und Pflichten der Eltern, des Vormunds oder eines anderen gesetzlichen Vertreters in Bezug auf die Person oder das Vermögen des Kindes bestimmt.

Art. 2 Dieses Übereinkommen ist auf Kinder von ihrer Geburt bis zur Vollendung des 18. Lebensjahrs anzuwenden.

Art. 3 Die Massnahmen, auf die in Artikel 1 Bezug genommen wird, können insbesondere Folgendes umfassen:

a) die Zuweisung, die Ausübung und die vollständige oder teilweise Entziehung der elterlichen Verantwortung sowie deren Übertragung;
b) das Sorgerecht einschliesslich der Sorge für die Person des Kindes und insbesondere des Rechts, den Aufenthalt des Kindes zu bestimmen, sowie das Recht auf persönlichen Verkehr[6] einschliesslich des Rechts, das Kind für eine begrenzte Zeit an einen anderen Ort als den seines gewöhnlichen Aufenthalts zu bringen;
c) die Vormundschaft, die Beistandschaft[7] und entsprechende Einrichtungen;

4 SR 0.107
5 Österreich (AT): die Obsorge
6 Deutschland (DE): das Recht zum persönlichen Umgang
7 DE: die Pflegschaft; AT: die besondere Sachwalterschaft

d) die Bestimmung und den Aufgabenbereich jeder Person oder Stelle, die für die Person oder das Vermögen des Kindes verantwortlich ist, das Kind vertritt oder ihm beisteht;
e) die Unterbringung des Kindes in einer Pflegefamilie oder einem Heim oder seine Betreuung durch Kafala oder eine entsprechende Einrichtung;
f) die behördliche Aufsicht über die Betreuung eines Kindes durch jede Person, die für das Kind verantwortlich ist;
g) die Verwaltung und Erhaltung des Vermögens des Kindes oder die Verfügung darüber.

Art. 4 Dieses Übereinkommen ist nicht anzuwenden:
a) auf die Feststellung und Anfechtung des Eltern-Kind-Verhältnisses;
b) auf Adoptionsentscheidungen und Massnahmen zur Vorbereitung einer Adoption sowie auf die Ungültigerklärung und den Widerruf der Adoption;
c) auf Namen und Vornamen des Kindes;
d) auf die Volljährigerklärung;
e) auf Unterhaltspflichten;
f) auf Trusts und Erbschaften;
g) auf die soziale Sicherheit;
h) auf öffentliche Massnahmen allgemeiner Art in Angelegenheiten der Erziehung und Gesundheit;
i) auf Massnahmen infolge von Straftaten, die von Kindern begangen wurden;
j) auf Entscheidungen über Asylrecht und Einwanderung.

Kapitel II Zuständigkeit

Art. 5 (1) Die Behörden, seien es Gerichte oder Verwaltungsbehörden, des Vertragsstaats, in dem das Kind seinen gewöhnlichen Aufenthalt hat, sind zuständig, Massnahmen zum Schutz der Person oder des Vermögens des Kindes zu treffen.

(2) Vorbehaltlich des Artikels 7 sind bei einem Wechsel des gewöhnlichen Aufenthalts des Kindes in einen anderen Vertragsstaat die Behörden des Staates des neuen gewöhnlichen Aufenthalts zuständig.

Art. 6 (1) Über Flüchtlingskinder und Kinder, die infolge von Unruhen in ihrem Land in ein anderes Land gelangt sind, üben die Behörden des Vertragsstaats, in dessen Hoheitsgebiet sich die Kinder demzufolge befinden, die in Artikel 5 Absatz 1 vorgesehene Zuständigkeit aus.

(2) Absatz 1 ist auch auf Kinder anzuwenden, deren gewöhnlicher Aufenthalt nicht festgestellt werden kann.

Art. 7 (1) Bei widerrechtlichem Verbringen oder Zurückhalten des Kindes bleiben die Behörden des Vertragsstaats, in dem das Kind unmittelbar vor dem Verbringen oder Zurückhalten seinen gewöhnlichen Aufenthalt hatte, so lange zuständig, bis das Kind einen gewöhnlichen Aufenthalt in einem anderen Staat erlangt hat und:

a) jede sorgeberechtigte Person, Behörde oder sonstige Stelle das Verbringen oder Zurückhalten genehmigt hat; oder
b) das Kind sich in diesem anderen Staat mindestens ein Jahr aufgehalten hat, nachdem die sorgeberechtigte Person, Behörde oder sonstige Stelle seinen Aufenthaltsort kannte oder hätte kennen müssen, kein während dieses Zeitraums gestellter Antrag auf Rückgabe mehr anhängig ist und das Kind sich in seinem neuen Umfeld eingelebt hat.

(2) Das Verbringen oder Zurückhalten eines Kindes gilt als widerrechtlich, wenn:

a) dadurch das Sorgerecht verletzt wird, das einer Person, Behörde oder sonstigen Stelle allein oder gemeinsam nach dem Recht des Staates zusteht, in dem das Kind unmittelbar vor dem Verbringen oder Zurückhalten seinen gewöhnlichen Aufenthalt hatte; und
b) dieses Recht im Zeitpunkt des Verbringens oder Zurückhaltens allein oder gemeinsam tatsächlich ausgeübt wurde oder ausgeübt worden wäre, falls das Verbringen oder Zurückhalten nicht stattgefunden hätte.

Das unter Buchstabe a genannte Sorgerecht kann insbesondere kraft Gesetzes, aufgrund einer gerichtlichen oder behördlichen Entscheidung oder aufgrund einer nach dem Recht des betreffenden Staates wirksamen Vereinbarung bestehen.

(3) Solange die in Absatz 1 genannten Behörden zuständig bleiben, können die Behörden des Vertragsstaats, in den das Kind verbracht oder in dem es zurückgehalten wurde, nur die nach Artikel 11 zum Schutz der Person oder des Vermögens des Kindes erforderlichen dringenden Massnahmen treffen.

Art. 8 (1) Ausnahmsweise kann die nach Artikel 5 oder 6 zuständige Behörde eines Vertragsstaats, wenn sie der Auffassung ist, dass die Behörde eines anderen Vertragsstaats besser in der Lage wäre, das Wohl des Kindes im Einzelfall zu beurteilen:

- entweder diese Behörde unmittelbar oder mit Unterstützung der Zentralen Behörde dieses Staates ersuchen, die Zuständigkeit zu übernehmen, um die Schutzmassnahmen zu treffen, die sie für erforderlich hält;
- oder das Verfahren aussetzen und die Parteien einladen, bei der Behörde dieses anderen Staates einen solchen Antrag zu stellen.

(2) Die Vertragsstaaten, deren Behörden nach Absatz 1 ersucht werden können, sind:

a) ein Staat, dem das Kind angehört;
b) ein Staat, in dem sich Vermögen des Kindes befindet;
c) ein Staat, bei dessen Behörden ein Antrag der Eltern des Kindes auf Scheidung, Trennung, Aufhebung oder Nichtigerklärung der Ehe anhängig ist;
d) ein Staat, zu dem das Kind eine enge Verbindung hat.

(3) Die betreffenden Behörden können einen Meinungsaustausch aufnehmen.

(4) Die nach Absatz 1 ersuchte Behörde kann die Zuständigkeit anstelle der nach Artikel 5 oder 6 zuständigen Behörde übernehmen, wenn sie der Auffassung ist, dass dies dem Wohl des Kindes dient.

Art. 9 (1) Sind die in Artikel 8 Absatz 2 genannten Behörden eines Vertragsstaats der Auffassung, dass sie besser in der Lage sind, das Wohl des Kindes im Einzelfall zu beurteilen, so können sie:
– entweder die zuständige Behörde des Vertragsstaats des gewöhnlichen Aufenthalts des Kindes unmittelbar oder mit Unterstützung der Zentralen Behörde dieses Staates ersuchen, ihnen zu gestatten, die Zuständigkeit auszuüben, um die von ihnen für erforderlich gehaltenen Schutzmassnahmen zu treffen;
– oder die Parteien einladen, bei der Behörde des Vertragsstaats des gewöhnlichen Aufenthalts des Kindes einen solchen Antrag zu stellen.

(2) Die betreffenden Behörden können einen Meinungsaustausch aufnehmen.

(3) Die Behörde, von welcher der Antrag ausgeht, darf die Zuständigkeit anstelle der Behörde des Vertragsstaats des gewöhnlichen Aufenthalts des Kindes nur ausüben, wenn diese den Antrag angenommen hat.

Art. 10 (1) Unbeschadet der Artikel 5–9 können die Behörden eines Vertragsstaats in Ausübung ihrer Zuständigkeit für die Entscheidung über einen Antrag auf Scheidung, Trennung, Aufhebung oder Nichtigerklärung der Ehe der Eltern eines Kindes, das seinen gewöhnlichen Aufenthalt in einem anderen Vertragsstaat hat, sofern das Recht ihres Staates dies zulässt, Massnahmen zum Schutz der Person oder des Vermögens des Kindes treffen, wenn:
a) einer der Eltern zu Beginn des Verfahrens seinen gewöhnlichen Aufenthalt in diesem Staat und ein Elternteil die elterliche Verantwortung für das Kind hat; und
b) die Eltern und jede andere Person, welche die elterliche Verantwortung für das Kind hat, die Zuständigkeit dieser Behörden für das Ergreifen solcher Massnahmen anerkannt haben und diese Zuständigkeit dem Wohl des Kindes entspricht.

(2) Die in Absatz 1 vorgesehene Zuständigkeit für das Ergreifen von Massnahmen zum Schutz des Kindes endet, sobald die stattgebende oder abweisende Entscheidung über den Antrag auf Scheidung, Trennung, Aufhebung oder Nichtigerklärung der Ehe endgültig geworden ist oder das Verfahren aus einem anderen Grund beendet wurde.

Art. 11 (1) In allen dringenden Fällen sind die Behörden jedes Vertragsstaats, in dessen Hoheitsgebiet sich das Kind oder ihm gehörendes Vermögen befindet, zuständig, die erforderlichen Schutzmassnahmen zu treffen.

(2) Massnahmen nach Absatz 1, die in Bezug auf ein Kind mit gewöhnlichem Aufenthalt in einem Vertragsstaat getroffen wurden, treten ausser Kraft, sobald die nach den Artikeln 5–10 zuständigen Behörden die durch die Umstände gebotenen Massnahmen getroffen haben.

(3) Massnahmen nach Absatz 1, die in Bezug auf ein Kind mit gewöhnlichem Aufenthalt in einem Nichtvertragsstaat getroffen wurden, treten in jedem Vertragsstaat ausser Kraft, sobald dort die durch die Umstände gebotenen und von den Behörden eines anderen Staates getroffenen Massnahmen anerkannt werden.

Art. 12 (1) Vorbehaltlich des Artikels 7 sind die Behörden eines Vertragsstaats, in dessen Hoheitsgebiet sich das Kind oder ihm gehörendes Vermögen befindet, zuständig, vorläufige und auf das Hoheitsgebiet dieses Staates beschränkte Massnahmen zum Schutz der Person oder des Vermögens des Kindes zu treffen, soweit solche Massnahmen nicht mit den Massnahmen unvereinbar sind, welche die nach den Artikeln 5–10 zuständigen Behörden bereits getroffen haben.

(2) Massnahmen nach Absatz 1, die in Bezug auf ein Kind mit gewöhnlichem Aufenthalt in einem Vertragsstaat getroffen wurden, treten ausser Kraft, sobald die nach den Artikeln 5–10 zuständigen Behörden eine Entscheidung über die Schutzmassnahmen getroffen haben, die durch die Umstände geboten sein könnten.

(3) Massnahmen nach Absatz 1, die in Bezug auf ein Kind mit gewöhnlichem Aufenthalt in einem Nichtvertragsstaat getroffen wurden, treten in dem Vertragsstaat ausser Kraft, in dem sie getroffen worden sind, sobald dort die durch die Umstände gebotenen und von den Behörden eines anderen Staates getroffenen Massnahmen anerkannt werden.

Art. 13 (1) Die Behörden eines Vertragsstaats, die nach den Artikeln 5–10 zuständig sind, Massnahmen zum Schutz der Person oder des Vermögens des Kindes zu treffen, dürfen diese Zuständigkeit nicht ausüben, wenn bei Einleitung des Verfahrens entsprechende Massnahmen bei den Behörden eines anderen Vertragsstaats beantragt worden sind, die in jenem Zeitpunkt nach den Artikeln 5–10 zuständig waren, und diese Massnahmen noch geprüft werden.

(2) Absatz 1 ist nicht anzuwenden, wenn die Behörden, bei denen Massnahmen zuerst beantragt wurden, auf ihre Zuständigkeit verzichtet haben.

Art. 14 Selbst wenn durch eine Änderung der Umstände die Grundlage der Zuständigkeit wegfällt, bleiben die nach den Artikeln 5–10 getroffenen Massnahmen innerhalb ihrer Reichweite so lange in Kraft, bis die nach diesem Übereinkommen zuständigen Behörden sie ändern, ersetzen oder aufheben.

Kapitel III Anzuwendendes Recht

Art. 15 (1) Bei der Ausübung ihrer Zuständigkeit nach Kapitel II wenden die Behörden der Vertragsstaaten ihr eigenes Recht an.

(2) Soweit es der Schutz der Person oder des Vermögens des Kindes erfordert, können sie jedoch ausnahmsweise das Recht eines anderen Staates anwenden oder berücksichtigen, zu dem der Sachverhalt eine enge Verbindung hat.

(3) Wechselt der gewöhnliche Aufenthalt des Kindes in einen anderen Vertragsstaat, so bestimmt das Recht dieses anderen Staates vom Zeitpunkt des Wechsels an die Bedingungen, unter denen die im Staat des früheren gewöhnlichen Aufenthalts getroffenen Massnahmen angewendet werden.

Art. 16 (1) Die Zuweisung oder das Erlöschen der elterlichen Verantwortung kraft Gesetzes ohne Einschreiten eines Gerichts oder einer Verwaltungsbehörde bestimmt sich nach dem Recht des Staates des gewöhnlichen Aufenthalts des Kindes.

(2) Die Zuweisung oder das Erlöschen der elterlichen Verantwortung durch eine Vereinbarung oder ein einseitiges Rechtsgeschäft ohne Einschreiten eines Gerichts oder einer Verwaltungsbehörde bestimmt sich nach dem Recht des Staates des gewöhnlichen Aufenthalts des Kindes in dem Zeitpunkt, in dem die Vereinbarung oder das einseitige Rechtsgeschäft wirksam wird.

(3) Die elterliche Verantwortung nach dem Recht des Staates des gewöhnlichen Aufenthalts des Kindes besteht nach dem Wechsel dieses gewöhnlichen Aufenthalts in einen anderen Staat fort.

(4) Wechselt der gewöhnliche Aufenthalt des Kindes, so bestimmt sich die Zuweisung der elterlichen Verantwortung kraft Gesetzes an eine Person, die diese Verantwortung nicht bereits hat, nach dem Recht des Staates des neuen gewöhnlichen Aufenthalts.

Art. 17 Die Ausübung der elterlichen Verantwortung bestimmt sich nach dem Recht des Staates des gewöhnlichen Aufenthalts des Kindes. Wechselt der gewöhnliche Aufenthalt des Kindes, so bestimmt sie sich nach dem Recht des Staates des neuen gewöhnlichen Aufenthalts.

Art. 18 Durch Massnahmen nach diesem Übereinkommen kann die in Artikel 16 genannte elterliche Verantwortung entzogen oder können die Bedingungen ihrer Ausübung geändert werden.

Art. 19 (1) Die Gültigkeit eines Rechtsgeschäfts zwischen einem Dritten und einer anderen Person, die nach dem Recht des Staates, in dem das Rechtsgeschäft abgeschlossen wurde, als gesetzlicher Vertreter zu handeln befugt wäre, kann nicht allein deswegen bestritten und der Dritte nicht nur deswegen verantwortlich gemacht werden, weil die andere Person nach dem in diesem Kapitel bestimmten Recht nicht als gesetzlicher Vertreter zu handeln befugt war, es sei denn, der Dritte wusste oder hätte wissen müssen, dass sich die elterliche Verantwortung nach diesem Recht bestimmte.

(2) Absatz 1 ist nur anzuwenden, wenn das Rechtsgeschäft unter Anwesenden im Hoheitsgebiet desselben Staates geschlossen wurde.

Art. 20 Dieses Kapitel ist anzuwenden, selbst wenn das darin bestimmte Recht das eines Nichtvertragsstaats ist.

Art. 21 (1) Der Begriff «Recht» im Sinne dieses Kapitels bedeutet das in einem Staat geltende Recht mit Ausnahme des Kollisionsrechts.

(2) Ist jedoch das nach Artikel 16 anzuwendende Recht das eines Nichtvertragsstaats und verweist das Kollisionsrecht dieses Staates auf das Recht eines anderen Nichtvertragsstaats, der sein eigenes Recht anwenden würde, so ist das Recht dieses anderen Staates anzuwenden. Betrachtet sich das Recht dieses anderen Nichtvertragsstaats als nicht anwendbar, so ist das nach Artikel 16 bestimmte Recht anzuwenden.

Art. 22 Die Anwendung des in diesem Kapitel bestimmten Rechts darf nur versagt werden, wenn sie der öffentlichen Ordnung (ordre public) offensichtlich widerspricht, wobei das Wohl des Kindes zu berücksichtigen ist.

Kapitel IV Anerkennung und Vollstreckung

Art. 23 (1) Die von den Behörden eines Vertragsstaats getroffenen Massnahmen werden kraft Gesetzes in den anderen Vertragsstaaten anerkannt.

(2) Die Anerkennung kann jedoch versagt werden:

a) wenn die Massnahme von einer Behörde getroffen wurde, die nicht nach Kapitel II zuständig war;

b) wenn die Massnahme, ausser in dringenden Fällen, im Rahmen eines Gerichts- oder Verwaltungsverfahrens getroffen wurde, ohne dass dem Kind die Möglichkeit eingeräumt worden war, gehört zu werden, und dadurch gegen wesentliche Verfahrensgrundsätze des ersuchten Staates verstossen wurde;
c) auf Antrag jeder Person, die geltend macht, dass die Massnahme ihre elterliche Verantwortung beeinträchtigt, wenn diese Massnahme, ausser in dringenden Fällen, getroffen wurde, ohne dass dieser Person die Möglichkeit eingeräumt worden war, gehört zu werden;
d) wenn die Anerkennung der öffentlichen Ordnung (ordre public) des ersuchten Staates offensichtlich widerspricht, wobei das Wohl des Kindes zu berücksichtigen ist;
e) wenn die Massnahme mit einer später im Nichtvertragsstaat des gewöhnlichen Aufenthalts des Kindes getroffenen Massnahme unvereinbar ist, sofern die spätere Massnahme die für ihre Anerkennung im ersuchten Staat erforderlichen Voraussetzungen erfüllt;
f) wenn das Verfahren nach Artikel 33 nicht eingehalten wurde.

Art. 24 Unbeschadet des Artikels 23 Absatz 1 kann jede betroffene Person bei den zuständigen Behörden eines Vertragsstaats beantragen, dass über die Anerkennung oder Nichtanerkennung einer in einem anderen Vertragsstaat getroffenen Massnahme entschieden wird. Das Verfahren bestimmt sich nach dem Recht des ersuchten Staates.

Art. 25 Die Behörde des ersuchten Staates ist an die Tatsachenfeststellungen gebunden, auf welche die Behörde des Staates, in dem die Massnahme getroffen wurde, ihre Zuständigkeit gestützt hat.

Art. 26 (1) Erfordern die in einem Vertragsstaat getroffenen und dort vollstreckbaren Massnahmen in einem anderen Vertragsstaat Vollstreckungshandlungen, so werden sie in diesem anderen Staat auf Antrag jeder betroffenen Partei nach dem im Recht dieses Staates vorgesehenen Verfahren für vollstreckbar erklärt oder zur Vollstreckung registriert.

(2) Jeder Vertragsstaat wendet auf die Vollstreckbarerklärung oder die Registrierung ein einfaches und schnelles Verfahren an.

(3) Die Vollstreckbarerklärung oder die Registrierung darf nur aus einem der in Artikel 23 Absatz 2 vorgesehenen Gründe versagt werden.

Art. 27 Vorbehaltlich der für die Anwendung der vorstehenden Artikel erforderlichen Überprüfung darf die getroffene Massnahme in der Sache selbst nicht nachgeprüft werden.

Art. 28 Die in einem Vertragsstaat getroffenen und in einem anderen Vertragsstaat für vollstreckbar erklärten oder zur Vollstreckung registrierten

Massnahmen werden dort vollstreckt, als seien sie von den Behörden dieses anderen Staates getroffen worden. Die Vollstreckung richtet sich nach dem Recht des ersuchten Staates unter Beachtung der darin vorgesehenen Grenzen, wobei das Wohl des Kindes zu berücksichtigen ist.

Kapitel V Zusammenarbeit

Art. 29 (1) Jeder Vertragsstaat bestimmt eine Zentrale Behörde, welche die ihr durch dieses Übereinkommen übertragenen Aufgaben wahrnimmt.

(2) Einem Bundesstaat, einem Staat mit mehreren Rechtssystemen oder einem Staat, der aus autonomen Gebietseinheiten besteht, steht es frei, mehrere Zentrale Behörden zu bestimmen und deren räumliche und persönliche Zuständigkeit festzulegen. Macht ein Staat von dieser Möglichkeit Gebrauch, so bestimmt er die Zentrale Behörde, an welche Mitteilungen zur Übermittlung an die zuständige Zentrale Behörde in diesem Staat gerichtet werden können.

Art. 30 (1) Die Zentralen Behörden arbeiten zusammen und fördern die Zusammenarbeit der zuständigen Behörden ihrer Staaten, um die Ziele dieses Übereinkommens zu verwirklichen.

(2) Im Zusammenhang mit der Anwendung dieses Übereinkommens treffen sie die geeigneten Massnahmen, um Auskünfte über das Recht ihrer Staaten sowie die in ihren Staaten für den Schutz von Kindern verfügbaren Dienste zu erteilen.

Art. 31 Die Zentrale Behörde eines Vertragsstaats trifft unmittelbar oder mit Hilfe staatlicher Behörden oder sonstiger Stellen alle geeigneten Vorkehrungen, um:

a) die Mitteilungen zu erleichtern und die Unterstützung anzubieten, die in den Artikeln 8 und 9 und in diesem Kapitel vorgesehen sind;
b) durch Vermittlung, Schlichtung oder ähnliche Mittel gütliche Einigungen zum Schutz der Person oder des Vermögens des Kindes bei Sachverhalten zu erleichtern, auf die dieses Übereinkommen anzuwenden ist;
c) auf Ersuchen der zuständigen Behörde eines anderen Vertragsstaats bei der Ermittlung des Aufenthaltsorts des Kindes Unterstützung zu leisten, wenn der Anschein besteht, dass das Kind sich im Hoheitsgebiet des ersuchten Staates befindet und Schutz benötigt.

Art. 32 Auf begründetes Ersuchen der Zentralen Behörde oder einer anderen zuständigen Behörde eines Vertragsstaats, zu dem das Kind eine enge Verbindung hat, kann die Zentrale Behörde des Vertragsstaats, in dem das Kind seinen gewöhnlichen Aufenthalt hat und in dem es sich befindet, unmittelbar oder mit Hilfe staatlicher Behörden oder sonstiger Stellen:

a) einen Bericht über die Lage des Kindes erstatten;
b) die zuständige Behörde ihres Staates ersuchen zu prüfen, ob Massnahmen zum Schutz der Person oder des Vermögens des Kindes erforderlich sind.

Art. 33 (1) Erwägt die nach den Artikeln 5–10 zuständige Behörde die Unterbringung des Kindes in einer Pflegefamilie oder einem Heim oder seine Betreuung durch Kafala oder eine entsprechende Einrichtung und soll es in einem anderen Vertragsstaat untergebracht oder betreut werden, so zieht sie vorher die Zentrale Behörde oder eine andere zuständige Behörde dieses Staates zu Rate. Zu diesem Zweck übermittelt sie ihr einen Bericht über das Kind und die Gründe ihres Vorschlags zur Unterbringung oder Betreuung.

(2) Die Entscheidung über die Unterbringung oder Betreuung kann im ersuchenden Staat nur getroffen werden, wenn die Zentrale Behörde oder eine andere zuständige Behörde des ersuchten Staates dieser Unterbringung oder Betreuung zugestimmt hat, wobei das Wohl des Kindes zu berücksichtigen ist.

Art. 34 (1) Wird eine Schutzmassnahme erwogen, so können die nach diesem Übereinkommen zuständigen Behörden, sofern die Lage des Kindes dies erfordert, jede Behörde eines anderen Vertragsstaats, die über sachdienliche Informationen für den Schutz des Kindes verfügt, ersuchen, sie ihnen mitzuteilen.

(2) Jeder Vertragsstaat kann erklären, dass Ersuchen nach Absatz 1 seinen Behörden nur über seine Zentrale Behörde zu übermitteln sind.

Art. 35 (1) Die zuständigen Behörden eines Vertragsstaats können die Behörden eines anderen Vertragsstaats ersuchen, ihnen bei der Durchführung der nach diesem Übereinkommen getroffenen Schutzmassnahmen Hilfe zu leisten, insbesondere um die wirksame Ausübung des Rechts auf persönlichen Verkehr[8] sowie des Rechts sicherzustellen, regelmässige unmittelbare Kontakte aufrechtzuerhalten.

(2) Die Behörden eines Vertragsstaats, in dem das Kind keinen gewöhnlichen Aufenthalt hat, können auf Antrag eines Elternteils, der sich in diesem Staat aufhält und der ein Recht auf persönlichen Verkehr[9] zu erhalten oder beizubehalten wünscht, Auskünfte oder Beweise einholen und Feststellungen über die Eignung dieses Elternteils zur Ausübung des Rechts auf persönlichen Verkehr[10] und die Bedingungen seiner Ausübung treffen. Eine Behörde, die nach den Artikeln 5–10 für die Entscheidung über das Recht auf persönlichen

8 DE: des Rechts zum persönlichen Umgang
9 DE: des Rechts zum persönlichen Umgang
10 DE: des Rechts zum persönlichen Umgang

Verkehr[11] zuständig ist, hat vor ihrer Entscheidung diese Auskünfte, Beweise und Feststellungen zuzulassen und zu berücksichtigen.

(3) Eine Behörde, die nach den Artikeln 5–10 für die Entscheidung über das Recht auf persönlichen Verkehr[12] zuständig ist, kann das Verfahren bis zum Vorliegen des Ergebnisses des in Absatz 2 vorgesehenen Verfahrens aussetzen, insbesondere wenn bei ihr ein Antrag auf Änderung oder Aufhebung des Rechts auf persönlichen Verkehr[13] anhängig ist, das die Behörden des Staates des früheren gewöhnlichen Aufenthalts des Kindes eingeräumt haben.

(4) Dieser Artikel hindert eine nach den Artikeln 5–10 zuständige Behörde nicht, bis zum Vorliegen des Ergebnisses des in Absatz 2 vorgesehenen Verfahrens vorläufige Massnahmen zu treffen.

Art. 36 Ist das Kind einer schweren Gefahr ausgesetzt, so benachrichtigen die zuständigen Behörden des Vertragsstaats, in dem Massnahmen zum Schutz dieses Kindes getroffen wurden oder in Betracht gezogen werden, sofern sie über den Wechsel des Aufenthaltsorts in einen anderen Staat oder die dortige Anwesenheit des Kindes unterrichtet sind, die Behörden dieses Staates von der Gefahr und den getroffenen oder in Betracht gezogenen Massnahmen.

Art. 37 Eine Behörde darf nach diesem Kapitel weder um Informationen ersuchen noch solche erteilen, wenn dadurch nach ihrer Auffassung die Person oder das Vermögen des Kindes in Gefahr geraten könnte oder die Freiheit oder das Leben eines Familienangehörigen des Kindes ernsthaft bedroht würde.

Art. 38 (1) Unbeschadet der Möglichkeit, für die erbrachten Dienstleistungen angemessene Kosten zu verlangen, tragen die Zentralen Behörden und die anderen staatlichen Behörden der Vertragsstaaten die Kosten, die ihnen durch die Anwendung dieses Kapitels entstehen.

(2) Jeder Vertragsstaat kann mit einem oder mehreren anderen Vertragsstaaten Vereinbarungen über die Kostenaufteilung treffen.

Art. 39 Jeder Vertragsstaat kann mit einem oder mehreren anderen Vertragsstaaten Vereinbarungen treffen, um die Anwendung dieses Kapitels in ihren gegenseitigen Beziehungen zu erleichtern. Die Staaten, die solche Vereinbarungen getroffen haben, übermitteln dem Depositar[14] dieses Übereinkommens eine Abschrift.

11 DE: des Rechts zum persönlichen Umgang
12 DE: des Rechts zum persönlichen Umgang
13 DE: des Rechts zum persönlichen Umgang
14 DE: Verwahrer (so auch in den Artikeln 45, 57–60, 62 und 63)

Kapitel VI Allgemeine Bestimmungen

Art. 40 (1) Die Behörden des Vertragsstaats, in dem das Kind seinen gewöhnlichen Aufenthalt hat oder in dem eine Schutzmassnahme getroffen wurde, können dem Träger der elterlichen Verantwortung oder jedem, dem der Schutz der Person oder des Vermögens des Kindes anvertraut wurde, auf dessen Antrag eine Bescheinigung über seine Berechtigung zum Handeln und die ihm übertragenen Befugnisse ausstellen.

(2) Die Richtigkeit der Berechtigung zum Handeln und der Befugnisse, die bescheinigt sind, wird bis zum Beweis des Gegenteils vermutet.

(3) Jeder Vertragsstaat bestimmt die für die Ausstellung der Bescheinigung zuständigen Behörden.

Art. 41 Die nach diesem Übereinkommen gesammelten oder übermittelten personenbezogenen Daten dürfen nur für die Zwecke verwendet werden, zu denen sie gesammelt oder übermittelt wurden.

Art. 42 Behörden, denen Informationen übermittelt werden, stellen nach dem Recht ihres Staates deren vertrauliche Behandlung sicher.

Art. 43 Die nach diesem Übereinkommen übermittelten oder ausgestellten Schriftstücke sind von jeder Beglaubigung[15] oder entsprechenden Förmlichkeit befreit.

Art. 44 Jeder Vertragsstaat kann die Behörden bestimmen, an die Ersuchen nach den Artikeln 8, 9 und 33 zu richten sind.

Art. 45 (1) Die nach den Artikeln 29 und 44 bestimmten Behörden werden dem Ständigen Büro der Haager Konferenz für Internationales Privatrecht mitgeteilt.

(2) Die Erklärung nach Artikel 34 Absatz 2 wird gegenüber dem Depositar dieses Übereinkommens abgegeben.

Art. 46 Ein Vertragsstaat, in dem verschiedene Rechtssysteme oder Gesamtheiten von Regeln für den Schutz der Person und des Vermögens des Kindes gelten, muss die Regeln dieses Übereinkommens nicht auf Kollisionen anwenden, die allein zwischen diesen verschiedenen Rechtssystemen oder Gesamtheiten von Regeln bestehen.

15 DE: Legalisation

Art. 47 Gelten in einem Staat in Bezug auf die in diesem Übereinkommen geregelten Angelegenheiten zwei oder mehr Rechtssysteme oder Gesamtheiten von Regeln in verschiedenen Gebietseinheiten, so ist jede Verweisung:

1. auf den gewöhnlichen Aufenthalt in diesem Staat als Verweisung auf den gewöhnlichen Aufenthalt in einer Gebietseinheit zu verstehen;
2. auf die Anwesenheit des Kindes in diesem Staat als Verweisung auf die Anwesenheit des Kindes in einer Gebietseinheit zu verstehen;
3. auf die Belegenheit des Vermögens des Kindes in diesem Staat als Verweisung auf die Belegenheit des Vermögens des Kindes in einer Gebietseinheit zu verstehen;
4. auf den Staat, dem das Kind angehört, als Verweisung auf die von dem Recht dieses Staates bestimmte Gebietseinheit oder, wenn solche Regeln fehlen, als Verweisung auf die Gebietseinheit zu verstehen, mit der das Kind die engste Verbindung hat;
5. auf den Staat, bei dessen Behörden ein Antrag auf Scheidung, Trennung, Aufhebung oder Nichtigerklärung der Ehe der Eltern des Kindes anhängig ist, als Verweisung auf die Gebietseinheit zu verstehen, bei deren Behörden ein solcher Antrag anhängig ist;
6. auf den Staat, mit dem das Kind eine enge Verbindung hat, als Verweisung auf die Gebietseinheit zu verstehen, mit der das Kind eine solche Verbindung hat;
7. auf den Staat, in den das Kind verbracht oder in dem es zurückgehalten wurde, als Verweisung auf die Gebietseinheit zu verstehen, in die das Kind verbracht oder in der es zurückgehalten wurde;
8. auf Stellen oder Behörden dieses Staates, die nicht Zentrale Behörden sind, als Verweisung auf die Stellen oder Behörden zu verstehen, die in der betreffenden Gebietseinheit handlungsbefugt sind;
9. auf das Recht, das Verfahren oder die Behörde des Staates, in dem eine Massnahme getroffen wurde, als Verweisung auf das Recht, das Verfahren oder die Behörde der Gebietseinheit zu verstehen, in der diese Massnahme getroffen wurde;
10. auf das Recht, das Verfahren oder die Behörde des ersuchten Staates als Verweisung auf das Recht, das Verfahren oder die Behörde der Gebietseinheit zu verstehen, in der die Anerkennung oder Vollstreckung geltend gemacht wird.

Art. 48 Hat ein Staat zwei oder mehr Gebietseinheiten mit eigenen Rechtssystemen oder Gesamtheiten von Regeln für die in diesem Übereinkommen geregelten Angelegenheiten, so gilt zur Bestimmung des nach Kapitel III anzuwendenden Rechts Folgendes:

a) Sind in diesem Staat Regeln in Kraft, die das Recht einer bestimmten Gebietseinheit für anwendbar erklären, so ist das Recht dieser Einheit anzuwenden.

b) Fehlen solche Regeln, so ist das Recht der in Artikel 47 bestimmten Gebietseinheit anzuwenden.

Art. 49 Hat ein Staat zwei oder mehr Rechtssysteme oder Gesamtheiten von Regeln, die auf verschiedene Personengruppen hinsichtlich der in diesem Übereinkommen geregelten Angelegenheiten anzuwenden sind, so gilt zur Bestimmung des nach Kapitel III anzuwendenden Rechts Folgendes:

a) Sind in diesem Staat Regeln in Kraft, die bestimmen, welches dieser Rechte anzuwenden ist, so ist dieses anzuwenden.

b) Fehlen solche Regeln, so ist das Rechtssystem oder die Gesamtheit von Regeln anzuwenden, mit denen das Kind die engste Verbindung hat.

Art. 50 Dieses Übereinkommen lässt das Übereinkommen vom 25. Oktober 1980[16] über die zivilrechtlichen Aspekte internationaler Kindesentführung im Verhältnis zwischen den Vertragsparteien beider Übereinkommen unberührt. Einer Berufung auf Bestimmungen dieses Übereinkommens zu dem Zweck, die Rückkehr eines widerrechtlich verbrachten oder zurückgehaltenen Kindes zu erwirken oder das Recht auf persönlichen Verkehr[17] durchzuführen, steht jedoch nichts entgegen.

Art. 51 Im Verhältnis zwischen den Vertragsstaaten ersetzt dieses Übereinkommen das Übereinkommen vom 5. Oktober 1961 über die Zuständigkeit der Behörden und das anzuwendende Recht auf dem Gebiet des Schutzes von Minderjährigen und das am 12. Juni 1902[18] in Den Haag unterzeichnete Abkommen zur Regelung der Vormundschaft über Minderjährige, unbeschadet der Anerkennung von Massnahmen, die nach dem genannten Übereinkommen vom 5. Oktober 1961 getroffen wurden.

Art. 52 (1) Dieses Übereinkommen lässt internationale Übereinkünfte unberührt, denen Vertragsstaaten als Vertragsparteien angehören und die Bestimmungen über die in diesem Übereinkommen geregelten Angelegenheiten enthalten, sofern die durch eine solche Übereinkunft gebundenen Staaten keine gegenteilige Erklärung abgeben.

(2) Dieses Übereinkommen lässt die Möglichkeit unberührt, dass ein oder mehrere Vertragsstaaten Vereinbarungen treffen, die in Bezug auf Kinder mit gewöhnlichem Aufenthalt in einem der Staaten, die Vertragsparteien solcher Vereinbarungen sind, Bestimmungen über die in diesem Übereinkommen geregelten Angelegenheiten enthalten.

(3) Künftige Vereinbarungen eines oder mehrerer Vertragsstaaten über Angelegenheiten im Anwendungsbereich dieses Übereinkommens lassen im Ver-

16 SR 0.211.230.02
17 DE: das Recht zum persönlichen Umgang
18 [BS 11 800. AS 1977 766]

hältnis zwischen solchen Staaten und anderen Vertragsstaaten die Anwendung der Bestimmungen des Übereinkommens unberührt.

(4) Die Absätze 1–3 gelten auch für Einheitsrecht, das auf besonderen Verbindungen insbesondere regionaler Art zwischen den betroffenen Staaten beruht.

Art. 53 (1) Dieses Übereinkommen ist nur auf Massnahmen anzuwenden, die in einem Staat getroffen werden, nachdem das Übereinkommen für diesen Staat in Kraft getreten ist.

(2) Dieses Übereinkommen ist auf die Anerkennung und Vollstreckung von Massnahmen anzuwenden, die getroffen wurden, nachdem es im Verhältnis zwischen dem Staat, in dem die Massnahmen getroffen wurden, und dem ersuchten Staat in Kraft getreten ist.

Art. 54 (1) Mitteilungen an die Zentrale Behörde oder eine andere Behörde eines Vertragsstaats werden in der Originalsprache zugesandt; sie müssen von einer Übersetzung in die Amtssprache oder eine der Amtssprachen des anderen Staates oder, wenn eine solche Übersetzung nur schwer erhältlich ist, von einer Übersetzung ins Französische oder Englische begleitet sein.

(2) Ein Vertragsstaat kann jedoch einen Vorbehalt nach Artikel 60 anbringen und darin gegen die Verwendung des Französischen oder Englischen, jedoch nicht beider Sprachen, Einspruch erheben.

Art. 55 (1) Ein Vertragsstaat kann sich nach Artikel 60:

a) die Zuständigkeit seiner Behörden vorbehalten, Massnahmen zum Schutz des in seinem Hoheitsgebiet befindlichen Vermögens eines Kindes zu treffen;
b) vorbehalten, die elterliche Verantwortung oder eine Massnahme nicht anzuerkennen, soweit sie mit einer von seinen Behörden in Bezug auf dieses Vermögen getroffenen Massnahme unvereinbar ist.

(2) Der Vorbehalt kann auf bestimmte Vermögensarten beschränkt werden.

Art. 56 Der Generalsekretär der Haager Konferenz für Internationales Privatrecht beruft in regelmässigen Abständen eine Spezialkommission zur Prüfung der praktischen Durchführung dieses Übereinkommens ein.

Kapitel VII Schlussbestimmungen

Art. 57–63

(nicht abgedruckt)

Vertragsstaaten: Albanien, Armenien, Australien, Belgien, Bulgarien, Dänemark, Deutschland, Dominikanische Republik, Ecuador, Estland, Finnland, Frankreich, Georgien, Griechenland, Irland, Italien, Kroatien, Lesotho, Lettland, Litauen, Luxemburg, Malta, Marokko, Monaco, Montenegro, Niederlande, Österreich, Polen, Portugal, Rumänien, Russland, Schweden, Schweiz, Slowakei, Slowenien, Spanien, Tschechische Republik, Ukraine, Ungarn, Uruguay, Vereinigtes Königreich, Zypern.

Schweiz[1)]

Die Schweiz behält sich gemäss Artikel 55, Absatz 1 Buchstabe b, des Übereinkommens das Recht vor, die elterliche Verantwortung oder ein Massnahme nicht anzuerkennen, soweit sie mit einer von ihren Behörden in Bezug auf das sich in der Schweiz befindliche Vermögen eines Kindes unvereinbar ist.

1) Art. 1 Abs. 3 des BB vom 21. Dez. 2007 (AS 2009 3077).

Übersetzung[1]

12. Übereinkommen über die Zuständigkeit der Behörden und das anzuwendende Recht auf dem Gebiet des Schutzes von Minderjährigen[2]

Abgeschlossen in Den Haag am 5. Oktober 1961

Von der Bundesversammlung genehmigt am 27. September 1966[3]
Schweizerische Ratifikationsurkunde hinterlegt am 9. Dezember 1966
In Kraft getreten für die Schweiz am 4. Februar 1969

Die Unterzeichnerstaaten dieses Übereinkommens,

vom Wunsche geleitet, gemeinsame Bestimmungen über die Zuständigkeit der Behörden und das anzuwendende Recht auf dem Gebiet des Schutzes von Minderjährigen festzulegen,

haben beschlossen, zu diesem Zweck ein Übereinkommen zu schliessen, und haben die folgenden Bestimmungen vereinbart:

Art. 1 Die Gerichte und Verwaltungsbehörden des Staates, in dem ein Minderjähriger seinen gewöhnlichen Aufenthalt hat, sind, unter Vorbehalt der Bestimmungen der Artikel 3, 4 und 5 Absatz 3 dieses Übereinkommens, zuständig, Massnahmen zum Schutze der Person oder des Vermögens des Minderjährigen zu treffen.

Art. 2 Die nach Artikel 1 zuständigen Behörden treffen die in ihrem innerstaatlichen Recht vorgesehenen Massnahmen.

Dieses Recht bestimmt die Voraussetzungen der Anordnung, Änderung und Beendigung der Massnahmen. Es regelt auch deren Wirkungen sowohl im Verhältnis zwischen dem Minderjährigen und den Personen oder Anstalten, denen er anvertraut ist, als auch im Verhältnis zu Dritten.

SR 0.211.231.01; AS 1969 181; BBl 1966 I 349

1 Der Originaltext findet sich unter der gleichen Nummer in der französischen Ausgabe dieser Sammlung.

2 Im Rahmen seines sachlichen Anwendungsbereiches geht das Übereink. vom 25. Okt. 1980 über die zivilrechtlichen Aspekte internationaler Kindesentführung dem vorliegenden Übereink. vor, soweit die Staaten Vertragsparteien beider Übereink. sind (Art. 34 des genannten Übereink. – SR 0.211.230.02). Das vorliegende Übereink. gilt heute nur noch im Verhältnis zu den Ländern, welche dem neuen Übereink. vom 19. Okt. 1996 nicht beigetreten sind (siehe SR 0.211.231.011 Art. 51).

3 AS 1969 181

Art. 3 Ein Gewaltverhältnis, das nach dem innerstaatlichen Recht des Staates, dem der Minderjährige angehört, kraft Gesetzes besteht, wird in allen Vertragsstaaten anerkannt.

Art. 4 Sind die Behörden des Staates, dem der Minderjährige angehört, der Auffassung, dass das Wohl des Minderjährigen es erfordert, so können sie nach ihrem innerstaatlichen Recht zum Schutze seiner Person oder seines Vermögens Massnahmen treffen, nachdem sie zuvor die Behörden des Staates verständigt haben, in dem der Minderjährige seinen gewöhnlichen Aufenthalt hat.

Dieses Recht bestimmt die Voraussetzungen der Anordnung, Änderung und Beendigung der Massnahmen. Es regelt auch deren Wirkungen sowohl im Verhältnis zwischen dem Minderjährigen und den Personen oder Stellen, denen er anvertraut ist, als auch im Verhältnis zu Dritten.

Für die Durchführung der getroffenen Massnahmen haben die Behörden des Staates zu sorgen, dem der Minderjährige angehört.

Die nach den vorstehenden Absätzen dieses Artikels getroffenen Massnahmen treten an die Stelle der Massnahmen, die allenfalls von den Behörden des Staates getroffen wurden, in dem der Minderjährige seinen gewöhnlichen Aufenthalt hat.

Art. 5 Bei Verlegung des gewöhnlichen Aufenthaltes eines Minderjährigen aus einem Vertragsstaat in einen anderen bleiben die von den Behörden des Staates des früheren gewöhnlichen Aufenthaltes getroffenen Massnahmen so lange in Kraft, bis die Behörden des neuen gewöhnlichen Aufenthaltes sie aufheben oder ersetzen.

Die von den Behörden des Staates des früheren gewöhnlichen Aufenthaltes getroffenen Massnahmen dürfen erst nach vorheriger Verständigung dieser Behörden aufgehoben oder ersetzt werden.

Bei Verlegung des gewöhnlichen Aufenthaltes eines Minderjährigen, der unter dem Schutz der Behörden des Staates stand, dem er angehört, bleiben die von diesen Behörden nach ihrem innerstaatlichen Recht getroffenen Massnahmen im Staate des neuen gewöhnlichen Aufenthaltes in Kraft.

Art. 6 Die Behörden des Staates, dem der Minderjährige angehört, können im Einvernehmen mit den Behörden des Staates, in dem er seinen gewöhnlichen Aufenthalt hat oder Vermögen besitzt, diesen die Durchführung der getroffenen Massnahmen übertragen.

Die gleiche Befugnis haben die Behörden des Staates, in dem der Minderjährige seinen gewöhnlichen Aufenthalt hat, gegenüber den Behörden des Staates, in dem der Minderjährige Vermögen besitzt.

Art. 7 Die Massnahmen, welche die nach den vorstehenden Bestimmungen dieses Übereinkommens zuständigen Behörden getroffen haben, werden in allen Vertragsstaaten anerkannt. Erfordern diese Massnahmen jedoch Vollstreckungshandlungen in einem anderen Staate als im Staat, in dem sie getroffen worden sind, so bestimmen sich ihre Anerkennung und Vollstreckung entweder nach dem innerstaatlichen Recht des Staates, in dem die Vollstreckung beantragt wird, oder nach internationalen Übereinkünften.

Art. 8 Unbeschadet der Bestimmungen der Artikel 3, 4 und 5 Absatz 3 dieses Übereinkommens können die Behörden des Staates, in dem der Minderjährige seinen gewöhnlichen Aufenthalt hat, Schutzmassnahmen ergreifen, wenn der Minderjährige in seiner Person oder in seinem Vermögen ernsthaft gefährdet ist.

Die Behörden der anderen Vertragsstaaten sind nicht verpflichtet, diese Massnahmen anzuerkennen.

Art. 9 In allen dringenden Fällen treffen die Behörden jedes Vertragsstaates, in dessen Gebiet sich der Minderjährige oder ihm gehörendes Vermögen befindet, die erforderlichen Schutzmassnahmen.

Die nach dem vorstehenden Absatz getroffenen Massnahmen treten, unter Vorbehalt ihrer endgültigen Wirkungen, ausser Kraft, sobald die nach diesem Übereinkommen zuständigen Behörden die durch die Umstände gebotenen Massnahmen getroffen haben.

Art. 10 Zur Sicherung der Fortdauer der dem Minderjährigen einmal auferlegten Ordnung sollen die Behörden eines Vertragsstaates, soweit dies möglich ist, erst dann Massnahmen ergreifen, nachdem sie mit den Behörden der anderen Vertragsstaaten, deren Entscheidungen noch in Kraft sind, einen Meinungsaustausch gepflogen haben.

Art. 11 Die Behörden, die auf Grund dieses Übereinkommens Massnahmen getroffen haben, verständigen hievon unverzüglich die Behörden des Staates, dem der Minderjährige angehört, und gegebenenfalls die Behörden des Staates seines gewöhnlichen Aufenthaltes.

Jeder Vertragsstaat bezeichnet die Behörden, welche die im vorstehenden Absatz erwähnten Mitteilungen unmittelbar geben und empfangen können. Er notifiziert diese Bezeichnung dem Ministerium für Auswärtige Angelegenheiten der Niederlande.

Art. 12 Als «Minderjähriger» im Sinne dieses Übereinkommens gilt jede Person, welcher diese Eigenschaft sowohl nach dem innerstaatlichen Recht des Staates, dem sie angehört, als auch nach dem innerstaatlichen Recht des Staates ihres gewöhnlichen Aufenthaltes zukommt.

Art. 13 Dieses Übereinkommen ist auf alle Minderjährigen anzuwenden, die ihren gewöhnlichen Aufenthalt in einem der Vertragsstaaten haben.

Die Zuständigkeiten, die durch dieses Übereinkommen den Behörden des Staates verliehen sind, dem der Minderjährige angehört, bleiben jedoch den Vertragsstaaten vorbehalten.

Jeder Vertragsstaat kann sich vorbehalten, die Anwendung dieses Übereinkommens auf Minderjährige zu beschränken, die einem Vertragsstaat angehören.

Art. 14 Stellt das innerstaatliche Recht des Staates, dem der Minderjährige angehört, kein einheitliches System dar, so sind im Sinne dieses Übereinkommens unter «innerstaatliches Recht des Staates, dem der Minderjährige angehört» und unter «Behörden des Staates, dem der Minderjährige angehört», das Recht und die Behörden zu verstehen, welche durch die in diesem System geltenden Vorschriften und, mangels solcher Vorschriften, durch die engste Verbindung bestimmt werden, die der Minderjährige mit einer der dieses System bildenden Rechtsordnungen hat.

Art. 15 Jeder Vertragsstaat, dessen Behörden dazu berufen sind, über eine Klage auf Nichtigerklärung, Auflösung oder Lockerung des zwischen den Eltern eines Minderjährigen bestehenden Ehebandes zu entscheiden, kann die Zuständigkeit dieser Behörden für Massnahmen zum Schutze der Person oder des Vermögens des Minderjährigen vorbehalten.

Die Behörden der anderen Vertragsstaaten sind nicht verpflichtet, diese Massnahmen anzuerkennen.

Art. 16 Von den Bestimmungen dieses Übereinkommens darf in den Vertragsstaaten nur dann abgewichen werden, wenn ihre Anwendung mit der öffentlichen Ordnung offensichtlich unvereinbar ist.

Art. 17 Dieses Übereinkommen ist nur auf die nach seinem Inkrafttreten getroffenen Massnahmen anzuwenden.

Gewaltverhältnisse, die nach dem innerstaatlichen Recht des Staates, dem der Minderjährige angehört, kraft Gesetzes bestehen, werden vom Inkrafttreten des Übereinkommens an anerkannt.

Art. 18 Dieses Übereinkommen tritt im Verhältnis zwischen den Vertragsstaaten in die Stelle des am 12. Juni 1902[4] in Den Haag unterzeichneten Abkommens zur Regelung der Vormundschaft über Minderjährige.

Es lässt die Bestimmungen anderer Übereinkünfte unberührt, an welche im Zeitpunkt seines Inkrafttretens Vertragsstaaten gebunden sind.

4 [BS 11 800; AS 1976 1846. AS 1977 766]

Art. 19–25

(nicht abgedruckt)

Vertragsstaaten: China-Macau, Deutschland, Frankreich, Italien, Luxemburg, Niederlande, Österreich, Polen, Portugal, Schweiz, Spanien, Türkei.

Übersetzung[1]

13. Europäisches Übereinkommen über die Anerkennung und Vollstreckung von Entscheidungen über das Sorgerecht für Kinder und die Wiederherstellung des Sorgerechts

Abgeschlossen in Luxemburg am 20. Mai 1980
Von der Bundesversammlung genehmigt am 21. Juni 1983[2]
Schweizerische Ratifikationsurkunde hinterlegt am 27. September 1983
In Kraft getreten für die Schweiz am 1. Januar 1984

Mitgliedstaaten des Europarats, die dieses Übereinkommen unterzeichnen,

in der Erkenntnis, dass in den Mitgliedstaaten des Europarats das Wohl des Kindes bei Entscheidungen über das Sorgerecht von ausschlaggebender Bedeutung ist;

in der Erwägung, dass die Einführung von Regelungen, welche die Anerkennung und Vollstreckung von Entscheidungen über das Sorgerecht für ein Kind erleichtern sollen, einen grösseren Schutz für das Wohl der Kinder gewährleisten wird;

in der Erwägung, dass es in Anbetracht dessen wünschenswert ist hervorzuheben, dass das Recht der Eltern zum persönlichen Umgang mit dem Kind eine normale Folgeerscheinung des Sorgerechts ist;

im Hinblick auf die wachsende Zahl von Fällen, in denen Kinder in unzulässiger Weise über eine internationale Grenze verbracht worden sind, und die Schwierigkeiten, die dabei entstandenen Probleme in angemessener Weise zu lösen;

in dem Wunsch, geeignete Vorkehrungen zu treffen, die es ermöglichen, das willkürlich unterbrochene Sorgerecht für Kinder wiederherzustellen;

überzeugt, dass es wünschenswert ist, zu diesem Zweck Regelungen zu treffen, die den verschiedenen Bedürfnissen und den unterschiedlichen Umständen entsprechen;

SR 0.211.230.01; AS 1983 1681; BBl 1983 I 101

1 Der Originaltext findet sich unter der gleichen Nummer in der französischen Ausgabe dieser Sammlung.

2 Art. 1 Bst. a des BB vom 21. Juni 1983 (AS 1983 1680)

in dem Wunsch, zwischen ihren Behörden eine Zusammenarbeit auf rechtlichem Gebiet herbeizuführen,

sind wie folgt übereingekommen:

Art. 1 Im Sinn dieses Übereinkommens bedeutet:

a) *Kind* eine Person gleich welcher Staatsangehörigkeit, die das 16. Lebensjahr noch nicht vollendet hat und noch nicht berechtigt ist, nach dem Recht ihres gewöhnlichen Aufenthalts, dem Recht des Staates, dem sie angehört, oder dem innerstaatlichen Recht des ersuchten Staates ihren eigenen Aufenthalt zu bestimmen;

b) *Behörde* ein Gericht oder eine Verwaltungsbehörde;

c) *Sorgerechtsentscheidung* die Entscheidung einer Behörde, soweit sie die Sorge für die Person des Kindes, einschliesslich des Rechts auf Bestimmung seines Aufenthalts oder des Besuchsrechts, betrifft;

d) *unzulässiges Verbringen* das Verbringen eines Kindes über eine internationale Grenze, wenn dadurch eine Sorgerechtsentscheidung verletzt wird, die in einem Vertragsstaat ergangen und in einem solchen Staat vollstreckbar ist; als unzulässiges Verbringen gilt auch der Fall, in dem

   i) das Kind am Ende einer Besuchszeit oder eines sonstigen vorübergehenden Aufenthalts in einem anderen Hoheitsgebiet als dem, in dem das Sorgerecht ausgeübt wird, nicht über eine internationale Grenze zurückgebracht wird,

   ii) das Verbringen nachträglich nach Artikel 12 für widerrechtlich erklärt wird.

Teil I Zentrale Behörden

Art. 2 1. Jeder Vertragsstaat bestimmt eine zentrale Behörde, welche die in diesem Übereinkommen vorgesehenen Aufgaben wahrnimmt.

2. Bundesstaaten und Staaten mit mehreren Rechtssystemen steht es frei, mehrere zentrale Behörden zu bestimmen; sie legen deren Zuständigkeit fest.

3. Jede Bezeichnung nach diesem Artikel wird dem Generalsekretär des Europarats notifiziert.

Art. 3 1. Die zentralen Behörden der Vertragsstaaten arbeiten zusammen und fördern die Zusammenarbeit der zuständigen Behörden ihrer Staaten. Sie haben mit aller gebotenen Eile zu handeln.

2. Um die Durchführung dieses Übereinkommens zu erleichtern, werden die zentralen Behörden der Vertragsstaaten
   a) die Übermittlung von Auskunftsersuchen sicherstellen, die von zuständigen Behörden ausgehen und sich auf Rechts- oder Tatsachenfragen in anhängigen Verfahren beziehen;
   b) einander auf Ersuchen Auskünfte über ihr Recht auf dem Gebiet des Sorgerechts für Kinder und über dessen Änderungen erteilen;
   c) einander über alle Schwierigkeiten unterrichten, die bei der Anwendung des Übereinkommens auftreten können, und Hindernisse, die seiner Anwendung entgegenstehen, soweit wie möglich ausräumen.

Art. 4 1. Wer in einem Vertragsstaat eine Sorgerechtsentscheidung erwirkt hat und sie in einem anderen Vertragsstaat anerkennen oder vollstrecken lassen will, kann zu diesem Zweck einen Antrag an die zentrale Behörde jedes beliebigen Vertragsstaats richten.

2. Dem Antrag sind die in Artikel 13 genannten Schriftstücke beizufügen.

3. Ist die zentrale Behörde, bei der der Antrag eingeht, nicht die zentrale Behörde des ersuchten Staates, so übermittelt sie die Schriftstücke unmittelbar und unverzüglich der letztgenannten Behörde.

4. Die zentrale Behörde, bei der der Antrag eingeht, kann es ablehnen, tätig zu werden, wenn die Voraussetzungen nach diesem Übereinkommen offensichtlich nicht erfüllt sind.

5. Die zentrale Behörde, bei der der Antrag eingeht, unterrichtet den Antragsteller unverzüglich über den Fortgang seines Antrags.

Art. 5 1. Die zentrale Behörde des ersuchten Staates trifft oder veranlasst unverzüglich alle Vorkehrungen, die sie für geeignet hält, und leitet erforderlichenfalls ein Verfahren vor dessen zuständigen Behörden ein, um
   a) den Aufenthaltsort des Kindes ausfindig zu machen;
   b) zu vermeiden, insbesondere durch alle erforderlichen vorläufigen Massnahmen, dass die Interessen des Kindes oder des Antragstellers beeinträchtigt werden;
   c) die Anerkennung oder Vollstreckung der Entscheidung sicherzustellen;
   d) die Rückgabe des Kindes an den Antragsteller sicherzustellen, wenn die Vollstreckung der Entscheidung bewilligt wird;
   e) die ersuchende Behörde über die getroffenen Massnahmen und deren Ergebnisse zu unterrichten.

2. Hat die zentrale Behörde des ersuchten Staates Grund zu der Annahme, dass sich das Kind im Hoheitsgebiet eines anderen Vertragsstaats befindet, so übermittelt sie die Schriftstücke unmittelbar und unverzüglich der zentralen Behörde dieses Staates.

3. Jeder Vertragsstaat verpflichtet sich, vom Antragsteller keine Zahlungen für Massnahmen zu verlangen, die für den Antragsteller aufgrund des Absatzes 1 von der zentralen Behörde des betreffenden Staates getroffen werden; darunter fallen auch die Verfahrenskosten und gegebenenfalls die Kosten für einen Rechtsanwalt, nicht aber die Kosten für die Rückführung des Kindes.

4. Wird die Anerkennung oder Vollstreckung versagt und ist die zentrale Behörde des ersuchten Staates der Auffassung, dass sie dem Ersuchen des Antragstellers stattgeben sollte, in diesem Staat eine Entscheidung in der Sache selbst herbeizuführen, so bemüht sich diese Behörde nach besten Kräften, die Vertretung des Antragstellers in dem Verfahren unter Bedingungen sicherzustellen, die nicht weniger günstig sind als für eine Person, die in diesem Staat ansässig ist und dessen Staatsangehörigkeit besitzt; zu diesem Zweck kann sie insbesondere ein Verfahren vor dessen zuständigen Behörden einleiten.

Art. 6 1. Vorbehaltlich besonderer Vereinbarungen zwischen den beteiligten zentralen Behörden und der Bestimmungen des Absatzes 3

a) müssen Mitteilungen an die zentrale Behörde des ersuchten Staates in der Amtssprache oder einer der Amtssprachen dieses Staates abgefasst oder von einer Übersetzung in diese Sprache begleitet sein;

b) muss die zentrale Behörde des ersuchten Staates aber auch Mitteilungen annehmen, die in englischer oder französischer Sprache abgefasst oder von einer Übersetzung in eine dieser Sprachen begleitet sind.

2. Mitteilungen, die von der zentralen Behörde des ersuchten Staates ausgehen, einschliesslich der Ergebnisse von Ermittlungen, können in der Amtssprache oder einer der Amtssprachen dieses Staates oder in englischer oder französischer Sprache abgefasst sein.

3. Ein Vertragsstaat kann die Anwendung des Absatzes 1 Buchstabe b ganz oder teilweise ausschliessen. Hat ein Vertragsstaat diesen Vorbehalt angebracht, so kann jeder andere Vertragsstaat ihm gegenüber den Vorbehalt auch anwenden.

Teil II Anerkennung und Vollstreckung von Entscheidungen und Wiederherstellung des Sorgerechts

Art. 7 Sorgerechtsentscheidungen, die in einem Vertragsstaat ergangen sind, werden in jedem anderen Vertragsstaat anerkannt und, wenn sie im Ursprungsstaat vollstreckbar sind, für vollstreckbar erklärt.

Art. 8 1. Im Fall eines unzulässigen Verbringens hat die zentrale Behörde des ersuchten Staates umgehend die Wiederherstellung des Sorgerechts zu veranlassen, wenn

a) zur Zeit der Einleitung des Verfahrens in dem Staat, in dem die Entscheidung ergangen ist, oder zur Zeit des unzulässigen Verbringens, falls dieses früher erfolgte, das Kind und seine Eltern nur Angehörige dieses Staates waren und das Kind seinen gewöhnlichen Aufenthalt im Hoheitsgebiet dieses Staates hatte, und
b) der Antrag auf Wiederherstellung innerhalb von sechs Monaten nach dem unzulässigen Verbringen bei einer zentralen Behörde gestellt worden ist.

2. Können nach dem Recht des ersuchten Staates die Voraussetzungen des Absatzes 1 nicht ohne ein gerichtliches Verfahren erfüllt werden, so finden in diesem Verfahren die in dem Übereinkommen genannten Versagungsgründe keine Anwendung.

3. Ist in einer von einer zuständigen Behörde genehmigten Vereinbarung zwischen dem Sorgeberechtigten und einem Dritten diesem ein Besuchsrecht eingeräumt worden und ist das ins Ausland gebrachte Kind am Ende der vereinbarten Zeit dem Sorgeberechtigten nicht zurückgegeben worden, so wird das Sorgerecht nach Absatz 1 Buchstabe b und Absatz 2 wiederhergestellt. Dasselbe gilt, wenn durch Entscheidung der zuständigen Behörde ein solches Recht einer Person zuerkannt wird, die nicht sorgeberechtigt ist.

Art. 9 1. Ist in anderen als den in Artikel 8 genannten Fällen eines unzulässigen Verbringens ein Antrag innerhalb von sechs Monaten nach dem Verbringen bei einer zentralen Behörde gestellt worden, so können die Anerkennung und Vollstreckung nur in folgenden Fällen versagt werden:

a) wenn bei einer Entscheidung, die in Abwesenheit des Beklagten oder seines gesetzlichen Vertreters ergangen ist, dem Beklagten das das Verfahren einleitende Schriftstück oder ein gleichwertiges Schriftstück weder ordnungsgemäss noch so rechtzeitig zugestellt worden ist, dass er sich verteidigen konnte; die Nichtzustellung kann jedoch dann kein Grund für die Versagung der Anerkennung oder Vollstreckung sein, wenn die Zustellung deswegen nicht bewirkt worden ist, weil der Beklagte seinen Aufenthaltsort der Person verheimlicht hat, die das Verfahren im Ursprungsstaat eingeleitet hatte;
b) wenn bei einer Entscheidung, die in Abwesenheit des Beklagten oder seines gesetzlichen Vertreters ergangen ist, die Zuständigkeit der die Entscheidung treffenden Behörde nicht gegründet war auf
   i) den gewöhnlichen Aufenthalt des Beklagten,
   ii) den letzten gemeinsamen gewöhnlichen Aufenthalt der Eltern des Kindes, sofern wenigstens ein Elternteil seinen gewöhnlichen Aufenthalt noch dort hat, oder

iii) den gewöhnlichen Aufenthalt des Kindes;

c) wenn die Entscheidung mit einer Sorgerechtsentscheidung unvereinbar ist, die im ersuchten Staat vor dem Verbringen des Kindes vollstreckbar wurde, es sei denn, das Kind habe während des Jahres vor seinem Verbringen den gewöhnlichen Aufenthalt im Hoheitsgebiet des ersuchenden Staates gehabt.

2. Ist kein Antrag bei einer zentralen Behörde gestellt worden, so findet Absatz 1 auch dann Anwendung, wenn innerhalb von sechs Monaten nach dem unzulässigen Verbringen die Anerkennung und Vollstreckung beantragt wird.

3. Auf keinen Fall darf die ausländische Entscheidung inhaltlich nachgeprüft werden.

Art. 10 1. In anderen als den in den Artikeln 8 und 9 genannten Fällen können die Anerkennung und Vollstreckung nicht nur aus den in Artikel 9 vorgesehenen, sondern auch aus einem der folgenden Gründe versagt werden:

a) wenn die Wirkungen der Entscheidung mit den Grundwerten des Familien- und Kindschaftsrechts im ersuchten Staat offensichtlich unvereinbar sind;

b) wenn aufgrund einer Änderung der Verhältnisse – dazu zählt auch der Zeitablauf, nicht aber der blosse Wechsel des Aufenthaltsorts des Kindes infolge eines unzulässigen Verbringens – die Wirkungen der ursprünglichen Entscheidung offensichtlich nicht mehr dem Wohl des Kindes entsprechen;

c) wenn zur Zeit der Einleitung des Verfahrens im Ursprungsstaat

i) das Kind Angehöriger des ersuchten Staates war oder dort seinen gewöhnlichen Aufenthalt hatte und keine solche Beziehung zum Ursprungsstaat bestand,

ii) das Kind sowohl Angehöriger des Ursprungsstaats als auch des ersuchten Staates war und seinen gewöhnlichen Aufenthalt im ersuchten Staat hatte;

d) wenn die Entscheidung mit einer im ersuchten Staat ergangenen oder mit einer dort vollstreckbaren Entscheidung eines Drittstaats unvereinbar ist; die Entscheidung muss in einem Verfahren ergangen sein, das eingeleitet wurde, bevor der Antrag auf Anerkennung oder Vollstreckung gestellt wurde, und die Versagung muss dem Wohl des Kindes entsprechen.

2. In diesen Fällen können Verfahren auf Anerkennung oder Vollstreckung aus einem der folgenden Gründe ausgesetzt werden:

a) wenn gegen die ursprüngliche Entscheidung ein ordentliches Rechtsmittel eingelegt worden ist;

b) wenn im ersuchten Staat ein Verfahren über das Sorgerecht für das Kind anhängig ist und dieses Verfahren vor Einleitung des Verfahrens im Usprungsstaat eingeleitet wurde;
c) wenn eine andere Entscheidung über das Sorgerecht für das Kind Gegenstand eines Verfahrens auf Vollstreckung oder eines anderen Verfahrens auf Anerkennung der Entscheidung ist.

Art. 11 1. Die Entscheidungen über das Besuchsrecht und die in Sorgerechtsentscheidungen enthaltenen Regelungen über das Besuchsrecht werden unter den gleichen Bedingungen wie andere Sorgerechtsentscheidungen anerkannt und vollstreckt.

2. Die zuständige Behörde des ersuchten Staates kann jedoch die Bedingungen für die Durchführung und Ausübung des Besuchsrechts festlegen; dabei werden insbesondere die von den Parteien eingegangenen diesbezüglichen Verpflichtungen berücksichtigt.

3. Ist keine Entscheidung über das Besuchsrecht ergangen oder ist die Anerkennung oder Vollstreckung der Sorgerechtsentscheidung versagt worden, so kann sich die zentrale Behörde des ersuchten Staates auf Antrag der Person, die das Besuchsrecht beansprucht, an die zuständige Behörde ihres Staates wenden, um eine solche Entscheidung zu erwirken.

Art. 12 Liegt zu dem Zeitpunkt, in dem das Kind über eine internationale Grenze verbracht wird, keine in einem Vertragsstaat ergangene vollstreckbare Sorgerechtsentscheidung vor, so ist dieses Übereinkommen auf jede spätere in einem Vertragsstaat ergangene Entscheidung anzuwenden, mit der das Verbringen auf Antrag eines Beteiligten für widerrechtlich erklärt wird.

Teil III Verfahren

Art. 13 1. Dem Antrag auf Anerkennung oder Vollstreckung einer Sorgerechtsentscheidung in einem anderen Vertragsstaat sind beizufügen

a) ein Schriftstück, in dem die zentrale Behörde des ersuchten Staates ermächtigt wird, für den Antragsteller tätig zu werden oder einen anderen Vertreter für diesen Zweck zu bestimmen;
b) eine Ausfertigung der Entscheidung, welche die für ihre Beweiskraft erforderlichen Voraussetzungen erfüllt;
c) im Fall einer in Abwesenheit des Beklagten oder seines gesetzlichen Vertreters ergangenen Entscheidung ein Schriftstück, aus dem sich ergibt, dass das Schriftstück, mit dem das Verfahren eingeleitet wurde, oder ein gleichwertiges Schriftstück dem Beklagten ordnungsgemäss zugestellt worden ist;

d) gegebenenfalls ein Schriftstück, aus dem sich ergibt, dass die Entscheidung nach dem Recht des Ursprungsstaats vollstreckbar ist;
e) wenn möglich eine Angabe über den Aufenthaltsort oder den wahrscheinlichen Aufenthaltsort des Kindes im ersuchten Staat;
f) Vorschläge dafür, wie das Sorgerecht für das Kind wiederhergestellt werden soll.

2. Den obengenannten Schriftstücken ist erforderlichenfalls eine Übersetzung nach Massgabe des Artikels 6 beizufügen.

Art. 14 Jeder Vertragsstaat wendet für die Anerkennung und Vollstreckung von Sorgerechtsentscheidungen ein einfaches und beschleunigtes Verfahren an. Zu diesem Zweck stellt er sicher, dass die Vollstreckbarerklärung in Form eines einfachen Antrags begehrt werden kann.

Art. 15 1. Bevor die Behörde des ersuchten Staates eine Entscheidung nach Artikel 10 Absatz 1 Buchstabe b trifft,
a) muss sie die Meinung des Kindes feststellen, sofern dies nicht insbesondere wegen seines Alters und Auffassungsvermögens undurchführbar ist;
b) kann sie verlangen, dass geeignete Ermittlungen durchgeführt werden.

2. Die Kosten für die in einem Vertragsstaat durchgeführten Ermittlungen werden von den Behörden des Staates getragen, in dem sie durchgeführt wurden.

3. Ermittlungsersuchen und die Ergebnisse der Ermittlungen können der ersuchenden Behörde über die zentralen Behörden mitgeteilt werden.

Art. 16 Für die Zwecke dieses Übereinkommens darf keine Beglaubigung oder ähnliche Förmlichkeit verlangt werden.

Teil IV Vorbehalte

Art. 17 1. Jeder Vertragsstaat kann sich vorbehalten, dass in den von den Artikeln 8 und 9 oder von einem dieser Artikel erfassten Fällen die Anerkennung und Vollstreckung von Sorgerechtsentscheidungen aus denjenigen der in Artikel 10 vorgesehenen Gründe versagt werden kann, die in dem Vorbehalt bezeichnet sind.

2. Die Anerkennung und Vollstreckung von Entscheidungen, die in einem Vertragsstaat ergangen sind, der den in Absatz 1 vorgesehenen Vorbehalt angebracht hat, können in jedem anderen Vertragsstaat aus einem der in diesem Vorbehalt bezeichneten zusätzlichen Gründe versagt werden.

Art. 18 Jeder Vertragsstaat kann sich vorbehalten, durch Artikel 12 nicht gebunden zu sein. Auf die in Artikel 12 genannten Entscheidungen, die in einem Vertragsstaat ergangen sind, der einen solchen Vorbehalt angebracht hat, ist dieses Übereinkommen nicht anwendbar.

Teil V Andere Übereinkünfte

Art. 19 Dieses Übereinkommen schliesst nicht aus, dass eine andere internationale Übereinkunft zwischen dem Ursprungsstaat und dem ersuchten Staat oder das nichtvertragliche Recht des ersuchten Staates angewendet wird, um die Anerkennung oder Vollstreckung einer Entscheidung zu erwirken.

Art. 20 1. Dieses Übereinkommen lässt Verpflichtungen unberührt, die ein Vertragsstaat gegenüber einem Nichtvertragsstaat aufgrund einer internationalen Übereinkunft hat, die sich auf in diesem Übereinkommen geregelte Angelegenheiten erstreckt.

2. Haben zwei oder mehr Vertragsstaaten auf dem Gebiet des Sorgerechts für Kinder einheitliche Rechtsvorschriften erlassen oder ein besonderes System zur Anerkennung oder Vollstreckung von Entscheidungen auf diesem Gebiet geschaffen oder werden sie dies in Zukunft tun, so steht es ihnen frei, anstelle des Übereinkommens oder eines Teiles davon diese Rechtsvorschriften oder dieses System untereinander anzuwenden. Um von dieser Bestimmung Gebrauch machen zu können, müssen diese Staaten ihre Entscheidung dem Generalsekretär des Europarats notifizieren. Jede Änderung oder Aufhebung dieser Entscheidung ist ebenfalls zu notifizieren.

Teil VI Schlussbestimmungen

Art. 21–30

(nicht abgedruckt)

Vertragsstaaten: Andorra, Belgien, Bulgarien, Dänemark, Deutschland, Estland, Finnland, Frankreich, Griechenland, Irland, Island, Italien, Lettland, Liechtenstein, Litauen, Luxemburg, Malta, Mazedonien, Moldau, Montenegro, Niederlande, Norwegen, Österreich, Polen, Portugal, Rumänien, Schweden, Schweiz, Serbien, Slowakei, Spanien, Tschechische Republik, Türkei, Ukraine, Ungarn, Vereinigtes Königreich, Zypern.

Schweiz[1)]

Gemäss Artikel 27 macht die Schweiz von dem in Artikel 17 vorgesehenen Vorbehalt Gebrauch und wird in den von den Artikeln 8 und 9 erfassten Fällen die Anerkennung und Vollstreckung von Sorgerechtsentscheidungen aus dem in Artikel 10 Absatz 1 Buchstabe d des Übereinkommens vorgesehenen Grund verweigern.

1) Art. 1 und 2 des BB vom 21. Juni 1983 (AS 1983 1680).

Übersetzung[1]

14. Übereinkommen über die zivilrechtlichen Aspekte internationaler Kindesentführung

Abgeschlossen in Den Haag am 25. Oktober 1980
Von der Bundesversammlung genehmigt am 21. Juni 1983[2]
Schweizerische Ratifikationsurkunde hinterlegt am 11. Oktober 1983
In Kraft getreten für die Schweiz am 1. Januar 1984

Die Unterzeichnerstaaten dieses Übereinkommens,

in der festen Überzeugung, dass das Wohl des Kindes in allen Angelegenheiten des Sorgerechts von vorrangiger Bedeutung ist;

in dem Wunsch, das Kind vor den Nachteilen eines widerrechtlichen Verbringens oder Zurückhaltens international zu schützen und Verfahren einzuführen, um seine sofortige Rückgabe in den Staat seines gewöhnlichen Aufenthalts sicherzustellen und den Schutz des Rechts zum persönlichen Umgang mit dem Kind zu gewährleisten,

haben beschlossen, zu diesem Zweck ein Übereinkommen zu schliessen, und haben die folgenden Bestimmungen vereinbart:

Kapitel I Anwendungsbereich des Übereinkommens

Art. 1 Ziel dieses Übereinkommens ist es,

a) die sofortige Rückgabe widerrechtlich in einen Vertragsstaat verbrachter oder dort zurückgehaltener Kinder sicherzustellen, und
b) zu gewährleisten, dass das in einem Vertragsstaat bestehende Sorge- und Besuchsrecht in den anderen Vertragsstaaten tatsächlich beachtet wird.

Art. 2 Die Vertragsstaaten treffen alle geeigneten Massnahmen, um in ihrem Hoheitsgebiet die Ziele des Übereinkommens zu verwirklichen. Zu diesem Zweck wenden sie ihre schnellstmöglichen Verfahren an.

SR 0.211.230.02; AS 1983 1694; BBl 1983 I 101

1 Der französische Originaltext befindet sich unter der gleichen Nummer in der entsprechenden Ausgabe dieser Sammlung.

2 Art. 1 Bst. b des BB vom 21. Juni 1983 (AS 1983 1680).

Art. 3 Das Verbringen oder Zurückhalten eines Kindes gilt als widerrechtlich, wenn

a) dadurch das Sorgerecht verletzt wird, das einer Person, Behörde oder sonstigen Stelle allein oder gemeinsam nach dem Recht des Staates zusteht, in dem das Kind unmittelbar vor dem Verbringen oder Zurückhalten seinen gewöhnlichen Aufenthalt hatte, und

b) dieses Recht im Zeitpunkt des Verbringens oder Zurückhaltens allein oder gemeinsam tatsächlich ausgeübt wurde oder ausgeübt worden wäre, falls das Verbringen oder Zurückhalten nicht stattgefunden hätte.

Das unter Buchstabe a genannte Sorgerecht kann insbesondere kraft Gesetzes, aufgrund einer gerichtlichen oder behördlichen Entscheidung oder aufgrund einer nach dem Recht des betreffenden Staates wirksamen Vereinbarung bestehen.

Art. 4 Das Übereinkommen wird auf jedes Kind angewendet, das unmittelbar vor einer Verletzung des Sorge- oder Besuchsrechts seinen gewöhnlichen Aufenthalt in einem Vertragsstaat hatte. Das Übereinkommen wird nicht mehr angewendet, sobald das Kind das 16. Lebensjahr vollendet hat.

Art. 5 Im Sinn dieses Übereinkommens umfasst

a) das «Sorgerecht» die Sorge für die Person des Kindes und insbesondere das Recht, den Aufenthalt des Kindes zu bestimmen;

b) das «Besuchsrecht» das Recht, das Kind für eine begrenzte Zeit an einen anderen Ort als seinen gewöhnlichen Aufenthaltsort zu bringen.

Kapitel II Zentrale Behörden

Art. 6 Jeder Vertragsstaat bestimmt eine zentrale Behörde, welche die ihr durch dieses Übereinkommen übertragenen Aufgaben wahrnimmt.

Einem Bundesstaat, einem Staat mit mehreren Rechtssystemen oder einem Staat, der aus autonomen Gebietskörperschaften besteht, steht es frei, mehrere zentrale Behörden zu bestimmen und deren räumliche Zuständigkeit festzulegen. Macht ein Staat von dieser Möglichkeit Gebrauch, so bestimmt er die zentrale Behörde, an welche die Anträge zur Übermittlung an die zuständige zentrale Behörde in diesem Staat gerichtet werden können.

Art. 7 Die zentralen Behörden arbeiten zusammen und fördern die Zusammenarbeit der zuständigen Behörden ihrer Staaten, um die sofortige Rückgabe von Kindern sicherzustellen und auch die anderen Ziele dieses Übereinkommens zu verwirklichen.

Insbesondere treffen sie unmittelbar oder mit Hilfe anderer alle geeigneten Massnahmen, um

a) den Aufenthaltsort eines widerrechtlich verbrachten oder zurückgehaltenen Kindes ausfindig zu machen;
b) weitere Gefahren von dem Kind oder Nachteile von den betroffenen Parteien abzuwenden, indem sie vorsorgliche Massnahmen treffen oder veranlassen;
c) die freiwillige Rückgabe des Kindes sicherzustellen oder eine gütliche Regelung der Angelegenheit herbeizuführen;
d) soweit zweckdienlich Auskünfte über die soziale Lage des Kindes auszutauschen;
e) im Zusammenhang mit der Anwendung des Übereinkommens allgemeine Auskünfte über das Recht ihrer Staaten zu erteilen;
f) ein gerichtliches oder behördliches Verfahren einzuleiten oder die Einleitung eines solchen Verfahrens zu erleichtern, um die Rückgabe des Kindes zu erwirken sowie gegebenenfalls die Durchführung oder die wirksame Ausübung des Besuchsrechts zu gewährleisten;
g) soweit erforderlich die Bewilligung von unentgeltlicher Rechtshilfe und Rechtsberatung, einschliesslich der Beiordnung eines Rechtsanwalts, zu veranlassen oder zu erleichtern;
h) durch etwa notwendige und geeignete behördliche Vorkehrungen die sichere Rückgabe des Kindes zu gewährleisten;
i) einander über die Wirkungsweise des Übereinkommens zu unterrichten und Hindernisse, die seiner Anwendung entgegenstehen, soweit wie möglich auszuräumen.

Kapitel III Rückgabe von Kindern

Art. 8 Macht eine Person, Behörde oder sonstige Stelle geltend, ein Kind sei unter Verletzung des Sorgerechts verbracht oder zurückgehalten worden, so kann sie sich entweder an die für den gewöhnlichen Aufenthalt des Kindes zuständige zentrale Behörde oder an die zentrale Behörde eines anderen Vertragsstaats wenden, um mit deren Unterstützung die Rückgabe des Kindes sicherzustellen.

Der Antrag muss enthalten

a) Angaben über die Identität des Antragstellers, des Kindes und der Person, die das Kind angeblich verbracht oder zurückgehalten hat;
b) das Geburtsdatum des Kindes, soweit es festgestellt werden kann;
c) die Gründe, die der Antragsteller für seinen Anspruch auf Rückgabe des Kindes geltend macht;
d) alle verfügbaren Angaben über den Aufenthaltsort des Kindes und die Identität der Person, bei der sich das Kind vermutlich befindet.

Der Antrag kann wie folgt ergänzt oder es können ihm folgende Anlagen beigefügt werden:

e) eine beglaubigte Ausfertigung einer für die Sache erheblichen Entscheidung oder Vereinbarung;
f) eine Bescheinigung oder eidesstattliche Erklärung (Affidavit) über die einschlägigen Rechtsvorschriften des betreffenden Staates; sie muss von der zentralen Behörde oder einer sonstigen zuständigen Behörde des Staates, in dem sich das Kind gewöhnlich aufhält, oder von einer dazu befugten Person ausgehen;
g) jedes sonstige für die Sache erhebliche Schriftstück.

Art. 9 Hat die zentrale Behörde, bei der ein Antrag nach Artikel 8 eingeht, Grund zu der Annahme, dass sich das Kind in einem anderen Vertragsstaat befindet, so übermittelt sie den Antrag unmittelbar und unverzüglich der zentralen Behörde dieses Staates; sie unterrichtet davon die ersuchende zentrale Behörde oder gegebenenfalls den Antragsteller.

Art. 10 Die zentrale Behörde des Staates, in dem sich das Kind befindet, trifft oder veranlasst alle geeigneten Massnahmen, um die freiwillige Rückgabe des Kindes zu bewirken.

Art. 11 In Verfahren auf Rückgabe von Kindern haben die Gerichte oder Verwaltungsbehörden eines jeden Vertragsstaats mit der gebotenen Eile zu handeln.

Hat das Gericht oder die Verwaltungsbehörde, die mit der Sache befasst sind, nicht innerhalb von sechs Wochen nach Eingang des Antrags eine Entscheidung getroffen, so kann der Antragsteller oder die zentrale Behörde des ersuchten Staates von sich aus oder auf Begehren der zentralen Behörde des ersuchenden Staates eine Darstellung der Gründe für die Verzögerung verlangen. Hat die zentrale Behörde des ersuchten Staates die Antwort erhalten, so übermittelt sie diese der zentralen Behörde des ersuchenden Staates oder gegebenenfalls dem Antragsteller.

Art. 12 Ist ein Kind im Sinn des Artikels 3 widerrechtlich verbracht oder zurückgehalten worden und ist bei Eingang des Antrags bei dem Gericht oder der Verwaltungsbehörde des Vertragsstaats, in dem sich das Kind befindet, eine Frist von weniger als einem Jahr seit dem Verbringen oder Zurückhalten verstrichen, so ordnet das zuständige Gericht oder die zuständige Verwaltungsbehörde die sofortige Rückgabe des Kindes an.

Ist der Antrag erst nach Ablauf der in Absatz 1 bezeichneten Jahresfrist eingegangen, so ordnet das Gericht oder die Verwaltungsbehörde die Rückgabe des Kindes ebenfalls an, sofern nicht erwiesen ist, dass das Kind sich in seine neue Umgebung eingelebt hat.

Hat das Gericht oder die Verwaltungsbehörde des ersuchten Staates Grund zu der Annahme, dass das Kind in einen anderen Staat verbracht worden ist, so kann das Verfahren ausgesetzt oder der Antrag auf Rückgabe des Kindes abgelehnt werden.

Art. 13 Ungeachtet des Artikels 12 ist das Gericht oder die Verwaltungsbehörde des ersuchten Staates nicht verpflichtet, die Rückgabe des Kindes anzuordnen, wenn die Person, Behörde oder sonstige Stelle, die sich der Rückgabe des Kindes widersetzt, nachweist,

a) dass die Person, Behörde oder sonstige Stelle, der die Sorge für die Person des Kindes zustand, das Sorgerecht zur Zeit des Verbringens oder Zurückhaltens tatsächlich nicht ausgeübt, dem Verbringen oder Zurückhalten zugestimmt oder dieses nachträglich genehmigt hat, oder
b) dass die Rückgabe mit der schwerwiegenden Gefahr eines körperlichen oder seelischen Schadens für das Kind verbunden ist oder das Kind auf andere Weise in eine unzumutbare Lage bringt.

Das Gericht oder die Verwaltungsbehörde kann es ferner ablehnen, die Rückgabe des Kindes anzuordnen, wenn festgestellt wird, dass sich das Kind der Rückgabe widersetzt und dass es ein Alter und eine Reife erreicht hat, angesichts deren es angebracht erscheint, seine Meinung zu berücksichtigen.

Bei Würdigung der in diesem Artikel genannten Umstände hat das Gericht oder die Verwaltungsbehörde die Auskünfte über die soziale Lage des Kindes zu berücksichtigen, die von der zentralen Behörde oder einer anderen zuständigen Behörde des Staates des gewöhnlichen Aufenthalts des Kindes erteilt worden sind.

Art. 14 Haben die Gerichte oder Verwaltungsbehörden des ersuchten Staates festzustellen, ob ein widerrechtliches Verbringen oder Zurückhalten im Sinn des Artikels 3 vorliegt, so können sie das im Staat des gewöhnlichen Aufenthalts des Kindes geltende Recht und die gerichtlichen oder behördlichen Entscheidungen, gleichviel ob sie dort förmlich anerkannt sind oder nicht, unmittelbar berücksichtigen; dabei brauchen sie die besonderen Verfahren zum Nachweis dieses Rechts oder zur Anerkennung ausländischer Entscheidungen, die sonst einzuhalten wären, nicht zu beachten.

Art. 15 Bevor die Gerichte oder Verwaltungsbehörden eines Vertragsstaats die Rückgabe des Kindes anordnen, können sie vom Antragsteller die Vorlage einer Entscheidung oder sonstigen Bescheinigung der Behörden des Staates des gewöhnlichen Aufenthalts des Kindes verlangen, aus der hervorgeht, dass das Verbringen oder Zurückhalten widerrechtlich im Sinn des Artikels 3 war, sofern in dem betreffenden Staat eine derartige Entscheidung oder Bescheinigung erwirkt werden kann. Die zentralen Behörden der Vertragsstaaten haben den Antragsteller beim Erwirken einer derartigen Entscheidung oder Bescheinigung soweit wie möglich zu unterstützen.

Art. 16 Ist den Gerichten oder Verwaltungsbehörden des Vertragsstaats in den das Kind verbracht oder in dem es zurückgehalten wurde, das widerrechtliche Verbringen oder Zurückhalten des Kindes im Sinn des Artikels 3 mitgeteilt worden, so dürfen sie keine Sachentscheidung über das Sorgerecht treffen, solange nicht entschieden ist, dass das Kind aufgrund dieses Übereinkommens nicht zurückzugeben ist, oder sofern innerhalb angemessener Frist nach der Mitteilung kein Antrag nach dem Übereinkommen gestellt wird.

Art. 17 Der Umstand, dass eine Entscheidung über das Sorgerecht im ersuchten Staat ergangen oder dort anerkennbar ist, stellt für sich genommen keinen Grund dar, die Rückgabe eines Kindes nach Massgabe dieses Übereinkommens abzulehnen; die Gerichte oder Verwaltungsbehörden des ersuchten Staates können jedoch bei der Anwendung des Übereinkommens die Entscheidungsgründe berücksichtigen.

Art. 18 Die Gerichte oder Verwaltungsbehörden werden durch die Bestimmungen dieses Kapitels nicht daran gehindert, jederzeit die Rückgabe des Kindes anzuordnen.

Art. 19 Eine aufgrund dieses Übereinkommens getroffene Entscheidung über die Rückgabe des Kindes ist nicht als Entscheidung über das Sorgerecht anzusehen.

Art. 20 Die Rückgabe des Kindes nach Artikel 12 kann abgelehnt werden, wenn sie nach den im ersuchten Staat geltenden Grundwerten über den Schutz der Menschenrechte und Grundfreiheiten unzulässig ist.

Kapitel IV Besuchsrecht

Art. 21 Der Antrag auf Durchführung oder wirksame Ausübung des Besuchsrechts kann in derselben Weise an die zentrale Behörde eines Vertragsstaats gerichtet werden wie ein Antrag auf Rückgabe des Kindes.

Die zentralen Behörden haben aufgrund der in Artikel 7 genannten Verpflichtung zur Zusammenarbeit die ungestörte Ausübung des Besuchsrechts sowie die Erfüllung aller Bedingungen zu fördern, denen die Ausübung dieses Rechts unterliegt. Die zentralen Behörden unternehmen Schritte, um soweit wie möglich alle Hindernisse auszuräumen, die der Ausübung dieses Rechts entgegenstehen.

Die zentralen Behörden können unmittelbar oder mit Hilfe anderer die Einleitung eines Verfahrens vorbereiten oder unterstützen mit dem Ziel, das

Besuchsrecht durchzuführen oder zu schützen und zu gewährleisten, dass die Bedingungen, von denen die Ausübung dieses Rechts abhängen kann, beachtet werden.

Kapitel V Allgemeine Bestimmungen

Art. 22 In gerichtlichen oder behördlichen Verfahren, die unter dieses Übereinkommen fallen, darf für die Zahlung von Kosten und Auslagen eine Sicherheitsleistung oder Hinterlegung gleich welcher Bezeichnung nicht auferlegt werden.

Art. 23 Im Rahmen dieses Übereinkommens darf keine Beglaubigung oder ähnliche Förmlichkeit verlangt werden.

Art. 24 Anträge, Mitteilungen oder sonstige Schriftstücke werden der zentralen Behörde des ersuchten Staates in der Originalsprache zugesandt; sie müssen von einer Übersetzung in die Amtssprache oder eine der Amtssprachen des ersuchten Staates oder, wenn eine solche Übersetzung nur schwer erhältlich ist, von einer Übersetzung ins Französische oder Englische begleitet sein.

Ein Vertragsstaat kann jedoch einen Vorbehalt nach Artikel 42 anbringen und darin gegen die Verwendung des Französischen oder Englischen, jedoch nicht beider Sprachen, in den seiner zentralen Behörde übersandten Anträgen, Mitteilungen oder sonstigen Schriftstücken Einspruch erheben.

Art. 25 Angehörigen eines Vertragsstaats und Personen, die ihren gewöhnlichen Aufenthalt in einem solchen Staat haben, wird in allen mit der Anwendung dieses Übereinkommens zusammenhängenden Angelegenheiten unentgeltliche Rechtshilfe und Rechtsberatung in jedem anderen Vertragsstaat zu denselben Bedingungen bewilligt wie Angehörigen des betreffenden Staates, die dort ihren gewöhnlichen Aufenthalt haben.

Art. 26 Jede zentrale Behörde trägt ihre eigenen Kosten, die bei der Anwendung dieses Übereinkommens entstehen.

Für die nach diesem Übereinkommen gestellten Anträge erheben die zentralen Behörden und andere Behörden der Vertragsstaaten keine Gebühren. Insbesondere dürfen sie vom Antragsteller weder die Bezahlung von Verfahrenskosten noch der Kosten verlangen, die gegebenenfalls durch die Beiordnung eines Rechtsanwalts entstehen. Sie können jedoch die Erstattung der Auslagen verlangen, die durch die Rückgabe des Kindes entstanden sind oder entstehen.

Ein Vertragsstaat kann jedoch einen Vorbehalt nach Artikel 42 anbringen und darin erklären, dass er nur insoweit gebunden ist, die sich aus der Beiordnung eines Rechtsanwalts oder aus einem Gerichtsverfahren ergebenden Kosten im Sinn des Absatzes 2 zu übernehmen, als diese Kosten durch sein System der unentgeltlichen Rechtshilfe und Rechtsberatung gedeckt sind.

Wenn die Gerichte oder Verwaltungsbehörden aufgrund dieses Übereinkommens die Rückgabe des Kindes anordnen oder Anordnungen über das Besuchsrecht treffen, können sie, soweit angezeigt, der Person, die das Kind verbracht oder zurückgehalten oder die die Ausübung des Besuchsrechts vereitelt hat, die Erstattung der dem Antragsteller selbst oder für seine Rechnung entstandenen notwendigen Kosten auferlegen; dazu gehören insbesondere die Reisekosten, alle Kosten oder Auslagen für das Auffinden des Kindes, Kosten der Rechtsvertretung des Antragstellers und Kosten für die Rückgabe des Kindes.

Art. 27 Ist offenkundig, dass die Voraussetzungen dieses Übereinkommens nicht erfüllt sind oder dass der Antrag sonst wie unbegründet ist, so ist eine zentrale Behörde nicht verpflichtet, den Antrag anzunehmen. In diesem Fall teilt die zentrale Behörde dem Antragsteller oder gegebenenfalls der zentralen Behörde, die ihr den Antrag übermittelt hat, umgehend ihre Gründe mit.

Art. 28 Eine zentrale Behörde kann verlangen, dass dem Antrag eine schriftliche Vollmacht beigefügt wird, durch die sie ermächtigt wird, für den Antragsteller tätig zu werden oder einen Vertreter zu bestellen, der für ihn tätig wird.

Art. 29 Dieses Übereinkommen hindert Personen, Behörden oder sonstige Stellen, die eine Verletzung des Sorgerechts oder des Besuchsrechts im Sinn des Artikels 3 oder 21 geltend machen, nicht daran, sich unmittelbar an die Gerichte oder Verwaltungsbehörden eines Vertragsstaats zu wenden, gleichviel ob dies in Anwendung des Übereinkommens oder unabhängig davon erfolgt.

Art. 30 Jeder Antrag, der nach diesem Übereinkommen an die zentralen Behörden oder unmittelbar an die Gerichte oder Verwaltungsbehörden eines Vertragsstaats gerichtet wird, sowie alle dem Antrag beigefügten oder von einer zentralen Behörde beschafften Schriftstücke und sonstigen Mitteilungen sind von den Gerichten oder Verwaltungsbehörden der Vertragsstaaten ohne weiteres entgegenzunehmen.

Art. 31 Bestehen in einem Staat auf dem Gebiet des Sorgerechts für Kinder zwei oder mehr Rechtssysteme, die in verschiedenen Gebietseinheiten gelten, so ist

a) eine Verweisung auf den gewöhnlichen Aufenthalt in diesem Staat als Verweisung auf den gewöhnlichen Aufenthalt in einer Gebietseinheit dieses Staates zu verstehen;
b) eine Verweisung auf das Recht des Staates des gewöhnlichen Aufenthalts als Verweisung auf das Recht der Gebietseinheit dieses Staates zu verstehen, in der das Kind seinen gewöhnlichen Aufenthalt hat.

Art. 32 Bestehen in einem Staat auf dem Gebiet des Sorgerechts für Kinder zwei oder mehr Rechtssysteme, die für verschiedene Personenkreise gelten, so ist eine Verweisung auf das Recht dieses Staates als Verweisung auf das Rechtssystem zu verstehen, das sich aus der Rechtsordnung dieses Staates ergibt.

Art. 33 Ein Staat, in dem verschiedene Gebietseinheiten ihre eigenen Rechtsvorschriften auf dem Gebiet des Sorgerechts für Kinder haben, ist nicht verpflichtet, dieses Übereinkommen anzuwenden, wenn ein Staat mit einheitlichem Rechtssystem dazu nicht verpflichtet wäre.

Art. 34 Dieses Übereinkommen geht im Rahmen seines sachlichen Anwendungsbereichs dem Übereinkommen vom 5. Oktober 1961[3] über die Zuständigkeit der Behörden und das anzuwendende Recht auf dem Gebiet des Schutzes von Minderjährigen vor, soweit die Staaten Vertragsparteien beider Übereinkommen sind. Im übrigen beschränkt dieses Übereinkommen weder die Anwendung anderer internationaler Übereinkünfte, die zwischen dem Ursprungsstaat und dem ersuchten Staat in Kraft sind, noch die Anwendung des nichtvertraglichen Rechts des ersuchten Staates, wenn dadurch die Rückgabe eines widerrechtlich verbrachten oder zurückgehaltenen Kindes erwirkt oder die Durchführung des Besuchsrechts bezweckt werden soll.

Art. 35 Dieses Übereinkommen findet zwischen den Vertragsstaaten nur auf ein widerrechtliches Verbringen oder Zurückhalten Anwendung, das sich nach seinem Inkrafttreten in diesen Staaten ereignet hat.

Ist eine Erklärung nach Artikel 39 oder 40 abgegeben worden, so ist die in Absatz 1 des vorliegenden Artikels enthaltene Verweisung auf einen Vertragsstaat als Verweisung auf die Gebietseinheit oder die Gebietseinheiten zu verstehen, auf die das Übereinkommen angewendet wird.

Art. 36 Dieses Übereinkommen hindert zwei oder mehr Vertragsstaaten nicht daran, Einschränkungen, denen die Rückgabe eines Kindes unterliegen kann, dadurch zu begrenzen, dass sie untereinander vereinbaren, von solchen Bestimmungen des Übereinkommens abzuweichen, die eine derartige Einschränkung darstellen könnten.

3 SR 0.211.231.01

Kapitel VI Schlussbestimmungen

Art. 37–45

(nicht abgedruckt)

Beilage

Musterformular

(nicht abgedruckt)

Vertragsstaaten: Albanien, Andorra, Argentinien, Armenien, Australien, Bahamas, Belarus, Belgien, Belize, Bosnien und Herzegowina, Brasilien, Bulgarien, Burkina Faso, Chile, China-Hongkong, China-Macau, Costa Rica, Dänemark, Deutschland, Dominikanische Republik, Ecuador, El Salvador, Estland, Fidschi, Finnland, Frankreich, Georgien, Griechenland, Guatemala, Guinea, Honduras, Irland, Island, Israel, Italien, Japan, Kanada, Kasachstan, Kolumbien, Korea (Süd-), Kroatien, Lettland, Litauen, Luxemburg, Malta, Marokko, Mauritius, Mazedonien, Mexiko, Moldau, Monaco, Montenegro, Neuseeland, Nicaragua, Niederlande, Norwegen, Österreich, Panama, Paraguay, Peru, Polen, Portugal, Rumänien, Russland, San Marino, Schweden, Schweiz, Serbien, Seychellen, Simbabwe, Singapur, Slowakei, Slowenien, Spanien, Sri Lanka, St. Kitts und Nevis, Südafrika, Thailand, Trinidad und Tobago, Tschechische Republik, Türkei, Turkmenistan, Ukraine, Ungarn, Uruguay, Usbekistan, Venezuela, Vereinigte Staaten von Amerika, Vereinigtes Königreich, Zypern.

15. Bundesgesetz über internationale Kindesentführung und die Haager Übereinkommen zum Schutz von Kindern und Erwachsenen (BG-KKE)

vom 21. Dezember 2007

Die Bundesversammlung der Schweizerischen Eidgenossenschaft,

gestützt auf Artikel 122 der Bundesverfassung[1];
in Ausführung des Haager Übereinkommens vom 25. Oktober 1980[2] über die zivilrechtlichen Aspekte internationaler Kindesentführung (Haager Kindesentführungsübereinkommen, HKÜ) und
des Europäischen Übereinkommens vom 20. Mai 1980[3] über die Anerkennung und Vollstreckung von Entscheidungen über das Sorgerecht für Kinder und die Wiederherstellung des Sorgerechts (Europäisches Sorgerechtsübereinkommen, ESÜ);
in Ausführung des Haager Übereinkommens vom 19. Oktober 1996[4] über die Zuständigkeit, das anzuwendende Recht, die Anerkennung, Vollstreckung und Zusammenarbeit auf dem Gebiet der elterlichen Verantwortung und der Massnahmen zum Schutz von Kindern (Haager Kindesschutzübereinkommen, HKsÜ) und des Haager Übereinkommens vom 13. Januar 2000[5] über den internationalen Schutz von Erwachsenen (Haager Erwachsenenschutzübereinkommen, HEsÜ);
nach Einsicht in die Botschaft des Bundesrates vom 28. Februar 2007[6],

beschliesst:

1. Abschnitt: Allgemeine Bestimmungen

Art. 1 Zentrale Behörde des Bundes

1 Das Bundesamt für Justiz ist die Zentrale Behörde des Bundes für die im Ingress aufgeführten Übereinkommen.

2 Sie nimmt die im HKÜ und im ESÜ vorgesehenen Aufgaben wahr.

SR 211.222.32; AS 2009 3078

1 SR 101
2 SR 0.211.230.02
3 SR 0.211.230.01
4 SR 0.211.231.011
5 SR 0.211.232.1
6 BBl 2007 2595

3 Für das HKsÜ und das HEsÜ hat sie die Aufgabe:

a. Mitteilungen aus dem Ausland an die zuständige Zentrale Behörde des Kantons weiterzuleiten;
b. ausländischen Behörden Auskünfte über schweizerisches Recht und die in der Schweiz für den Schutz von Kindern verfügbaren Dienste zu erteilen;
c. die Schweiz gegenüber ausländischen Zentralen Behörden zu vertreten;
d. die Zentralen Behörden der Kantone betreffend diese Übereinkommen zu beraten und für deren Anwendung zu sorgen;
e. die Zusammenarbeit der Zentralen Behörden der Kantone untereinander, mit den Fachpersonen und Institutionen nach Artikel 3 sowie mit den Zentralen Behörden der Vertragsstaaten zu fördern.

Art. 2 Zentrale Behörden der Kantone

1 Jeder Kanton bezeichnet eine Zentrale Behörde für das HKsÜ und das HEsÜ.

2 Soweit Artikel 1 Absatz 3 nichts anderes bestimmt, sind die Zentralen Behörden der Kantone für die Aufgaben zuständig, die diese Übereinkommen den Zentralen Behörden zuweisen.

3 Die Zentralen Behörden der Kantone oder die von den Kantonen bezeichneten Behörden stellen auf Antrag die Bescheinigungen nach Artikel 40 Absatz 3 des HKsÜ und Artikel 38 Absatz 3 des HEsÜ aus.

2. Abschnitt: Internationale Kindesentführung

Art. 3 Fachpersonen und Institutionen

1 Die Zentrale Behörde des Bundes sorgt in Zusammenarbeit mit den Kantonen für ein Netzwerk von Fachpersonen und Institutionen, die für Beratung, Vermittlung und Mediation sowie für die Kindesvertretung zur Verfügung stehen und in der Lage sind, mit der gebotenen Eile zu handeln.

2 Sie kann Aufgaben nach Absatz 1 einer privaten Stelle übertragen und diese für die entstandenen Kosten oder pauschal entschädigen.

Art. 4 Vermittlungsverfahren oder Mediation

1 Die Zentrale Behörde kann ein Vermittlungsverfahren oder eine Mediation einleiten mit dem Ziel, die freiwillige Rückführung des Kindes zu erreichen oder eine gütliche Regelung der Angelegenheit herbeizuführen.

2 Sie veranlasst die betroffenen Personen in geeigneter Weise, am Vermittlungsverfahren oder an der Mediation teilzunehmen.

Art. 5 Rückführung und Kindeswohl

Die Rückführung bringt das Kind insbesondere dann in eine unzumutbare Lage nach Artikel 13 Absatz 1 Buchstabe b HKÜ, wenn:

a. die Unterbringung bei dem das Gesuch stellenden Elternteil offensichtlich nicht dem Wohl des Kindes entspricht;
b. der entführende Elternteil unter Würdigung der gesamten Umstände nicht in der Lage ist oder es ihm offensichtlich nicht zugemutet werden kann, das Kind im Staat zu betreuen, in dem es unmittelbar vor der Entführung seinen gewöhnlichen Aufenthalt hatte; und
c. die Unterbringung bei Drittpersonen offensichtlich nicht dem Wohl des Kindes entspricht.

Art. 6 Schutzmassnahmen

1 Das mit dem Rückführungsgesuch befasste Gericht regelt soweit erforderlich den persönlichen Verkehr des Kindes mit den Eltern und ordnet Massnahmen zum Schutz des Kindes an.

2 Ist das Rückführungsgesuch bei der Zentralen Behörde eingegangen, so kann das zuständige Gericht auf Antrag der Zentralen Behörde oder einer der Parteien die Vertretung des Kindes, eine Beistandschaft oder andere Schutzmassnahmen anordnen, wenn das Gesuch bei diesem Gericht noch nicht eingereicht worden ist.

Art. 7 Zuständiges Gericht

1 Zuständig für die Beurteilung von Rückführungsgesuchen, einschliesslich der Massnahmen zum Schutz von Kindern, ist als einzige Instanz das obere Gericht des Kantons, in dem sich das Kind im Zeitpunkt der Einreichung des Gesuchs aufhält.

2 Das Gericht kann das Verfahren an das obere Gericht eines anderen Kantons abtreten, wenn die Parteien und das ersuchte Gericht dem zustimmen.

Art. 8 Gerichtsverfahren

1 Das Gericht leitet ein Vermittlungsverfahren oder eine Mediation ein mit dem Ziel, die freiwillige Rückführung des Kindes zu erreichen oder eine gütliche Regelung der Angelegenheit herbeizuführen, soweit die Zentrale Behörde dies noch nicht veranlasst hat.

2 Lässt sich im Vermittlungsverfahren oder in der Mediation keine Einigung herbeiführen, die den Rückzug des Rückführungsgesuchs zur Folge hat, so entscheidet das Gericht in einem summarischen Verfahren.

3 Es informiert die Zentrale Behörde über die wesentlichen Verfahrensschritte.

Art. 9 Anhörung und Vertretung des Kindes

1 Das Gericht hört so weit als möglich die Parteien persönlich an.

2 Soweit nicht das Alter des Kindes oder andere wichtige Gründe dagegen sprechen, hört das Gericht das Kind in geeigneter Weise persönlich an oder beauftragt damit eine Fachperson.

3 Es ordnet die Vertretung des Kindes an und bezeichnet als Beistand oder als Beiständin eine in fürsorgerischen und rechtlichen Fragen erfahrene Person. Diese kann Anträge stellen und Rechtsmittel einlegen.

Art. 10 Internationale Zusammenarbeit

1 Das Gericht arbeitet soweit erforderlich mit den zuständigen Behörden des Staates zusammen, in dem das Kind zuvor seinen gewöhnlichen Aufenthalt hatte.

2 Es vergewissert sich, allenfalls in Zusammenarbeit mit der Zentralen Behörde, ob und auf welche Weise die Rückführung des Kindes in den Staat, in dem dieses zuvor seinen gewöhnlichen Aufenthalt hatte, vollzogen werden kann.

Art. 11 Rückführungsentscheid

1 Der Entscheid über die Rückführung des Kindes ist mit Vollstreckungsmassnahmen zu verbinden und der Vollstreckungsbehörde sowie der Zentralen Behörde mitzuteilen.

2 Der Rückführungsentscheid und die Vollstreckungsmassnahmen gelten für die ganze Schweiz.

Art. 12 Vollstreckung

1 Für die Vollstreckung bezeichnen die Kantone eine einzige Behörde.

2 Die Behörde berücksichtigt das Kindeswohl und wirkt auf einen freiwilligen Vollzug hin.

Art. 13 Änderung des Rückführungsentscheids

1 Haben sich seit dem Rückführungsentscheid die einer Rückführung entgegenstehenden Umstände wesentlich geändert, so kann das Gericht auf Antrag den Entscheid ändern.

2 Es entscheidet auch über die Einstellung der Vollstreckung.

Art. 14 Kosten

Artikel 26 HKÜ und Artikel 5 Absatz 3 ESÜ sind auf die Kosten des Vermittlungsverfahrens und der Mediation sowie der Gerichts- und Vollstreckungsverfahren in den Kantonen und auf Bundesebene anwendbar.

3. Abschnitt: Schlussbestimmungen

Art. 15 Änderung bisherigen Rechts

…[7]

Art. 16 Übergangsbestimmung

Die Bestimmungen dieses Gesetzes, die internationale Kindesentführungen betreffen, sind auch auf Rückführungsgesuche anwendbar, die beim Inkrafttreten dieses Gesetzes bei kantonalen Instanzen bereits eingereicht worden sind.

Datum des Inkrafttretens: 1. Juli 2009[8]

7 Diese Änd. kann unter AS 2009 3078 konsultiert werden.
8 BRB vom 6. März 2009 (AS 2009 3083).

Übersetzung[1]

16. Übereinkommen über den internationalen Schutz von Erwachsenen

Abgeschlossen in Den Haag am 13. Januar 2000

Von der Bundesversammlung genehmigt am 21. Dezember 2007[2]
Ratifikationsurkunde von der Schweiz hinterlegt am 27. März 2009
In Kraft getreten für die Schweiz am 1. Juli 2009

Die Unterzeichnerstaaten dieses Übereinkommens,

in der Erwägung, dass es erforderlich ist, bei internationalen Sachverhalten den Schutz von Erwachsenen sicherzustellen, die aufgrund einer Beeinträchtigung oder der Unzulänglichkeit ihrer persönlichen Fähigkeiten nicht in der Lage sind, ihre Interessen zu schützen;

in dem Wunsch, Konflikte zwischen ihren Rechtssystemen in Bezug auf die Zuständigkeit, das anzuwendende Recht, die Anerkennung und Vollstreckung von Massnahmen zum Schutz von Erwachsenen zu vermeiden;

eingedenk der Bedeutung der internationalen Zusammenarbeit für den Schutz von Erwachsenen;

bekräftigend, dass das Wohl des Erwachsenen und die Achtung seiner Würde und Selbstbestimmung vorrangig zu berücksichtigen sind,

haben die folgenden Bestimmungen vereinbart:

Kapitel I Anwendungsbereich des Übereinkommens

Art. 1 (1) Dieses Übereinkommen ist bei internationalen Sachverhalten auf den Schutz von Erwachsenen anzuwenden, die aufgrund einer Beeinträchtigung oder der Unzulänglichkeit ihrer persönlichen Fähigkeiten nicht in der Lage sind, ihre Interessen zu schützen.

(2) Sein Ziel ist es:

a) den Staat zu bestimmen, dessen Behörden zuständig sind, Massnahmen zum Schutz der Person oder des Vermögens des Erwachsenen zu treffen;

SR 0.211.232.1; AS 2009 3107; BBl 2007 2585

1 Der französische Originaltext befindet sich unter der gleichen Nummer in der entsprechenden Ausgabe dieser Sammlung.

2 Art. 1 Abs. 1 Bst. b des BB vom 21. Dez. 2007 (AS 2009 3077).

b) das von diesen Behörden bei der Ausübung ihrer Zuständigkeit anzuwendende Recht zu bestimmen;
c) das auf die Vertretung des Erwachsenen anzuwendende Recht zu bestimmen;
d) die Anerkennung und Vollstreckung der Schutzmassnahmen in allen Vertragsstaaten sicherzustellen;
e) die zur Verwirklichung der Ziele dieses Übereinkommens notwendige Zusammenarbeit zwischen den Behörden der Vertragsstaaten einzurichten.

Art. 2 (1) Im Sinn dieses Übereinkommens ist ein Erwachsener eine Person, die das 18. Lebensjahr vollendet hat.

(2) Dieses Übereinkommen ist auch auf Massnahmen anzuwenden, die hinsichtlich eines Erwachsenen zu einem Zeitpunkt getroffen worden sind, in dem er das 18. Lebensjahr noch nicht vollendet hatte.

Art. 3 Die Massnahmen, auf die in Artikel 1 Bezug genommen wird, können insbesondere Folgendes umfassen:
a) die Entscheidung über die Handlungsunfähigkeit und die Einrichtung einer Schutzordnung;
b) die Unterstellung des Erwachsenen unter den Schutz eines Gerichts oder einer Verwaltungsbehörde;
c) die Vormundschaft, die Beistandschaft[3] und entsprechende Einrichtungen;
d) die Bestimmung und den Aufgabenbereich jeder Person oder Stelle, die für die Person oder das Vermögen des Erwachsenen verantwortlich ist, den Erwachsenen vertritt oder ihm beisteht;
e) die Unterbringung des Erwachsenen in einer Einrichtung oder an einem anderen Ort, an dem Schutz gewährt werden kann;
f) die Verwaltung und Erhaltung des Vermögens des Erwachsenen oder die Verfügung darüber;
g) die Erlaubnis eines bestimmten Einschreitens zum Schutz der Person oder des Vermögens des Erwachsenen.

Art. 4 (1) Dieses Übereinkommen ist nicht anzuwenden:
a) auf Unterhaltspflichten;
b) auf das Eingehen, die Ungültigerklärung und die Auflösung einer Ehe oder einer ähnlichen Beziehung sowie die Trennung;
c) auf den Güterstand einer Ehe oder vergleichbare Regelungen für ähnliche Beziehungen;
d) auf Trusts und Erbschaften,
e) auf die soziale Sicherheit,

3 Deutschland (DE), Österreich (AT): Pflegschaft

f) auf öffentliche Massnahmen allgemeiner Art in Angelegenheiten der Gesundheit;
g) auf Massnahmen, die hinsichtlich einer Person infolge ihrer Straftaten ergriffen wurden;
h) auf Entscheidungen über Asylrecht und Einwanderung;
i) auf Massnahmen, die allein auf die Wahrung der öffentlichen Sicherheit gerichtet sind.

(2) Absatz 1 berührt in den dort erwähnten Bereichen nicht die Berechtigung einer Person, als Vertreter des Erwachsenen zu handeln.

Kapitel II Zuständigkeit

Art. 5 (1) Die Behörden, seien es Gerichte oder Verwaltungsbehörden, des Vertragsstaats, in dem der Erwachsene seinen gewöhnlichen Aufenthalt hat, sind zuständig, Massnahmen zum Schutz der Person oder des Vermögens des Erwachsenen zu treffen.

(2) Bei einem Wechsel des gewöhnlichen Aufenthalts des Erwachsenen in einen anderen Vertragsstaat sind die Behörden des Staates des neuen gewöhnlichen Aufenthalts zuständig.

Art. 6 (1) Über Erwachsene, die Flüchtlinge sind oder die infolge von Unruhen in ihrem Land in ein anderes Land gelangt sind, üben die Behörden des Vertragsstaats, in dessen Hoheitsgebiet sich die Erwachsenen demzufolge befinden, die in Artikel 5 Absatz 1 vorgesehene Zuständigkeit aus.

(2) Absatz 1 ist auch auf Erwachsene anzuwenden, deren gewöhnlicher Aufenthalt nicht festgestellt wenden kann.

Art. 7 (1) Die Behörden des Vertragsstaats, dem der Erwachsene angehört, sind zuständig, Massnahmen zum Schutz der Person oder des Vermögens des Erwachsenen zu treffen, wenn sie der Auffassung sind, dass sie besser in der Lage sind, das Wohl des Erwachsenen zu beurteilen, und nachdem sie die nach Artikel 5 oder Artikel 6 Absatz 2 zuständigen Behörden verständigt haben; dies gilt nicht für Erwachsene, die Flüchtlinge sind oder die infolge von Unruhen in dem Staat, dem sie angehören, in einen anderen Staat gelangt sind.

(2) Diese Zuständigkeit darf nicht ausgeübt werden, wenn die nach Artikel 5, Artikel 6 Absatz 2 oder Artikel 8 zuständigen Behörden die Behörden des Staates, dem der Erwachsene angehört, unterrichtet haben, dass sie die durch die Umstände gebotenen Massnahmen getroffen oder entschieden haben, dass keine Massnahmen zu treffen sind, oder ein Verfahren bei ihnen anhängig ist.

(3) Die Massnahmen nach Absatz 1 treten ausser Kraft, sobald die nach Artikel 5, Artikel 6 Absatz 2 oder Artikel 8 zuständigen Behörden die durch die Umstände gebotenen Massnahmen getroffen oder entschieden haben, dass keine Massnahmen zu treffen sind. Diese Behörden haben die Behörden, die in Übereinstimmung mit Absatz 1 Massnahmen getroffen haben, entsprechend zu unterrichten.

Art. 8 (1) Die nach Artikel 5 oder 6 zuständigen Behörden eines Vertragsstaats können, wenn sie der Auffassung sind, dass es dem Wohl des Erwachsenen dient, von Amts wegen oder auf Antrag der Behörden eines anderen Vertragsstaats die Behörden eines der in Absatz 2 genannten Staaten ersuchen, Massnahmen zum Schutz der Person oder des Vermögens des Erwachsenen zu treffen. Das Ersuchen kann sich auf den gesamten Schutz oder einen Teilbereich davon beziehen.

(2) Die Vertragsstaaten, deren Behörden nach Absatz 1 ersucht werden können, sind:

a) ein Staat, dem der Erwachsene angehört;
b) der Staat, in dem der Erwachsene seinen vorherigen gewöhnlichen Aufenthalt hatte;
c) ein Staat, in dem sich Vermögen des Erwachsenen befindet;
d) der Staat, dessen Behörden schriftlich vom Erwachsenen gewählt worden sind, um Massnahmen zu seinem Schutz zu treffen;
e) der Staat, in dem eine Person, die dem Erwachsenen nahe steht und bereit ist, seinen Schutz zu übernehmen, ihren gewöhnlichen Aufenthalt hat;
f) hinsichtlich des Schutzes der Person des Erwachsenen der Staat, in dessen Hoheitsgebiet sich der Erwachsene befindet.

(3) Nimmt die in den Absätzen 1 und 2 bezeichnete Behörde die Zuständigkeit nicht an, so behalten die nach Artikel 5 oder 6 zuständigen Behörden des Vertragsstaats die Zuständigkeit.

Art. 9 Die Behörden eines Vertragsstaats, in dem sich Vermögen des Erwachsenen befindet, sind zuständig, Massnahmen zum Schutz dieses Vermögens zu treffen, soweit sie mit den Massnahmen vereinbar sind, die von den nach den Artikeln 5–8 zuständigen Behörden bereits getroffen wurden.

Art. 10 (1) In allen dringenden Fällen sind die Behörden jedes Vertragsstaats, in dessen Hoheitsgebiet sich der Erwachsene oder ihm gehörendes Vermögen befindet, zuständig, die erforderlichen Schutzmassnahmen zu treffen.

(2) Massnahmen nach Absatz 1, die in Bezug auf einen Erwachsenen mit gewöhnlichem Aufenthalt in einem Vertragsstaat getroffen wurden, treten ausser Kraft, sobald die nach den Artikeln 5–9 zuständigen Behörden die durch die Umstände gebotenen Massnahmen getroffen haben.

(3) Massnahmen nach Absatz 1, die in Bezug auf einen Erwachsenen mit gewöhnlichem Aufenthalt in einem Nichtvertragsstaat getroffen wurden, treten in jedem Vertragsstaat ausser Kraft, sobald dort die durch die Umstände gebotenen und von den Behörden eines anderen Staates getroffenen Massnahmen anerkannt werden.

(4) Die Behörden, die nach Absatz 1 Massnahmen getroffen haben, haben nach Möglichkeit die Behörden des Vertragsstaats des gewöhnlichen Aufenthalts des Erwachsenen von den getroffenen Massnahmen zu unterrichten.

Art. 11 (1) Ausnahmsweise sind die Behörden des Vertragsstaats, in dessen Hoheitsgebiet sich der Erwachsene befindet, nach Verständigung der nach Artikel 5 zuständigen Behörden zuständig, zum Schutz der Person des Erwachsenen auf das Hoheitsgebiet dieses Staates beschränkte Massnahmen vorübergehender Art zu treffen, soweit sie mit den Massnahmen vereinbar sind, die von den nach den Artikeln 5–8 zuständigen Behörden bereits getroffen wurden.

(2) Massnahmen nach Absatz 1, die in Bezug auf einen Erwachsenen mit gewöhnlichem Aufenthalt in einem Vertragsstaat getroffen wurden, treten ausser Kraft, sobald die nach den Artikeln 5–8 zuständigen Behörden eine Entscheidung über die Schutzmassnahmen getroffen haben, die durch die Umstände geboten sein könnten.

Art. 12 Selbst wenn durch eine Änderung der Umstände die Grundlage der Zuständigkeit wegfällt, bleiben vorbehaltlich des Artikels 7 Absatz 3 die nach den Artikeln 5–9 getroffenen Massnahmen innerhalb ihrer Reichweite so lange in Kraft, bis die nach diesem Übereinkommen zuständigen Behörden sie ändern, ersetzen oder aufheben.

Kapitel III Anzuwendendes Recht

Art. 13 (1) Bei der Ausübung ihrer Zuständigkeit nach Kapitel II wenden die Behörden der Vertragsstaaten ihr eigenes Recht an.

(2) Soweit es der Schutz der Person oder des Vermögens des Erwachsenen erfordert, können sie jedoch ausnahmsweise das Recht eines anderen Staates anwenden oder berücksichtigen, zu dem der Sachverhalt eine enge Verbindung hat.

Art. 14 Wird eine in einem Vertragsstaat getroffene Massnahme in einem anderen Vertragsstaat durchgeführt, so bestimmt das Recht dieses anderen Staates die Bedingungen, unter denen sie durchgeführt wird.

Art. 15 (1) Das Bestehen, der Umfang, die Änderung und die Beendigung der von einem Erwachsenen entweder durch eine Vereinbarung oder ein einseitiges Rechtsgeschäft eingeräumten Vertretungsmacht, die ausgeübt werden soll, wenn dieser Erwachsene nicht in der Lage ist, seine Interessen zu schützen, werden vom Recht des Staates bestimmt, in dem der Erwachsene im Zeitpunkt der Vereinbarung oder des Rechtsgeschäfts seinen gewöhnlichen Aufenthalt hatte, es sei denn, eines der in Absatz 2 genannten Rechte wurde ausdrücklich schriftlich bezeichnet.

(2) Die Staaten, deren Recht bezeichnet werden kann, sind:
a) ein Staat, dem der Erwachsene angehört;
b) der Staat eines früheren gewöhnlichen Aufenthalts des Erwachsenen;
c) ein Staat, in dem sich Vermögen des Erwachsenen befindet, hinsichtlich dieses Vermögens.

(3) Die Art und Weise der Ausübung einer solchen Vertretungsmacht wird vom Recht des Staates bestimmt, in dem sie ausgeübt wird.

Art. 16 Wird eine Vertretungsmacht nach Artikel 15 nicht in einer Weise ausgeübt, die den Schutz der Person oder des Vermögens des Erwachsenen ausreichend sicherstellt, so kann sie durch Massnahmen einer nach diesem Übereinkommen zuständigen Behörde aufgehoben oder geändert werden. Bei der Aufhebung oder Änderung dieser Vertretungsmacht ist das nach Artikel 15 massgebliche Recht so weit wie möglich zu berücksichtigen.

Art. 17 (1) Die Gültigkeit eines Rechtsgeschäfts zwischen einem Dritten und einer anderen Person, die nach dem Recht des Staates, in dem das Rechtsgeschäft abgeschlossen wurde, als Vertreter des Erwachsenen zu handeln befugt wäre, kann nicht allein deswegen bestritten und der Dritte nicht nur deswegen verantwortlich gemacht werden, weil die andere Person nach dem in diesem Kapitel bestimmten Recht nicht als Vertreter des Erwachsenen zu handeln befugt war, es sei denn, der Dritte wusste oder hätte wissen müssen, dass sich diese Vertretungsmacht nach diesem Recht bestimmte.

(2) Absatz 1 ist nur anzuwenden, wenn das Rechtsgeschäft unter Anwesenden im Hoheitsgebiet desselben Staates geschlossen wurde.

Art. 18 Dieses Kapitel ist anzuwenden, selbst wenn das darin bestimmte Recht das eines Nichtvertragsstaats ist.

Art. 19 Der Begriff «Recht» im Sinn dieses Kapitels bedeutet das in einem Staat geltende Recht mit Ausnahme des Kollisionsrechts.

Art. 20 Dieses Kapitel steht den Bestimmungen des Rechts des Staates, in dem der Erwachsene zu schützen ist, nicht entgegen, deren Anwendung unabhängig vom sonst massgebenden Recht zwingend ist.

Art. 21 Die Anwendung des in diesem Kapitel bestimmten Rechts darf nur versagt werden, wenn sie der öffentlichen Ordnung (ordre public) offensichtlich widerspricht.

Kapitel IV Anerkennung und Vollstreckung

Art. 22 (1) Die von den Behörden eines Vertragsstaats getroffenen Massnahmen werden kraft Gesetzes in den anderen Vertragsstaaten anerkannt.
(2) Die Anerkennung kann jedoch versagt werden:
- a) wenn die Massnahme von einer Behörde getroffen wurde, die nicht aufgrund oder in Übereinstimmung mit Kapitel II zuständig war;
- b) wenn die Massnahme, ausser in dringenden Fällen, im Rahmen eines Gerichts- oder Verwaltungsverfahrens getroffen wurde, ohne dass dem Erwachsenen die Möglichkeit eingeräumt worden war, gehört zu werden, und dadurch gegen wesentliche Verfahrensgrundsätze des ersuchten Staates verstossen wurde;
- c) wenn die Anerkennung der öffentlichen Ordnung (ordre public) des ersuchten Staates offensichtlich widerspricht oder ihr eine Bestimmung des Rechts dieses Staates entgegensteht, die unabhängig vom sonst massgebenden Recht zwingend ist;
- d) wenn die Massnahme mit einer später in einem Nichtvertragsstaat, der nach den Artikeln 5–9 zuständig gewesen wäre, getroffenen Massnahme unvereinbar ist, sofern die spätere Massnahme die für ihre Anerkennung im ersuchten Staat erforderlichen Voraussetzungen erfüllt;
- e) wenn das Verfahren nach Artikel 33 nicht eingehalten wurde.

Art. 23 Unbeschadet des Artikels 22 Absatz 1 kann jede betroffene Person bei den zuständigen Behörden eines Vertragsstaats beantragen, dass über die Anerkennung oder Nichtanerkennung einer in einem anderen Vertragsstaat getroffenen Massnahme entschieden wird. Das Verfahren bestimmt sich nach dem Recht des ersuchten Staates.

Art. 24 Die Behörde des ersuchten Staates ist an die Tatsachenfeststellungen gebunden, auf welche die Behörde des Staates, in dem die Massnahme getroffen wurde, ihre Zuständigkeit gestützt hat.

Art. 25 (1) Erfordern die in einem Vertragsstaat getroffenen und dort vollstreckbaren Massnahmen in einem anderen Vertragsstaat Vollstreckungshandlungen, so werden sie auf Antrag jeder betroffenen Partei nach dem im Recht dieses Staates vorgesehenen Verfahren in dem anderen Staat für vollstreckbar erklärt oder zur Vollstreckung registriert.

(2) Jeder Vertragsstaat wendet auf die Vollstreckbarerklärung oder die Registrierung ein einfaches und schnelles Verfahren an.

(3) Die Vollstreckbarerklärung oder die Registrierung darf nur aus einem der in Artikel 22 Absatz 2 vorgesehenen Gründe versagt werden.

Art. 26 Vorbehaltlich der für die Anwendung der vorstehenden Artikel erforderlichen Überprüfung darf die getroffene Massnahme in der Sache selbst nicht nachgeprüft werden.

Art. 27 Die in einem Vertragsstaat getroffenen und in einem anderen Vertragsstaat für vollstreckbar erklärten oder zur Vollstreckung registrierten Massnahmen werden dort vollstreckt, als seien sie von den Behörden dieses anderen Staates getroffen worden. Die Vollstreckung richtet sich nach dem Recht des ersuchten Staates unter Beachtung der darin vorgesehenen Grenzen.

Kapitel V Zusammenarbeit

Art. 28 (1) Jeder Vertragsstaat bestimmt eine Zentrale Behörde, welche die ihr durch dieses Übereinkommen übertragenen Aufgaben wahrnimmt.

(2) Einem Bundesstaat, einem Staat mit mehreren Rechtssystemen oder einem Staat, der aus autonomen Gebietseinheiten besteht, steht es frei, mehrere Zentrale Behörden zu bestimmen und deren räumliche und persönliche Zuständigkeit festzulegen. Macht ein Staat von dieser Möglichkeit Gebrauch, so bestimmt er die Zentrale Behörde, an welche Mitteilungen zur Übermittlung an die zuständige Zentrale Behörde in diesem Staat gerichtet werden können.

Art. 29 (1) Die Zentralen Behörden arbeiten zusammen und fördern die Zusammenarbeit der zuständigen Behörden ihrer Staaten, um die Ziele dieses Übereinkommens zu verwirklichen.

(2) Im Zusammenhang mit der Anwendung dieses Übereinkommens treffen sie die geeigneten Massnahmen, um Auskünfte über das Recht ihrer Staaten sowie die in ihren Staaten für den Schutz von Erwachsenen verfügbaren Dienste zu erteilen.

Art. 30 Die Zentrale Behörde eines Vertragsstaats trifft unmittelbar oder mit Hilfe staatlicher Behörden oder sonstiger Stellen alle geeigneten Vorkehrungen, um:

a) auf jedem Weg die Mitteilungen zwischen den zuständigen Behörden. bei Sachverhalten, auf die dieses Übereinkommen anzuwenden ist, zu erleichtern;

b) auf Ersuchen der zuständigen Behörde eines anderen Vertragsstaats bei der Ermittlung des Aufenthaltsorts des Erwachsenen Unterstützung zu leisten, wenn der Anschein besteht, dass sich der Erwachsene im Hoheitsgebiet des ersuchten Staates befindet und Schutz benötigt.

Art. 31 Die zuständigen Behörden eines Vertragsstaats können unmittelbar oder durch andere Stellen die Anwendung eines Vermittlungs- oder Schlichtungsverfahrens oder den Einsatz ähnlicher Mittel zur Erzielung gütlicher Einigungen zum Schutz der Person oder des Vermögens des Erwachsenen bei Sachverhalten anregen, auf die dieses Übereinkommen anzuwenden ist.

Art. 32 (1) Wird eine Schutzmassnahme erwogen, so können die nach diesem Übereinkommen zuständigen Behörden, sofern die Lage des Erwachsenen dies erfordert, jede Behörde eines anderen Vertragsstaats, die über sachdienliche Informationen für den Schutz des Erwachsenen verfügt, ersuchen, sie ihnen mitzuteilen.

(2) Jeder Vertragsstaat kann erklären, dass Ersuchen nach Absatz 1 seinen Behörden nur über seine Zentrale Behörde zu übermitteln sind.

(3) Die zuständigen Behörden eines Vertragsstaats können die Behörden eines anderen Vertragsstaats ersuchen, ihnen bei der Durchführung der nach diesem Übereinkommen getroffenen Schutzmassnahmen Hilfe zu leisten.

Art. 33 (1) Erwägt die nach den Artikeln 5–8 zuständige Behörde die Unterbringung des Erwachsenen in einer Einrichtung oder an einem anderen Ort, an dem Schutz gewährt werden kann, und soll er in einem anderen Vertragsstaat untergebracht werden, so zieht sie vorher die Zentrale Behörde oder eine andere zuständige Behörde dieses Staates zu Rate. Zu diesem Zweck übermittelt sie ihr einen Bericht über den Erwachsenen und die Gründe ihres Vorschlags zur Unterbringung.

(2) Die Entscheidung über die Unterbringung kann im ersuchenden Staat nicht getroffen werden, wenn sich die Zentrale Behörde oder eine andere zuständige Behörde des ersuchten Staates innerhalb einer angemessenen Frist dagegen ausspricht.

Art. 34 Ist der Erwachsene einer schweren Gefahr ausgesetzt, so benachrichtigen die zuständigen Behörden des Vertragsstaats, in dem Massnahmen zum Schutz dieses Erwachsenen getroffen wurden oder in Betracht gezogen werden, sofern sie über den Wechsel des Aufenthaltsorts in einen anderen Staat oder die dortige Anwesenheit des Erwachsenen unterrichtet sind, die Behörden dieses Staates von der Gefahr und den getroffenen oder in Betracht gezogenen Massnahmen.

Art. 35 Eine Behörde darf nach diesem Kapitel weder um Informationen ersuchen noch solche erteilen, wenn dadurch nach ihrer Auffassung die Person oder das Vermögen des Erwachsenen in Gefahr geraten könnte oder die Freiheit oder das Leben eines Familienangehörigen des Erwachsenen ernsthaft bedroht würde.

Art. 36 (1) Unbeschadet der Möglichkeit, für die erbrachten Dienstleistungen angemessene Kosten zu verlangen, tragen die Zentralen Behörden und die anderen staatlichen Behörden der Vertragsstaaten die Kosten, die ihnen durch die Anwendung. dieses Kapitels entstehen.

(2) Jeder Vertragsstaat kann mit einem oder mehreren anderen Vertragsstaaten Vereinbarungen über die Kostenaufteilung treffen.

Art. 37 Jeder Vertragsstaat kann mit einem oder mehreren anderen Vertragsstaaten Vereinbarungen treffen, um die Anwendung dieses Kapitels in ihren gegenseitigen Beziehungen zu erleichtern. Die Staaten, die solche Vereinbarungen getroffen haben, übermitteln dem Depositar[4] dieses Übereinkommens eine Abschrift.

Kapitel VI Allgemeine Bestimmungen

Art. 38 (1) Die Behörden des Vertragsstaats, in dem eine Schutzmassnahme getroffen oder eine Vertretungsmacht bestätigt wurde, können jedem, dem der Schutz der Person oder des Vermögens des Erwachsenen anvertraut wurde, auf dessen Antrag eine Bescheinigung über seine Berechtigung zum Handeln und die ihm übertragenen Befugnisse ausstellen.

(2) Bis zum Beweis des Gegenteils wird vermutet, dass die bescheinigte Berechtigung zum Handeln und die bescheinigten Befugnisse vom Ausstellungsdatum der Bescheinigung an bestehen.

(3) Jeder Vertragsstaat bestimmt die für die Ausstellung der Bescheinigung zuständigen Behörden.

Art. 39 Die nach diesem Übereinkommen gesammelten oder übermittelten personenbezogenen Daten dürfen nur für die Zwecke verwendet werden, zu denen sie gesammelt oder übermittelt wurden.

Art. 40 Behörden, denen Informationen übermittelt werden, stellen nach dem Recht ihres Staates deren vertrauliche Behandlung sicher.

Art. 41 Die nach diesem Übereinkommen übermittelten oder ausgestellten Schriftstücke sind von jeder Beglaubigung[5] oder entsprechenden Förmlichkeit befreit.

4 DE: Verwahrer (so auch in den Artikeln 43, 53–56, 58 und 59)
5 DE: Legalisation

Art. 42 Jeder Vertragsstaat kann die Behörden bestimmen, an die Ersuchen nach den Artikeln 8 und 33 zu richten sind.

Art. 43 (1) Die nach den Artikeln 28 und 42 bestimmten Behörden werden dem Ständigen Büro der Haager Konferenz für Internationales Privatrecht spätestens bei der Hinterlegung der Ratifikations-, Annahme-, Genehmigungs- oder Beitrittsurkunde mitgeteilt. Jede Änderung wird dem Ständigen Büro ebenfalls mitgeteilt.

(2) Die Erklärung nach Artikel 32 Absatz 2 wird gegenüber dem Depositar dieses Übereinkommens abgegeben.

Art. 44 Ein Vertragsstaat, in dem verschiedene Rechtssysteme oder Gesamtheiten von Regeln für den Schutz der Person und des Vermögens des Erwachsenen gelten, muss die Regeln dieses Übereinkommens nicht auf Kollisionen anwenden, die allein zwischen den verschiedenen Rechtssystemen oder Gesamtheiten von Regeln bestehen.

Art. 45 Gelten in einem Staat in Bezug auf die in diesem Übereinkommen geregelten Angelegenheiten zwei oder mehr Rechtssysteme oder Gesamtheiten von Regeln in verschiedenen Gebietseinheiten, so ist jede Verweisung:

a) auf den gewöhnlichen Aufenthalt in diesem Staat als Verweisung auf den gewöhnlichen Aufenthalt in einer Gebietseinheit zu verstehen;
b) auf die Anwesenheit des Erwachsenen in diesem Staat als Verweisung auf die Anwesenheit des Erwachsenen in einer Gebietseinheit zu verstehen;
c) auf die Belegenheit des Vermögens des Erwachsenen in diesem Staat als Verweisung auf die Belegenheit des Vermögens des Erwachsenen in einer Gebietseinheit zu verstehen;
d) auf den Staat, dem der Erwachsene angehört, als Verweisung auf die von dem Recht dieses Staates bestimmte Gebietseinheit oder, wenn solche Regeln fehlen, als Verweisung auf die Gebietseinheit zu verstehen, mit welcher der Erwachsene die engste Verbindung hat;
e) auf den Staat, dessen Behörden vom Erwachsenen gewählt worden sind, als Verweisung:
   - auf die Gebietseinheit zu verstehen, wenn der Erwachsene die Behörden dieser Gebietseinheit gewählt hat,
   - auf die Gebietseinheit, mit welcher der Erwachsene die engste Verbindung hat, zu verstehen, wenn der Erwachsene die Behörden des Staates gewählt hat, ohne eine bestimmte Gebietseinheit innerhalb des Staates anzugeben;
f) auf das Recht eines Staates, mit dem der Sachverhalt eine enge Verbindung hat, als Verweisung auf das Recht der Gebietseinheit zu verstehen, mit welcher der Sachverhalt eine enge Verbindung hat;

g) auf das Recht, das Verfahren oder die Behörde des Staates, in dem eine Massnahme getroffen wurde, als Verweisung auf das Recht, das Verfahren oder die Behörde der Gebietseinheit zu verstehen, in der diese Massnahme getroffen wurde;
h) auf das Recht, das Verfahren oder die Behörde des ersuchten Staates als Verweisung auf das Recht, das Verfahren oder die Behörde der Gebietseinheit zu verstehen, in der die Anerkennung oder Vollstreckung geltend gemacht wird;
i) auf den Staat, in dem eine Schutzmassnahme durchzuführen ist, als Verweisung auf die Gebietseinheit zu verstehen, in der die Massnahme durchzuführen ist;
j) auf Stellen oder Behörden dieses Staates, die nicht Zentrale Behörden sind, als Verweisung auf die Stellen oder Behörden zu verstehen, die in der betreffenden Gebietseinheit handlungsbefugt sind.

Art. 46 Hat ein Staat zwei oder mehr Gebietseinheiten mit eigenen Rechtssystemen oder Gesamtheiten von Regeln für die in diesem Übereinkommen geregelten Angelegenheiten, so gilt zur Bestimmung des nach Kapitel III anzuwendenden Rechts Folgendes:
a) Sind in diesem Staat Regeln in Kraft, die das Recht einer bestimmten Gebietseinheit für anwendbar erklären, so ist das Recht dieser Einheit anzuwenden.
b) Fehlen solche Regeln, so ist das Recht der in Artikel 45 bestimmten Gebietseinheit anzuwenden.

Art. 47 Hat ein Staat zwei oder mehr Rechtssysteme oder Gesamtheiten von Regeln, die auf verschiedene Personengruppen hinsichtlich der in diesem Übereinkommen geregelten Angelegenheiten anzuwenden sind, so gilt zur Bestimmung des nach Kapitel III anzuwendenden Rechts Folgendes:
a) Sind in diesem Staat Regeln in Kraft, die bestimmen, welches dieser Rechte anzuwenden ist, so ist dieses anzuwenden.
b) Fehlen solche Regeln, so ist das Rechtssystem oder die Gesamtheit von Regeln anzuwenden, mit denen der Erwachsene die engste Verbindung hat.

Art. 48 Im Verhältnis zwischen den Vertragsstaaten ersetzt dieses Übereinkommen das Abkommen vom 17. Juli 1905 über die Entmündigung und gleichartige Fürsorgemassregeln.

Art. 49 (1) Dieses Übereinkommen lässt internationale Übereinkünfte unberührt, denen Vertragsstaaten als Vertragsparteien angehören und die Bestimmungen über die in diesem Übereinkommen geregelten Angelegenheiten enthalten, sofern die durch eine solche Übereinkunft gebundenen Staaten keine gegenteilige Erklärung abgeben.

(2) Dieses Übereinkommen lässt die Möglichkeit unberührt, dass ein oder mehrere Vertragsstaaten Vereinbarungen treffen, die in Bezug auf Erwachsene mit gewöhnlichem Aufenthalt in einem der Staaten, die Vertragsparteien solcher Vereinbarungen sind, Bestimmungen über in diesem Übereinkommen geregelte Angelegenheiten enthalten.

(3) Künftige Vereinbarungen eines oder mehrerer Vertragsstaaten über Angelegenheiten im Anwendungsbereich dieses Übereinkommens lassen im Verhältnis zwischen solchen Staaten und anderen Vertragsstaaten die Anwendung der Bestimmungen dieses Übereinkommens unberührt.

(4) Die Absätze 1–3 gelten auch für Einheitsrecht, das auf besonderen Verbindungen insbesondere regionaler Art zwischen den betroffenen Staaten beruht.

Art. 50 (1) Dieses Übereinkommen ist nur auf Massnahmen anzuwenden, die in einem Staat getroffen werden, nachdem das Übereinkommen für diesen Staat in Kraft getreten ist.

(2) Dieses Übereinkommen ist auf die Anerkennung und Vollstreckung von Massnahmen anzuwenden, die getroffen wurden, nachdem es im Verhältnis zwischen dem Staat, in dem die Massnahmen getroffen wurden, und dem ersuchten Staat in Kraft getreten ist.

(3) Dieses Übereinkommen ist ab dem Zeitpunkt seines Inkrafttretens in einem Vertragsstaat auf die Vertretungsmacht anzuwenden, die zuvor unter Bedingungen erteilt wurde, die denen des Artikels 15 entsprechen.

Art. 51 (1) Mitteilungen an die Zentrale Behörde oder eine andere Behörde eines Vertragsstaats werden in der Originalsprache zugesandt; sie müssen von einer Übersetzung in die Amtssprache oder eine der Amtssprachen des anderen Staates oder, wenn eine solche Übersetzung nur schwer erhältlich ist, von einer Übersetzung ins Französische oder Englische begleitet sein.

(2) Ein Vertragsstaat kann jedoch einen Vorbehalt nach Artikel 56 anbringen und darin gegen die Verwendung des Französischen oder Englischen, jedoch nicht beider Sprachen, Einspruch erheben.

Art. 52 Der Generalsekretär der Haager Konferenz für Internationales Privatrecht beruft in regelmässigen Abständen eine Spezialkommission zur Prüfung der praktischen Durchführung dieses Übereinkommens ein.

Kapitel VII Schlussbestimmungen

Art. 53–59

(nicht abgedruckt)

Vertragsstaaten: Deutschland, Estland, Finnland, Frankreich, Österreich, Schweiz, Tschechische Republik, Vereinigtes Königreich (Schottland).

Übersetzung[1]

17. Übereinkommen über das auf die Form letztwilliger Verfügungen anzuwendende Recht

Abgeschlossen in Den Haag am 5. Oktober 1961
Von der Bundesversammlung genehmigt am 8. Juni 1971[2]
Schweizerische Ratifikationsurkunde hinterlegt am 18. August 1971
In Kraft getreten für die Schweiz am 17. Oktober 1971

Die Unterzeichnerstaaten dieses Übereinkommens,

in dem Wunsch, gemeinsame Regeln zur Lösung der Frage des auf die Form letztwilliger Verfügungen anzuwendenden Rechtes aufzustellen,

haben beschlossen, zu diesem Zweck ein Übereinkommen zu schliessen, und die folgenden Bestimmungen vereinbart:

Art. 1 Eine letztwillige Verfügung ist hinsichtlich ihrer Form gültig, wenn diese dem innerstaatlichen Recht entspricht:

a) des Ortes, an dem der Erblasser letztwillig verfügt hat, oder
b) eines Staates, dessen Staatsangehörigkeit der Erblasser im Zeitpunkt, in dem er letztwillig verfügt hat, oder im Zeitpunkt seines Todes besessen hat, oder
c) eines Ortes, an dem der Erblasser im Zeitpunkt, in dem er letztwillig verfügt hat, oder im Zeitpunkt seines Todes seinen Wohnsitz gehabt hat, oder
d) des Ortes, an dem der Erblasser im Zeitpunkt, in dem er letztwillig verfügt hat, oder im Zeitpunkt seines Todes seinen gewöhnlichen Aufenthalt gehabt hat, oder
e) soweit es sich um unbewegliches Vermögen handelt, des Ortes, an dem sich dieses befindet.

Ist die Rechtsordnung, die auf Grund der Staatsangehörigkeit anzuwenden ist, nicht vereinheitlicht, so wird für den Bereich dieses Übereinkommens das anzuwendende Recht durch die innerhalb dieser Rechtsordnung geltenden Vorschriften, mangels solcher Vorschriften durch die engste Bindung

SR 0.211.312.1; AS 1971 1370; BBl 1970 II 1121

1 Der französische Originaltext befindet sich unter der gleichen Nummer in der entsprechenden Ausgabe dieser Sammlung. Die deutsche Übersetzung des Übereinkommens wurde von der Bundesrepublik Deutschland, von Österreich und der Schweiz gemeinsam festgelegt.

2 AS 1971 1369

bestimmt, die der Erblasser zu einer der Teilrechtsordnungen gehabt hat, aus denen sich die Rechtsordnung zusammensetzt.

Die Frage, ob der Erblasser an einem bestimmten Ort einen Wohnsitz gehabt hat, wird durch das an diesem Orte geltende Recht geregelt.

Art. 2 Artikel 1 ist auch auf letztwillige Verfügungen anzuwenden, durch die eine frühere letztwillige Verfügung widerrufen wird.

Der Widerruf ist hinsichtlich seiner Form auch dann gültig, wenn diese einer der Rechtsordnungen entspricht, nach denen die widerrufene letztwillige Verfügung gemäss Artikel 1 gültig gewesen ist.

Art. 3 Dieses Übereinkommen berührt bestehende oder künftige Vorschriften der Vertragsstaaten nicht, wodurch letztwillige Verfügungen anerkannt werden, die der Form nach entsprechend einer in den vorangehenden Artikeln nicht vorgesehenen Rechtsordnung errichtet worden sind.

Art. 4 Dieses Übereinkommen ist auch auf die Form letztwilliger Verfügungen anzuwenden, die zwei oder mehrere Personen in derselben Urkunde errichtet haben.

Art. 5 Für den Bereich dieses Übereinkommens werden die Vorschriften, welche die für letztwillige Verfügungen zugelassenen Formen mit Beziehung auf das Alter, die Staatsangehörigkeit oder andere persönliche Eigenschaften des Erblassers beschränken, als zur Form gehörend angesehen. Das gleiche gilt für Eigenschaften, welche die für die Gültigkeit einer letztwilligen Verfügung erforderlichen Zeugen besitzen müssen.

Art. 6 Die Anwendung der in diesem Übereinkommen aufgestellten Regeln über das anzuwendende Recht hängt nicht von der Gegenseitigkeit ab. Das Übereinkommen ist auch dann anzuwenden, wenn die Beteiligten nicht Staatsangehörige eines Vertragsstaates sind oder das auf Grund der vorangehenden Artikel anzuwendende Recht nicht das eines Vertragsstaates ist.

Art. 7 Die Anwendung eines durch dieses Übereinkommen für massgebend erklärten Rechtes darf nur abgelehnt werden, wenn sie mit der öffentlichen Ordnung offensichtlich unvereinbar ist.

Art. 8 Dieses Übereinkommen ist in allen Fällen anzuwenden, in denen der Erblasser nach dem Inkrafttreten des Übereinkommens gestorben ist.

Art. 9 Jeder Vertragsstaat kann sich, abweichend von Artikel 1 Absatz 3, das Recht vorbehalten, den Ort, an dem der Erblasser seinen Wohnsitz gehabt hat, nach dem am Gerichtsort geltenden Rechte zu bestimmen.

Art. 10 Jeder Vertragsstaat kann sich das Recht vorbehalten, letztwillige Verfügungen nicht anzuerkennen, die einer seiner Staatsangehörigen, der keine andere Staatsangehörigkeit besass, ausgenommen den Fall aussergewöhnlicher Umstände, in mündlicher Form errichtet hat.

Art. 11 Jeder Vertragsstaat kann sich das Recht vorbehalten, bestimmte Formen im Ausland errichteter letztwilliger Verfügungen auf Grund der einschlägigen Vorschriften seines Rechtes nicht anzuerkennen, wenn sämtliche der folgenden Voraussetzungen erfüllt sind:

a) Die letztwillige Verfügung ist hinsichtlich ihrer Form nur nach einem Rechte gültig, das ausschliesslich auf Grund des Ortes anzuwenden ist, an dem der Erblasser sie errichtet hat,
b) der Erblasser war Staatsangehöriger des Staates, der den Vorbehalt erklärt hat,
c) der Erblasser hatte in diesem Staat einen Wohnsitz oder seinen gewöhnlichen Aufenthalt und
d) der Erblasser ist in einem anderen Staate gestorben als in dem, wo er letztwillig verfügt hatte.

Dieser Vorbehalt ist nur für das Vermögen wirksam, das sich in dem Staate befindet, der den Vorbehalt erklärt hat.

Art. 12 Jeder Vertragsstaat kann sich das Recht vorbehalten, die Anwendung dieses Übereinkommens auf Anordnungen in einer letztwilligen Verfügung auszuschliessen, die nach seinem Rechte nicht erbrechtlicher Art sind.

Art. 13 Jeder Vertragsstaat kann sich, abweichend von Artikel 8, das Recht vorbehalten, dieses Übereinkommen nur auf letztwillige Verfügungen anzuwenden, die nach dessen Inkrafttreten errichtet worden sind.

Art. 14–20

(nicht abgedruckt)

Vertragsstaaten: Albanien, Antigua und Barbuda, Armenien, Australien, Belgien, Bosnien und Herzegowina, Botsuana, Brunei, China-Hongkong, Dänemark, Deutschland, Estland, Fidschi, Finnland, Frankreich, Grenada, Griechenland, Irland, Israel, Japan, Kroatien, Lesotho, Luxemburg, Mauritius, Mazedonien, Moldau, Montenegro, Niederlande, Norwegen, Österreich, Polen, Schweden, Schweiz, Serbien, Slowenien, Spanien, Südafrika, Swasiland, Tonga, Türkei, Ukraine, Vereinigtes Königreich.

Schweiz[1]

Anlässlich der Ratifikation des Übereinkommens hat die Schweiz den Vorbehalt gemäss Artikel 10 geltend gemacht. Sie wird infolge dessen letztwillige Verfügungen nicht anerkennen, die einer ihrer Staatsangehörigen, der keine andere Staatsangehörigkeit besass, ausgenommen den Fall aussergewöhnlicher Umstände, in mündlicher Form errichtet hat.

1) BB vom 8. Juni 1971 (AS 1971 1369).

Übersetzung[1]

18. Übereinkommen der Vereinten Nationen über Verträge über den internationalen Warenkauf

Abgeschlossen in Wien am 11. April 1980

Von der Bundesversammlung genehmigt am 6. Oktober 1989[2]
Schweizerische Beitrittsurkunde hinterlegt am 21. Februar 1990
In Kraft getreten für die Schweiz am 1. März 1991

Die Vertragsstaaten dieses Übereinkommens,

im Hinblick auf die allgemeinen Ziele der Entschliessungen, die von der Sechsten Ausserordentlichen Tagung der Generalversammlung der Vereinten Nationen über die Errichtung einer neuen Weltwirtschaftsordnung angenommen worden sind,

in der Erwägung, dass die Entwicklung des internationalen Handels auf der Grundlage der Gleichberechtigung und des gegenseitigen Nutzens ein wichtiges Element zur Förderung freundschaftlicher Beziehungen zwischen den Staaten ist,

in der Meinung, dass die Annahme einheitlicher Bestimmungen, die auf Verträge über den internationalen Warenkauf Anwendung finden und die verschiedenen Gesellschafts-, Wirtschafts- und Rechtsordnungen berücksichtigen, dazu beitragen würde, die rechtlichen Hindernisse im internationalen Handel zu beseitigen und seine Entwicklung zu fördern,

haben folgendes vereinbart:

Teil I Anwendungsbereich und allgemeine Bestimmungen

Kapitel I Anwendungsbereich

Art. 1 [1] Dieses Übereinkommen ist auf Kaufverträge über Waren zwischen Parteien anzuwenden, die ihre Niederlassung in verschiedenen Staaten haben

a) wenn diese Staaten Vertragsstaaten sind oder
b) wenn die Regeln des internationalen Privatrechts zur Anwendung des Rechts eines Vertragsstaates führen.

SR 0.221.211.1; AS 1991 307; BBl 1989 I 745

1 Der französische Originaltext findet sich unter der gleichen Nummer in der entsprechenden Ausgabe dieser Sammlung

2 AS 1991 306

2 Die Tatsache, dass die Parteien ihre Niederlassung in verschiedenen Staaten haben, wird nicht berücksichtigt, wenn sie sich nicht aus dem Vertrag, aus früheren Geschäftsbeziehungen oder aus Verhandlungen oder Auskünften ergibt, die vor oder bei Vertragsabschluss zwischen den Parteien geführt oder von ihnen erteilt worden sind.

3 Bei Anwendung dieses Übereinkommens wird weder berücksichtigt, welche Staatsangehörigkeit die Parteien haben, noch ob sie Kaufleute oder Nichtkaufleute sind oder ob der Vertrag handelsrechtlicher oder zivilrechtlicher Art ist.

Art. 2 Dieses Übereinkommen findet keine Anwendung auf den Kauf

a) von Ware für den persönlichen Gebrauch oder den Gebrauch in der Familie oder im Haushalt, es sei denn, dass der Verkäufer vor oder bei Vertragsabschluss weder wusste noch wissen musste, dass die Ware für einen solchen Gebrauch gekauft wurde;
b) bei Versteigerungen;
c) aufgrund von Zwangsvollstreckungs- oder anderen gerichtlichen Massnahmen;
d) von Wertpapieren oder Zahlungsmitteln;
e) von Seeschiffen, Binnenschiffen, Luftkissenfahrzeugen oder Luftfahrzeugen;
f) von elektrischer Energie.

Art. 3 1 Den Kaufverträgen stehen Verträge über die Lieferung herzustellender oder zu erzeugender Ware gleich, es sei denn, dass der Besteller einen wesentlichen Teil der für die Herstellung oder Erzeugung notwendigen Stoffe selbst zu liefern hat.

2 Dieses Übereinkommen ist auf Verträge nicht anzuwenden, bei denen der überwiegende Teil der Pflichten der Partei, welche die Ware liefert, in der Ausführung von Arbeiten oder anderen Dienstleistungen besteht.

Art. 4 Dieses Übereinkommen regelt ausschliesslich den Abschluss des Kaufvertrages und die aus ihm erwachsenden Rechte und Pflichten des Verkäufers und des Käufers. Soweit in diesem Übereinkommen nicht ausdrücklich etwas anderes bestimmt ist, betrifft es insbesondere nicht

a) die Gültigkeit des Vertrages oder einzelner Vertragsbestimmungen oder die Gültigkeit von Handelsbräuchen;
b) die Wirkungen, die der Vertrag auf das Eigentum an der verkauften Ware haben kann.

Art. 5 Dieses Übereinkommen findet keine Anwendung auf die Haftung des Verkäufers für den durch die Ware verursachten Tod oder die Körperverletzung einer Person.

Art. 6 Die Parteien können die Anwendung dieses Übereinkommens ausschliessen oder, vorbehaltlich des Artikels 12, von seinen Bestimmungen abweichen oder deren Wirkung ändern.

Kapitel II Allgemeine Bestimmungen

Art. 7 1 Bei der Auslegung dieses Übereinkommens sind sein internationaler Charakter und die Notwendigkeit zu berücksichtigen, seine einheitliche Anwendung und die Wahrung des guten Glaubens im internationalen Handel zu fördern.

2 Fragen, die in diesem Übereinkommen geregelte Gegenstände betreffen, aber in diesem Übereinkommen nicht ausdrücklich entschieden werden, sind nach den allgemeinen Grundsätzen, die diesem Übereinkommen zugrunde liegen, oder mangels solcher Grundsätze nach dem Recht zu entscheiden, das nach den Regeln des internationalen Privatrechts anzuwenden ist.

Art. 8 1 Für die Zwecke dieses Übereinkommens sind Erklärungen und das sonstige Verhalten einer Partei nach deren Willen auszulegen, wenn die andere Partei diesen Willen kannte oder darüber nicht in Unkenntnis sein konnte.

2 Ist Absatz 1 nicht anwendbar, so sind Erklärungen und das sonstige Verhalten einer Partei so auszulegen, wie eine vernünftige Person in gleicher Stellung wie die andere Partei sie unter den gleichen Umständen aufgefasst hätte.

3 Um den Willen einer Partei oder die Auffassung festzustellen, die eine vernünftige Person gehabt hätte, sind alle erheblichen Umstände zu berücksichtigen, insbesondere die Verhandlungen zwischen den Parteien, die zwischen ihnen entstandenen Gepflogenheiten, die Handelsbräuche und das spätere Verhalten der Parteien.

Art. 9 1 Die Parteien sind an die Handelsbräuche, mit denen sie sich einverstanden erklärt haben, und an die Gepflogenheiten gebunden, die zwischen ihnen entstanden sind.

2 Haben die Parteien nichts anderes vereinbart, so wird angenommen, dass sie sich in ihrem Vertrag oder bei seinem Abschluss stillschweigend auf Handelsbräuche bezogen haben, die sie kannten oder kennen mussten und die im internationalen Handel den Parteien von Verträgen dieser Art in dem betreffenden Geschäftszweig weithin bekannt sind und von ihnen regelmässig beachtet werden.

Art. 10 Für die Zwecke dieses Übereinkommens ist,

a) falls eine Partei mehr als eine Niederlassung hat, die Niederlassung massgebend, die unter Berücksichtigung der vor oder bei Vertragsabschluss den

Parteien bekannten oder von ihnen in Betracht gezogenen Umstände die engste Beziehung zu dem Vertrag und zu seiner Erfüllung hat;

b) falls eine Partei keine Niederlassung hat, ihr gewöhnlicher Aufenthalt massgebend.

Art. 11 Der Kaufvertrag braucht nicht schriftlich geschlossen oder nachgewiesen zu werden und unterliegt auch sonst keinen Formvorschriften. Er kann auf jede Weise bewiesen werden, auch durch Zeugen.

Art. 12 Die Bestimmungen der Artikel 11 und 29 oder des Teils II dieses Übereinkommens, die für den Abschluss eines Kaufvertrages, seine Änderung oder Aufhebung durch Vereinbarung oder für ein Angebot, eine Annahme oder eine sonstige Willenserklärung eine andere als die schriftliche Form gestatten, gelten nicht, wenn eine Partei ihre Niederlassung in einem Vertragsstaat hat, der eine Erklärung nach Artikel 96 abgegeben hat. Die Parteien dürfen von dem vorliegenden Artikel weder abweichen noch seine Wirkung ändern.

Art. 13 Für die Zwecke dieses Übereinkommens umfasst der Ausdruck «schriftlich» auch Mitteilungen durch Telegramm oder Fernschreiben.

Teil II Abschluss des Vertrages

Art. 14 1 Der an eine oder mehrere bestimmte Personen gerichtete Vorschlag zum Abschluss eines Vertrages stellt ein Angebot dar, wenn er bestimmt genug ist und den Willen des Anbietenden zum Ausdruck bringt, im Falle der Annahme gebunden zu sein. Ein Vorschlag ist bestimmt genug, wenn er die Ware bezeichnet und ausdrücklich oder stillschweigend die Menge und den Preis festsetzt oder deren Festsetzung ermöglicht.

2 Ein Vorschlag, der nicht an eine oder mehrere bestimmte Personen gerichtet ist, gilt nur als Einladung zu einem Angebot, wenn nicht die Person, die den Vorschlag macht, das Gegenteil deutlich zum Ausdruck bringt.

Art. 15 1 Ein Angebot wird wirksam, sobald es dem Empfänger zugeht.

2 Ein Angebot kann, selbst wenn es unwiderruflich ist, zurückgenommen werden, wenn die Rücknahmeerklärung dem Empfänger vor oder gleichzeitig mit dem Angebot zugeht.

Art. 16 1 Bis zum Abschluss des Vertrages kann ein Angebot widerrufen werden, wenn der Widerruf dem Empfänger zugeht, bevor dieser eine Annahmeerklärung abgesandt hat.

2 Ein Angebot kann jedoch nicht widerrufen werden,

a) wenn es durch Bestimmung einer festen Frist zur Annahme oder auf andere Weise zum Ausdruck bringt, dass es unwiderruflich ist, oder
b) wenn der Empfänger vernünftigerweise darauf vertrauen konnte, dass das Angebot unwiderruflich ist, und er im Vertrauen auf das Angebot gehandelt hat.

Art. 17 Ein Angebot erlischt, selbst wenn es unwiderruflich ist, sobald dem Anbietenden eine Ablehnung zugeht.

Art. 18 1 Eine Erklärung oder ein sonstiges Verhalten des Empfängers, das eine Zustimmung zum Angebot ausdrückt, stellt eine Annahme dar. Schweigen oder Untätigkeit allein stellen keine Annahme dar.

2 Die Annahme eines Angebots wird wirksam, sobald die Äusserung der Zustimmung dem Anbietenden zugeht. Sie wird nicht wirksam, wenn die Äusserung der Zustimmung dem Anbietenden nicht innerhalb der von ihm gesetzten Frist oder, bei Fehlen einer solchen Frist, innerhalb einer angemessenen Frist zugeht; dabei sind die Umstände des Geschäfts einschliesslich der Schnelligkeit der vom Anbietenden gewählten Übermittlungsart zu berücksichtigen. Ein mündliches Angebot muss sofort angenommen werden, wenn sich aus den Umständen nichts anderes ergibt.

3 Äussert jedoch der Empfänger aufgrund des Angebots, der zwischen den Parteien entstandenen Gepflogenheiten oder der Handelsbräuche seine Zustimmung durch eine Handlung, die sich zum Beispiel auf die Absendung der Ware oder die Bezahlung des Preises bezieht, ohne den Anbietenden davon zu unterrichten, so ist die Annahme zum Zeitpunkt der Handlung wirksam, sofern diese innerhalb der in Absatz 2 vorgeschriebenen Frist vorgenommen wird.

Art. 19 1 Eine Antwort auf ein Angebot, die eine Annahme darstellen soll, aber Ergänzungen, Einschränkungen oder sonstige Änderungen enthält, ist eine Ablehnung des Angebotes und stellt ein Gegenangebot dar.

2 Eine Antwort auf ein Angebot, die eine Annahme darstellen soll, aber Ergänzungen oder Abweichungen enthält, welche die Bedingungen des Angebots nicht wesentlich ändern, stellt jedoch eine Annahme dar, wenn der Anbietende das Fehlen der Übereinstimmung nicht unverzüglich mündlich beanstandet oder eine entsprechende Mitteilung absendet. Unterlässt er dies, so bilden die Bedingungen des Angebots mit den in der Annahme enthaltenen Änderungen den Vertragsinhalt.

3 Ergänzungen oder Abweichungen, die sich insbesondere auf Preis, Bezahlung, Qualität und Menge der Ware, auf Ort und Zeit der Lieferung, auf den Umfang der Haftung der einen Partei gegenüber der anderen oder auf die

Beilegung von Streitigkeiten beziehen, werden so angesehen, als änderten sie die Bedingungen des Angebots wesentlich.

Art. 20 [1] Eine vom Anbietenden in einem Telegramm oder einem Brief gesetzte Annahmefrist beginnt mit Aufgabe des Telegramms oder mit dem im Brief angegebenen Datum oder, wenn kein Datum angegeben ist, mit dem auf dem Umschlag angegebenen Datum zu laufen. Eine vom Anbietenden telefonisch, durch Fernschreiben oder eine andere sofortige Übermittlungsart gesetzte Annahmefrist beginnt zu laufen, sobald das Angebot dem Empfänger zugeht.

[2] Gesetzliche Feiertage oder arbeitsfreie Tage, die in die Laufzeit der Annahmefrist fallen, werden bei der Fristberechnung mitgezählt. Kann jedoch die Mitteilung der Annahme am letzten Tag der Frist nicht an die Anschrift des Anbietenden zugestellt werden, weil dieser Tag am Ort der Niederlassung des Anbietenden auf einen gesetzlichen Feiertag oder arbeitsfreien Tag fällt, so verlängert sich die Frist bis zum ersten darauf folgenden Arbeitstag.

Art. 21 [1] Eine verspätete Annahme ist dennoch als Annahme wirksam, wenn der Anbietende unverzüglich den Annehmenden in diesem Sinne mündlich unterrichtet oder eine entsprechende schriftliche Mitteilung absendet.

[2] Ergibt sich aus dem eine verspätete Annahme enthaltenden Brief oder anderen Schriftstück, dass die Mitteilung nach den Umständen, unter denen sie abgesandt worden ist, bei normaler Beförderung dem Anbietenden rechtzeitig zugegangen wäre, so ist die verspätete Annahme als Annahme wirksam, wenn der Anbietende nicht unverzüglich den Annehmenden mündlich davon unterrichtet, dass er sein Angebot als erloschen betrachtet, oder eine entsprechende schriftliche Mitteilung absendet.

Art. 22 Eine Annahme kann zurückgenommen werden, wenn die Rücknahmeerklärung dem Anbietenden vor oder in dem Zeitpunkt zugeht, in dem die Annahme wirksam geworden wäre.

Art. 23 Ein Vertrag ist in dem Zeitpunkt geschlossen, in dem die Annahme eines Angebots nach diesem Übereinkommen wirksam wird.

Art. 24 Für die Zwecke dieses Teils des Übereinkommens «geht» ein Angebot, eine Annahmeerklärung oder sonstige Willenserklärung dem Empfänger «zu», wenn sie ihm mündlich gemacht wird oder wenn sie auf anderem Weg ihm persönlich, an seiner Niederlassung oder Postanschrift oder, wenn diese fehlen, an seinem gewöhnlichen Aufenthaltsort zugestellt wird.

Teil III Warenkauf

Kapitel I Allgemeine Bestimmungen

Art. 25 Eine von einer Partei begangene Vertragsverletzung ist wesentlich, wenn sie für die andere Partei solchen Nachteil zur Folge hat, dass ihr im wesentlichen entgeht, was sie nach dem Vertrag hätte erwarten dürfen, es sei denn, dass die vertragsbrüchige Partei diese Folge nicht vorausgesehen hat und eine vernünftige Person in gleicher Stellung diese Folge unter den gleichen Umständen auch nicht vorausgesehen hätte.

Art. 26 Eine Erklärung, dass der Vertrag aufgehoben wird, ist nur wirksam, wenn sie der anderen Partei mitgeteilt wird.

Art. 27 Soweit in diesem Teil des Übereinkommens nicht ausdrücklich etwas anderes bestimmt wird, nimmt bei einer Anzeige, Aufforderung oder sonstigen Mitteilung, die eine Partei gemäss diesem Teil mit den nach den Umständen geeigneten Mitteln macht, eine Verzögerung oder ein Irrtum bei der Übermittlung der Mitteilung oder deren Nichteintreffen dieser Partei nicht das Recht, sich auf die Mitteilung zu berufen.

Art. 28 Ist eine Partei nach diesem Übereinkommen berechtigt, von der anderen Partei die Erfüllung einer Verpflichtung zu verlangen, so braucht ein Gericht eine Entscheidung auf Erfüllung in Natur nur zu fällen, wenn es dies auch nach seinem eigenen Recht bei gleichartigen Kaufverträgen täte, die nicht unter dieses Übereinkommen fallen.

Art. 29 1 Ein Vertrag kann durch blosse Vereinbarung der Parteien geändert oder aufgehoben werden.

2 Enthält ein schriftlicher Vertrag eine Bestimmung, wonach jede Änderung oder Aufhebung durch Vereinbarung schriftlich zu erfolgen hat, so darf er nicht auf andere Weise geändert oder aufgehoben werden. Eine Partei kann jedoch aufgrund ihres Verhaltens davon ausgeschlossen sein, sich auf eine solche Bestimmung zu berufen, soweit die andere Partei sich auf dieses Verhalten verlassen hat.

Kapitel II Pflichten des Verkäufers

Art. 30 Der Verkäufer ist nach Massgabe des Vertrages und dieses Übereinkommens verpflichtet, die Ware zu liefern, die sie betreffenden Dokumente zu übergeben und das Eigentum an der Ware zu übertragen.

Abschnitt I Lieferung der Ware und Übergabe der Dokumente

Art. 31 Hat der Verkäufer die Ware nicht an einem anderen bestimmten Ort zu liefern, so besteht seine Lieferpflicht in folgendem:

a) Erfordert der Kaufvertrag eine Beförderung der Ware, so hat sie der Verkäufer dem ersten Beförderer zur Übermittlung an den Käufer zu übergeben;

b) bezieht sich der Vertrag in Fällen, die nicht unter Buchstabe a fallen, auf bestimmte Ware oder auf gattungsmässig bezeichnete Ware, die aus einem bestimmten Bestand zu entnehmen ist, oder auf herzustellende oder zu erzeugende Ware und wussten die Parteien bei Vertragsabschluss, dass die Ware sich an einem bestimmten Ort befand oder dort herzustellen oder zu erzeugen war, so hat der Verkäufer die Ware dem Käufer an diesem Ort zur Verfügung zu stellen;

c) in den anderen Fällen hat der Verkäufer die Ware dem Käufer an dem Ort zur Verfügung zu stellen, an dem der Verkäufer bei Vertragsabschluss seine Niederlassung hatte.

Art. 32 1 Übergibt der Verkäufer nach dem Vertrag oder diesem Übereinkommen die Ware einem Beförderer und ist die Ware nicht deutlich durch daran angebrachte Kennzeichen oder durch Beförderungsdokumente oder auf andere Weise dem Vertrag zugeordnet, so hat der Verkäufer dem Käufer die Versendung anzuzeigen und dabei die Ware im einzelnen zu bezeichnen.

2 Hat der Verkäufer für die Beförderung der Ware zu sorgen, so hat er die Verträge zu schliessen, die zur Beförderung an den festgesetzten Ort mit den nach den Umständen angemessenen Beförderungsmitteln und zu den für solche Beförderungen üblichen Bedingungen erforderlich sind.

3 Ist der Verkäufer nicht zum Abschluss einer Transportversicherung verpflichtet, so hat er dem Käufer auf dessen Verlangen alle ihm verfügbaren, zum Abschluss einer solchen Versicherung erforderlichen Auskünfte zu erteilen.

Art. 33 Der Verkäufer hat die Ware zu liefern:

a) wenn ein Zeitpunkt im Vertrag bestimmt ist oder aufgrund des Vertrages bestimmt werden kann, zu diesem Zeitpunkt;

b) wenn ein Zeitraum im Vertrag bestimmt ist oder aufgrund des Vertrages bestimmt werden kann, jederzeit innerhalb dieses Zeitraums, sofern sich nicht aus den Umständen ergibt, dass der Käufer den Zeitpunkt zu wählen hat, oder

c) in allen anderen Fällen innerhalb einer angemessenen Frist nach Vertragsabschluss.

Art. 34 Hat der Verkäufer Dokumente zu übergeben, die sich auf die Ware beziehen, so hat er sie zu dem Zeitpunkt, an dem Ort und in der Form zu übergeben, die im Vertrag vorgesehen sind. Hat der Verkäufer die Dokumente bereits vorher übergeben, so kann er bis zu dem für die Übergabe vorgesehenen Zeitpunkt jede Vertragswidrigkeit der Dokumente beheben, wenn die Ausübung dieses Rechts dem Käufer nicht unzumutbare Unannehmlichkeiten oder unverhältnismässige Kosten verursacht. Der Käufer behält jedoch das Recht, Schadenersatz nach diesem Übereinkommen zu verlangen.

Abschnitt II Vertragsmässigkeit der Ware und Rechte oder Ansprüche Dritter

Art. 35 1 Der Verkäufer hat Ware zu liefern, die in Menge, Qualität und Art sowie hinsichtlich Verpackung oder Behältnis den Anforderungen des Vertrages entspricht.

2 Haben die Parteien nichts anderes vereinbart, so entspricht die Ware dem Vertrag nur:

a) wenn sie sich für die Zwecke eignet, für die Ware der gleichen Art gewöhnlich gebraucht wird;
b) wenn sie sich für einen bestimmten Zweck eignet, der dem Verkäufer bei Vertragsabschluss ausdrücklich oder auf andere Weise zur Kenntnis gebracht wurde, sofern sich nicht aus den Umständen ergibt, dass der Käufer auf die Sachkenntnis und das Urteilsvermögen des Verkäufers nicht vertraute oder vernünftigerweise nicht vertrauen konnte;
c) wenn sie die Eigenschaften einer Ware besitzt, die der Verkäufer dem Käufer als Probe oder Muster vorgelegt hat;
d) wenn sie in der für Ware dieser Art üblichen Weise oder, falls es eine solche Weise nicht gibt, in einer für die Erhaltung und den Schutz der Ware angemessenen Weise verpackt ist.

3 Der Verkäufer haftet nach Absatz 2 Buchstaben a–d nicht für eine Vertragswidrigkeit der Ware, wenn der Käufer bei Vertragsabschluss diese Vertragswidrigkeit kannte oder darüber nicht in Unkenntnis sein konnte.

Art. 36 1 Der Verkäufer haftet nach dem Vertrag und diesem Übereinkommen für eine Vertragswidrigkeit, die im Zeitpunkt des Überganges der Gefahr auf den Käufer besteht, auch wenn die Vertragswidrigkeit erst nach diesem Zeitpunkt offenbar wird.

2 Der Verkäufer haftet auch für eine Vertragswidrigkeit, die nach dem in Absatz 1 angegebenen Zeitpunkt eintritt und auf die Verletzung einer seiner Pflichten zurückzuführen ist, einschliesslich der Verletzung einer Garantie dafür, dass die Ware für eine bestimmte Zeit für den üblichen Zweck oder für einen bestimmten Zweck geeignet bleiben oder besondere Eigenschaften oder Merkmale behalten wird.

Art. 37 Bei vorzeitiger Lieferung der Ware behält der Verkäufer bis zu dem für die Lieferung festgesetzten Zeitpunkt das Recht, fehlende Teile nachzuliefern, eine fehlende Menge auszugleichen, für nicht vertragsgemässe Ware Ersatz zu liefern oder die Vertragswidrigkeit der gelieferten Ware zu beheben, wenn die Ausübung dieses Rechts dem Käufer nicht unzumutbare Unannehmlichkeiten oder unverhältnismässige Kosten verursacht. Der Käufer behält jedoch das Recht, Schadenersatz nach diesem Übereinkommen zu verlangen.

Art. 38 1 Der Käufer hat die Ware innerhalb einer so kurzen Frist zu untersuchen oder untersuchen zu lassen, wie es die Umstände erlauben.

2 Erfordert der Vertrag eine Beförderung der Ware, so kann die Untersuchung bis nach dem Eintreffen der Ware am Bestimmungsort aufgeschoben werden.

3 Wird die Ware vom Käufer umgeleitet oder von ihm weiterversandt, ohne dass er ausreichend Gelegenheit hatte, sie zu untersuchen, und kannte der Verkäufer bei Vertragsabschluss die Möglichkeit einer solchen Umleitung oder Weiterversendung oder musste er sie kennen, so kann die Untersuchung bis nach dem Eintreffen der Ware an ihrem neuen Bestimmungsort aufgeschoben werden.

Art. 39 1 Der Käufer verliert das Recht, sich auf eine Vertragswidrigkeit der Ware zu berufen, wenn er sie dem Verkäufer nicht innerhalb einer angemessenen Frist nach dem Zeitpunkt, in dem er sie festgestellt hat oder hätte feststellen müssen, anzeigt und dabei die Art der Vertragswidrigkeit genau bezeichnet.

2 Der Käufer verliert in jedem Fall das Recht, sich auf die Vertragswidrigkeit der Ware zu berufen, wenn er sie nicht spätestens innerhalb von zwei Jahren, nachdem ihm die Ware tatsächlich übergeben worden ist, dem Verkäufer anzeigt, es sei denn, dass diese Frist mit einer vertraglichen Garantiefrist unvereinbar ist.

Art. 40 Der Verkäufer kann sich auf die Artikel 38 und 39 nicht berufen, wenn die Vertragswidrigkeit auf Tatsachen beruht, die er kannte oder über die er nicht in Unkenntnis sein konnte und die er dem Käufer nicht offenbart hat.

Art. 41 Der Verkäufer hat Ware zu liefern, die frei von Rechten oder Ansprüchen Dritter ist, es sei denn, dass der Käufer eingewilligt hat, die mit einem solchen Recht oder Anspruch belastete Ware anzunehmen. Beruhen jedoch solche Rechte oder Ansprüche auf gewerblichem oder anderem geistigem Eigentum, so regelt Artikel 42 die Verpflichtung des Verkäufers.

Art. 42 1 Der Verkäufer hat Ware zu liefern, die frei von Rechten oder Ansprüchen Dritter ist, die auf gewerblichem oder anderem geistigen Eigentum beruhen und die der Verkäufer bei Vertragsabschluss kannte oder über die er nicht in Unkenntnis sein konnte, vorausgesetzt, das Recht oder der Anspruch beruht auf gewerblichem oder anderem geistigen Eigentum:

a) nach dem Recht des Staates, in dem die Ware weiterverkauft oder in dem sie in anderer Weise verwendet wird oder verwendet werden soll, wenn die Parteien bei Vertragsabschluss in Betracht gezogen haben, dass die Ware dort weiterverkauft oder verwendet wird, oder
b) in jedem anderen Falle nach dem Recht des Staates, in dem der Käufer seine Niederlassung hat.

2 Die Verpflichtung des Verkäufers nach Absatz 1 erstreckt sich nicht auf Fälle:

a) in denen der Käufer im Zeitpunkt des Vertragsabschlusses das Recht oder den Anspruch kannte oder darüber nicht in Unkenntnis sein konnte, oder
b) in denen das Recht oder der Anspruch sich daraus ergibt, dass der Verkäufer sich nach technischen Zeichnungen, Entwürfen, Formeln oder sonstigen Angaben gerichtet hat, die der Käufer zur Verfügung gestellt hat.

Art. 43 1 Der Käufer kann sich auf die Artikel 41 oder 42 nicht berufen, wenn er dem Verkäufer das Recht oder den Anspruch des Dritten nicht innerhalb einer angemessenen Frist nach dem Zeitpunkt, von dem an er davon Kenntnis hatte oder haben musste, anzeigt und dabei genau bezeichnet, welcher Art das Recht oder der Anspruch des Dritten ist.

2 Der Verkäufer kann sich nicht auf Absatz 1 berufen, wenn er das Recht oder den Anspruch des Dritten und seine Art kannte.

Art. 44 Ungeachtet der Artikel 39 Absatz 1 und 43 Absatz 1 kann der Käufer den Preis nach Artikel 50 herabsetzen oder Schadenersatz, ausser für entgangenen Gewinn, verlangen, wenn er eine vernünftige Entschuldigung dafür hat, dass er die erforderliche Anzeige unterlassen hat.

Abschnitt III Rechte des Käufers wegen Vertragsverletzung durch den Verkäufer

Art. 45 1 Erfüllt der Verkäufer eine seiner Pflichten nach dem Vertrag oder diesem Übereinkommen nicht, so kann der Käufer

a) die in den Artikeln 46–52 vorgesehenen Rechte ausüben;
b) Schadenersatz nach den Artikeln 74–77 verlangen.

2 Der Käufer verliert das Recht, Schadenersatz zu verlangen, nicht dadurch, dass er andere Rechte ausübt.

3 Übt der Käufer ein Recht wegen Vertragsverletzung aus, so darf ein Gericht oder Schiedsgericht dem Verkäufer keine zusätzliche Frist gewähren.

Art. 46 [1] Der Käufer kann vom Verkäufer Erfüllung seiner Pflichten verlangen, es sei denn, dass der Käufer ein Recht ausgeübt hat, das mit diesem Verlangen unvereinbar ist.

[2] Ist die Ware nicht vertragsgemäss, so kann der Käufer Ersatzlieferung nur verlangen, wenn die Vertragswidrigkeit eine wesentliche Vertragsverletzung darstellt und die Ersatzlieferung entweder zusammen mit einer Anzeige nach Artikel 39 oder innerhalb einer angemessenen Frist danach verlangt wird.

[3] Ist die Ware nicht vertragsgemäss, so kann der Käufer den Verkäufer auffordern, die Vertragswidrigkeit durch Nachbesserung zu beheben, es sei denn, dass dies unter Berücksichtigung aller Umstände unzumutbar ist. Nachbesserung muss entweder zusammen mit einer Anzeige nach Artikel 39 oder innerhalb einer angemessenen Frist danach verlangt werden.

Art. 47 [1] Der Käufer kann dem Verkäufer eine angemessene Nachfrist zur Erfüllung seiner Pflichten setzen.

[2] Der Käufer kann vor Ablauf dieser Frist kein Recht wegen Vertragsverletzung ausüben, ausser wenn er vom Verkäufer die Anzeige erhalten hat, dass dieser seine Pflichten nicht innerhalb der so gesetzten Frist erfüllen wird. Der Käufer behält jedoch das Recht, Schadenersatz wegen verspäteter Erfüllung zu verlangen.

Art. 48 [1] Vorbehaltlich des Artikels 49 kann der Verkäufer einen Mangel in der Erfüllung seiner Pflichten auch nach dem Liefertermin auf eigene Kosten beheben, wenn dies keine unzumutbare Verzögerung nach sich zieht und dem Käufer weder unzumutbare Unannehmlichkeiten noch Ungewissheit über die Erstattung seiner Auslagen durch den Verkäufer verursacht. Der Käufer behält jedoch das Recht, Schadenersatz nach diesem Übereinkommen zu verlangen.

[2] Fordert der Verkäufer den Käufer auf, ihm mitzuteilen, ob er die Erfüllung annehmen will, und entspricht der Käufer der Aufforderung nicht innerhalb einer angemessenen Frist, so kann der Verkäufer innerhalb der in seiner Aufforderung angegebenen Frist erfüllen. Der Käufer kann vor Ablauf dieser Frist kein Recht ausüben, das mit der Erfüllung durch den Verkäufer unvereinbar ist.

[3] Zeigt der Verkäufer dem Käufer an, dass er innerhalb einer bestimmten Frist erfüllen wird, so wird vermutet, dass die Anzeige eine Aufforderung an den Käufer nach Absatz 2 enthält, seine Entscheidung mitzuteilen.

[4] Eine Aufforderung oder Anzeige des Verkäufers nach den Absätzen 2 oder 3 ist nur wirksam, wenn der Käufer sie erhalten hat.

Art. 49 [1] Der Käufer kann die Aufhebung des Vertrages erklären,

a) wenn die Nichterfüllung einer dem Verkäufer nach dem Vertrag oder diesem Übereinkommen obliegenden Pflicht eine wesentliche Vertragsverletzung darstellt, oder

b) wenn im Falle der Nichtlieferung der Verkäufer die Ware nicht innerhalb der vom Käufer nach Artikel 47 Absatz 1 gesetzten Nachfrist liefert oder wenn er erklärt, dass er nicht innerhalb der so gesetzten Frist liefern wird.

[2] Hat der Verkäufer die Ware geliefert, so verliert jedoch der Käufer sein Recht, die Aufhebung des Vertrages zu erklären, wenn er

a) im Falle der verspäteten Lieferung die Aufhebung nicht innerhalb einer angemessenen Frist erklärt, nachdem er erfahren hat, dass die Lieferung erfolgt ist, oder

b) im Falle einer anderen Vertragsverletzung als verspäteter Lieferung die Aufhebung nicht innerhalb einer angemessenen Frist erklärt,
   i) nachdem er die Vertragsverletzung kannte oder kennen musste,
   ii) nachdem eine vom Käufer nach Artikel 47 Absatz 1 gesetzte Nachfrist abgelaufen ist oder nachdem der Verkäufer erklärt hat, dass er seine Pflichten nicht innerhalb der Nachfrist erfüllen wird, oder
   iii) nachdem eine vom Verkäufer nach Artikel 48 Absatz 2 gesetzte Frist abgelaufen ist oder nachdem der Käufer erklärt hat, dass er die Erfüllung nicht annehmen wird.

Art. 50 Ist die Ware nicht vertragsgemäss, so kann der Käufer unabhängig davon, ob der Kaufpreis bereits gezahlt worden ist oder nicht, den Preis in dem Verhältnis herabsetzen, in dem der Wert, den die tatsächlich gelieferte Ware im Zeitpunkt der Lieferung hatte, zu dem Wert steht, den vertragsgemässe Ware zu diesem Zeitpunkt gehabt hätte. Behebt jedoch der Verkäufer nach den Artikeln 37 oder 48 einen Mangel in der Erfüllung seiner Pflichten oder weigert sich der Käufer, Erfüllung durch den Verkäufer nach den genannten Artikeln anzunehmen, so kann der Käufer den Preis nicht herabsetzen.

Art. 51 [1] Liefert der Verkäufer nur einen Teil der Ware oder ist nur ein Teil der gelieferten Ware vertragsgemäss, so gelten für den Teil, der fehlt oder der nicht vertragsgemäss ist, die Artikel 46–50.

[2] Der Käufer kann nur dann die Aufhebung des gesamten Vertrages erklären, wenn die unvollständige oder nicht vertragsgemässe Lieferung eine wesentliche Vertragsverletzung darstellt.

Art. 52 [1] Liefert der Verkäufer die Ware vor dem festgesetzten Zeitpunkt, so steht es dem Käufer frei, sie anzunehmen oder die Annahme zu verweigern.

[2] Liefert der Verkäufer eine grössere als die vereinbarte Menge, so kann der Käufer die zuviel gelieferte Menge annehmen oder ihre Annahme verweigern.

Nimmt der Käufer die zuviel gelieferte Menge ganz oder teilweise an, so hat er sie entsprechend dem vertraglichen Preis zu bezahlen.

Kapitel III Pflichten des Käufers

Art. 53 Der Käufer ist nach Massgabe des Vertrages und dieses Übereinkommens verpflichtet, den Kaufpreis zu zahlen und die Ware anzunehmen.

Abschnitt I Zahlung des Kaufpreises

Art. 54 Zur Pflicht des Käufers, den Kaufpreis zu zahlen, gehört es auch, die Massnahmen zu treffen und die Formalitäten zu erfüllen, die nach Vertrag oder Gesetz erforderlich sind, damit Zahlung geleistet werden kann.

Art. 55 Ist ein Vertrag gültig geschlossen worden, ohne dass er den Kaufpreis ausdrücklich oder stillschweigend festsetzt oder dessen Festsetzung ermöglicht, so wird mangels gegenteiliger Anhaltspunkte vermutet, dass die Parteien sich stillschweigend auf den Kaufpreis bezogen haben, der bei Vertragsabschluss allgemein für derartige Ware berechnet wurde, die in dem betreffenden Geschäftszweig unter vergleichbaren Umständen verkauft wurde.

Art. 56 Ist der Kaufpreis nach dem Gewicht der Ware festgesetzt, so bestimmt er sich im Zweifel nach dem Nettogewicht.

Art. 57 1 Ist der Käufer nicht verpflichtet, den Kaufpreis an einem anderen bestimmten Ort zu zahlen, so hat er ihn dem Verkäufer wie folgt zu zahlen:

a) am Ort der Niederlassung des Verkäufers oder,
b) wenn die Zahlung gegen Übergabe der Ware oder von Dokumenten zu leisten ist, an dem Ort, an dem die Übergabe stattfindet.

2 Der Verkäufer hat alle mit der Zahlung zusammenhängenden Mehrkosten zu tragen, die durch einen Wechsel seiner Niederlassung nach Vertragsschluss entstehen.

Art. 58 1 Ist der Käufer nicht verpflichtet, den Kaufpreis zu einer bestimmten Zeit zu zahlen, so hat er den Preis zu zahlen, sobald ihm der Verkäufer entweder die Ware oder die Dokumente, die zur Verfügung darüber berechtigen, nach dem Vertrag und diesem Übereinkommen zur Verfügung gestellt hat. Der Verkäufer kann die Übergabe der Ware oder der Dokumente von der Zahlung abhängig machen.

2 Erfordert der Vertrag eine Beförderung der Ware, so kann der Verkäufer sie mit der Massgabe versenden, dass die Ware oder die Dokumente, die zur Ver-

fügung darüber berechtigen, dem Käufer nur gegen Zahlung des Kaufpreises zu übergeben sind.

3 Der Käufer ist nicht verpflichtet, den Kaufpreis zu zahlen, bevor er Gelegenheit gehabt hat, die Ware zu untersuchen, es sei denn, die von den Parteien vereinbarten Lieferungs- oder Zahlungsmodalitäten bieten hierzu keine Gelegenheit.

Art. 59 Der Käufer hat den Kaufpreis zu dem Zeitpunkt, der in dem Vertrag festgesetzt oder nach dem Vertrag und diesem Übereinkommen bestimmbar ist, zu zahlen, ohne dass es einer Aufforderung oder der Einhaltung von Formalitäten seitens des Verkäufers bedarf.

Abschnitt II Annahme

Art. 60 Die Pflicht des Käufers zur Annahme besteht darin:

a) alle Handlungen vorzunehmen, die vernünftigerweise von ihm erwartet werden können, damit dem Verkäufer die Lieferung ermöglicht wird und
b) die Ware zu übernehmen.

Abschnitt III Rechte des Verkäufers wegen Vertragsverletzung durch den Käufer

Art. 61 1 Erfüllt der Käufer eine seiner Pflichten nach dem Vertrag oder diesem Übereinkommen nicht, so kann der Verkäufer:

a) die in den Artikeln 62-65 vorgesehenen Rechte ausüben;
b) Schadenersatz nach den Artikeln 74-77 verlangen.

2 Der Verkäufer verliert das Recht, Schadenersatz zu verlangen, nicht dadurch, dass er andere Rechte ausübt.

3 Übt der Verkäufer ein Recht wegen Vertragsverletzung aus, so darf ein Gericht oder Schiedsgericht dem Käufer keine zusätzliche Frist gewähren.

Art. 62 Der Verkäufer kann vom Käufer verlangen, dass er den Kaufpreis zahlt, die Ware annimmt sowie seine sonstigen Pflichten erfüllt, es sei denn, dass der Verkäufer ein Recht ausgeübt hat, das mit diesem Verlangen unvereinbar ist.

Art. 63 1 Der Verkäufer kann dem Käufer eine angemessene Nachfrist zur Erfüllung seiner Pflichten setzen.

2 Der Verkäufer kann vor Ablauf dieser Frist kein Recht wegen Vertragsverletzung ausüben, ausser wenn er vom Käufer die Anzeige erhalten hat, dass dieser seine Pflichten nicht innerhalb der so gesetzten Frist erfüllen wird. Der

Verkäufer verliert dadurch jedoch nicht das Recht, Schadenersatz wegen verspäteter Erfüllung zu verlangen.

Art. 64 [1] Der Verkäufer kann die Aufhebung des Vertrages erklären:

a) wenn die Nichterfüllung einer dem Käufer nach dem Vertrag oder diesem Übereinkommen obliegenden Pflicht eine wesentliche Vertragsverletzung darstellt, oder

b) wenn der Käufer nicht innerhalb der vom Verkäufer nach Artikel 63 Absatz 1 gesetzten Nachfrist seine Pflicht zur Zahlung des Kaufpreises oder zur Annahme der Ware erfüllt oder wenn er erklärt, dass er dies nicht innerhalb der so gesetzten Frist tun wird.

[2] Hat der Käufer den Kaufpreis gezahlt, so verliert Jedoch der Verkäufer sein Recht, die Aufhebung des Vertrages zu erklären, wenn er:

a) im Falle verspäteter Erfüllung durch den Käufer die Aufhebung nicht erklärt, bevor er erfahren hat, dass erfüllt worden ist, oder

b) im Falle einer anderen Vertragsverletzung als verspäteter Erfüllung durch den Käufer die Aufhebung nicht innerhalb einer angemessenen Zeit erklärt:

   i) nachdem der Verkäufer die Vertragsverletzung kannte oder kennen musste, oder

   ii) nachdem eine vom Verkäufer nach Artikel 63 Absatz 1 gesetzte Nachfrist abgelaufen ist, oder nachdem der Käufer erklärt hat, dass er seine Pflichten nicht innerhalb der Nachfrist erfüllen wird.

Art. 65 [1] Hat der Käufer nach dem Vertrag die Form, die Masse oder andere Merkmale der Ware näher zu spezifizieren und nimmt er diese Spezifizierung nicht zu dem vereinbarten Zeitpunkt oder innerhalb einer angemessenen Frist nach Eingang einer Aufforderung durch den Verkäufer vor, so kann der Verkäufer unbeschadet aller ihm zustehenden sonstigen Rechte die Spezifizierung nach den Bedürfnissen des Käufers, soweit ihm diese bekannt sind, selbst vornehmen.

[2] Nimmt der Verkäufer die Spezifizierung selbst vor, so hat er dem Käufer deren Einzelheiten mitzuteilen und ihm eine angemessene Frist zu setzen, innerhalb derer der Käufer eine abweichende Spezifizierung vornehmen kann. Macht der Käufer nach Eingang einer solchen Mitteilung von dieser Möglichkeit innerhalb der so gesetzten Frist keinen Gebrauch, so ist die vom Verkäufer vorgenommene Spezifizierung verbindlich.

Kapitel IV Übergang der Gefahr

Art. 66 Untergang oder Beschädigung der Ware nach Übergang der Gefahr auf den Käufer befreit diesen nicht von der Pflicht, den Kaufpreis zu zahlen, es sei denn, dass der Untergang oder die Beschädigung auf eine Handlung oder Unterlassung des Verkäufers zurückzuführen ist.

Art. 67 1 Erfordert der Kaufvertrag eine Beförderung der Ware und ist der Verkäufer nicht verpflichtet, sie an einem bestimmten Ort zu übergeben, so geht die Gefahr auf den Käufer über, sobald die Ware gemäss dem Kaufvertrag dem ersten Beförderer zur Übermittlung an den Käufer übergeben wird. Hat der Verkäufer dem Beförderer die Ware an einem bestimmten Ort zu übergeben, so geht die Gefahr erst auf den Käufer über, wenn die Ware dem Beförderer an diesem Ort übergeben wird. Ist der Verkäufer befugt, die Dokumente, die zur Verfügung über die Ware berechtigen, zurückzubehalten, so hat dies keinen Einfluss auf den Übergang der Gefahr.

2 Die Gefahr geht jedoch erst auf den Käufer über, wenn die Ware eindeutig dem Vertrag zugeordnet ist, sei es durch an der Ware angebrachte Kennzeichen, durch Beförderungsdokumente, durch eine Anzeige an den Käufer oder auf andere Weise.

Art. 68 Wird Ware, die sich auf dem Transport befindet, verkauft, so geht die Gefahr im Zeitpunkt des Vertragsabschlusses auf den Käufer über. Die Gefahr wird jedoch bereits im Zeitpunkt der Übergabe der Ware an den Beförderer, der die Dokumente über den Beförderungsvertrag ausgestellt hat, von dem Käufer übernommen, falls die Umstände diesen Schluss nahe legen. Wenn dagegen der Verkäufer bei Abschluss des Kaufvertrages wusste oder wissen musste, dass die Ware untergegangen oder beschädigt war und er dies dem Käufer nicht offenbart hat, geht der Untergang oder die Beschädigung zu Lasten des Verkäufers.

Art. 69 1 In den durch die Artikel 67 und 68 nicht geregelten Fällen geht die Gefahr auf den Käufer über, sobald er die Ware übernimmt oder, wenn er sie nicht rechtzeitig übernimmt, in dem Zeitpunkt, in dem ihm die Ware zur Verfügung gestellt wird und er durch Nichtannahme eine Vertragsverletzung begeht.

2 Hat jedoch der Käufer die Ware an einem anderen Ort als einer Niederlassung des Verkäufers zu übernehmen, so geht die Gefahr über, sobald die Lieferung fällig ist und der Käufer Kenntnis davon hat, dass ihm die Ware an diesem Ort zur Verfügung steht.

3 Betrifft der Vertrag Ware, die noch nicht individualisiert ist, so gilt sie erst dann als dem Käufer zur Verfügung gestellt, wenn sie eindeutig dem Vertrag zugeordnet worden ist.

Art. 70 Hat der Verkäufer eine wesentliche Vertragsverletzung begangen, so berühren die Artikel 67, 68 und 69 nicht die dem Käufer wegen einer solchen Verletzung zustehenden Rechte.

Kapitel V Gemeinsame Bestimmungen über die Pflichten des Verkäufers und des Käufers

Abschnitt I Vorweggenommene Vertragsverletzung und Verträge über aufeinander folgende Lieferungen

Art. 71 [1] Eine Partei kann die Erfüllung ihrer Pflichten aussetzen, wenn sich nach Vertragsabschluss herausstellt, dass die andere Partei einen wesentlichen Teil ihrer Pflichten nicht erfüllen wird:

a) wegen eines schwerwiegenden Mangels ihrer Fähigkeit, den Vertrag zu erfüllen, oder ihrer Zahlungsfähigkeit oder
b) wegen ihres Verhaltens bei der Vorbereitung der Erfüllung oder bei der Erfüllung des Vertrages.

[2] Hat der Verkäufer die Ware bereits abgesandt, bevor sich die in Absatz 1 bezeichneten Gründe herausstellen, so kann er sich der Übergabe der Ware an den Käufer widersetzen, selbst wenn der Käufer ein Dokument hat, das ihn berechtigt, die Ware zu erlangen. Der vorliegende Absatz betrifft nur die Rechte auf die Ware im Verhältnis zwischen Käufer und Verkäufer.

[3] Setzt eine Partei vor oder nach der Absendung der Ware die Erfüllung aus, so hat sie dies der anderen Partei sofort anzuzeigen; sie hat die Erfüllung fortzusetzen, wenn die andere Partei für die Erfüllung ihrer Pflichten ausreichende Sicherheit bietet.

Art. 72 [1] Ist schon vor dem für die Vertragserfüllung festgesetzten Zeitpunkt offensichtlich, dass eine Partei eine wesentliche Vertragsverletzung begehen wird, so kann die andere Partei die Aufhebung des Vertrages erklären.

[2] Wenn es die Zeit erlaubt und es nach den Umständen vernünftig ist, hat die Partei, welche die Aufhebung des Vertrages erklären will, dies der anderen Partei anzuzeigen, um ihr zu ermöglichen, für die Erfüllung ihrer Pflichten ausreichende Sicherheit zu bieten.

[3] Absatz 2 ist nicht anzuwenden, wenn die andere Partei erklärt hat, dass sie ihre Pflichten nicht erfüllen wird.

Art. 73 [1] Sieht ein Vertrag aufeinander folgende Lieferungen von Ware vor und begeht eine Partei durch Nichterfüllung einer eine Teillieferung betreffenden Pflicht eine wesentliche Vertragsverletzung in Bezug auf diese Teillieferung, so kann die andere Partei die Aufhebung des Vertrages in Bezug auf diese Teillieferung erklären.

2 Gibt die Nichterfüllung einer eine Teillieferung betreffenden Pflicht durch eine der Parteien der anderen Partei triftigen Grund zu der Annahme, dass eine wesentliche Vertragsverletzung in Bezug auf künftige Teillieferungen zu erwarten ist, so kann die andere Partei innerhalb angemessener Frist die Aufhebung des Vertrages für die Zukunft erklären.

3 Ein Käufer, der den Vertrag in Bezug auf eine Lieferung als aufgehoben erklärt, kann gleichzeitig die Aufhebung des Vertrages in Bezug auf bereits erhaltene Lieferungen oder in Bezug auf künftige Lieferungen erklären, wenn diese Lieferungen wegen des zwischen ihnen bestehenden Zusammenhangs nicht mehr für den Zweck verwendet werden können, den die Parteien im Zeitpunkt des Vertragsabschlusses in Betracht gezogen haben.

Abschnitt II Schadenersatz

Art. 74 Als Schadenersatz für die durch eine Partei begangene Vertragsverletzung ist der der anderen Partei infolge der Vertragsverletzung entstandene Verlust, einschliesslich des entgangenen Gewinns, zu ersetzen. Dieser Schadenersatz darf jedoch den Verlust nicht übersteigen, den die vertragsbrüchige Partei bei Vertragsabschluss als mögliche Folge der Vertragsverletzung vorausgesehen hat oder unter Berücksichtigung der Umstände, die sie kannte oder kennen musste, hätte voraussehen müssen.

Art. 75 Ist der Vertrag aufgehoben und hat der Käufer einen Deckungskauf oder der Verkäufer einen Deckungsverkauf in angemessener Weise und innerhalb eines angemessenen Zeitraums nach der Aufhebung vorgenommen, so kann die Partei, die Schadenersatz verlangt, den Unterschied zwischen dem im Vertrag vereinbarten Preis und dem Preis des Deckungskaufs oder des Deckungsverkaufs sowie jeden weiteren Schadenersatz nach Artikel 74 verlangen.

Art. 76 1 Ist der Vertrag aufgehoben und hat die Ware einen Marktpreis, so kann die Schadenersatz verlangende Partei, wenn sie keinen Deckungskauf oder Deckungsverkauf nach Artikel 75 vorgenommen hat, den Unterschied zwischen dem im Vertrag vereinbarten Preis und dem Marktpreis zur Zeit der Aufhebung sowie jeden weiteren Schadenersatz nach Artikel 74 verlangen. Hat jedoch die Partei, die Schadenersatz verlangt, den Vertrag aufgehoben, nachdem sie die Ware übernommen hat, so gilt der Marktpreis zur Zeit der Übernahme und nicht der Marktpreis zur Zeit der Aufhebung.

2 Als Marktpreis im Sinne von Absatz 1 ist massgebend der Marktpreis, der an dem Ort gilt, an dem die Lieferung der Ware hätte erfolgen sollen, oder, wenn dort ein Marktpreis nicht besteht, der an einem angemessenen Ersatzort geltende Marktpreis; dabei sind Unterschiede in den Kosten der Beförderung der Ware zu berücksichtigen.

Art. 77 Die Partei, die sich auf eine Vertragsverletzung beruft, hat alle den Umständen nach angemessenen Massnahmen zur Verringerung des aus der Vertragsverletzung folgenden Verlusts, einschliesslich des entgangenen Gewinns, zu treffen. Versäumt sie dies, so kann die vertragsbrüchige Partei Herabsetzung des Schadenersatzes in Höhe des Betrags verlangen, um den der Verlust hätte verringert werden sollen.

Abschnitt III Zinsen

Art. 78 Versäumt eine Partei, den Kaufpreis oder einen anderen fälligen Betrag zu zahlen, so hat die andere Partei für diese Beträge Anspruch auf Zinsen, unbeschadet eines Schadenersatzanspruchs nach Artikel 74.

Abschnitt IV Befreiungen

Art. 79 1 Eine Partei hat für die Nichterfüllung einer ihrer Pflichten nicht einzustehen, wenn sie beweist, dass die Nichterfüllung auf einem ausserhalb ihres Einflussbereichs liegenden Hinderungsgrund beruht und dass von ihr vernünftigerweise nicht erwartet werden konnte, den Hinderungsgrund bei Vertragsabschluss in Betracht zu ziehen oder den Hinderungsgrund oder seine Folgen zu vermeiden oder zu überwinden.

2 Beruht die Nichterfüllung einer Partei auf der Nichterfüllung durch einen Dritten, dessen sie sich zur völligen oder teilweisen Vertragserfüllung bedient, so ist diese Partei von der Haftung nur befreit:

a) wenn sie nach Absatz 1 befreit ist und
b) wenn der Dritte selbst ebenfalls nach Absatz 1 befreit wäre, sofern Absatz 1 auf ihn Anwendung fände.

3 Die in diesem Artikel vorgesehene Befreiung gilt für die Zeit, während der der Hinderungsgrund besteht.

4 Die Partei, die nicht erfüllt, hat den Hinderungsgrund und seine Auswirkung auf ihre Fähigkeit zu erfüllen, der anderen Partei mitzuteilen. Erhält die andere Partei die Mitteilung nicht innerhalb einer angemessenen Frist, nachdem die nicht erfüllende Partei den Hinderungsgrund kannte oder kennen musste, so haftet sie für den aus diesem Nichterhalt entstehenden Schaden.

5 Dieser Artikel hindert die Parteien nicht, ein anderes als das Recht auszuüben, Schadenersatz nach diesem Übereinkommen zu verlangen.

Art. 80 Eine Partei kann sich auf die Nichterfüllung von Pflichten durch die andere Partei nicht berufen, soweit diese Nichterfüllung durch ihre Handlung oder Unterlassung verursacht wurde.

Abschnitt V Wirkungen der Aufhebung

Art. 81 [1] Die Aufhebung des Vertrages befreit beide Parteien von ihren Vertragspflichten, mit Ausnahme etwaiger Schadenersatzpflichten. Die Aufhebung berührt nicht Bestimmungen des Vertrages über die Beilegung von Streitigkeiten oder sonstige Bestimmungen des Vertrages, welche die Rechte und Pflichten der Parteien nach Vertragsaufhebung regeln.

[2] Hat eine Partei den Vertrag ganz oder teilweise erfüllt, so kann sie ihre Leistung von der anderen Partei zurückfordern. Sind beide Parteien zur Rückgabe verpflichtet, so sind die Leistungen Zug um Zug zurückzugeben.

Art. 82 [1] Der Käufer verliert das Recht, die Aufhebung des Vertrages zu erklären oder vom Verkäufer Ersatzlieferung zu verlangen, wenn es ihm unmöglich ist, die Ware im wesentlichen in dem Zustand zurückzugeben, in dem er sie erhalten hat.

[2] Absatz 1 findet keine Anwendung:

a) wenn die Unmöglichkeit, die Ware zurückzugeben oder sie im wesentlichen in dem Zustand zurückzugeben, in dem der Käufer sie erhalten hat, nicht auf einer Handlung oder Unterlassung des Käufers beruht;
b) wenn die Ware ganz oder teilweise infolge der in Artikel 38 vorgesehenen Untersuchung untergegangen oder verschlechtert worden ist, oder
c) wenn der Käufer die Ware ganz oder teilweise im normalen Geschäftsverkehr verkauft oder der normalen Verwendung entsprechend verbraucht oder verändert hat, bevor er die Vertragswidrigkeit entdeckt hat oder hätte entdecken müssen.

Art. 83 Der Käufer, der nach Artikel 82 das Recht verloren hat, die Aufhebung des Vertrages zu erklären oder vom Verkäufer Ersatzlieferung zu verlangen, behält alle anderen Rechte, die ihm nach dem Vertrag und diesem Übereinkommen zustehen.

Art. 84 [1] Hat der Verkäufer den Kaufpreis zurückzuzahlen, so hat er ausserdem vom Tag der Zahlung an auf den Betrag Zinsen zu zahlen.

[2] Der Käufer schuldet dem Verkäufer den Gegenwert aller Vorteile, die er aus der Ware oder einem Teil der Ware gezogen hat:

a) wenn er die Ware ganz oder teilweise zurückgeben muss oder
b) wenn es ihm unmöglich ist, die Ware ganz oder teilweise zurückzugeben oder sie ganz oder teilweise im wesentlichen in dem Zustand zurückzugeben, in dem er sie erhalten hat, er aber dennoch die Aufhebung des Vertrages erklärt oder vom Verkäufer Ersatzlieferung verlangt hat.

Abschnitt VI Erhaltung der Ware

Art. 85 Nimmt der Käufer die Ware nicht rechtzeitig an oder versäumt er, falls Zahlung des Kaufpreises und Lieferung der Ware Zug um Zug erfolgen sollen, den Kaufpreis zu zahlen, und hat der Verkäufer die Ware dennoch in Besitz oder ist er sonst in der Lage, über sie zu verfügen, so hat der Verkäufer die den Umständen angemessenen Massnahmen zu ihrer Erhaltung zu treffen. Er ist berechtigt, die Ware zurückzubehalten, bis ihm der Käufer seine angemessenen Aufwendungen erstattet hat.

Art. 86 1 Hat der Käufer die Ware empfangen und beabsichtigt er, ein nach dem Vertrag oder diesem Übereinkommen bestehendes Zurückweisungsrecht auszuüben, so hat er die den Umständen angemessenen Massnahmen zu ihrer Erhaltung zu treffen. Er ist berechtigt, die Ware zurückzubehalten, bis ihm der Verkäufer seine angemessenen Aufwendungen erstattet hat.

2 Ist die dem Käufer zugesandte Ware ihm am Bestimmungsort zur Verfügung gestellt worden und übt er das Recht aus, sie zurückzuweisen, so hat er sie für Rechnung des Verkäufers in Besitz zu nehmen, sofern dies ohne Zahlung des Kaufpreises und ohne unzumutbare Unannehmlichkeiten oder unverhältnismässige Kosten möglich ist. Dieser Absatz ist nicht anzuwenden, wenn der Verkäufer oder eine Person, die befugt ist, die Ware für Rechnung des Verkäufers in Obhut zu nehmen, am Bestimmungsort anwesend ist. Nimmt der Käufer die Ware nach diesem Absatz in Besitz, so werden seine Rechte und Pflichten durch Absatz 1 geregelt.

Art. 87 Eine Partei, die Massnahmen zur Erhaltung der Ware zu treffen hat, kann die Ware auf Kosten der anderen Partei in den Lagerräumen eines Dritten einlagern, sofern daraus keine unverhältnismässigen Kosten entstehen.

Art. 88 1 Eine Partei, die nach den Artikeln 85 oder 86 zur Erhaltung der Ware verpflichtet ist, kann sie auf jede geeignete Weise verkaufen, wenn die andere Partei die Inbesitznahme oder die Rücknahme der Ware oder die Zahlung des Kaufpreises oder der Erhaltungskosten ungebührlich hinauszögert, vorausgesetzt, dass sie der anderen Partei ihre Verkaufsabsicht rechtzeitig angezeigt hat.

2 Ist die Ware einer raschen Verschlechterung ausgesetzt oder würde ihre Erhaltung unverhältnismässige Kosten verursachen, so hat die Partei, der nach den Artikeln 85 oder 86 die Erhaltung der Ware obliegt, sich in angemessener Weise um ihren Verkauf zu bemühen. Soweit möglich hat sie der anderen Partei ihre Verkaufsabsicht anzuzeigen.

3 Hat eine Partei die Ware verkauft, so kann sie aus dem Erlös des Verkaufs den Betrag behalten, der den angemessenen Kosten der Erhaltung und des Verkaufs der Ware entspricht. Den Überschuss schuldet sie der anderen Partei.

Teil IV Schlussbestimmungen

Art. 89 Der Generalsekretär der Vereinten Nationen wird hiermit zum Depositar dieses Übereinkommens bestimmt.

Art. 90 Dieses Übereinkommen geht bereits geschlossenen oder in Zukunft zu schliessenden internationalen Vereinbarungen, die Bestimmungen über in diesem Übereinkommen geregelte Gegenstände enthalten, nicht vor, sofern die Parteien ihre Niederlassung in Vertragsstaaten einer solchen Vereinbarung haben.

Art. 91 1 Dieses Übereinkommen liegt in der Schlusssitzung der Konferenz der Vereinten Nationen über Verträge über den internationalen Warenkauf zur Unterzeichnung auf und liegt dann bis 30. September 1981 am Sitz der Vereinten Nationen in New York für alle Staaten zur Unterzeichnung auf.

2 Dieses Übereinkommen bedarf der Ratifikation, Annahme oder Genehmigung durch die Unterzeichnerstaaten.

3 Dieses Übereinkommen steht allen Staaten, die nicht Unterzeichnerstaaten sind, von dem Tag an zum Beitritt offen, an dem es zur Unterzeichnung aufgelegt wird.

4 Die Ratifikations-, Annahme-, Genehmigungs- und Beitrittsurkunden werden beim Generalsekretär der Vereinten Nationen hinterlegt.

Art. 92 1 Ein Vertragsstaat kann bei der Unterzeichnung, der Ratifikation, der Annahme, der Genehmigung oder dem Beitritt erklären, dass Teil II dieses Übereinkommens für ihn nicht verbindlich ist oder dass Teil III dieses Übereinkommens für ihn nicht verbindlich ist.

2 Ein Vertragsstaat, der eine Erklärung nach Absatz 1 zu Teil II oder Teil III dieses Übereinkommens abgegeben hat, ist hinsichtlich solcher Gegenstände, die durch den Teil geregelt werden, auf den sich die Erklärung bezieht, nicht als Vertragsstaat im Sinne des Artikels 1 Absatz 1 zu betrachten.

Art. 93 1 Ein Vertragsstaat, der zwei oder mehr Gebietseinheiten umfasst, in denen nach seiner Verfassung auf die in diesem Übereinkommen geregelten Gegenstände unterschiedliche Rechtsordnungen angewendet werden, kann bei der Unterzeichnung, der Ratifikation, der Annahme, der Genehmigung oder dem Beitritt erklären, dass dieses Übereinkommen sich auf alle seine Gebietseinheiten oder nur auf eine oder mehrere derselben erstreckt; er kann seine Erklärung jederzeit durch eine neue Erklärung ändern.

2 Die Erklärungen sind dem Depositar zu notifizieren und haben ausdrücklich anzugeben, auf welche Gebietseinheiten das Übereinkommen sich erstreckt.

3 Erstreckt sich das Übereinkommen aufgrund einer Erklärung nach diesem Artikel auf eine oder mehrere, jedoch nicht auf alle Gebietseinheiten eines Vertragsstaats und liegt die Niederlassung einer Partei in diesem Staat, so wird diese Niederlassung im Sinne dieses Übereinkommens nur dann als in einem Vertragsstaat gelegen betrachtet, wenn sie in einer Gebietseinheit liegt, auf die sich das Übereinkommen erstreckt.

4 Gibt ein Vertragsstaat keine Erklärung nach Absatz 1 ab, so erstreckt sich dieses Übereinkommen auf alle Gebietseinheiten dieses Staates.

Art. 94 1 Zwei oder mehr Vertragsstaaten, welche gleiche oder einander sehr nahe kommende Rechtsvorschriften für Gegenstände haben, die in diesem Übereinkommen geregelt werden, können jederzeit erklären, dass das Übereinkommen auf Kaufverträge und ihren Abschluss keine Anwendung findet, wenn die Parteien ihre Niederlassung in diesen Staaten haben. Solche Erklärungen können als gemeinsame oder als aufeinander bezogene einseitige Erklärungen abgegeben werden.

2 Hat ein Vertragsstaat für Gegenstände, die in diesem Übereinkommen geregelt werden, Rechtsvorschriften, die denen eines oder mehrerer Nichtvertragsstaaten gleich sind oder sehr nahe kommen, so kann er jederzeit erklären, dass das Übereinkommen auf Kaufverträge oder ihren Abschluss keine Anwendung findet, wenn die Parteien ihre Niederlassung in diesen Staaten haben.

3 Wird ein Staat, auf den sich eine Erklärung nach Absatz 2 bezieht, Vertragsstaat, so hat die Erklärung von dem Tag an, an dem das Übereinkommen für den neuen Vertragsstaat in Kraft tritt, die Wirkung einer nach Absatz 1 abgegebenen Erklärung, vorausgesetzt, dass der neue Vertragsstaat sich einer solchen Erklärung anschliesst oder eine darauf bezogene einseitige Erklärung abgibt.

Art. 95 Jeder Staat kann bei der Hinterlegung seiner Ratifikations-, Annahme-, Genehmigungs- oder Beitrittsurkunde erklären, dass Artikel 1 Absatz 1 Buchstabe b für ihn nicht verbindlich ist.

Art. 96 Ein Vertragsstaat, nach dessen Rechtsvorschriften Kaufverträge schriftlich zu schliessen oder nachzuweisen sind, kann jederzeit eine Erklärung nach Artikel 12 abgeben, dass die Bestimmungen der Artikel 11 und 29 oder des Teils 11 dieses Übereinkommens, die für den Abschluss eines Kaufvertrages, seine Änderung oder Aufhebung durch Vereinbarung oder für ein Angebot, eine Annahme oder eine sonstige Willenserklärung eine andere als die schriftliche Form gestatten, nicht gelten, wenn eine Partei ihre Niederlassung in diesem Staat hat.

Art. 97 [1] Erklärungen, die nach diesem Übereinkommen bei der Unterzeichnung abgegeben werden, bedürfen der Bestätigung bei der Ratifikation, Annahme oder Genehmigung.

[2] Erklärungen und Bestätigungen von Erklärungen bedürfen der Schriftform und sind dem Depositar zu notifizieren.

[3] Eine Erklärung wird gleichzeitig mit dem Inkrafttreten dieses Übereinkommens für den betreffenden Staat wirksam. Eine Erklärung, die dem Depositar nach diesem Inkrafttreten notifiziert wird, tritt jedoch am ersten Tag des Monats in Kraft, der auf einen Zeitabschnitt von sechs Monaten nach ihrem Eingang beim Depositar folgt. Aufeinander bezogene einseitige Erklärungen nach Artikel 94 werden am ersten Tag des Monats wirksam, der auf einen Zeitabschnitt von sechs Monaten nach Eingang der letzten Erklärung beim Depositar folgt.

[4] Ein Staat, der eine Erklärung nach diesem Übereinkommen abgibt, kann sie jederzeit durch eine an den Depositar gerichtete schriftliche Notifikation zurücknehmen. Eine solche Rücknahme wird am ersten Tag des Monats wirksam, der auf einen Zeitabschnitt von sechs Monaten nach Eingang der Notifikation beim Depositar folgt.

[5] Die Rücknahme einer nach Artikel 94 abgegebenen Erklärung macht eine von einem anderen Staat nach Artikel 94 abgegebene, darauf bezogene Erklärung von dem Tag an unwirksam, an dem die Rücknahme wirksam wird.

Art. 98 Vorbehalte sind nur zulässig, soweit sie in diesem Übereinkommen ausdrücklich für zulässig erklärt werden.

Art. 99 [1] Vorbehaltlich des Absatzes 6 tritt dieses Übereinkommen am ersten Tag des Monats in Kraft, der auf einen Zeitabschnitt von zwölf Monaten nach Hinterlegung der zehnten Ratifikations-, Annahme-, Genehmigungs- oder Beitrittsurkunde einschliesslich einer Urkunde, die eine nach Artikel 92 abgegebene Erklärung enthält, folgt.

[2] Wenn ein Staat dieses Übereinkommen nach Hinterlegung der zehnten Ratifikations-, Annahme-, Genehmigungs- oder Beitrittsurkunde ratifiziert, annimmt, genehmigt oder ihm beitritt, tritt dieses Übereinkommen mit Ausnahme des ausgeschlossenen Teils für diesen Staat vorbehaltlich des Absatzes 6 am ersten Tag des Monats in Kraft, der auf einen Zeitabschnitt von zwölf Monaten nach Hinterlegung seiner Ratifikations-, Annahme-, Genehmigungs- oder Beitrittsurkunde folgt.

[3] Ein Staat, der dieses Übereinkommen ratifiziert, annimmt, genehmigt oder ihm beitritt und Vertragsstaat des Haager Übereinkommens vom 1. Juli 1964 zur Einführung eines Einheitlichen Gesetzes über den Abschluss von internationalen Kaufverträgen über bewegliche Sachen (Haager Abschlussübereinkommen von 1964) oder des Haager Übereinkommens vom 1. Juli

1964 zur Einführung eines Einheitlichen Gesetzes über den internationalen Kauf beweglicher Sachen (Haager Kaufrechtsübereinkommen von 1964) ist, kündigt gleichzeitig das Haager Kaufrechtsübereinkommen von 1964 oder das Haager Abschlussübereinkommen von 1964 oder gegebenenfalls beide Übereinkommen, indem er der Regierung der Niederlande die Kündigung notifiziert.

4 Ein Vertragsstaat des Haager Kaufrechtsübereinkommens von 1964, der das vorliegende Übereinkommen ratifiziert, annimmt, genehmigt oder ihm beitritt und nach Artikel 92 erklärt oder erklärt hat, dass Teil II dieses Übereinkommens für ihn nicht verbindlich ist, kündigt bei der Ratifikation, der Annahme, der Genehmigung oder dem Beitritt das Haager Kaufrechtsübereinkommen von 1964, indem er der Regierung der Niederlande die Kündigung notifiziert.

5 Ein Vertragsstaat des Haager Abschlussübereinkommens von 1964, der das vorliegende Übereinkommen ratifiziert, annimmt, genehmigt oder ihm beitritt und nach Artikel 92 erklärt oder erklärt hat, dass Teil III dieses Übereinkommens für ihn nicht verbindlich ist, kündigt bei der Ratifikation, der Annahme, der Genehmigung oder dem Beitritt das Haager Abschlussübereinkommen von 1964, indem er der Regierung der Niederlande die Kündigung notifiziert.

6 Für die Zwecke dieses Artikels werden Ratifikationen, Annahmen, Genehmigungen und Beitritte bezüglich dieses Übereinkommens, die von Vertragsstaaten des Haager Abschlussübereinkommens von 1964 oder des Haager Kaufrechtsübereinkommens von 1964 vorgenommen werden, erst wirksam, nachdem die erforderlichen Kündigungen durch diese Staaten bezüglich der genannten Übereinkommen selbst wirksam geworden sind. Der Depositar dieses Übereinkommens setzt sich mit der Regierung der Niederlande als Depositar der Übereinkommen von 1964 in Verbindung, um die hierfür notwendige Koordinierung sicherzustellen.

Art. 100 1 Dieses Übereinkommen findet auf den Abschluss eines Vertrages nur Anwendung, wenn das Angebot zum Vertragsabschluss an oder nach dem Tag gemacht wird, an dem das Übereinkommen für die in Artikel 1 Absatz 1 Buchstabe a genannten Vertragsstaaten oder den in Artikel 1 Absatz 1 Buchstabe b genannten Vertragsstaat in Kraft tritt.

2 Dieses Übereinkommen findet nur auf Verträge Anwendung, die an oder nach dem Tag geschlossen werden, an dem das Übereinkommen für die in Artikel 1 Absatz 1 Buchstabe a genannten Vertragsstaaten oder den in Artikel 1 Absatz 1 Buchstabe b genannten Vertragsstaat in Kraft tritt.

Art. 101 1 Ein Vertragsstaat kann dieses Übereinkommen oder dessen Teil II oder Teil III durch eine an den Depositar gerichtete schriftliche Notifikation kündigen.

2 Eine Kündigung wird am ersten Tag des Monats wirksam, der auf einen Zeitabschnitt von zwölf Monaten nach Eingang der Notifikation beim Depositar folgt. Ist in der Notifikation eine längere Kündigungsfrist angegeben, so wird die Kündigung nach Ablauf dieser längeren Frist nach Eingang der Notifikation beim Depositar wirksam.

Vertragsstaaten: Ägypten, Albanien, Argentinien, Armenien, Aserbaidschan, Australien, Bahrain, Belarus, Belgien, Benin, Bosnien und Herzegowina, Brasilien, Bulgarien, Burundi, Chile, China, Dänemark, Deutschland, Dominikanische Republik, Ecuador, El Salvador, Estland, Fidschi, Finnland, Frankreich, Gabun, Georgien, Griechenland, Guinea, Guyana, Honduras, Irak, Island, Israel, Italien, Japan, Kanada, Kirgisistan, Kolumbien, Kongo (Kinshasa), Korea (Süd-), Kroatien, Kuba, Lesotho, Lettland, Libanon, Liberia, Litauen, Luxemburg, Madagaskar, Mauretanien, Mazedonien, Mexiko, Moldau, Mongolei, Montenegro, Neuseeland, Niederlande, Norwegen, Österreich, Paraguay, Peru, Polen, Rumänien, Russland, Sambia, San Marino, Schweden, Schweiz, Serbien, Singapur, Slowakei, Slowenien, Spanien, St. Vincent und die Grenadinen, Syrien, Tschechische Republik, Türkei, Uganda, Ukraine, Ungarn, Uruguay, Usbekistan, Vereinigte Staaten von Amerika, Vietnam, Zypern.

Übersetzung[1]

19. Übereinkommen betreffend das auf internationale Kaufverträge über bewegliche körperliche Sachen anzuwendende Recht

Abgeschlossen in Den Haag am 15. Juni 1955

Von der Bundesversammlung genehmigt am 29. Juni 1972[2]
Schweizerische Ratifikationsurkunde hinterlegt am 29. August 1972
In Kraft getreten für die Schweiz am 27. Oktober 1972

Die Unterzeichnerstaaten dieses Übereinkommens,

vom Wunsche geleitet, gemeinsame Bestimmungen über das auf Kaufverträge über bewegliche körperliche Sachen anzuwendende Recht festzulegen,

haben beschlossen, zu diesem Zweck ein Übereinkommen zu schliessen, und haben die folgenden Bestimmungen vereinbart:

Art. 1 Dieses Übereinkommen ist auf internationale Kaufverträge über bewegliche körperliche Sachen anzuwenden.

Es ist nicht anwendbar auf Kaufverträge über Wertpapiere, über eingetragene See- und Binnenschiffe oder Luftfahrzeuge sowie auf gerichtliche Veräusserungen und die Zwangsverwertung infolge Pfändung. Auf Verkäufe durch Übergabe von Warenpapieren ist es dagegen anzuwenden.

Für seine Anwendung werden Verträge über Lieferung herzustellender oder zu erzeugender beweglicher körperlicher Sachen den Kaufverträgen gleichgestellt, sofern die Partei, die sich zur Lieferung verpflichtet, die zur Herstellung oder Erzeugung erforderlichen Rohstoffe zu beschaffen hat.

Eine Erklärung der Parteien über das anzuwendende Recht oder über die Zuständigkeit eines Richters oder eines Schiedsrichters genügt allein nicht, um dem Kaufvertrag die Eigenschaft eines internationalen Vertrages im Sinne des ersten Absatzes dieses Artikels zu geben.

Art. 2 Der Kaufvertrag untersteht dem innerstaatlichen Recht des von den vertragsschliessenden Parteien bezeichneten Landes.

SR 0.221.211.4; AS 1972 1882; BBl 1971 II 1037

1 Der Originaltext findet sich unter der gleichen Nummer in der französischen Ausgabe dieser Sammlung.

2 AS 1972 1881

Diese Bezeichnung muss Gegenstand einer ausdrücklichen Abrede sein oder unzweifelhaft aus den Bestimmungen des Vertrages hervorgehen.

Die Voraussetzungen für eine übereinstimmende Willensäusserung der Parteien über das als anwendbar erklärte Recht richten sich nach diesem Recht.

Art. 3 Fehlt eine Erklärung der Parteien über das anzuwendende Recht, die den Erfordernissen des vorstehenden Artikels genügt, so untersteht der Kaufvertrag dem innerstaatlichen Recht des Landes, in dem der Verkäufer zu dem Zeitpunkt, an dem er die Bestellung empfängt, seinen gewöhnlichen Aufenthalt hat. Wird die Bestellung von einer Geschäftsniederlassung des Verkäufers entgegengenommen, so untersteht der Kaufvertrag dem innerstaatlichen Recht des Landes, in dem sich diese Geschäftsniederlassung befindet.

Der Kaufvertrag untersteht jedoch dem innerstaatlichen Recht des Landes, in dem der Käufer seinen gewöhnlichen Aufenthalt hat oder die Geschäftsniederlassung besitzt, die die Bestellung aufgegeben hat, sofern die Bestellung in diesem Lande vom Verkäufer oder seinem Vertreter, Agenten oder Handelsreisenden entgegengenommen wurde.

Handelt es sich um ein Börsengeschäft oder um einen Verkauf durch Versteigerung, so untersteht der Kaufvertrag dem innerstaatlichen Recht des Landes, in dem sich die Börse befindet oder in dem die Versteigerung stattfindet.

Art. 4 Mangels einer ausdrücklichen, anders lautenden Vereinbarung ist das innerstaatliche Recht des Landes, in dem die auf Grund des Kaufvertrages gelieferten beweglichen körperlichen Sachen zu prüfen sind, massgebend für die Form und die Fristen, in denen die Prüfung und die diesbezüglichen Mitteilungen zu erfolgen haben, sowie für die bei einer allfälligen Verweigerung der Annahme der Sachen zu treffenden Vorkehrungen.

Art. 5 Dieses Übereinkommen gilt nicht für

1. die Handlungsfähigkeit;
2. die Form des Vertrages;
3. den Eigentumsübergang; indessen richten sich die verschiedenen Verpflichtungen der Parteien, insbesondere jene über die Gefahrentragung, nach dem Rechte, das auf Grund dieses Übereinkommens auf den Kaufvertrag anzuwenden ist;
4. die Wirkungen des Kaufvertrages gegenüber allen anderen Personen als den Parteien.

Art. 6 In jedem der Vertragsstaaten kann die Anwendung des nach diesem Übereinkommen massgebenden Rechtes aus Gründen der öffentlichen Ordnung ausgeschlossen werden.

Art. 7 Die Vertragsstaaten verpflichten sich, die Bestimmungen der Artikel 1–6 dieses Übereinkommens in ihr innerstaatliches Recht einzuführen.

Art. 8–12

(nicht abgedruckt)

Vertragsstaaten: Dänemark, Finnland, Frankreich, Italien, Niger, Norwegen, Schweden, Schweiz.

Übersetzung[1]

20. Übereinkommen über das auf Trusts anzuwendende Recht und über ihre Anerkennung

Abgeschlossen in Den Haag am 1. Juli 1985
Von der Bundesversammlung genehmigt am 20. Dezember 2006[2]
Schweizerische Ratifikationsurkunde hinterlegt am 26. April 2007
In Kraft getreten für die Schweiz am 1. Juli 2007

Die Unterzeichnerstaaten dieses Übereinkommens,

in der Erwägung, dass der Trust, wie er von Gerichten des Billigkeitsrechts in den Ländern des *Common Law* entwickelt und mit einigen Änderungen in andere Länder übernommen wurde, ein einzigartiges Rechtsinstitut ist,

in dem Wunsch, gemeinsame Bestimmungen über das auf Trusts anzuwendende Recht aufzustellen und die wichtigsten Fragen bezüglich der Anerkennung von Trusts zu regeln,

haben beschlossen, zu diesem Zweck ein Übereinkommen zu schliessen, und haben die folgenden Bestimmungen vereinbart:

Kapitel I: Anwendungsbereich

Art. 1 Dieses Übereinkommen bestimmt das auf Trusts anzuwendende Recht und regelt ihre Anerkennung.

Art. 2 Im Sinn dieses Übereinkommens bedeutet der Ausdruck «Trust» die von einer Person, dem Begründer, – durch Rechtsgeschäft unter Lebenden oder für den Todesfall – geschaffenen Rechtsbeziehungen, wenn Vermögen zugunsten eines Begünstigten oder für einen bestimmten Zweck der Aufsicht eines Trustees unterstellt worden ist.

Ein Trust hat folgende Eigenschaften:

a) das Vermögen des Trusts stellt ein getrenntes Sondervermögen dar und ist nicht Bestandteil des persönlichen Vermögens des Trustees;

SR 0.221.371; AS 2007 2855; BBl 2006 551

1 Der Originaltext findet sich unter der gleichen Nummer in der französischen Ausgabe dieser Sammlung.

2 Art. 1 Abs. 1 des BB vom 20. Dez. 2006 (AS 2007 2849).

b) die Rechte in Bezug auf das Vermögen des Trusts lauten auf den Namen des Trustees oder auf den einer anderen Person in Vertretung des Trustees;
c) der Trustee hat die Befugnis und die Verpflichtung, über die er Rechenschaft abzulegen hat, das Vermögen in Übereinstimmung mit den Trustbestimmungen und den ihm durch das Recht auferlegten besonderen Verpflichtungen zu verwalten, zu verwenden oder darüber zu verfügen.

Die Tatsache, dass sich der Begründer bestimmte Rechte und Befugnisse vorbehält oder dass der Trustee selbst Rechte als Begünstigter hat, steht dem Bestehen eines Trusts nicht notwendigerweise entgegen.

Art. 3 Das Übereinkommen ist nur auf freiwillig errichtete und schriftlich nachgewiesene Trusts anzuwenden.

Art. 4 Das Übereinkommen ist nicht auf Vorfragen in Bezug auf die Gültigkeit von Testamenten oder anderen Rechtsgeschäften anzuwenden, durch die dem Trustee Vermögen übertragen wird.

Art. 5 Das Übereinkommen ist nicht anzuwenden, soweit das nach Kapitel II bestimmte Recht Trusts oder die Art von Trusts, um die es geht, nicht vorsieht.

Kapitel II: Anzuwendendes Recht

Art. 6 Der Trust untersteht dem vom Begründer gewählten Recht. Die Rechtswahl muss ausdrücklich sein oder sich aus den Bestimmungen der Errichtungsurkunde oder des Schriftstücks ergeben, das den Trust bestätigt, wobei diese, soweit erforderlich, nach den Umständen des Falles auszulegen sind.

Sieht das nach Absatz 1 gewählte Recht Trusts oder die Art von Trusts, um die es geht, nicht vor, so ist die Rechtswahl unwirksam und das in Artikel 7 bestimmte Recht anzuwenden.

Art. 7 Ist kein anzuwendendes Recht gewählt worden, so untersteht der Trust dem Recht, mit dem er die engsten Verbindungen aufweist.

Bei der Bestimmung des Rechts, mit dem der Trust die engsten Verbindungen aufweist, ist insbesondere Folgendes zu berücksichtigen:
a) der vom Begründer bezeichnete Ort der Verwaltung des Trusts;
b) die Belegenheit des Vermögens des Trusts;
c) der Ort des gewöhnlichen Aufenthalts oder der Niederlassung des Trustees;
d) die Zwecke des Trusts und die Orte, an denen sie erfüllt werden sollen.

Art. 8 Das in Artikel 6 oder 7 bestimmte Recht regelt die Gültigkeit des Trusts, seine Auslegung, seine Wirkungen und seine Verwaltung.

Dieses Recht regelt insbesondere:

a) die Ernennung, den Rücktritt und die Abberufung von Trustees, die Fähigkeit, als Trustee zu handeln, und die Übertragung der Aufgaben eines Trustees;
b) die Rechte und Pflichten von Trustees untereinander;
c) das Recht von Trustees, die Wahrnehmung ihrer Pflichten oder die Ausübung ihrer Befugnisse ganz oder teilweise zu übertragen;
d) die Befugnis von Trustees, das Vermögen des Trusts zu verwalten, darüber zu verfügen, daran Sicherungsrechte zu begründen oder neues Vermögen zu erwerben;
e) die Befugnisse von Trustees, Investitionen vorzunehmen;
f) Beschränkungen in Bezug auf die Dauer des Trusts und in Bezug auf die Befugnis, aus den Einkünften des Trusts Rücklagen zu bilden;
g) die Beziehungen zwischen den Trustees und den Begünstigten, einschliesslich der persönlichen Haftung der Trustees gegenüber den Begünstigten;
h) die Änderung oder Beendigung des Trusts;
i) die Verteilung des Vermögens des Trusts;
j) die Verpflichtung von Trustees, über ihre Verwaltung Rechenschaft abzulegen.

Art. 9 Bei der Anwendung dieses Kapitels kann ein abtrennbarer Teilbereich des Trusts, insbesondere seine Verwaltung, einem anderen Recht unterliegen.

Art. 10 Das auf die Gültigkeit des Trusts anzuwendende Recht bestimmt, ob dieses Recht oder das für einen abtrennbaren Teilbereich des Trusts massgebliche Recht durch ein anderes Recht ersetzt werden kann.

Kapitel III: Anerkennung

Art. 11 Ein Trust, der nach dem in Kapitel II bestimmten Recht errichtet worden ist, wird als Trust anerkannt.

Die Anerkennung hat mindestens die Wirkung, dass das Vermögen des Trusts ein vom persönlichen Vermögen des Trustees getrenntes Sondervermögen darstellt, dass der Trustee in seiner Eigenschaft als Trustee klagen oder verklagt werden kann und dass er in dieser Eigenschaft vor einem Notar oder jeder Person auftreten kann, die in amtlicher Eigenschaft tätig wird.

Soweit das auf den Trust anzuwendende Recht dies erfordert oder vorsieht, hat die Anerkennung insbesondere die Wirkung:

a) dass die persönlichen Gläubiger des Trustees keinen Zugriff auf das Vermögen des Trusts nehmen können;
b) dass das Vermögen des Trusts im Fall der Zahlungsunfähigkeit oder des Konkurses des Trustees nicht Bestandteil des Vermögens des Trustees ist;
c) dass das Vermögen des Trusts weder Bestandteil des ehelichen Vermögens noch des Nachlasses des Trustees ist;
d) dass das Vermögen des Trusts herausverlangt werden kann, wenn der Trustee unter Verletzung der sich aus dem Trust ergebenden Verpflichtungen Vermögen des Trusts mit seinem persönlichen Vermögen vermischt oder Vermögen des Trusts veräussert hat. Die Rechte und Pflichten eines Dritten, der das Vermögen des Trusts in seinem Besitz hat, unterstehen jedoch weiterhin dem durch die Kollisionsnormen des Staates des angerufenen Gerichts bestimmten Recht.

Art. 12 Will ein Trustee bewegliches oder unbewegliches Vermögen oder Rechte daran in ein Register eintragen lassen, so ist er hierzu, soweit dies nicht nach dem Recht des Staates, in dem die Eintragung erfolgen soll, verboten oder mit diesem Recht unvereinbar ist, in seiner Eigenschaft als Trustee oder unter anderweitiger Offenlegung des Bestehens eines Trusts befugt.

Art. 13 Ein Staat ist nicht verpflichtet, einen Trust anzuerkennen, dessen wesentliche Bestandteile mit Ausnahme der Wahl des anzuwendenden Rechts, des Ortes der Verwaltung und des gewöhnlichen Aufenthalts des Trustees engere Verbindungen mit Staaten aufweisen, die das Rechtsinstitut des Trusts oder die Art von Trust, um die es geht, nicht kennen.

Art. 14 Das Übereinkommen steht der Anwendung von Rechtsvorschriften nicht entgegen, die für die Anerkennung von Trusts günstiger sind.

Kapitel IV: Allgemeine Bestimmungen

Art. 15 Soweit von Bestimmungen des Rechts, auf das die Kollisionsnormen des Staates des angerufenen Gerichts verweisen, durch Rechtsgeschäft nicht abgewichen werden kann, steht das Übereinkommen der Anwendung dieser Bestimmungen nicht entgegen, insbesondere auf folgenden Gebieten:
a) Schutz Minderjähriger und Handlungsunfähiger;
b) persönliche und vermögensrechtliche Wirkungen der Ehe;
c) Erbrecht einschliesslich Testamentsrecht, insbesondere Pflichtteil;
d) Übertragung von Eigentum und dingliche Sicherungsrechte;
e) Schutz von Gläubigern bei Zahlungsunfähigkeit;
f) Schutz gutgläubiger Dritter in anderen Belangen.

Steht Absatz 1 der Anerkennung eines Trusts entgegen, so wird das Gericht versuchen, die Zwecke des Trusts mit anderen rechtlichen Mitteln zu verwirklichen.

Art. 16 Das Übereinkommen berührt nicht die Anwendung von Bestimmungen des Rechts des Staates des angerufenen Gerichts, die ohne Rücksicht auf Kollisionsnormen auch auf internationale Sachverhalte anzuwenden sind.

Besteht eine hinreichend enge Verbindung des Streitgegenstands mit einem anderen Staat, so kann ausnahmsweise auch gleich gearteten Vorschriften dieses Staates Wirkung verliehen werden.

Jeder Vertragsstaat kann durch Vorbehalt erklären, dass er Absatz 2 nicht anwenden wird.

Art. 17 In diesem Übereinkommen bedeutet der Ausdruck «Recht» die in einem Staat geltenden Rechtsnormen unter Ausschluss seiner Kollisionsnormen.

Art. 18 Die Bestimmungen des Übereinkommens können ausser Betracht bleiben, wenn ihre Anwendung mit der öffentlichen Ordnung (Ordre public) offensichtlich unvereinbar wäre.

Art. 19 Das Übereinkommen lässt die Befugnisse der Staaten in Steuersachen unberührt.

Art. 20 Jeder Vertragsstaat kann jederzeit erklären, dass das Übereinkommen auch auf Trusts Anwendung findet, die durch gerichtliche Entscheidung errichtet wurden.

Diese Erklärung ist dem Ministerium für Auswärtige Angelegenheiten des Königreichs der Niederlande zu notifizieren und wird mit dem Eingang der Notifikation wirksam.

Artikel 31 gilt für die Rücknahme dieser Erklärung entsprechend.

Art. 21 Jeder Vertragsstaat kann sich das Recht vorbehalten, Kapitel III nur auf Trusts anzuwenden, deren Gültigkeit dem Recht eines Vertragsstaats unterliegt.

Art. 22 Das Übereinkommen ist ohne Rücksicht auf den Tag anzuwenden, an dem der Trust errichtet worden ist.

Ein Vertragsstaat kann sich jedoch das Recht vorbehalten, das Übereinkommen nicht auf Trusts anzuwenden, die errichtet wurden, bevor das Übereinkommen für ihn in Kraft getreten ist.

Art. 23 Umfasst ein Staat mehrere Gebietseinheiten, von denen jede für Trusts ihre eigenen Rechtsnormen hat, so ist bei der Bestimmung des nach diesem Übereinkommen anzuwendenden Rechts eine Verweisung auf das Recht dieses Staates als Verweisung auf das Recht zu verstehen, das in der betreffenden Gebietseinheit gilt.

Art. 24 Ein Staat, in dem verschiedene Gebietseinheiten ihre eigenen Rechtsnormen für Trusts haben, ist nicht verpflichtet, das Übereinkommen auf Kollisionen zwischen den Rechtsordnungen dieser Gebietseinheiten anzuwenden.

Art. 25 Dieses Übereinkommen berührt nicht andere internationale Übereinkünfte, deren Vertragspartei ein Vertragsstaat des Übereinkommens ist oder wird und die Bestimmungen über die durch dieses Übereinkommen geregelten Angelegenheiten enthalten.

Kapitel V: Schlussbestimmungen

Art. 26–32
(nicht abgedruckt)

Vertragsstaaten: Australien, China-Hongkong, Italien, Kanada, Liechtenstein, Luxemburg, Malta, Monaco, Niederlande, San Marino, Schweiz, Vereinigtes Königreich, Zypern.

Übersetzung[1]

21. Übereinkommen über das auf Strassenverkehrsunfälle anzuwendende Recht

Abgeschlossen in Den Haag am 4. Mai 1971

Von der Bundesversammlung genehmigt am 4. Oktober 1985[2]
Schweizerische Ratifikationsurkunde hinterlegt am 3. November 1986
In Kraft getreten für die Schweiz am 2. Januar 1987

Die Unterzeichnerstaaten dieses Übereinkommens,

in dem Wunsch, gemeinsame Bestimmungen über das auf die ausservertragliche zivilrechtliche Haftung bei Strassenverkehrsunfällen anzuwendende Recht festzulegen,

haben beschlossen, zu diesem Zweck ein Übereinkommen zu schliessen, und haben folgende Bestimmungen vereinbart:

Art. 1 Dieses Übereinkommen bestimmt das auf die ausservertragliche zivilrechtliche Haftung aus einem Strassenverkehrsunfall anzuwendende Recht, unabhängig von der Art des Verfahrens, in dem darüber befunden wird.

Unter Strassenverkehrsunfall im Sinne dieses Übereinkommens ist jeder Unfall zu verstehen, an dem ein oder mehrere Fahrzeuge, ob Motorfahrzeuge oder nicht, beteiligt sind und der mit dem Verkehr auf öffentlichen Strassen, auf öffentlich zugänglichem Gelände oder auf nichtöffentlichem, aber einer gewissen Anzahl befugter Personen zugänglichem Gelände zusammenhängt.

Art. 2 Dieses Übereinkommen ist nicht anzuwenden:

1. auf die Haftung von Fahrzeugherstellern, -verkäufern und -reparaturunternehmern;
2. auf die Haftung des Eigentümers des Verkehrswegs oder jeder anderen Person, die für die Instandhaltung des Weges oder die Sicherheit der Benutzer zu sorgen hat;
3. auf die Haftung für Dritte, ausgenommen die Haftung des Fahrzeugeigentümers oder des Geschäftsherrn;
4. auf Rückgriffsansprüche zwischen haftpflichtigen Personen;

SR 0.741.31; AS 1986 2253; BBl 1984 III 915

1 Der französische Originaltext findet sich unter der gleichen Nummer in der entsprechenden Ausgabe dieser Sammlung.

2 AS 1986 2252

5. auf Rückgriffsansprüche und den Übergang von Ansprüchen, soweit Versicherer betroffen sind;
6. auf Ansprüche und Rückgriffsansprüche, die von Einrichtungen der sozialen Sicherheit, Trägem der Sozialversicherung oder anderen ähnlichen Einrichtungen und öffentlichen Motorfahrzeug-Garantiefonds oder gegen sie geltend gemacht werden, sowie auf jeden Haftungsausschluss, der in dem für diese Einrichtungen massgebenden Recht vorgesehen ist.

Art. 3 Das anzuwendende Recht ist das innerstaatliche Recht des Staates, in dessen Hoheitsgebiet sich der Unfall ereignet hat.

Art. 4 Vorbehältlich des Artikels 5 wird in folgenden Fällen von Artikel 3 abgewichen:

a) Ist nur ein Fahrzeug an dem Unfall beteiligt und ist dieses Fahrzeug in einem anderen als dem Staat zugelassen, in dessen Hoheitsgebiet sich der Unfall ereignet hat, so ist das innerstaatliche Recht des Zulassungsstaates anzuwenden auf die Haftung
   - gegenüber dem Fahrzeugführer, dem Halter, dem Eigentümer oder jeder anderen Person, die hinsichtlich des Fahrzeuges ein Recht hat, ohne Rücksicht auf ihren gewöhnlichen Aufenthalt;
   - gegenüber einem Geschädigten, der Fahrgast war, wenn er seinen gewöhnlichen Aufenthalt in einem anderen als dem Staat hatte, in dessen Hoheitsgebiet sich der Unfall ereignet hat;
   - gegenüber einem Geschädigten, der sich am Unfallort ausserhalb des Fahrzeuges befand, wenn er seinen gewöhnlichen Aufenthalt im Zulassungsstaat hatte.

   Im Falle mehrerer Geschädigter wird das anzuwendende Recht für jeden von ihnen gesondert bestimmt.

b) Sind mehrere Fahrzeuge an dem Unfall beteiligt, so ist Buchstabe a) nur anzuwenden, wenn alle Fahrzeuge im selben Staat zugelassen sind.

c) Sind Personen an dem Unfall beteiligt, die sich am Unfallort ausserhalb der Fahrzeuge befanden, so sind die Buchstaben a) und b) nur anzuwenden, wenn alle diese Personen ihren gewöhnlichen Aufenthalt im Zulassungsstaat hatten. Dies gilt selbst dann, wenn diese Personen auch Geschädigte des Unfalls sind.

Art. 5 Das Recht, das nach den Artikeln 3 und 4 auf die Haftung gegenüber dem Fahrgast anzuwenden ist, regelt auch die Haftung für Schäden an den mit dem Fahrzeug beförderten Sachen, die dem Fahrgast gehören oder ihm anvertraut worden sind.

Das Recht, das nach den Artikeln 3 und 4 auf die Haftung gegenüber dem Fahrzeugeigentümer anzuwenden ist, regelt die Haftung für Schäden an anderen als den in Absatz 1 bezeichneten mit dem Fahrzeug beförderten Sachen.

Das Recht, das auf die Haftung für Schäden an ausserhalb des oder der Fahrzeuge befindlichen Sachen anzuwenden ist, ist das Recht des Staates, in dessen Hoheitsgebiet sich der Unfall ereignet hat. Die Haftung für Schäden an der ausserhalb der Fahrzeuge befindlichen persönlichen Habe des Geschädigten unterliegt jedoch dem innerstaatlichen Recht des Zulassungsstaates, wenn dieses Recht auf die Haftung gegenüber dem Geschädigten nach Artikel 4 anzuwenden ist.

Art. 6 Bei nicht zugelassenen oder in mehreren Staaten zugelassenen Fahrzeugen tritt an die Stelle des innerstaatlichen Rechts des Zulassungsstaates das Recht des Staates des gewöhnlichen Standorts. Das gleiche gilt, wenn weder der Eigentümer noch der Halter noch der Führer des Fahrzeuges zur Zeit des Unfalls ihren gewöhnlichen Aufenthalt im Zulassungsstaat hatten.

Art. 7 Unabhängig von dem anzuwendenden Recht sind bei der Bestimmung der Haftung die am Ort und zur Zeit des Unfalls geltenden Verkehrs- und Sicherheitsvorschriften zu berücksichtigen.

Art. 8 Das anzuwendende Recht bestimmt insbesondere:
1. die Voraussetzungen und den Umfang der Haftung;
2. die Haftungsausschlussgründe sowie jede Beschränkung und jede Aufteilung der Haftung;
3. das Vorhandensein und die Art zu ersetzender Schäden;
4. die Art und den Umfang des Ersatzes;
5. die Übertragbarkeit des Ersatzanspruchs,
6. die Personen, die Anspruch auf Ersatz des persönlich erlittenen Schadens haben;
7. die Haftung des Geschäftsherrn für seinen Gehilfen;
8. die Verjährung und den auf Zeitablauf beruhenden Rechtsverlust, einschliesslich des Beginns der Unterbrechung und der Hemmung der Fristen.

Art. 9 Die geschädigten Personen haben ein unmittelbares Klagerecht gegen den Versicherer des Haftpflichtigen, wenn ihnen ein solches Recht nach dem gemäss Artikel 3, 4 oder 5 anzuwendenden Recht zusteht.

Sieht das nach Artikel 4 oder 5 anzuwendende Recht des Zulassungsstaats ein unmittelbares Klagerecht nicht vor, so kann es gleichwohl ausgeübt werden, wenn es vom innerstaatlichen Recht des Staates zugelassen ist, in dessen Hoheitsgebiet sich der Unfall ereignet hat.

Sieht keines dieser Rechte ein solches Klagerecht vor, so kann es ausgeübt werden, wenn es von dem Recht zugelassen ist, das für den Versicherungsvertrag massgebend ist.

Art. 10 Die Anwendung eines der durch dieses Übereinkommen für anwendbar erklärten Rechte kann nur ausgeschlossen werden, wenn sie mit der öffentlichen Ordnung offensichtlich unvereinbar ist.

Art. 11 Die Anwendung der Artikel 1–10 ist unabhängig vom Erfordernis der Gegenseitigkeit. Das Übereinkommen ist auch anwendbar, wenn das anzuwendende Recht nicht das Recht eines Vertragsstaats ist.

Art. 12 Jede Gebietseinheit, die Teil eines Staates mit einem nicht einheitlichen Rechtssystem ist, wird im Sinne der Artikel 2–11 als Staat angesehen, wenn sie ihr eigenes Rechtssystem in Bezug auf die ausservertragliche zivilrechtliche Haftung bei Strassenverkehrsunfällen hat.

Art. 13 Ein Staat mit einem nicht einheitlichen Rechtssystem ist nicht verpflichtet, dieses Übereinkommen auf Unfälle anzuwenden, die sich in seinem Hoheitsgebiet ereignen und an denen nur Fahrzeuge beteiligt sind, die in den Gebietseinheiten dieses Staates zugelassen sind.

Art. 14 Ein Staat mit einem nicht einheitlichen Rechtssystem kann bei der Unterzeichnung, der Ratifizierung oder dem Beitritt erklären, dass dieses Übereinkommen sich auf alle oder nur auf eines oder mehrere seiner Rechtssysteme erstreckt; er kann diese Erklärung jederzeit durch eine neue Erklärung ändern.

Diese Erklärungen werden dem Ministerium für Auswärtige Angelegenheiten der Niederlande notifiziert, sie haben anzugeben, auf welche Rechtssysteme das Übereinkommen anzuwenden ist.

Art. 15 Dieses Übereinkommen hat keinen Vorrang gegenüber anderen Übereinkommen, deren Vertragsparteien die Vertragsstaaten sind oder werden und die auf besonderen Gebieten die ausservertragliche zivilrechtliche Haftung aus einem Strassenverkehrsunfall regeln.

Art. 16–21

(nicht abgedruckt)

Vertragsstaaten: Belarus, Belgien, Bosnien und Herzegowina, Frankreich, Kroatien, Lettland, Litauen, Luxemburg, Marokko, Mazedonien, Montenegro, Niederlande, Österreich, Polen, Schweiz, Serbien, Slowakei, Slowenien, Spanien, Tschechische Republik.

Übersetzung[1]

22. Übereinkunft betreffend Zivilprozessrecht

Abgeschlossen in Den Haag den 1. März 1954

Von der Bundesversammlung genehmigt am 5. März 1957[2]
Schweizerische Ratifikationsurkunde hinterlegt am 6. Mai 1957
In Kraft getreten für die Schweiz am 5. Juli 1957[3]

Die Signatarstaaten dieser Übereinkunft,

vom Wunsche geleitet, an der Übereinkunft vom 17. Juli 1905[4] betreffend Zivilprozessrecht die nach der Erfahrung gebotenen Verbesserungen vorzunehmen,

haben zu diesem Zweck den Abschluss einer neuen Übereinkunft beschlossen und die nachstehenden Bestimmungen vereinbart:

I. Mitteilung gerichtlicher und aussergerichtlicher Urkunden

Art. 1 In Zivil- oder Handelssachen erfolgt die Zustellung von Schriftstücken, die für eine im Auslande befindliche Person bestimmt sind, in den Vertragsstaaten auf ein Begehren, das der Konsul des ersuchenden Staates an die vom ersuchten Staate zu bezeichnende Behörde richtet. Das Begehren hat die Behörde, von der das übermittelte Schriftstück ausgeht, den Namen und die Stellung der Parteien, die Adresse des Empfängers sowie die Art des in Rede stehenden Schriftstückes anzugeben und muss in der Sprache der ersuchten Behörde abgefasst sein. Diese Behörde hat dem Konsul die Urkunde zu übersenden, welche die Zustellung nachweist oder den die Zustellung hindernden Umstand angibt.

Alle Anstände, zu denen das Zustellungsbegehren des Konsuls Anlass geben mag, sind auf diplomatischem Wege zu erledigen.

Jeder Vertragsstaat kann in einer an die andern Vertragsstaaten gerichteten Mitteilung erklären, er verlange, dass das Begehren einer in seinem Gebiete zu bewirkenden Zustellung, das die in Absatz 1 bezeichneten Angaben enthalten soll, auf diplomatischem Wege an ihn gerichtet werde.

SR 0.274.12; AS 1957 467; BBl 1956 II 285

1 Der Originaltext findet sich unter der gleichen Nummer in der französischen Ausgabe dieser Sammlung.

2 AS 1957 465

3 AS 1957 500

4 [BS 12 277. AS 2009 7101]

Die vorstehenden Bestimmungen hindern nicht, dass sich zwei Vertragsstaaten über die Zulassung des unmittelbaren Geschäftsverkehrs zwischen ihren beiderseitigen Behörden verständigen.

Art. 2 Die Zustellung erfolgt durch die nach den Gesetzen des ersuchten Staates zuständige Behörde. Diese Behörde kann sich, ausgenommen in den in Artikel 3 vorgesehenen Fällen, darauf beschränken, die Zustellung durch Übergabe des Schriftstückes an den Empfänger zu bewirken, sofern er zur Annahme bereit ist.

Art. 3 Dem Begehren ist das zuzustellende Schriftstück in zweifacher Ausfertigung beizufügen.

Ist das zuzustellende Schriftstück in der Sprache der ersuchten Behörde oder in der zwischen den beiden beteiligten Staaten vereinbarten Sprache abgefasst oder ist es von einer Übersetzung in eine dieser Sprachen begleitet, so lässt die ersuchte Behörde, falls es in dem Begehren gewünscht wird, das Schriftstück in der durch ihre innere Gesetzgebung für gleichartige Zustellungen vorgeschriebenen Form oder in einer besondern Form, sofern diese ihrer Gesetzgebung nicht zuwiderläuft, zustellen. Ist ein solcher Wunsch nicht ausgesprochen, so wird die ersuchte Behörde zunächst die Übergabe nach den Vorschriften des Artikels 2 zu bewirken suchen.

Vorbehältlich anderweitiger Vereinbarung ist die im vorstehenden Absatze vorgesehene Übersetzung von dem diplomatischen oder konsularischen Vertreter des ersuchenden Staates oder von einem beeidigten Dolmetscher des ersuchten Staates zu beglaubigen.

Art. 4 Die in den Artikeln 1, 2 und 3 vorgesehene Zustellung kann nur abgelehnt werden, wenn sie nach der Auffassung des Staates, auf dessen Gebiet sie erfolgen soll, geeignet erscheint, seine Hoheitsrechte zu verletzen oder seine Sicherheit zu gefährden.

Art. 5 Der Nachweis der Zustellung erfolgt entweder durch einen mit Datum versehenen und beglaubigten Empfangsschein des Empfängers oder durch eine Bescheinigung der Behörde des ersuchten Staates, aus der sich die Tatsache, die Form und die Zeit der Zustellung ergibt.

Der Empfangsschein oder die Bescheinigung ist auf eine der beiden Ausfertigungen zu setzen oder daran zu heften.

Art. 6 Die Bestimmungen der vorausgehenden Artikel schliessen nicht aus:

1. dass Urkunden den im Auslande befindlichen Beteiligten unmittelbar durch die Post zugesandt werden;
2. dass die Beteiligten die Zustellung unmittelbar durch diejenigen Gerichtsvollzieher oder sonstigen Beamten vornehmen lassen, die in dem Lande, wo die Zustellung erfolgen soll, hierfür zuständig sind;

3. dass jeder Staat die Zustellung an Personen, die sich in einem andern Staate befinden, unmittelbar durch seine diplomatischen oder konsularischen Vertreter vornehmen lasse.

Die in diesen Fällen vorgesehenen Zustellungsarten sind jedoch nur statthaft, wenn Abkommen zwischen den beteiligten Staaten sie einräumen oder wenn in Ermangelung von Abkommen der Staat, auf dessen Gebiete die Zustellung erfolgen soll, nicht widerspricht. Dieser Staat kann nicht widersprechen, wenn im Falle des Absatzes 1 Ziffer 3 das Schriftstück ohne Anwendung von Zwang einem Angehörigen des ersuchenden Staates zugestellt werden soll.

Art. 7 Für Zustellungen dürfen Gebühren oder Kosten irgendwelcher Art nicht erhoben werden.

Jedoch ist, vorbehältlich anderweitiger Übereinkunft, der ersuchte Staat berechtigt, von dem ersuchenden Staate die Erstattung der Kosten zu verlangen, die durch die Mitwirkung eines Vollziehungsbeamten oder durch die Anwendung einer besonderen Form in den Fällen des Artikels 3 entstanden sind.

II. Ersuchungsschreiben

Art. 8 In Zivil- oder Handelssachen können die gerichtlichen Behörden eines Vertragsstaates, nach Massgabe der Vorschriften seiner Gesetzgebung, sich durch Ersuchungsschreiben an die zuständige Behörde eines andern Vertragsstaates wenden, um innerhalb deren Geschäftskreises die Vornahme einer richterlichen Prozesshandlung oder anderer gerichtlicher Handlungen zu erbitten.

Art. 9 Die Ersuchungsschreiben werden durch den Konsul des ersuchenden Staates der von dem ersuchten Staate zu bezeichnenden Behörde übermittelt. Diese Behörde hat dem Konsul die Urkunde zu übersenden, aus der sich die Erledigung des Ersuchens oder der die Erledigung hindernde Umstand ergibt.

Alle Anstände, zu denen diese Übermittlung Anlass geben mag, werden auf diplomatischem Wege erledigt.

Jeder Vertragsstaat kann durch eine an die andern Vertragsstaaten gerichtete Mitteilung verlangen, dass ihm die auf seinem Gebiete zu erledigenden Ersuchungsschreiben auf diplomatischem Wege übermittelt werden.

Die vorstehenden Bestimmungen schliessen nicht aus, dass sich zwei Vertragsstaaten über die Zulassung der unmittelbaren Übermittlung von Ersuchungsschreiben zwischen ihren beiderseitigen Behörden verständigen.

Art. 10 Vorbehältlich anderweitiger Vereinbarung muss das Ersuchungsschreiben in der Sprache der ersuchten Behörde oder in der zwischen den beiden beteiligten Staaten vereinbarten Sprache abgefasst oder aber von einer Übersetzung in eine dieser Sprachen begleitet sein, die durch einen diplomatischen oder konsularischen Vertreter des ersuchenden Staates oder einen beeidigten Dolmetscher des ersuchten Staates beglaubigt ist.

Art. 11 Die Gerichtsbehörde, an die das Ersuchen gerichtet wird, ist verpflichtet, ihm zu entsprechen und dabei dieselben Zwangsmittel anzuwenden, wie bei der Erledigung eines Ersuchens der Behörden des ersuchten Staates oder eines dahingehenden Begehrens einer beteiligten Partei. Diese Zwangsmittel brauchen nicht angewendet zu werden, wenn es sich um das persönliche Erscheinen streitender Parteien handelt. Die ersuchende Behörde ist auf ihr Verlangen von der Zeit und dem Orte der auf das Ersuchen vorzunehmenden Handlung zu benachrichtigen, damit die beteiligte Partei ihr beizuwohnen in der Lage ist.

Die Erledigung des Ersuchens kann nur abgelehnt werden:

1. wenn die Echtheit der Urkunde nicht feststeht;
2. wenn in dem ersuchten Staate die Erledigung des Ersuchens nicht in den Bereich der Gerichtsgewalt fällt;
3. wenn das Ersuchen nach der Auffassung des Staates, auf dessen Gebiet sie erfolgen soll, geeignet erscheint, seine Hoheitsrechte zu verletzen oder seine Sicherheit zu gefährden.

Art. 12 Im Falle der Unzuständigkeit der ersuchten Behörde ist das Ersuchungsschreiben von Amtes wegen an die zuständige Gerichtsbehörde desselben Staates unter Beobachtung der dafür nach dessen Gesetzgebung massgebenden Regeln abzugeben.

Art. 13 In allen Fällen, in denen das Ersuchen von der angegangenen Behörde nicht erledigt wird, hat diese die ersuchende Behörde unverzüglich hievon zu benachrichtigen, und zwar im Falle des Artikels 11 unter Angabe der Gründe, aus denen die Erledigung des Ersuchens abgelehnt, und im Falle des Artikels 12 unter Bezeichnung der Behörde, an die das Ersuchen abgegeben worden ist.

Art. 14 Die ein Ersuchen erledigende Gerichtsbehörde hat hinsichtlich der zu beobachtenden Formen des Verfahrens die Gesetze ihres Landes in Anwendung zu bringen.

Jedoch ist dem Antrage der ersuchenden Behörde, dass nach einer besonderen Form verfahren werde, zu entsprechen, sofern diese Form der Gesetzgebung des ersuchten Staates nicht zuwiderläuft.

Art. 15 Durch die Bestimmungen der vorstehenden Artikel wird nicht ausgeschlossen, dass jeder Staat die Ersuchen unmittelbar durch seine diplomatischen oder konsularischen Vertreter erledigen lassen kann, wenn Abkommen zwischen den beteiligten Staaten dies zulassen oder wenn der Staat, auf dessen Gebiet das Ersuchen erledigt werden soll, nicht widerspricht.

Art. 16 Für die Erledigung von Ersuchen dürfen Gebühren oder Kosten irgendwelcher Art nicht erhoben werden.

Jedoch ist, vorbehältlich anderweitiger Vereinbarung, der ersuchte Staat berechtigt, von dem ersuchenden Staate die Erstattung der an Zeugen oder Sachverständige bezahlten Entschädigungen sowie der Kosten zu verlangen, welche für die wegen Nichterscheinens der Zeugen erforderlich gewordene Mitwirkung eines Vollziehungsbeamten oder durch die Anwendung des Artikels 14 Absatz 2 entstanden sind.

III. Sicherheitsleistung für die Prozesskosten

Art. 17 Treten Angehörige eines der Vertragsstaaten in einem andern dieser Staaten als Kläger oder Intervenienten vor Gericht auf, so darf, sofern sie in irgendeinem der Vertragsstaaten ihren Wohnsitz haben, ihnen wegen ihrer Eigenschaft als Ausländer oder deswegen, weil sie keinen Wohnsitz oder Aufenthalt im Inlande haben, eine Sicherheitsleistung oder Hinterlegung, unter welcher Benennung es auch sei, nicht auferlegt werden.

Die gleiche Regel findet Anwendung auf die Vorauszahlung, die von den Klägern oder Intervenienten zur Deckung der Gerichtskosten einzufordern wäre.

Die Abkommen, wodurch Vertragsstaaten für ihre Angehörigen ohne Rücksicht auf den Wohnsitz Befreiung von der Sicherheitsleistung für die Prozesskosten oder von der Vorauszahlung der Gerichtskosten vereinbart haben, finden auch weiter Anwendung.

Art. 18 Entscheidungen, wodurch der Kläger oder Intervenient, der nach Artikel 17 Absätze 1 und 2 oder nach dem in dem Staate der Klagerhebung geltenden Rechte von der Sicherheitsleistung, Hinterlegung oder Vorauszahlung befreit worden war, in die Prozesskosten verurteilt wird, sind, wenn das Begehren auf diplomatischem Wege gestellt wird, in jedem der andern Vertragsstaaten durch die zuständige Behörde kostenfrei vollstreckbar zu erklären.

Die gleiche Regel findet Anwendung auf gerichtliche Entscheidungen, durch die der Betrag der Kosten des Prozesses später festgesetzt wird.

Die vorhergehenden Bestimmungen schliessen nicht aus, dass zwei Vertragsstaaten vereinbaren, auch der beteiligten Partei selbst zu gestatten, die Vollstreckbarerklärung zu beantragen.

Art. 19 Die Kostenentscheidungen werden ohne Anhörung der Parteien, jedoch unbeschadet eines späteren Rekurses der verurteilten Partei, gemäss der Gesetzgebung des Landes, wo die Vollstreckung betrieben wird, vollstreckbar erklärt.

Die zur Entscheidung über den Antrag auf Vollstreckbarerklärung zuständige Behörde hat ihre Prüfung darauf zu beschränken:

1. ob nach dem Gesetze des Landes, wo die Verurteilung erfolgt ist, die Ausfertigung der Entscheidung die für ihre Beweiskraft erforderlichen Voraussetzungen erfüllt;
2. ob nach demselben Gesetze die Entscheidung die Rechtskraft erlangt hat;
3. ob das Dispositiv der Entscheidung in der Sprache der ersuchten Behörde oder in der zwischen den beiden beteiligten Staaten vereinbarten Sprache abgefasst ist oder von einer Übersetzung in eine dieser Sprachen begleitet ist, die, vorbehältlich anderweitiger Übereinkunft, durch einen diplomatischen oder konsularischen Vertreter des ersuchenden Staates oder einen beeidigten Dolmetscher des ersuchten Staates beglaubigt sein muss.

Den Erfordernissen des Absatzes 2 Ziffern 1 und 2 wird genügt entweder durch eine Erklärung der zuständigen Behörde des ersuchenden Staates, dass die Entscheidung die Rechtskraft erlangt hat, oder durch die Vorlegung gehörig beglaubigter Urkunden, die dartun, dass die Entscheidung in Rechtskraft erwachsen ist. Die Zuständigkeit dieser Behörde ist, vorbehältlich anderweitiger Vereinbarung[5], durch den höchsten Justizverwaltungsbeamten des ersuchenden Staates zu bescheinigen. Die Erklärung und die Bescheinigung, die soeben erwähnt worden sind, müssen nach Vorschrift des Absatzes 2 Ziffer 3 abgefasst und übersetzt sein.

Die zum Entscheid über den Antrag auf Vollstreckbarerklärung zuständige Behörde bestimmt, sofern die Partei dies gleichzeitig beantragt, die Höhe der in Absatz 2 Ziffer 3 erwähnten Bescheinigungs-, Übersetzungs- und Beglaubigungskosten. Diese Kosten gelten als Prozesskosten.

5 Siehe Art. 3 Abs. 2 der Erkl. vom 30. April 1910 zwischen der Schweiz und Deutschland betreffend Vereinfachung des Rechtshilfeverkehrs (SR 0.274.181.362).

IV. Armenrecht

Art. 20 In Zivil- und Handelssachen werden die Angehörigen eines jeden der Vertragsstaaten in allen andern Vertragsstaaten unter denselben gesetzlichen Bedingungen und Voraussetzungen zum Armenrecht zugelassen, wie die Angehörigen des Staates, in dessen Gebiete die Bewilligung des Armenrechts nachgesucht wird.

In Staaten, die das Armenrecht auch in Verwaltungssachen kennen, gilt der vorstehende Absatz auch für Angelegenheiten, die vor die in Verwaltungssachen zuständigen Gerichte gebracht werden.

Art. 21 Das Armutszeugnis oder die Erklärung des Unvermögens zur Bestreitung der Prozesskosten muss in allen Fällen von den Behörden des gewöhnlichen Aufenthaltsortes des Ausländers, oder in Ermangelung solcher, von den Behörden seines derzeitigen Aufenthaltsortes ausgestellt oder entgegengenommen sein. Gehören diese Behörden keinem der Vertragsstaaten an und werden von ihnen solche Bescheinigungen oder Erklärungen nicht ausgestellt oder entgegengenommen, so genügt die Ausstellung oder Entgegennahme der Bescheinigung oder der Erklärung durch einen diplomatischen oder konsularischen Vertreter des Landes, dem der Ausländer angehört.

Hält der Antragsteller sich nicht in dem Lande auf, wo das Armenrecht nachgesucht wird, so ist das Zeugnis oder die Erklärung des Unvermögens kostenfrei von einem diplomatischen oder konsularischen Vertreter des Landes zu beglaubigen, in dessen Gebiet die Urkunde vorgelegt werden soll.

Art. 22 Die zur Erteilung des Armutszeugnisses oder zur Entgegennahme der Erklärung über das Unvermögen zuständige Behörde kann bei den Behörden der andern Vertragsstaaten über die Vermögensverhältnisse des Antragstellers Erkundigungen einziehen.

Der Behörde, die über den Antrag auf Bewilligung des Armenrechts zu entscheiden hat, bleibt in den Grenzen ihrer Amtsbefugnisse das Recht gewahrt, die ihr vorgelegten Zeugnisse, Erklärungen und Auskünfte auf ihre Richtigkeit hin zu prüfen und sich zur ausreichenden Unterrichtung ergänzende Aufschlüsse geben zu lassen.

Art. 23 Befindet sich der Bedürftige in einem andern Lande als in dem, wo das Armenrecht nachgesucht werden soll, so kann sein Antrag auf Bewilligung des Armenrechts, samt Zeugnissen oder Erklärungen über das Unvermögen und gegebenenfalls weiteren für die Behandlung des Antrages dienlichen Belegen, durch den Konsul seines Landes der zum Entscheid zuständigen oder der von dem Staat, in dem der Antrag behandelt werden soll, bezeichneten Behörde übermittelt werden.

Die in Artikel 9 Absätze 2, 3 und 4 sowie in den Artikeln 10 und 12 hiervor enthaltenen Bestimmungen über Ersuchungsschreiben gelten auch für die Übermittlung von Anträgen auf Bewilligung des Armenrechts und ihrer Beilagen.

Art. 24 Ist das Armenrecht einem Angehörigen eines der Vertragsstaaten bewilligt worden, so hat der ersuchende Staat für Zustellungen jeglicher Art, die sich auf denselben Prozess beziehen und die in einem andern Vertragsstaat vorzunehmen sind, dem ersuchten Staat keinerlei Auslagen zu vergüten.

Dasselbe gilt auch für Ersuchungsschreiben, mit Ausnahme der an Sachverständige bezahlten Entschädigungen.

V. Kostenfreie Abgabe von Auszügen aus den Zivilstandsregistern

Art. 25 Bedürftige Angehörige eines der Vertragsstaaten können sich unter den gleichen Voraussetzungen wie dessen eigene Staatsangehörige Auszüge aus den Zivilstandsregistern kostenlos ausstellen lassen. Die zu ihrer Eheschliessung erforderlichen Ausweise werden von den diplomatischen oder konsularischen Vertretern der Vertragsstaaten kostenfrei beglaubigt.

VI. Personalhaft

Art. 26 Die Personalhaft findet in Zivil- oder Handelssachen gegen die einem der Vertragsstaaten angehörenden Ausländer nur in den Fällen statt, in denen sie auch gegen Inländer anwendbar sein würde. Eine Tatsache, auf Grund deren ein im Inlande wohnhafter Inländer die Aufhebung der Personalhaft verlangen kann, soll zugunsten des Angehörigen eines Vertragsstaates die gleiche Wirkung auch dann haben, wenn sich diese Tatsache im Ausland ereignet hat.

VII. Schlussbestimmungen

Art. 27 und 28
(nicht abgedruckt)

Art. 29 In den Beziehungen zwischen den Staaten, die sie ratifizieren, tritt diese Übereinkunft an die Stelle der am 17. Juli 1905 in Den Haag unterzeichneten Übereinkunft betreffend Zivilprozessrecht.

Art. 30–33

(nicht abgedruckt)

Vertragsstaaten: Ägypten, Albanien, Argentinien, Armenien, Belarus, Belgien, Bosnien und Herzegowina, China-Macau, Dänemark, Deutschland, Finnland, Frankreich, Heiliger Stuhl, Island, Israel, Italien, Japan, Kasachstan, Kirgisistan, Kroatien, Lettland, Libanon, Litauen, Luxemburg, Marokko, Mazedonien, Moldau, Mongolei, Montenegro, Niederlande, Norwegen, Österreich, Polen, Portugal, Rumänien, Russland, Schweden, Schweiz, Serbien, Slowakei, Slowenien, Spanien, Suriname, Tschechische Republik, Türkei, Ukraine, Ungarn, Usbekistan, Zypern.

Übersetzung[1]

23. Übereinkommen über die Zustellung gerichtlicher und aussergerichtlicher Schriftstücke im Ausland in Zivil- oder Handelssachen

Abgeschlossen in Den Haag am 15. November 1965

Von der Bundesversammlung genehmigt am 9. Juni 1994[2]
Schweizerische Ratifikationsurkunde hinterlegt am 2. November 1994
Inkrafttreten für die Schweiz am 1. Januar 1995

Die Unterzeichnerstaaten dieses Übereinkommens,

in dem Wunsch, durch geeignete Massnahmen sicherzustellen, dass gerichtliche und aussergerichtliche Schriftstücke, die im Ausland zuzustellen sind, ihren Empfängern rechtzeitig zur Kenntnis gelangen,

in der Absicht, dafür die gegenseitige Rechtshilfe zu verbessern, indem das Verfahren vereinfacht und beschleunigt wird,

haben beschlossen, zu diesem Zweck ein Übereinkommen zu schliessen, und haben die folgenden Bestimmungen vereinbart:

Art. 1 Dieses Übereinkommen ist in Zivil- oder Handelssachen in allen Fällen anzuwenden, in denen ein gerichtliches oder aussergerichtliches Schriftstück zum Zweck der Zustellung ins Ausland zu übermitteln ist.

Das Übereinkommen gilt nicht, wenn die Adresse des Empfängers des Schriftstücks unbekannt ist.

Kapitel I: Gerichtliche Schriftstücke

Art. 2 Jeder Vertragsstaat bestimmt eine zentrale Behörde, die nach den Artikeln 3 bis 6 Ersuchen um Zustellung von Schriftstücken aus einem anderen Vertragsstaat entgegenzunehmen und das Erforderliche zu veranlassen hat.

Jeder Staat richtet die zentrale Behörde nach Massgabe seines Rechts ein.

SR 0.274.131; AS 1994 2809, 1995 934; BBl 1993 III 1261

1 Der französische Originaltext findet sich unter der gleichen Nummer in der entsprechenden Ausgabe dieser Sammlung.

2 Art. 1 Abs. 1 des BB vom 9. Juni 1994 (AS 1994 2807)

Art. 3 Die nach dem Recht des Ursprungsstaats zuständige Behörde oder der nach diesem Recht zuständige Justizbeamte richtet an die zentrale Behörde des ersuchten Staates ein Ersuchen, das dem diesem Übereinkommen als Anhang beigefügten Muster entspricht, ohne dass die Schriftstücke der Beglaubigung oder einer anderen entsprechenden Förmlichkeit bedürfen.

Dem Ersuchen ist das gerichtliche Schriftstück oder eine Abschrift davon beizufügen. Ersuchen und Schriftstück sind in zwei Exemplaren zu übermitteln.

Art. 4 Ist die zentrale Behörde der Ansicht, dass das Ersuchen nicht dem Übereinkommen entspricht, so unterrichtet sie unverzüglich die ersuchende Stelle und führt dabei die Einwände gegen das Ersuchen einzeln an.

Art. 5 Die Zustellung des Schriftstücks wird von der zentralen Behörde des ersuchten Staates bewirkt oder veranlasst, und zwar

a) entweder in einer der Formen, die das Recht des ersuchten Staates für die Zustellung der in seinem Hoheitsgebiet ausgestellten Schriftstücke an dort befindliche Personen vorschreibt, oder
b) in einer besonderen, von der ersuchenden Stelle gewünschten Form, es sei denn, dass diese Form mit dem Recht des ersuchten Staates unvereinbar ist.

Von dem Fall des Absatzes 1 Buchstabe b abgesehen, darf die Zustellung stets durch einfache Übergabe des Schriftstücks an den Empfänger bewirkt werden, wenn er zur Annahme bereit ist.

Ist das Schriftstück nach Absatz 1 zuzustellen, so kann die zentrale Behörde verlangen, dass das Schriftstück in der Amtssprache oder einer der Amtssprachen des ersuchten Staates abgefasst oder in diese übersetzt ist.

Der Teil des Ersuchens, der entsprechend dem diesem Übereinkommen als Anhang beigefügten Muster den wesentlichen Inhalt des Schriftstücks wiedergibt, ist dem Empfänger auszuhändigen.

Art. 6 Die zentrale Behörde des ersuchten Staates oder jede von diesem hierzu bestimmte Behörde stellt ein Zustellungszeugnis aus, das dem diesem Übereinkommen als Anhang beigefügten Muster entspricht.

Das Zeugnis enthält die Angaben über die Erledigung des Ersuchens; in ihm sind Form, Ort und Zeit der Erledigung sowie die Person anzugeben, der das Schriftstück übergeben worden ist. Gegebenenfalls sind die Umstände anzuführen, welche die Erledigung verhindert haben.

Die ersuchende Stelle kann verlangen, dass ein nicht durch die zentrale Behörde oder durch eine gerichtliche Behörde ausgestelltes Zeugnis mit einem Sichtvermerk einer dieser Behörden versehen wird.

Das Zeugnis wird der ersuchenden Stelle unmittelbar zugesandt.

Art. 7 Die vorgedruckten Teile des diesem Übereinkommen beigefügten Musters müssen in englischer oder französischer Sprache abgefasst sein. Sie können ausserdem in der Amtssprache oder einer der Amtssprachen des Ursprungsstaats abgefasst sein.

Die Eintragungen können in der Sprache des ersuchten Staates oder in englischer oder französischer Sprache gemacht werden.

Art. 8 Jedem Vertragsstaat steht es frei, Personen, die sich im Ausland befinden, gerichtliche Schriftstücke unmittelbar durch seine diplomatischen oder konsularischen Vertreter ohne Anwendung von Zwang zustellen zu lassen.

Jeder Staat kann erklären, dass er einer solchen Zustellung in seinem Hoheitsgebiet widerspricht, ausser wenn das Schriftstück einem Angehörigen des Ursprungsstaats zuzustellen ist.

Art. 9 Jedem Vertragsstaat steht es ferner frei, den konsularischen Weg zu benutzen, um gerichtliche Schriftstücke zum Zweck der Zustellung den Behörden eines anderen Vertragsstaats, die dieser hierfür bestimmt hat, zu übermitteln.

Wenn aussergewöhnliche Umstände dies erfordern, kann jeder Vertragsstaat zu demselben Zweck den diplomatischen Weg benutzen.

Art. 10 Dieses Übereinkommen schliesst, sofern der Bestimmungsstaat keinen Widerspruch erklärt, nicht aus,

a) dass gerichtliche Schriftstücke im Ausland befindlichen Personen unmittelbar durch die Post übersandt werden dürfen,
b) dass Justizbeamte, andere Beamte oder sonst zuständige Personen des Ursprungsstaats Zustellungen unmittelbar durch Justizbeamte, andere Beamte oder sonst zuständige Personen des Bestimmungsstaats bewirken lassen dürfen,
c) dass jeder an einem gerichtlichen Verfahren Beteiligte Zustellungen gerichtlicher Schriftstücke unmittelbar durch Justizbeamte, andere Beamte oder sonst zuständige Personen des Bestimmungsstaats bewirken lassen darf.

Art. 11 Dieses Übereinkommen schliesst nicht aus, dass Vertragsstaaten vereinbaren, zum Zweck der Zustellung gerichtlicher Schriftstücke andere als die in den vorstehenden Artikeln vorgesehenen Übermittlungswege zuzulassen, insbesondere den unmittelbaren Verkehr zwischen ihren Behörden.

Art. 12 Für Zustellungen gerichtlicher Schriftstücke aus einem Vertragsstaat darf die Zahlung oder Erstattung von Gebühren und Auslagen für die Tätigkeit des ersuchten Staates nicht verlangt werden.

Die ersuchende Stelle hat jedoch die Auslagen zu zahlen oder zu erstatten, die dadurch entstehen,

a) dass bei der Zustellung ein Justizbeamter oder eine nach dem Recht des Bestimmungsstaats zuständige Person mitwirkt,
b) dass eine besondere Form der Zustellung angewendet wird.

Art. 13 Die Erledigung eines Zustellungsersuchens nach diesem Übereinkommen kann nur abgelehnt werden, wenn der ersuchte Staat sie für geeignet hält, seine Hoheitsrechte oder seine Sicherheit zu gefährden.

Die Erledigung darf nicht allein aus dem Grund abgelehnt werden, dass der ersuchte Staat nach seinem Recht die ausschliessliche Zuständigkeit seiner Gerichte für die Sache in Anspruch nimmt oder ein Verfahren nicht kennt, das dem entspricht, für das das Ersuchen gestellt wird.

Über die Ablehnung unterrichtet die zentrale Behörde unverzüglich die ersuchende Stelle unter Angabe der Gründe.

Art. 14 Schwierigkeiten, die aus Anlass der Übermittlung gerichtlicher Schriftstücke zum Zweck der Zustellung entstehen, werden auf diplomatischem Weg beigelegt.

Art. 15 War zur Einleitung eines gerichtlichen Verfahrens eine Vorladung oder ein entsprechendes Schriftstück nach diesem Übereinkommen zum Zweck der Zustellung ins Ausland zu übermitteln und hat sich der Beklagte nicht auf das Verfahren eingelassen, so hat der Richter das Verfahren auszusetzen, bis festgestellt ist,

a) dass das Schriftstück in einer der Formen zugestellt worden ist, die das Recht des ersuchten Staates für die Zustellung der in seinem Hoheitsgebiet ausgestellten Schriftstücke an dort befindliche Personen vorschreibt, oder
b) dass das Schriftstück entweder dem Beklagten selbst oder aber in seiner Wohnung nach einem anderen in diesem Übereinkommen vorgesehenen Verfahren übergeben worden ist

und dass in jedem dieser Fälle das Schriftstück so rechtzeitig zugestellt oder übergeben worden ist, dass der Beklagte sich hätte verteidigen können.

Jedem Vertragsstaat steht es frei zu erklären, dass seine Richter ungeachtet des Absatzes 1 den Rechtsstreit entscheiden können, auch wenn ein Zeugnis über die Zustellung oder die Übergabe nicht eingegangen ist, vorausgesetzt,

a) dass das Schriftstück nach einem in diesem Übereinkommen vorgesehenen Verfahren übermittelt worden ist,
b) dass seit der Absendung des Schriftstücks eine Frist verstrichen ist, die der Richter nach den Umständen des Falles als angemessen erachtet und die mindestens sechs Monate betragen muss, und

c) dass trotz aller zumutbaren Schritte bei den zuständigen Behörden des ersuchten Staates ein Zeugnis nicht zu erlangen war.

Dieser Artikel hindert nicht, dass der Richter in dringenden Fällen vorläufige Massnahmen, einschliesslich solcher, die auf eine Sicherung gerichtet sind, anordnet.

Art. 16 War zur Einleitung eines gerichtlichen Verfahrens eine Vorladung oder ein entsprechendes Schriftstück nach diesem Übereinkommen zum Zweck der Zustellung ins Ausland zu übermitteln und ist eine Entscheidung gegen den Beklagten ergangen, der sich nicht auf das Verfahren eingelassen hat, so kann ihm der Richter in Bezug auf Rechtsmittelfristen die Wiedereinsetzung in den vorigen Stand bewilligen, vorausgesetzt,

a) dass der Beklagte ohne sein Verschulden nicht so rechtzeitig Kenntnis von dem Schriftstück erlangt hat, dass er sich hätte verteidigen können, und nicht so rechtzeitig Kenntnis von der Entscheidung, dass er sie hätte anfechten können, und

b) dass die Verteidigung des Beklagten nicht von vornherein aussichtslos scheint.

Der Antrag auf Wiedereinsetzung in den vorigen Stand ist nur zulässig, wenn der Beklagte ihn innerhalb einer angemessenen Frist stellt, nachdem er von der Entscheidung Kenntnis erlangt hat.

Jedem Vertragsstaat steht es frei zu erklären, dass dieser Antrag nach Ablauf einer in der Erklärung festgelegten Frist unzulässig ist, vorausgesetzt, dass diese Frist nicht weniger als ein Jahr beträgt, vom Erlass der Entscheidung an gerechnet.

Dieser Artikel ist nicht auf Entscheidungen anzuwenden, die den Personenstand betreffen.

Kapitel II: Aussergerichtliche Schriftstücke

Art. 17 Aussergerichtliche Schriftstücke, die von Behörden und Justizbeamten eines Vertragsstaats stammen, können zum Zweck der Zustellung in einem anderen Vertragsstaat nach den in diesem Übereinkommen vorgesehenen Verfahren und Bedingungen übermittelt werden.

Kapitel III: Allgemeine Bestimmungen

Art. 18 Jeder Vertragsstaat kann ausser der zentralen Behörde weitere Behörden bestimmen, deren Zuständigkeit er festlegt.

Die ersuchende Stelle hat jedoch stets das Recht, sich unmittelbar an die zentrale Behörde zu wenden.

Bundesstaaten steht es frei, mehrere zentrale Behörden zu bestimmen.

Art. 19 Dieses Übereinkommen schliesst nicht aus, dass das innerstaatliche Recht eines Vertragsstaats ausser den in den vorstehenden Artikeln vorgesehenen auch andere Verfahren zulässt, nach denen Schriftstücke aus dem Ausland zum Zweck der Zustellung in seinem Hoheitsgebiet übermittelt werden können.

Art. 20 Dieses Übereinkommen schliesst nicht aus, dass Vertragsstaaten vereinbaren, von folgenden Bestimmungen abzuweichen:

a) Artikel 3 Absatz 2 in Bezug auf das Erfordernis, die Schriftstücke in zwei Exemplaren zu übermitteln,
b) Artikel 5 Absatz 3 und Artikel 7 in Bezug auf die Verwendung von Sprachen,
c) Artikel 5 Absatz 4,
d) Artikel 12 Absatz 2.

Art. 21 Jeder Vertragsstaat notifiziert dem Ministerium für Auswärtige Angelegenheiten der Niederlande bei der Hinterlegung seiner Ratifikations- oder Beitrittsurkunde oder zu einem späteren Zeitpunkt

a) die Bezeichnung der Behörden nach den Artikeln 2 und 18,
b) die Bezeichnung der Behörde, die das in Artikel 6 vorgesehene Zustellungszeugnis ausstellt,
c) die Bezeichnung der Behörde, die Schriftstücke entgegennimmt, die nach Artikel 9 auf konsularischem Weg übermittelt werden.

Er notifiziert gegebenenfalls auf gleiche Weise

a) seinen Widerspruch gegen die Benutzung der in den Artikeln 8 und 10 vorgesehenen Übermittlungswege,
b) die in den Artikeln 15 Absatz 2 und 16 Absatz 3 vorgesehenen Erklärungen,
c) jede Änderung der vorstehend erwähnten Behördenbezeichnungen, Widersprüche und Erklärungen.

Art. 22 Dieses Übereinkommen tritt zwischen den Staaten, die es ratifiziert haben, an die Stelle der Artikel 1–7 der am 17. Juli 1905[3] und am 1. März 1954[4] in Den Haag unterzeichneten Übereinkünfte betreffend Zivilprozessrecht, soweit diese Staaten Vertragsparteien jener Übereinkünfte sind.

3 [BS 12 277. AS 2009 7101]
4 SR 0.274.12

Art. 23 Dieses Übereinkommen berührt weder die Anwendung des Artikels 23 der am 17. Juli 1905 in Den Haag unterzeichneten Übereinkunft betreffend Zivilprozessrecht noch die Anwendung des Artikels 24 der am 1. März 1954 in Den Haag unterzeichneten Übereinkunft betreffend Zivilprozessrecht.

Diese Artikel sind jedoch nur anwendbar, wenn die in diesen Übereinkünften vorgesehenen Übermittlungswege benutzt werden.

Art. 24 Zusatzvereinbarungen zu den Übereinkünften von 1905 und 1954, die Vertragsstaaten geschlossen haben, sind auch auf das vorliegende Übereinkommen anzuwenden, es sei denn, dass die beteiligten Staaten etwas anderes vereinbaren.

Art. 25 Unbeschadet der Artikel 22 und 24 berührt dieses Übereinkommen nicht die Übereinkommen, denen die Vertragsstaaten angehören oder angehören werden und die Bestimmungen über Rechtsgebiete enthalten, die durch dieses Übereinkommen geregelt sind.

Art. 26–31

(nicht abgedruckt)

Anhang zu dem Übereinkommen
Muster für das Ersuchen und das Zustellungszeugnis
(nicht abgedruckt)

Vertragsstaaten: Ägypten, Albanien, Antigua und Barbuda, Argentinien, Armenien, Australien, Bahamas, Barbados, Belarus, Belgien, Belize, Bosnien und Herzegowina, Botsuana, Bulgarien, China, China-Hongkong, China-Macau, Costa Rica, Dänemark, Deutschland, Estland, Finnland, Frankreich, Griechenland, Indien, Irland, Island, Israel, Italien, Japan, Kanada, Kasachstan, Kolumbien, Korea (Süd-), Kroatien, Kuwait, Lettland, Litauen, Luxemburg, Malawi, Marokko, Mazedonien, Mexiko, Moldau, Monaco, Montenegro, Niederlande, Norwegen, Pakistan, Polen, Portugal, Rumänien, Russland, San Marino, Schweden, Schweiz, Serbien, Seychellen, Slowakei, Slowenien, Spanien, Sri Lanka, St. Vincent und die Grenadinen, Tschechische Republik, Türkei, Ukraine, Ungarn, Venezuela, Vereinigte Staaten von Amerika, Vereinigtes Königreich, Vietnam, Zypern.

Schweiz

1. Zu Art. 1

Bezugnehmend auf Artikel 1 erachtet die Schweiz das Übereinkommen unter den Vertragsstaaten als ausschliesslich anwendbar. Sie betrachtet insbesondere die durchgriffsweise Zustellung an eine inländische nicht bevollmächtigte Rechtspersönlichkeit, welche als Ersatz für die Zustellung an eine ausländische Rechtspersönlichkeit dienen soll, als Umgehung des Übereinkommens, die namentlich mit den Artikeln 1 und 15 Absatz 1 Buchstabe b unvereinbar wäre.

2. Zu den Art. 2 und 18

Gemäss Artikel 21 Absatz 1 Buchstabe a bezeichnet die Schweiz als Zentralbehörden im Sinne der Artikel 2 und 18 des Übereinkommens nachstehend genannten kantonalen Behörden. Ersuchen um Zustellung von Schriftstücken werden nebst den genannten Zentralbehörden auch vom Eidgenössischen Justiz- und Polizeidepartement in Bern entgegengenommen und an die im Einzelfall zuständigen Zentralbehörden weitergeleitet.

3. Zu Art. 5 Abs. 3

Verweigert der Empfänger die freiwillige Annahme des Schriftstückes, kann es ihm gemäss Artikel 5 Absatz 1 nur formell zugestellt werden, wenn das Schriftstück in der Sprache der ersuchten Behörde, d. h. in Deutsch, Französisch bzw. Italienisch abgefasst oder mit einer Übersetzung in eine dieser Sprachen versehen ist, je nachdem, in welchen Teil der Schweiz das Schriftstück zugestellt werden muss (s. nachstehend die Liste der schweizerischen Behörden).

4. Zu Art. 6

Gemäss Artikel 21 Absatz 1 Buchstabe b bezeichnet die Schweiz als Behörde, die das in Artikel 6 vorgesehene Zeugnis ausstellt, das Gericht des zuständigen Kantons oder die kantonale Zentralbehörde.

5. Zu den Art. 8 und 10

Gemäss Artikel 21 Absatz 2 Buchstabe a erklärt die Schweiz, dass sie sich den in den Artikeln 8 und 10 vorgesehenen Übermittlungsverfahren widersetzt.

6. Zu Art. 9

Gemäss Artikel 21 Absatz 1 Buchstabe c bezeichnet die Schweiz als Behörden, die Schriftstücke entgegennehmen, welche nach Artikel 9 des Übereinkommens auf konsularischem Weg übermittelt werden, die kantonalen Zentralbehörden.

Liste der schweizerischen Behörden

(nicht abgedruckt)

Übersetzung[1]

24. Übereinkommen über die Beweisaufnahme im Ausland in Zivil- oder Handelssachen

Abgeschlossen in Den Haag am 18. März 1970
Von der Bundesversammlung genehmigt am 9. Juni 1994[2]
Schweizerische Ratifikationsurkunde hinterlegt am 2. November 1994
Inkrafttreten für die Schweiz am 1. Januar 1995

Die Unterzeichnerstaaten dieses Übereinkommens

in dem Wunsch, die Übermittlung und Erledigung von Rechtshilfeersuchen zu erleichtern sowie die Angleichung der verschiedenen dabei angewandten Verfahrensweisen zu fördern,

in der Absicht, die gegenseitige gerichtliche Zusammenarbeit in Zivil- oder Handelssachen wirksamer zu gestalten,

haben beschlossen, zu diesem Zweck ein Übereinkommen zu schliessen, und haben die folgenden Bestimmungen vereinbart:

Kapitel I: Rechtshilfeersuchen

Art. 1 In Zivil- oder Handelssachen kann die gerichtliche Behörde eines Vertragsstaats nach seinen innerstaatlichen Rechtsvorschriften die zuständige Behörde eines anderen Vertragsstaats ersuchen, eine Beweisaufnahme oder eine andere gerichtliche Handlung vorzunehmen.

Um die Aufnahme von Beweisen, die nicht zur Verwendung in einem bereits anhängigen oder künftigen gerichtlichen Verfahren bestimmt sind, darf nicht ersucht werden.

Der Ausdruck «andere gerichtliche Handlung» umfasst weder die Zustellung gerichtlicher Schriftstücke noch Massnahmen der Sicherung oder der Vollstreckung.

Art. 2 Jeder Vertragsstaat bestimmt eine Zentrale Behörde, die von einer gerichtlichen Behörde eines anderen Vertragsstaats ausgehende Rechtshilfe-

SR 0.274.132; AS 1994 2824, 1995 1085; BBl 1993 III 1261

1 Der französische Originaltext findet sich unter der gleichen Nummer in der entsprechenden Ausgabe dieser Sammlung.

2 Art. 2 Abs. 1 des BB vom 9. Juni 1994 (AS 1994 2807)

ersuchen entgegennimmt und sie der zuständigen Behörde zur Erledigung zuleitet. Jeder Staat richtet die Zentrale Behörde nach Massgabe seines Rechts ein.

Rechtshilfeersuchen werden der Zentralen Behörde des ersuchten Staates ohne Beteiligung einer weiteren Behörde dieses Staates übermittelt.

Art. 3 Ein Rechtshilfeersuchen enthält folgende Angaben:

a) die ersuchende und, soweit bekannt, die ersuchte Behörde;
b) den Namen und die Adresse der Parteien und gegebenenfalls ihrer Vertreter;
c) die Art und den Gegenstand der Rechtssache sowie eine gedrängte Darstellung des Sachverhalts;
d) die Beweisaufnahme oder die andere gerichtliche Handlung, die vorgenommen werden soll.

Das Rechtshilfeersuchen enthält ausserdem je nach Sachlage:

e) den Namen und die Adresse der einzuvernehmenden Personen;
f) die Fragen, welche an die einzuvernehmenden Personen gerichtet werden sollen, oder die Tatsachen, über die sie einvernommen werden sollen;
g) die Urkunden oder die anderen Gegenstände, die geprüft werden sollen;
h) den Antrag, die Einvernahme unter Eid oder Bekräftigung durchzuführen, und gegebenenfalls die dabei zu verwendende Formel;
i) den Antrag, eine besondere Form nach Artikel 9 einzuhalten.

In das Rechtshilfeersuchen werden gegebenenfalls auch die für die Anwendung des Artikels 11 erforderlichen Erläuterungen aufgenommen.

Eine Beglaubigung oder eine ähnliche Förmlichkeit darf nicht verlangt werden.

Art. 4 Das Rechtshilfeersuchen muss in der Sprache der ersuchten Behörde abgefasst oder von einer Übersetzung in diese Sprache begleitet sein.

Jeder Vertragsstaat muss jedoch, sofern er nicht den Vorbehalt nach Artikel 33 gemacht hat, ein Rechtshilfeersuchen entgegennehmen, das in französischer oder englischer Sprache abgefasst oder von einer Übersetzung in eine dieser Sprachen begleitet ist.

Ein Vertragsstaat mit mehreren Amtssprachen, der aus Gründen seines innerstaatlichen Rechts Rechtshilfeersuchen nicht für sein gesamtes Hoheitsgebiet in einer dieser Sprachen entgegennehmen kann, muss durch eine Erklärung die Sprache bekannt geben, in der ein Rechtshilfeersuchen abgefasst oder in die es übersetzt sein muss, je nachdem, in welchem Teil seines Hoheitsgebiets es erledigt werden soll. Wird dieser Erklärung ohne hinreichenden Grund nicht entsprochen, so hat der ersuchende Staat die Kosten einer Übersetzung in die geforderte Sprache zu tragen.

Neben den in den Absätzen 1 bis 3 vorgesehenen Sprachen kann jeder Vertragsstaat durch eine Erklärung eine oder mehrere weitere Sprachen bekannt geben, in denen ein Rechtshilfeersuchen seiner Zentralen Behörde übermittelt werden kann.

Die einem Rechtshilfeersuchen beigefügte Übersetzung muss von einem diplomatischen oder konsularischen Vertreter, von einem beeidigten Übersetzer oder von einer anderen hierzu befugten Person in einem der beiden Staaten beglaubigt sein.

Art. 5 Ist die Zentrale Behörde der Ansicht, dass das Ersuchen nicht dem Übereinkommen entspricht, so unterrichtet sie unverzüglich die Behörde des ersuchenden Staates, die ihr das Rechtshilfeersuchen übermittelt hat, und führt dabei die Einwände gegen das Ersuchen einzeln an.

Art. 6 Ist die ersuchte Behörde nicht zuständig, so wird das Rechtshilfeersuchen von Amtes wegen unverzüglich an die nach den Rechtsvorschriften ihres Staates zuständige Behörde weitergeleitet.

Art. 7 Die ersuchende Behörde wird auf ihr Verlangen von dem Zeitpunkt und dem Ort der vorzunehmenden Handlung benachrichtigt, damit die beteiligten Parteien und gegebenenfalls ihre Vertreter anwesend sein können. Diese Mitteilung wird auf Verlangen der ersuchenden Behörde den Parteien oder ihren Vertretern unmittelbar übersandt.

Art. 8 Jeder Vertragsstaat kann erklären, dass Mitglieder der ersuchenden gerichtlichen Behörde eines anderen Vertragsstaats bei der Erledigung eines Rechtshilfeersuchens anwesend sein können. Hierfür kann die vorherige Genehmigung durch die vom erklärenden Staat bestimmte zuständige Behörde verlangt werden.

Art. 9 Die gerichtliche Behörde verfährt bei der Erledigung eines Rechtshilfeersuchens nach den Formen, die ihr Recht vorsieht.

Jedoch wird dem Antrag der ersuchenden Behörde, nach einer besonderen Form zu verfahren, entsprochen, es sei denn, dass diese Form mit dem Recht des ersuchten Staates unvereinbar oder ihre Einhaltung nach der gerichtlichen Übung im ersuchten Staat oder wegen tatsächlicher Schwierigkeiten unmöglich ist.

Das Rechtshilfeersuchen muss rasch erledigt werden.

Art. 10 Bei der Erledigung des Rechtshilfeersuchens wendet die ersuchte Behörde geeignete Zwangsmassnahmen in den Fällen und in dem Umfang an, wie sie das Recht des ersuchten Staates für die Erledigung eines Ersuchens inländischer Behörden oder eines zum gleichen Zweck gestellten Antrags einer beteiligten Partei vorsieht.

Art. 11 Ein Rechtshilfeersuchen wird nicht erledigt, soweit die Person, die es betrifft, sich auf ein Recht zur Aussageverweigerung oder auf ein Aussageverbot beruft,

a) das nach dem Recht des ersuchten Staates vorgesehen ist oder
b) das nach dem Recht des ersuchenden Staates vorgesehen und im Rechtshilfeersuchen bezeichnet oder erforderlichenfalls auf Verlangen der ersuchten Behörde von der ersuchenden Behörde bestätigt worden ist.

Jeder Vertragsstaat kann erklären, dass er ausserdem Aussageverweigerungsrechte und Aussageverbote, die nach dem Recht anderer Staaten als des ersuchenden oder des ersuchten Staates bestehen, insoweit anerkennt, als dies in der Erklärung angegeben ist.

Art. 12 Die Erledigung eines Rechtshilfeersuchens kann nur insoweit abgelehnt werden, als

a) die Erledigung des Ersuchens im ersuchten Staat nicht in den Bereich der Gerichtsgewalt fällt oder
b) der ersuchte Staat die Erledigung für geeignet hält, seine Hoheitsrechte oder seine Sicherheit zu gefährden.

Die Erledigung darf nicht allein aus dem Grund abgelehnt werden, dass der ersuchte Staat nach seinem Recht die ausschliessliche Zuständigkeit seiner Gerichte für die Sache in Anspruch nimmt oder ein Verfahren nicht kennt, das dem entspricht, für welches das Ersuchen gestellt wird.

Art. 13 Die ersuchte Behörde leitet die Schriftstücke, aus denen sich die Erledigung eines Rechtshilfeersuchens ergibt, der ersuchenden Behörde auf demselben Weg zu, den diese für die Übermittlung des Ersuchens benutzt hat.

Wird das Rechtshilfeersuchen ganz oder teilweise nicht erledigt, so wird dies der ersuchenden Behörde unverzüglich auf demselben Weg unter Angabe der Gründe für die Nichterledigung mitgeteilt.

Art. 14 Für die Erledigung eines Rechtshilfeersuchens darf die Erstattung von Gebühren und Auslagen irgendwelcher Art nicht verlangt werden.

Der ersuchte Staat ist jedoch berechtigt, vom ersuchenden Staat die Erstattung der an Sachverständige und Dolmetscher gezahlten Entschädigungen sowie der Auslagen zu verlangen, die dadurch entstanden sind, dass auf Antrag des ersuchenden Staates nach Artikel 9 Absatz 2 eine besondere Form eingehalten worden ist.

Eine ersuchte Behörde, nach deren Recht die Parteien für die Aufnahme der Beweise zu sorgen haben und die das Rechtshilfeersuchen nicht selbst erledigen kann, darf eine hierzu geeignete Person mit der Erledigung beauftragen, nachdem sie das Einverständnis der ersuchenden Behörde eingeholt hat. Bei der Einholung dieses Einverständnisses gibt die ersuchte Behörde den ungefähren Betrag der Kosten an, die durch diese Art der Erledigung entstehen würden. Durch ihr Einverständnis verpflichtet sich die ersuchende Behörde, die entstehenden Kosten zu erstatten. Fehlt das Einverständnis, so ist die ersuchende Behörde zur Erstattung der Kosten nicht verpflichtet.

Kapitel II: Beweisaufnahme durch diplomatische oder konsularische Vertreter und durch Beauftragte

Art. 15 In Zivil- oder Handelssachen kann ein diplomatischer oder konsularischer Vertreter eines Vertragsstaats im Hoheitsgebiet eines anderen Vertragsstaats und in dem Bezirk, in dem er sein Amt ausübt, ohne Anwendung von Zwang Beweis für ein Verfahren aufnehmen, das vor einem Gericht eines von ihm vertretenen Staates anhängig ist, wenn nur Angehörige desselben Staates betroffen sind.

Jeder Vertragsstaat kann erklären, dass in dieser Art Beweis erst nach Vorliegen einer Genehmigung aufgenommen werden darf, welche die durch den erklärenden Staat bestimmte zuständige Behörde auf einen von dem Vertreter oder in seinem Namen gestellten Antrag erteilt.

Art. 16 Ein diplomatischer oder konsularischer Vertreter eines Vertragsstaats kann ausserdem im Hoheitsgebiet eines anderen Vertragsstaats und in dem Bezirk, in dem er sein Amt ausübt, ohne Anwendung von Zwang Beweis für ein Verfahren aufnehmen, das vor einem Gericht eines von ihm vertretenen Staates anhängig ist, sofern Angehörige des Empfangsstaats oder eines dritten Staates betroffen sind,

a) wenn eine durch den Empfangsstaat bestimmte zuständige Behörde ihre Genehmigung allgemein oder für den Einzelfall erteilt hat und
b) wenn der Vertreter die Auflagen erfüllt, welche die zuständige Behörde in der Genehmigung festgesetzt hat.

Jeder Vertragsstaat kann erklären, dass Beweis nach dieser Bestimmung ohne seine vorherige Genehmigung aufgenommen werden darf.

Art. 17 In Zivil- oder Handelssachen kann jede Person, die zu diesem Zweck ordnungsgemäss zum Beauftragten bestellt worden ist, im Hoheitsgebiet eines Vertragsstaats ohne Anwendung von Zwang Beweis für ein Verfahren aufnehmen, das vor einem Gericht eines anderen Vertragsstaats anhängig ist,

a) wenn eine von dem Staat, in dem Beweis aufgenommen werden soll, bestimmte zuständige Behörde ihre Genehmigung allgemein oder für den Einzelfall erteilt hat und

b) wenn die Person die Auflagen erfüllt, welche die zuständige Behörde in der Genehmigung festgesetzt hat.

Jeder Vertragsstaat kann erklären, dass Beweis nach dieser Bestimmung ohne seine vorherige Genehmigung aufgenommen werden darf.

Art. 18 Jeder Vertragsstaat kann erklären, dass ein diplomatischer oder konsularischer Vertreter oder ein Beauftragter, der befugt ist, nach Artikel 15, 16 oder 17 Beweis aufzunehmen, sich an eine von diesem Staat bestimmte zuständige Behörde wenden kann, um die für diese Beweisaufnahme erforderliche Unterstützung durch Zwangsmassnahmen zu erhalten. In seiner Erklärung kann der Staat die Auflagen festlegen, die er für zweckmässig hält.

Gibt die zuständige Behörde dem Antrag statt, so wendet sie die in ihrem Recht vorgesehenen geeigneten Zwangsmassnahmen an.

Art. 19 Die zuständige Behörde kann, wenn sie die Genehmigung nach Artikel 15, 16 oder 17 erteilt oder dem Antrag nach Artikel 18 stattgibt, von ihr für zweckmässig erachtete Auflagen festsetzen, insbesondere hinsichtlich Zeit und Ort der Beweisaufnahme. Sie kann auch verlangen, dass sie rechtzeitig vorher von Zeitpunkt und Ort benachrichtigt wird; in diesem Fall ist ein Vertreter der Behörde zur Teilnahme an der Beweisaufnahme befugt.

Art. 20 Personen, die von einer in diesem Kapitel vorgesehenen Beweisaufnahme betroffen sind, können einen Rechtsberater beiziehen.

Art. 21 Ist ein diplomatischer oder konsularischer Vertreter oder ein Beauftragter nach Artikel 15, 16 oder 17 befugt, Beweis aufzunehmen,

a) so kann er alle Beweise aufnehmen, soweit dies nicht mit dem Recht des Staates, in dem Beweis aufgenommen werden soll, unvereinbar ist oder der nach den angeführten Artikeln erteilten Genehmigung widerspricht, und unter denselben Bedingungen auch einen Eid abnehmen oder eine Bekräftigung entgegennehmen;
b) so ist jede Vorladung zum Erscheinen oder zur Mitwirkung an einer Beweisaufnahme in der Sprache des Ortes der Beweisaufnahme abzufassen oder eine Übersetzung in diese Sprache beizufügen, es sei denn, dass die durch die Beweisaufnahme betroffene Person dem Staat angehört, in dem das Verfahren anhängig ist;
c) so ist in der Vorladung anzugeben, dass die Person einen Rechtsberater beiziehen kann, sowie in einem Staat, der nicht die Erklärung nach Artikel 18 abgegeben hat, dass sie nicht verpflichtet ist, zu erscheinen oder sonst an der Beweisaufnahme mitzuwirken;
d) so können die Beweise in einer der Formen aufgenommen werden, die das Recht des Gerichts vorsieht, vor dem das Verfahren anhängig ist, es sei denn, dass das Recht des Staates, in dem Beweis aufgenommen wird, diese Form verbietet;

e) so kann sich die von der Beweisaufnahme betroffene Person auf die in Artikel 11 vorgesehenen Rechte zur Aussageverweigerung oder Aussageverbote berufen.

Art. 22 Dass ein Beweis wegen der Weigerung einer Person mitzuwirken, nicht nach diesem Kapitel aufgenommen werden konnte, schliesst ein späteres Rechtshilfeersuchen nach Kapitel I mit demselben Gegenstand nicht aus.

Kapitel III: Allgemeine Bestimmungen

Art. 23 Jeder Vertragsstaat kann bei der Unterzeichnung, bei der Ratifikation oder beim Beitritt erklären, dass er Rechtshilfeersuchen nicht erledigt, die ein Verfahren zum Gegenstand haben, das in den Ländern des «Common Law» unter der Bezeichnung «pre-trial discovery of documents» bekannt ist.

Art. 24 Jeder Vertragsstaat kann ausser der Zentralen Behörde weitere Behörden bestimmen, deren Zuständigkeit er festlegt. Rechtshilfeersuchen können jedoch stets der Zentralen Behörde übermittelt werden.

Bundesstaaten steht es frei, mehrere Zentrale Behörden zu bestimmen.

Art. 25 Jeder Vertragsstaat, in dem mehrere Rechtssysteme bestehen, kann bestimmen, dass die Behörden eines dieser Systeme für die Erledigung von Rechtshilfeersuchen nach diesem Übereinkommen ausschliesslich zuständig sind.

Art. 26 Jeder Vertragsstaat kann, wenn sein Verfassungsrecht dies gebietet, vom ersuchenden Staat die Erstattung der Kosten verlangen, die bei der Erledigung eines Rechtshilfeersuchens durch die Zustellung der Vorladung, die Entschädigung der einvernommenen Person und die Anfertigung eines Protokolls über die Beweisaufnahme entstehen.

Hat ein Staat von den Bestimmungen des Absatzes 1 Gebrauch gemacht, so kann jeder andere Vertragsstaat von diesem Staat die Erstattung der entsprechenden Kosten verlangen.

Art. 27 Dieses Übereinkommen hindert einen Vertragsstaat nicht,

a) zu erklären, dass Rechtshilfeersuchen seinen gerichtlichen Behörden auch auf anderen als den in Artikel 2 vorgesehenen Wegen übermittelt werden können;
b) nach seinem innerstaatlichen Recht oder seiner innerstaatlichen Übung zuzulassen, dass Handlungen, auf die dieses Übereinkommen anwendbar ist, unter weniger einschränkenden Bedingungen vorgenommen werden;

c) nach seinem innerstaatlichen Recht oder seiner innerstaatlichen Übung andere als die in diesem Übereinkommen vorgesehenen Verfahren der Beweisaufnahme zuzulassen.

Art. 28 Dieses Übereinkommen schliesst nicht aus, dass Vertragsstaaten vereinbaren, von folgenden Bestimmungen abzuweichen:

a) Artikel 2 in Bezug auf den Übermittlungsweg für Rechtshilfeersuchen;
b) Artikel 4 in Bezug auf die Verwendung von Sprachen;
c) Artikel 8 in Bezug auf die Anwesenheit von Mitgliedern der gerichtlichen Behörde bei der Erledigung von Rechtshilfeersuchen;
d) Artikel 11 in Bezug auf die Aussageverweigerungsrechte und Aussageverbote;
e) Artikel 13 in Bezug auf die Übermittlung von Erledigungsstücken;
f) Artikel 14 in Bezug auf die Regelung der Kosten;
g) den Bestimmungen des Kapitels II.

Art. 29 Dieses Übereinkommen tritt zwischen den Staaten, die es ratifiziert haben, an die Stelle der Artikel 8–16 der am 17. Juli 1905[3] und am 1. März 1954[4] in Den Haag unterzeichneten Übereinkünfte betreffend Zivilprozessrecht, soweit diese Staaten Vertragsparteien jener Übereinkünfte sind.

Art. 30 Dieses Übereinkommen berührt weder die Anwendung des Artikels 23 der Übereinkunft von 1905 noch die Anwendung des Artikels 24 der Übereinkunft von 1954.

Art. 31 Zusatzvereinbarungen zu den Übereinkünften von 1905 und 1954, die Vertragsstaaten geschlossen haben, sind auch auf das vorliegende Übereinkommen anzuwenden, es sei denn, dass die beteiligten Staaten etwas anderes vereinbaren.

Art. 32 Unbeschadet der Artikel 29 und 31 berührt dieses Übereinkommen nicht die Übereinkommen, denen die Vertragsstaaten angehören oder angehören werden und die Bestimmungen über Rechtsgebiete enthalten, die durch dieses Übereinkommen geregelt sind.

Art. 33 Jeder Staat kann bei der Unterzeichnung, der Ratifikation oder dem Beitritt die Anwendung des Artikels 4 Absatz 2 sowie des Kapitels II ganz oder teilweise ausschliessen. Ein anderer Vorbehalt ist nicht zulässig.

Jeder Vertragsstaat kann einen Vorbehalt, den er gemacht hat, jederzeit zurücknehmen; der Vorbehalt wird am sechzigsten Tag nach der Notifikation der Rücknahme unwirksam.

3 [BS 12 277. AS 2009 7101]
4 SR 0.274.12

Hat ein Staat einen Vorbehalt gemacht, so kann jeder andere Staat, der davon berührt wird, die gleiche Regelung gegenüber dem Staat anwenden, der den Vorbehalt gemacht hat.

Art. 34 Jeder Staat kann eine Erklärung jederzeit zurücknehmen oder ändern.

Art. 35–42

(nicht abgedruckt)

Vertragsstaaten: Albanien, Argentinien, Armenien, Australien, Barbados, Belarus, Bosnien und Herzegowina, Brasilien, Bulgarien, China, China-Hongkong, China-Macau, Costa Rica, Dänemark, Deutschland, Estland, Finnland, Frankreich, Griechenland, Indien, Island, Israel, Italien, Kolumbien, Korea (Süd-), Kroatien, Kuwait, Lettland, Liechtenstein, Litauen, Luxemburg, Marokko, Mexico, Monaco, Montenegro, Niederlande, Norwegen, Polen, Portugal, Rumänien, Russland, Schweden, Schweiz, Serbien, Seychellen, Singapur, Slowakei, Slowenien, Spanien, Sri Lanka, Südafrika, Tschechische Republik, Türkei, Ukraine, Ungarn, Venezuela, Vereinigte Staaten von Amerika, Vereinigtes Königreich, Zypern.

Schweiz

1. Zu Art. 1

Bezug nehmend auf Artikel 1 erachtet die Schweiz das Übereinkommen unter den Vertragsstaaten als ausschliesslich anwendbar. Überdies ist sie Bezug nehmend auf die Schlussfolgerungen der Haager Sonderkommission vom April 1989 der Ansicht, dass, ungeachtet der Auffassung der Vertragsstaaten über den ausschliesslichen Charakter des Übereinkommens, bei Ersuchen um Beweisaufnahme im Ausland den vom Übereinkommen vorgesehenen Verfahren der Vorzug zu geben ist.

2. Zu den Art. 2 und 24

Gemäss Artikel 35 Absatz 1 bezeichnet die Schweiz als Zentralbehörden im Sinne von Artikel 2 und 24 des Übereinkommens die nachstehend genannten kantonalen Behörden. Ersuchen und Beweisaufnahme oder Vornahme einer anderen gerichtlichen Handlung werden nebst den genannten Zentralbehörden auch vom Eidgenössischen Justiz- und Polizeidepartement in Bern entgegengenommen und an die im Einzelfall zuständigen Zentralbehörden weitergeleitet.

3. Zu Art. 4 Abs. 2 und 3

Gemäss den Artikeln 33 und 35 erklärt die Schweiz, was Artikel 4 Absätze 2 und 3 betrifft, dass die Rechtshilfeersuchen und deren Beilagen in der Sprache der ersuchten Behörde, d. h. auf deutsch, französisch oder italienisch abgefasst oder mit einer Übersetzung in eine dieser Sprachen versehen sein müssen, je nachdem, in welchem Teil der Schweiz die Ersuchen zu erledigen sind. Die Erledigungsbestätigung wird in der Sprache der ersuchten Behörde abgefasst (s. nachstehende Liste der schweizerischen Behörden).

4. Zu Art. 8

Gemäss Artikel 35 Absatz 2 erklärt die Schweiz, was Artikel 8 betrifft, dass Mitglieder der ersuchenden gerichtlichen Behörde, die am Verfahren eines Vertragsstaates beteiligt sind, bei der Erledigung des Rechtshilfeersuchens anwesend sein können, sofern sie die vorherige Genehmigung der mit der Erledigung betrauten Behörde erhalten haben.

5. Zu den Art. 15, 16 und 17

Gemäss Artikel 35 erklärt die Schweiz, dass die Beweisaufnahme im Sinne der Artikel 15, 16 und 17 eine vorherige Genehmigung voraussetzt, die vom Eidgenössischen Justiz- und Polizeidepartement erteilt wird. Das Gesuch ist an die Zentralbehörde desjenigen Kantons zu richten, in dem die Beweisaufnahme stattfinden soll.

6. Zu Art. 23

Gemäss Artikel 23 erklärt die Schweiz, dass Rechtshilfeersuchen, die ein «pretrial discovery of documents»-Verfahren zum Gegenstand haben, abgelehnt werden, wenn:

a) das Ersuchen keine direkte und notwendige Beziehung mit dem zugrunde liegenden Verfahren aufweist; oder
b) von einer Person verlangt wird, sie solle angeben, welche den Rechtsstreit betreffenden Urkunden sich in ihrem Besitz, ihrem Gewahrsam oder ihrer Verfügungsgewalt befinden oder befunden haben; oder
c) von einer Person verlangt wird, sie solle auch andere als die im Rechtshilfebegehren spezifizierten Urkunden vorlegen, die sich vermutlich in ihrem Besitz, ihrem Gewahrsam oder ihrer Verfügungsgewalt befinden; oder
d) schutzwürdige Interessen der Betroffenen gefährdet sind.

Liste der schweizerischen Behörden

(nicht abgedruckt)

Übersetzung[1]

25. Übereinkommen über den internationalen Zugang zur Rechtspflege

Abgeschlossen in Den Haag am 25. Oktober 1980
Von der Bundesversammlung genehmigt am 9. Juni 1994[2]
Schweizerische Ratifikationsurkunde hinterlegt am 28. Oktober 1994
Inkrafttreten für die Schweiz am 1. Januar 1995

Die Unterzeichnerstaaten dieses Übereinkommens,

in dem Wunsch, den internationalen Zugang zur Rechtspflege zu erleichtern,

haben beschlossen, zu diesem Zweck ein Übereinkommen zu schliessen, und haben die folgenden Bestimmungen vereinbart:

Kapitel I: Unentgeltliche Rechtspflege

Art. 1 Angehörige eines Vertragsstaats und Personen, die ihren gewöhnlichen Aufenthalt in einem Vertragsstaat haben, werden zur unentgeltlichen Rechtspflege in Zivil- und Handelssachen in jedem Vertragsstaat unter denselben Voraussetzungen zugelassen wie Angehörige dieses Staates, die dort ihren gewöhnlichen Aufenthalt haben.

Personen, auf die Absatz 1 keine Anwendung findet, die jedoch früher ihren gewöhnlichen Aufenthalt in einem Vertragsstaat hatten, in dem ein gerichtliches Verfahren anhängig ist oder anhängig gemacht werden soll, werden gleichwohl unter den in Absatz 1 vorgesehenen Voraussetzungen zur unentgeltlichen Rechtspflege zugelassen, wenn der geltend gemachte Anspruch mit dem früheren gewöhnlichen Aufenthalt in diesem Staat in Zusammenhang steht.

In Staaten, in denen die unentgeltliche Rechtspflege in verwaltungs-, sozial- oder steuerrechtlichen Verfahren gewährt wird, findet dieser Artikel auf Angelegenheiten Anwendung, die vor die hierfür zuständigen Gerichte gebracht werden.

SR 0.274.133; AS 1994 2835, 1995 962; BBl 1993 III 1261

1 Der französische Originaltext findet sich unter der gleichen Nummer in der entsprechenden Ausgabe dieser Sammlung

2 Art. 3 Abs. 1 des BB vom 9. Juni 1994 (AS 1994 2807).

Art. 2 Artikel 1 findet auf die unentgeltliche Rechtsberatung Anwendung, wenn sich der Antragsteller in dem Staat aufhält, in dem sie beantragt wird.

Art. 3 Jeder Vertragsstaat bestimmt eine zentrale Behörde, welche die ihr nach diesem Übereinkommen übermittelten Anträge auf Bewilligung der unentgeltlichen Rechtspflege entgegennimmt und das Weitere veranlasst.

Bundesstaaten und Staaten mit mehreren Rechtssystemen steht es frei, mehrere zentrale Behörden zu bestimmen. Ist die zentrale Behörde, der ein Antrag unterbreitet wird, nicht zuständig, so leitet sie ihn an die zuständige zentrale Behörde in demselben Vertragsstaat weiter.

Art. 4 Jeder Vertragsstaat bestimmt eine oder mehrere Übermittlungsbehörden, welche die Anträge auf Bewilligung der unentgeltlichen Rechtspflege an die im ersuchten Staat zuständige zentrale Behörde weiterleiten.

Die Anträge auf Bewilligung der unentgeltlichen Rechtspflege werden ohne Beteiligung einer weiteren Behörde unter Verwendung des diesem Übereinkommen beigefügten Musters übermittelt.

Jedem Vertragsstaat steht es frei, einen Antrag auf diplomatischem Weg zu übermitteln.

Art. 5 Befindet sich die Person, die unentgeltliche Rechtspflege begehrt, nicht im ersuchten Staat, so kann sie ihren Antrag einer Übermittlungsbehörde des Vertragsstaats vorlegen, in dem sie ihren gewöhnlichen Aufenthalt hat; alle sonstigen Übermittlungswege, die ihr zur Einreichung des Antrags bei der zuständigen Behörde des ersuchten Staates offen stehen, bleiben unberührt.

Der Antrag ist nach dem Muster zu stellen, das diesem Übereinkommen beigefügt ist. Ihm sind alle notwendigen Schriftstücke beizufügen; dem ersuchten Staat bleibt vorbehalten, erforderlichenfalls ergänzende Angaben oder Schriftstücke zu verlangen.

Jeder Vertragsstaat kann erklären, dass seine zentrale Empfangsbehörde auch Anträge entgegennimmt, die ihr auf anderem Weg oder in anderer Weise übermittelt werden.

Art. 6 Die Übermittlungsbehörde ist dem Antragsteller behilflich, um sicherzustellen, dass der Antrag alle Schriftstücke und Angaben umfasst, die nach Kenntnis dieser Behörde für seine Beurteilung notwendig sind. Sie prüft, ob die Formerfordernisse erfüllt sind.

Die Übermittlungsbehörde kann die Weiterleitung des Antrags ablehnen, falls sie ihn für offensichtlich unbegründet hält.

Sie ist dem Antragsteller gegebenenfalls beim Beschaffen einer kostenlosen Übersetzung der Schriftstücke behilflich.

Sie beantwortet Anfragen, mit denen die zentrale Empfangsbehörde des ersuchten Staates ergänzende Angaben verlangt.

Art. 7 Die Anträge auf Bewilligung der unentgeltlichen Rechtspflege, die hierfür beizubringenden Schriftstücke sowie die Mitteilungen auf Anfragen, mit denen ergänzende Angaben verlangt werden, müssen in der Amtssprache oder einer der Amtssprachen des ersuchten Staates abgefasst oder von einer Übersetzung in eine dieser Sprachen begleitet sein.

Ist jedoch im ersuchenden Staat eine Übersetzung in die Sprache des ersuchten Staates nur schwer erhältlich, so nimmt dieser Staat Schriftstücke entgegen, die in französischer oder englischer Sprache abgefasst sind oder von einer Übersetzung in eine dieser Sprachen begleitet sind.

Mitteilungen, die von der zentralen Empfangsbehörde ausgehen, können in der Amtssprache oder einer der Amtssprachen des ersuchten Staates oder in Englisch oder Französisch abgefasst sein. Ist jedoch der von der Übermittlungsbehörde übersandte Antrag in Französisch oder Englisch abgefasst oder von einer Übersetzung in eine dieser Sprachen begleitet, so werden die Mitteilungen der zentralen Empfangsbehörde ebenfalls in einer dieser Sprachen abgefasst.

Übersetzungskosten, die durch die Anwendung der Absätze 1 bis 3 entstehen, werden vom ersuchenden Staat getragen. Kosten für Übersetzungen, die gegebenenfalls im ersuchten Staat erstellt werden, werden von diesem Staat getragen.

Art. 8 Die zentrale Empfangsbehörde entscheidet über den Antrag auf unentgeltliche Rechtspflege oder veranlasst das Erforderliche, damit die zuständige Behörde des ersuchten Staates über den Antrag entscheiden kann.

Sie leitet Anfragen, mit denen ergänzende Angaben verlangt werden, an die Übermittlungsbehörde weiter und unterrichtet diese über Schwierigkeiten bei der Prüfung des Antrags sowie über die getroffene Entscheidung.

Art. 9 Hat die Person, die unentgeltliche Rechtspflege begehrt, ihren Aufenthalt nicht in einem Vertragsstaat, so kann sie den Antrag auf dem konsularischen Weg einreichen; alle sonstigen Übermittlungswege, die ihr zur Einreichung des Antrags bei der zuständigen Behörde des ersuchten Staates offen stehen, bleiben unberührt.

Jeder Vertragsstaat kann erklären, dass seine zentrale Empfangsbehörde auch Anträge entgegennimmt, die ihr auf anderem Weg oder in anderer Weise übermittelt werden.

Art. 10 Alle nach diesem Kapitel übermittelten Schriftstücke sind von der Beglaubigung oder jeder ähnlichen Förmlichkeit befreit.

Art. 11 Die Übermittlung und die Entgegennahme von Anträgen auf Bewilligung der unentgeltlichen Rechtspflege sowie die Entscheidungen über solche Anträge nach diesem Kapitel sind kostenfrei.

Art. 12 Die Anträge auf Bewilligung der unentgeltlichen Rechtspflege sind mit der gebotenen Eile zu bearbeiten.

Art. 13 Ist einer Person unentgeltliche Rechtspflege nach Artikel 1 bewilligt worden, so sind für Zustellungen jeglicher Art, die sich auf das Verfahren dieser Person beziehen und die in einem anderen Vertragsstaat zu bewirken sind, keine Kosten zu erstatten. Das gleiche gilt für Rechtshilfeersuchen und Sozialberichte mit Ausnahme der Entschädigungen, die an Sachverständige und Dolmetscher gezahlt werden.

Ist einer Person nach Artikel 1 in einem Vertragsstaat unentgeltliche Rechtspflege für ein Verfahren bewilligt worden und ist in diesem Verfahren eine Entscheidung ergangen, so erhält diese Person ohne weitere Prüfung der Umstände die unentgeltliche Rechtspflege auch in jedem anderen Vertragsstaat, in dem sie die Anerkennung oder Vollstreckung dieser Entscheidung begehrt.

Kapitel II: Sicherheitsleistung für die Prozesskosten und Vollstreckbarerklärung von Kostenentscheidungen

Art. 14 Treten natürliche oder juristische Personen, die ihren gewöhnlichen Aufenthalt in einem Vertragsstaat haben, vor den Gerichten eines anderen Vertragsstaats als Kläger oder Intervenienten auf, so darf ihnen allein wegen ihrer Eigenschaft als Ausländer oder wegen des Fehlens eines Wohnsitzes oder Aufenthalts in dem Staat, in dem die Klage erhoben wird, eine Sicherheitsleistung oder Hinterlegung, gleich welcher Bezeichnung, nicht auferlegt werden.

Absatz 1 gilt auch für Vorschüsse, die von den Klägern oder Intervenienten zur Deckung der Gerichtskosten einzufordern wären.

Art. 15 War eine Person nach Artikel 14 oder nach den im Staat der Klageerhebung geltenden Rechtsvorschriften von der Sicherheitsleistung, der Hinterlegung oder der Vorschusspflicht befreit, so wird eine Entscheidung über die Kosten des Verfahrens, die in einem Vertragsstaat gegen sie ergangen ist, auf Antrag des Gläubigers in jedem anderen Vertragsstaat kostenfrei für vollstreckbar erklärt.

Art. 16 Jeder Vertragsstaat bestimmt eine oder mehrere Übermittlungsbehörden, welche die in Artikel 15 bezeichneten Anträge auf Vollstreckbarerklärung an die zuständige zentrale Behörde im ersuchten Staat weiterleiten.

Jeder Vertragsstaat bestimmt eine zentrale Behörde, welche die Anträge entgegennimmt und die geeigneten Massnahmen trifft, um eine endgültige Entscheidung über die Anträge herbeizuführen.

Bundesstaaten und Staaten mit mehreren Rechtssystemen steht es frei, mehrere zentrale Behörden zu bestimmen. Ist die zentrale Behörde, der ein Antrag unterbreitet wird, nicht zuständig, so leitet sie ihn an die zuständige zentrale Behörde im ersuchten Staat weiter.

Die Anträge werden ohne Beteiligung einer weiteren Behörde übermittelt. Jedem Vertragsstaat steht es jedoch frei, hierfür den diplomatischen Weg zu benutzen.

Die vorstehenden Bestimmungen schliessen nicht aus, dass der Antrag auf Vollstreckbarerklärung vom Gläubiger unmittelbar gestellt wird, es sei denn, der ersuchte Staat hat erklärt, solche Anträge nicht entgegenzunehmen.

Art. 17 Dem Antrag auf Vollstreckbarerklärung sind beizufügen

a) eine Ausfertigung desjenigen Teiles der Entscheidung, aus dem die Namen der Parteien und ihre Stellung im Verfahren hervorgehen, sowie der Kostenentscheidung;
b) jede Urkunde, die zum Nachweis dafür geeignet ist, dass gegen die Entscheidung im Ursprungsstaat kein ordentliches Rechtsmittel mehr eingelegt werden kann und dass sie dort vollstreckbar ist;
c) eine beglaubigte Übersetzung dieser Urkunden in die Sprache des ersuchten Staates, sofern sie nicht in dieser Sprache abgefasst sind.

Die zuständige Behörde im ersuchten Staat entscheidet über die Anträge auf Vollstreckbarerklärung, ohne die Parteien anzuhören. Sie beschränkt sich darauf zu prüfen, ob die erforderlichen Schriftstücke vorgelegt worden sind. Auf Ersuchen des Antragstellers bestimmt sie die Höhe der Kosten von Bescheinigungen, Übersetzungen und Beglaubigungen; sie gelten als Kosten des Rechtsstreits. Eine Beglaubigung oder eine ähnliche Förmlichkeit darf nicht verlangt werden.

Die Parteien können gegen die Entscheidung der zuständigen Behörde nur die nach dem Recht des ersuchten Staates zulässigen Rechtsmittel einlegen.

Kapitel III: Registerauszüge und Abschriften gerichtlicher Entscheidungen

Art. 18 In Zivil- oder Handelssachen können Angehörige eines Vertragsstaats und Personen, die ihren gewöhnlichen Aufenthalt in einem Vertragsstaat haben, in jedem anderen Vertragsstaat unter den gleichen Voraussetzungen wie dessen Staatsangehörige Auszüge aus öffentlichen Registern und Abschriften von gerichtlichen Entscheidungen erhalten und sie, falls erforderlich, beglaubigen lassen.

Kapitel IV: Personalhaft und freies Geleit

Art. 19 In Zivil- oder Handelssachen darf die Personalhaft als Mittel der Zwangsvollstreckung oder auch nur als Sicherungsmassnahme gegen Angehörige eines Vertragsstaats oder gegen Personen, die ihren gewöhnlichen Aufenthalt in einem Vertragsstaat haben, nur in Fällen angewendet werden, in denen sie auch gegen eigene Staatsangehörige anwendbar wäre. Eine Tatsache, derentwegen ein sich gewöhnlich im Inland aufhaltender eigener Staatsangehöriger die Aufhebung der Personalhaft beantragen könnte, kann von Personen, die Angehörige eines anderen Vertragsstaats sind oder die ihren gewöhnlichen Aufenthalt in einem Vertragsstaat haben, mit derselben Wirkung geltend gemacht werden, selbst wenn die Tatsache im Ausland eingetreten ist.

Art. 20 Wird ein Zeuge oder Sachverständiger, der Angehöriger eines Vertragsstaats ist oder der seinen gewöhnlichen Aufenthalt in einem Vertragsstaat hat, von einem Gericht eines anderen Vertragsstaats oder von einer Partei mit Genehmigung dieses Gerichts wegen eines dort anhängigen Verfahrens namentlich vorgeladen, so darf er wegen Handlungen oder Verurteilungen aus der Zeit vor seiner Einreise in den ersuchenden Staat dort weder verfolgt noch in Haft gehalten noch einer sonstigen Beschränkung seiner persönlichen Freiheit unterworfen werden.

Der in Absatz 1 vorgesehene Schutz beginnt sieben Tage vor dem für die Vernehmung des Zeugen oder Sachverständigen festgesetzten Zeitpunkt; er endet nach Ablauf von sieben Tagen, nachdem der Zeuge oder Sachverständige durch die Justizbehörden davon unterrichtet wurde, dass seine Anwesenheit nicht mehr erforderlich ist, vorausgesetzt, dass er während der genannten Frist die Möglichkeit hatte, das Hoheitsgebiet zu verlassen, er aber dort geblieben oder nach Verlassen dieses Gebiets freiwillig dorthin zurückgekehrt ist.

Kapitel V: Allgemeine Bestimmungen

Art. 21 Unter Vorbehalt des Artikels 22 ist dieses Übereinkommen nicht so auszulegen, als schränke es in Bezug auf Angelegenheiten, die durch das Übereinkommen geregelt sind, die Rechte einer Person ein, die ihr nach den Gesetzen eines Vertragsstaats oder nach einer anderen Übereinkunft zustehen, deren Vertragspartei dieser Staat ist oder wird.

Art. 22 Dieses Übereinkommen ersetzt zwischen den Staaten, die es ratifiziert haben, die Artikel 17–24 der am 17. Juli 1905[3] in Den Haag unterzeichneten beziehungsweise die Artikel 17–26 der am 1. März 1954[4] in Den Haag unterzeichneten Übereinkunft betreffend Zivilprozessrecht, soweit diese Staaten Vertragsparteien einer dieser Übereinkünfte sind, und zwar auch dann, wenn ein Vorbehalt nach Artikel 28 Absatz 2 Buchstabe c angebracht wird.

Art. 23 Zusatzvereinbarungen zu den Übereinkünften von 1905 und 1954, die zwischen Vertragsstaaten geschlossen wurden, sind auch auf das vorliegende Übereinkommen anzuwenden, soweit sie mit diesem vereinbar sind, es sei denn, dass die beteiligten Staaten sich auf etwas anderes einigen.

Art. 24 Jeder Vertragsstaat kann durch eine Erklärung eine oder mehrere andere als die in den Artikeln 7 und 17 vorgesehenen Sprachen bezeichnen, die für die Abfassung oder die Übersetzung der an seine zentrale Behörde gerichteten Schriftstücke verwendet werden können.

Art. 25 Ein Vertragsstaat mit mehreren Amtssprachen, der aus Gründen seines innerstaatlichen Rechts die in den Artikeln 7 und 17 genannten Schriftstücke nicht für sein gesamtes Hoheitsgebiet in einer dieser Sprachen entgegennehmen kann, bezeichnet durch eine Erklärung die Sprache, die für die Abfassung oder die Übersetzung der Schriftstücke zur Vorlage in bestimmten Teilen seines Hoheitsgebiets verwendet werden muss.

Art. 26 Ein Vertragsstaat, der aus zwei oder mehr Gebietseinheiten besteht, in denen für die in diesem Übereinkommen behandelten Angelegenheiten unterschiedliche Rechtssysteme gelten, kann bei der Unterzeichnung, der Ratifikation, der Annahme, der Genehmigung oder dem Beitritt erklären, dass das Übereinkommen auf alle seine Gebietseinheiten oder nur auf eine oder mehrere davon erstreckt wird; er kann diese Erklärung durch Abgabe einer neuen Erklärung jederzeit ändern.

Jede derartige Erklärung wird dem Ministerium für Auswärtige Angelegenheiten des Königreichs der Niederlande unter ausdrücklicher Bezeichnung der Gebietseinheiten notifiziert, auf die das Übereinkommen angewendet wird.

Art. 27 Hat ein Vertragsstaat eine Staatsform, aufgrund derer die vollziehende, die rechtsprechende und die gesetzgebende Gewalt zwischen zentralen und anderen Organen innerhalb des betreffenden Staates aufgeteilt sind, so hat die Unterzeichnung oder Ratifikation, Annahme oder Genehmigung dieses Übereinkommens oder der Beitritt zu dem Übereinkommen oder die Abgabe einer Erklärung nach Artikel 26 keinen Einfluss auf die Aufteilung der Gewalt innerhalb dieses Staates.

---

3 [BS 12 277. AS 2009 7101]
4 SR 0.274.12

Art. 28 Jeder Vertragsstaat kann sich bei der Unterzeichnung, der Ratifikation, der Annahme, der Genehmigung oder dem Beitritt das Recht vorbehalten, Artikel 1 nicht auf Personen anzuwenden, die, ohne Angehörige eines Vertragsstaats zu sein, ihren gewöhnlichen Aufenthalt in einem anderen als dem den Vorbehalt anbringenden Vertragsstaat haben oder früher dort hatten; dies gilt jedoch nur, wenn zwischen dem den Vorbehalt anbringenden Staat und dem Staat, dessen Angehöriger die unentgeltliche Rechtspflege beantragt, keine Gegenseitigkeit besteht.

Jeder Vertragsstaat kann sich bei der Unterzeichnung, der Ratifikation, der Annahme, der Genehmigung oder dem Beitritt das Recht vorbehalten, folgendes auszuschliessen:

a) die Verwendung des Englischen oder Französischen oder beider Sprachen nach Artikel 7 Absatz 2;
b) die Anwendung des Artikels 13 Absatz 2;
c) die Anwendung des Kapitels II;
d) die Anwendung des Artikels 20.

Hat ein Staat

e) durch einen Vorbehalt nach Absatz 2 Buchstabe a die Verwendung sowohl der englischen als auch der französischen Sprache ausgeschlossen, so kann jeder andere von dem Vorbehalt betroffene Staat gegenüber dem den Vorbehalt anbringenden Staat entsprechend verfahren;
f) einen Vorbehalt nach Absatz 2 Buchstabe b angebracht, so kann es jeder andere Staat ablehnen, Artikel 13 Absatz 2 auf Personen anzuwenden, die Angehörige des den Vorbehalt anbringenden Staates sind oder dort ihren gewöhnlichen Aufenthalt haben;
g) einen Vorbehalt nach Absatz 2 Buchstabe c angebracht, so kann es jeder andere Staat ablehnen, Kapitel II auf Personen anzuwenden, die Angehörige des den Vorbehalt anbringenden Staates sind oder dort ihren gewöhnlichen Aufenthalt haben.

Weitere Vorbehalte sind nicht zulässig.

Jeder Vertragsstaat kann einen von ihm angebrachten Vorbehalt jederzeit zurücknehmen. Die Rücknahme wird dem Ministerium für Auswärtige Angelegenheiten des Königreichs der Niederlande notifiziert. Die Wirkung des Vorbehalts endet am ersten Tag des dritten Kalendermonats nach dieser Notifikation.

Art. 29 Jeder Vertragsstaat teilt dem Ministerium für Auswärtige Angelegenheiten des Königreichs der Niederlande bei der Hinterlegung seiner Ratifikations-, Annahme-, Genehmigungs- oder Beitrittsurkunde oder zu einem späteren Zeitpunkt die in den Artikeln 3, 4 und 16 vorgesehenen Behörden mit.

Er teilt gegebenenfalls auf gleiche Weise folgendes mit:

a) die Erklärungen nach den Artikeln 5, 9, 16, 24, 25, 26 und 33;
b) jede Rücknahme oder Änderung der vorstehend erwähnten Behördenbezeichnungen und Erklärungen;
c) jede Rücknahme eines Vorbehalts.

Art. 30 Die diesem Übereinkommen beigefügten Muster können durch Beschluss einer Spezialkommission geändert werden, die vom Generalsekretär der Haager Konferenz einberufen wird und zu der alle Vertragsstaaten und alle Mitgliedstaaten dieser Konferenz eingeladen werden. Der Vorschlag, die Muster zu ändern, wird auf die der Einberufung beigefügte Tagesordnung gesetzt.

Änderungen werden von der Spezialkommission mit der Mehrheit der anwesenden und abstimmenden Vertragsstaaten angenommen; sie treten für alle Vertragsstaaten am ersten Tag des siebenten Monats in Kraft, der auf den Tag folgt, an dem der Generalsekretär die Änderungen allen Vertragsstaaten mitgeteilt hat.

Während der in Absatz 2 vorgesehenen Frist kann jeder Vertragsstaat durch eine an das Ministerium für Auswärtige Angelegenheiten des Königreichs der Niederlande gerichtete schriftliche Notifikation einen Vorbehalt zu der betreffenden Änderung anbringen. Ein Staat, der einen solchen Vorbehalt angebracht hat, wird bezüglich dieser Änderung bis zur Rücknahme des Vorbehalts wie ein Staat behandelt, der nicht Vertragspartei des Übereinkommens ist.

Kapitel VI: Schlussbestimmungen

Art. 31–36

(nicht abgedruckt)

Anhang zu dem Übereinkommen
(nicht abgedruckt)

Vertragsstaaten: Albanien, Belarus, Bosnien und Herzegowina, Brasilien, Bulgarien, Costa Rica, Estland, Finnland, Frankreich, Kasachstan, Kroatien, Lettland, Litauen, Luxemburg, Malta, Mazedonien, Montenegro, Niederlande, Polen, Rumänien, Schweden, Schweiz, Serbien, Slowakei, Slowenien, Spanien, Tschechische Republik, Zypern.

Schweiz

1. Zu den Art. 3 und 16

Gemäss Artikel 29 Absatz 1 bezeichnet die Schweiz als Zentralbehörden im Sinne der Artikel 3 und 16 des Übereinkommens die nachstehend genannten kantonalen Behörden. Aus dem Ausland stammende Gesuche um Erteilung der unentgeltlichen Prozessführung oder Anträge auf Vollstreckbarerklärungen von Kostenentscheiden werden nebst den genannten Zentralbehörden auch vom Eidgenössischen Justiz- und Polizeidepartement in Bern entgegengenommen und an die im Einzelfall zuständigen Zentralbehörden weitergeleitet.

Sofern die unentgeltliche Prozessführung oder die zu vollstreckenden Kostenentscheide Verfahren betreffen, die aufgrund der innerstaatlichen Kompetenzordnung oder aufgrund des innerstaatlichen Instanzenzuges vor Behörden des Bundes stattzufinden haben, leitet das Eidgenössische Justiz- und Polizeidepartement die entsprechenden Gesuche an die zuständigen Bundesbehörden weiter. Werden solche Verfahren betreffende Gesuche bei den kantonalen Zentralbehörden eingereicht, leiten sie diese von Amtes wegen an das Eidgenössische Justiz- und Polizeidepartement weiter.

2. Zu den Art. 4 und 16

Gemäss Artikel 29 Absatz 1 erklärt die Schweiz, dass die unter Artikel 3 bezeichneten Behörden auch die Aufgaben der Übermittlungsbehörden im Sinne der Artikel 4 Absatz 1 und 16 Absatz 1 wahrnehmen.

3. Zu den Art. 5 und 9

Gemäss Artikel 29 Absatz 2 erklärt die Schweiz zu den Artikeln 5 und 9, dass die zentralen Empfangsbehörden in der Schweiz auch Gesuche entgegennehmen, die ihr unmittelbar durch die Post oder durch Vermittlung einer diplomatischen oder konsularischen Vertretung übermittelt werden.

4. Zu Art. 7 Abs. 2, Art. 24 und 25

Gemäss Artikel 28 und 29 erklärt die Schweiz zu den Artikeln 7, 24 und 25, dass Gesuche um Bewilligung der unentgeltlichen Rechtspflege und deren Beilagen in der Sprache der ersuchten Behörde, d. h. auf deutsch, französisch oder italienisch abgefasst oder mit einer Übersetzung in eine dieser Sprachen versehen sein müssen, je nachdem in welchem Teil der Schweiz das Gesuch zu erledigen ist (s. nachstehende Liste der schweizerischen Behörden). Schriftstücke, die in einer anderen als der Sprache der ersuchten Behörde abgefasst oder von einer Übersetzung in eine andere als diese Sprache begleitet werden, können auch dann zurückgewiesen werden, wenn eine Übersetzung in die Sprache der ersuchten Behörde im ersuchenden Staat nur schwer erhältlich ist.

5. Zu Art. 17 Abs. 1, Art. 24 und 25

Gemäss Artikel 29 erklärt die Schweiz zu den Artikeln 17 Absatz 1, 24 und 25, dass Gesuche um Vollstreckbarerklärung von Kostenentscheiden und deren Beilagen in der Sprache der ersuchten Behörde, d. h. auf deutsch, französisch oder italienisch abgefasst oder mit einer Übersetzung in eine dieser Sprachen versehen sein müssen, je nachdem in welchem Teil der Schweiz das Gesuch zu erledigen ist (s. nachstehende Liste der schweizerischen Behörden).

Liste der schweizerischen Behörden

(nicht abgedruckt)

Übersetzung[1]

26. Europäisches Übereinkommen betreffend Auskünfte über ausländisches Recht

Abgeschlossen in London am 7. Juni 1968

Von der Bundesversammlung genehmigt am 18. März 1970[2]
Schweizerische Ratifikationsurkunde hinterlegt am 19. August 1970
In Kraft getreten für die Schweiz am 20. November 1970

Präambel

Die Mitgliedstaaten des Europarates, die dieses Übereinkommen unterzeichnet haben,

in der Erwägung, dass es das Ziel des Europarates ist, eine engere Verbindung zwischen seinen Mitgliedern herbeizuführen,

in der Überzeugung, dass die Einrichtung eines Systems zwischenstaatlicher Hilfe, das den gerichtlichen Behörden die Beschaffung von Auskünften über ausländisches Recht erleichtern soll, dazu beitragen wird, dieses Ziel zu erreichen,

haben folgendes vereinbart:

Art. 1 Anwendungsbereich des Übereinkommens

1. Die Vertragsparteien verpflichten sich, einander gemäss den Bestimmungen dieses Übereinkommens Auskünfte über ihr Zivil- und Handelsrecht, ihr Verfahrensrecht auf diesen Gebieten und über ihre Gerichtsverfassung zu erteilen.

2. Zwei oder mehrere Vertragsparteien können jedoch vereinbaren, den Anwendungsbereich dieses Übereinkommens untereinander auf andere als die im vorstehenden Absatz angeführten Rechtsgebiete auszudehnen. Eine solche Vereinbarung ist dem Generalsekretär des Europarates im Wortlaut mitzuteilen.

SR 0.274.161; AS 1970 1233; BBl 1969 II 821

1 Der französische Originaltext findet sich unter der gleichen Nummer in der französischen Ausgabe dieser Sammlung.

2 Art. 1 Abs. 1 des BB vom 18. März 1970 (AS 1970 1209)

Art. 2 Staatliche Verbindungsstellen

1. Zur Ausführung dieses Übereinkommens errichtet oder bestimmt jede Vertragspartei einzige Stelle[3] (im folgenden als «Empfangsstelle» bezeichnet), welche die Aufgabe hat:

a) Auskunftsersuchen im Sinne des Artikels 1 Absatz 1 entgegenzunehmen, die von einer anderen Vertragspartei eingehen;

b) zu derartigen Ersuchen das Weitere gemäss Artikel 6 zu veranlassen.

Diese Stelle kann entweder ein Ministerium oder eine andere staatliche Stelle sein.

2. Jeder Vertragspartei steht es frei, eine oder mehrere Stellen[4] (im folgenden als «Übermittlungsstellen» bezeichnet) zu errichten oder zu bestimmen, welche die von ihren gerichtlichen Behörden ausgehenden Auskunftsersuchen entgegenzunehmen und der zuständigen ausländischen Empfangsstelle zu übermitteln haben. Die Aufgabe der Übermittlungsstelle kann auch der Empfangsstelle übertragen werden.

3. Jede Vertragspartei teilt dem Generalsekretär des Europarates Bezeichnung und Anschrift ihrer Empfangsstelle und gegebenenfalls ihrer Übermittlungsstelle oder ihrer Übermittlungsstellen mit.

Art. 3 Zur Stellung von Auskunftsersuchen berechtigte Behörden

1. Ein Auskunftsersuchen muss von einer gerichtlichen Behörde ausgehen, auch wenn es nicht von der gerichtlichen Behörde selbst abgefasst worden ist. Das Ersuchen darf nur für ein bereits anhängiges Verfahren gestellt werden.

2. Jede Vertragspartei, die keine Übermittlungsstelle errichtet oder bestimmt hat, kann durch eine an den Generalsekretär des Europarates gerichtete Erklärung anzeigen, welche ihrer Behörden sie als gerichtliche Behörde im Sinne des vorstehenden Absatzes ansieht.

3. Zwei oder mehrere Vertragsparteien können vereinbaren, die Anwendung dieses Übereinkommens untereinander auf Ersuchen auszudehnen, die von anderen Behörden als gerichtlichen Behörden ausgehen. Eine solche Vereinbarung ist dem Generalsekretär des Europarates im Wortlaut mitzuteilen.

Art. 4 Inhalt des Auskunftsersuchens

1. Im Auskunftsersuchen sind die gerichtliche Behörde, von der das Ersuchen ausgeht und die Art der Rechtssache zu bezeichnen. Die Punkte, zu denen Auskunft über das Recht des ersuchten Staates gewünscht wird, und für den Fall, dass im ersuchten Staat mehrere Rechtssysteme bestehen, das System, auf das sich die gewünschte Auskunft beziehen soll, sind möglichst genau anzugeben.

3 In der Schweiz: das Bundesamt für Justiz.
4 In der Schweiz: das Bundesamt für Justiz.

2. Das Ersuchen hat eine Darstellung des Sachverhalts mit den Angaben zu enthalten, die zum Verständnis des Ersuchens und zu seiner richtigen und genauen Beantwortung erforderlich sind; Schriftstücke können in Abschrift beigefügt werden, wenn dies zum besseren Verständnis des Ersuchens notwendig ist.

3. Zur Ergänzung kann im Ersuchen Auskunft auch zu Punkten erbeten werden, die andere als die in Artikel 1 Absatz 1 angeführten Rechtsgebiete betreffen, sofern diese Punkte mit denen im Zusammenhang stehen, auf die sich das Ersuchen in erster Linie bezieht.

4. Ist das Ersuchen nicht von einer gerichtlichen Behörde abgefasst, so ist ihm die gerichtliche Entscheidung beizufügen, durch die es genehmigt worden ist.

Art. 5 Übermittlung des Auskunftsersuchens

Das Auskunftsersuchen ist von einer Übermittlungsstelle oder falls eine solche nicht besteht, von der gerichtlichen Behörde, von der das Ersuchen ausgeht, unmittelbar der Empfangsstelle des ersuchten Staates zu übermitteln.

Art. 6 Zur Beantwortung von Auskunftsersuchen zuständige Stellen

1. Die Empfangsstelle, bei der ein Auskunftsersuchen eingegangen ist, kann das Ersuchen entweder selbst beantworten oder es an eine andere staatliche oder an eine öffentliche Stelle zur Beantwortung weiterleiten.

2. Die Empfangsstelle kann das Ersuchen in geeigneten Fällen oder aus Gründen der Verwaltungsorganisation auch an eine private Stelle oder an eine geeignete rechtskundige Person zur Beantwortung weiterleiten.

3. Ist bei Anwendung des vorstehenden Absatzes mit Kosten zu rechnen, so hat die Empfangsstelle vor der Weiterleitung des Ersuchens der Behörde, von der das Ersuchen ausgeht, die private Stelle oder die rechtskundige Person anzuzeigen, an die das Ersuchen weitergeleitet werden soll; in diesem Falle gibt die Empfangsstelle der Behörde möglichst genau die Höhe der voraussichtlichen Kosten an und ersucht um ihre Zustimmung.

Art. 7 Inhalt der Antwort

Zweck der Antwort ist es, die gerichtliche Behörde, von der das Ersuchen ausgeht, in objektiver und unparteiischer Weise über das Recht des ersuchten Staates zu unterrichten. Die Antwort hat, je nach den Umständen des Falles, in der Mitteilung des Wortlautes der einschlägigen Gesetze und Verordnungen sowie in der Mitteilung von einschlägigen Gerichtsentscheidungen zu bestehen. Ihr sind, soweit dies zur gehörigen Unterrichtung der ersuchenden gerichtlichen Behörde für erforderlich gehalten wird, ergänzende Unterlagen wie Auszüge aus dem Schrifttum und aus den Gesetzesmaterialien anzuschliessen. Erforderlichenfalls können der Antwort erläuternde Bemerkungen beigefügt werden.

Art. 8 Wirkungen der Antwort

Die in der Antwort enthaltenen Auskünfte binden die gerichtliche Behörde, von der das Ersuchen ausgeht, nicht.

Art. 9 Übermittlung der Antwort

Die Antwort ist von der Empfangsstelle, wenn die Übermittlungsstelle das Ersuchen übermittelt hat, dieser Stelle oder, wenn sich die gerichtliche Behörde unmittelbar an die Empfangsstelle gewandt hat, der gerichtlichen Behörde zu übermitteln.

Art. 10 Pflicht zur Beantwortung

1. Vorbehaltlich des Artikels 11 ist die Empfangsstelle, bei der ein Auskunftsersuchen eingegangen ist, verpflichtet, zu dem Ersuchen das Weitere gemäss Artikel 6 zu veranlassen.

2. Beantwortet die Empfangsstelle das Ersuchen nicht selbst, so hat sie vor allem darüber zu wachen, dass es unter Beachtung des Artikels 12 erledigt wird.

Art. 11 Ausnahmen von der Pflicht zur Beantwortung

Der ersuchte Staat kann es ablehnen, zu einem Auskunftsersuchen das Weitere zu veranlassen, wenn durch die Rechtssache, für die das Ersuchen gestellt worden ist, seine Interessen berührt werden oder wenn er die Beantwortung für geeignet hält, seine Hoheitsrechte oder seine Sicherheit zu gefährden.

Art. 12 Frist für die Beantwortung

Ein Auskunftsersuchen ist so schnell wie möglich zu beantworten. Nimmt die Beantwortung längere Zeit in Anspruch, so hat die Empfangsstelle die ausländische Behörde, die sich an sie gewandt hat entsprechend zu unterrichten und dabei nach Möglichkeit den Zeitpunkt anzugeben, zu dem die Antwort voraussichtlich übermittelt werden kann.

Art. 13 Ergänzende Angaben

1. Die Empfangsstelle sowie die gemäss Artikel 6 mit der Beantwortung beauftragte Stelle oder Person können von der Behörde, von der das Ersuchen ausgeht, die ergänzenden Angaben verlangen, die sie für die Beantwortung für erforderlich halten.

2. Das Ersuchen um ergänzende Angaben ist von der Empfangsstelle auf dem Wege zu übermitteln, den Artikel 9 für die Übermittlung der Antwort vorsieht.

Art. 14 Sprachen

1. Das Auskunftsersuchen und seine Anlagen müssen in der Sprache oder in einer der Amtssprachen des ersuchten Staates abgefasst oder von einer Übersetzung in diese Sprache begleitet sein. Die Antwort wird in der Sprache des ersuchten Staates abgefasst.

2. Zwei oder mehrere Vertragsparteien können jedoch vereinbaren, untereinander von den Bestimmungen des vorstehenden Absatzes abzuweichen.

Art. 15 Kosten

1. Mit Ausnahme der in Artikel 6 Absatz 3 angeführten Kosten, die der ersuchende Staat zu zahlen hat, dürfen für die Antwort Gebühren oder Auslagen irgendwelcher Art nicht erhoben werden.

2. Zwei oder mehrere Vertragsparteien können jedoch vereinbaren, untereinander von den Bestimmungen des vorstehenden Absatzes abzuweichen.

Art. 16 Bundesstaaten

In Bundesstaaten können die Aufgaben der Empfangsstelle, mit Ausnahme der in Artikel 2 Absatz 1 Buchstabe a vorgesehenen, aus Gründen des Verfassungsrechts anderen staatlichen Stellen übertragen werden.

Art. 17–21

(nicht abgedruckt)

Vertragsstaaten: Albanien, Aserbaidschan, Belarus, Belgien, Bosnien und Herzegowina, Bulgarien, Costa Rica, Dänemark, Deutschland, Estland, Finnland, Frankreich, Georgien, Griechenland, Island, Italien, Kroatien, Lettland, Liechtenstein, Litauen, Luxemburg, Malta, Marokko, Mazedonien, Mexiko, Moldau, Montenegro, Niederlande, Norwegen, Österreich, Polen, Portugal, Rumänien, Russland, Schweden, Schweiz, Serbien, Slowakei, Slowenien, Spanien, Tschechische Republik, Türkei, Ukraine, Ungarn, Vereinigtes Königreich, Zypern.

Übersetzung[1]

27. Übereinkommen über die Anerkennung und Vollstreckung ausländischer Schiedssprüche

Abgeschlossen in New York am 10. Juni 1958

Von der Bundesversammlung genehmigt am 2. März 1965[2]
Schweizerische Ratifikationsurkunde hinterlegt am 1. Juni 1965
In Kraft getreten für die Schweiz am 30. August 1965

Art. I 1. Dieses Übereinkommen ist auf die Anerkennung und Vollstreckung von Schiedssprüchen anzuwenden, die in Rechtsstreitigkeiten zwischen natürlichen oder juristischen Personen in dem Hoheitsgebiet eines anderen Staates als desjenigen ergangen sind, in dem die Anerkennung und Vollstreckung nachgesucht wird. Es ist auch auf solche Schiedssprüche anzuwenden, die in dem Staat, in dem ihre Anerkennung und Vollstreckung nachgesucht wird, nicht als inländische anzusehen sind.

2. Unter «Schiedssprüchen» sind nicht nur Schiedssprüche von Schiedsrichtern, die für eine bestimmte Sache bestellt worden sind, sondern auch solche eines ständigen Schiedsgerichts, dem sich die Parteien unterworfen haben, zu verstehen.

3. Jeder Staat, der dieses Übereinkommen unterzeichnet oder ratifiziert, ihm beitritt oder dessen Ausdehnung gemäss Artikel X notifiziert, kann gleichzeitig auf der Grundlage der Gegenseitigkeit erklären, dass er das Übereinkommen nur auf die Anerkennung und Vollstreckung solcher Schiedssprüche anwenden werde, die in dem Hoheitsgebiet eines anderen Vertragsstaates ergangen sind. Er kann auch erklären, dass er das Übereinkommen nur auf Streitigkeiten aus solchen Rechtsverhältnissen, sei es vertraglicher oder nichtvertraglicher Art, anwenden werde, die nach seinem innerstaatlichen Recht als Handelssachen angesehen werden.

Art. II 1. Jeder Vertragsstaat erkennt eine schriftliche Vereinbarung an, durch die sich die Parteien verpflichten, alle oder einzelne Streitigkeiten, die zwischen ihnen aus einem bestimmten Rechtsverhältnis, sei es vertraglicher oder nichtvertraglicher Art, bereits entstanden sind oder etwa künftig entstehen,

---

SR 0.277.12; AS 1965 795; BBl 1964 II 605

1 Der Originaltext findet sich unter der gleichen Nummer in der französischen Ausgabe dieser Sammlung.
2 AS 1965 793

einem schiedsrichterlichen Verfahren zu unterwerfen, sofern der Gegenstand des Streites auf schiedsrichterlichem Wege geregelt werden kann.

2. Unter einer «schriftlichen Vereinbarung» ist eine Schiedsklausel in einem Vertrag oder eine Schiedsabrede zu verstehen, sofern der Vertrag oder die Schiedsabrede von den Parteien unterzeichnet oder in Briefen oder Telegrammen enthalten ist, die sie gewechselt haben.

3. Wird ein Gericht eines Vertragsstaates wegen eines Streitgegenstandes angerufen, hinsichtlich dessen die Parteien eine Vereinbarung im Sinne dieses Artikels getroffen haben, so hat das Gericht auf Antrag einer der Parteien sie auf das schiedsrichterliche Verfahren zu verweisen, sofern es nicht feststellt, dass die Vereinbarung hinfällig, unwirksam oder nicht erfüllbar ist.

Art. III Jeder Vertragsstaat erkennt Schiedssprüche als wirksam an und lässt sie nach den Verfahrensvorschriften des Hoheitsgebietes, in dem der Schiedsspruch geltend gemacht wird, zur Vollstreckung zu, sofern die in den folgenden Artikel festgelegten Voraussetzungen gegeben sind. Die Anerkennung oder Vollstreckung von Schiedssprüchen, auf die dieses Übereinkommen anzuwenden ist, darf weder wesentlich strengeren Verfahrensvorschriften noch wesentlich höheren Kosten unterliegen als die Anerkennung oder Vollstreckung inländischer Schiedssprüche.

Art. IV 1. Zur Anerkennung und Vollstreckung, die im vorangehenden Artikel erwähnt wird, ist erforderlich, dass die Partei, welche die Anerkennung und Vollstreckung nachsucht, zugleich mit ihrem Antrag vorlegt:

a. die gehörig beglaubigte (legalisierte) Urschrift des Schiedsspruchs oder eine Abschrift, deren Übereinstimmung mit einer solchen Urschrift ordnungsgemäss beglaubigt ist;
b. die Urschrift der Vereinbarung im Sinne des Artikels II oder eine Abschrift, deren Übereinstimmung mit einer solchen Urschrift ordnungsgemäss beglaubigt ist.

2. Ist der Schiedsspruch oder die Vereinbarung nicht in einer amtlichen Sprache des Landes abgefasst, in dem der Schiedsspruch geltend gemacht wird, so hat die Partei, die seine Anerkennung und Vollstreckung nachsucht, eine Übersetzung der erwähnten Urkunden in diese Sprache beizubringen. Die Übersetzung muss von einem amtlichen oder beeidigten Übersetzer oder von einem diplomatischen oder konsularischen Vertreter beglaubigt sein.

Art. V 1. Die Anerkennung und Vollstreckung des Schiedsspruches darf auf Antrag der Partei, gegen die er geltend gemacht wird, nur versagt werden, wenn diese Partei der zuständigen Behörde des Landes, in dem die Anerkennung und Vollstreckung nachgesucht wird, den Beweis erbringt.

a. dass die Parteien, die eine Vereinbarung im Sinne des Artikels II geschlossen haben, nach dem Recht, das für sie persönlich massgebend ist, in irgendeiner Hinsicht hierzu nicht fähig waren, oder dass die Vereinbarung nach dem Recht, dem die Parteien sie unterstellt haben, oder, falls die Parteien hierüber nichts bestimmt haben, nach dem Recht des Landes, in dem der Schiedsspruch ergangen ist, ungültig ist, oder

b. dass die Partei, gegen die der Schiedsspruch geltend gemacht wird, von der Bestellung des Schiedsrichters oder von dem schiedsrichterlichen Verfahren nicht gehörig in Kenntnis gesetzt worden ist oder dass sie aus einem anderen Grund ihre Angriffs- oder Verteidigungsmittel nicht hat geltend machen können, oder
c. dass der Schiedsspruch eine Streitigkeit betrifft, die in der Schiedsabrede nicht erwähnt ist oder nicht unter die Bestimmungen der Schiedsklausel fällt, oder dass er Entscheidungen enthält, welche die Grenzen der Schiedsabrede oder der Schiedsklausel überschreiten; kann jedoch der Teil des Schiedsspruches, der sich auf Streitpunkte bezieht, die dem schiedsrichterlichen Verfahren unterworfen waren, von dem Teil, der Streitpunkte betrifft, die ihm nicht unterworfen waren, getrennt werden, so kann der erstgenannte Teil des Schiedsspruches anerkannt und vollstreckt werden, oder
d. dass die Bildung des Schiedsgerichtes oder das schiedsrichterliche Verfahren der Vereinbarung der Parteien oder, mangels einer solchen Vereinbarung, dem Recht des Landes, in dem das schiedsrichterliche Verfahren stattfand, nicht entsprochen hat, oder
e. dass der Schiedsspruch für die Parteien noch nicht verbindlich geworden ist oder dass er von einer zuständigen Behörde des Landes, in dem oder nach dessen Recht er ergangen ist, aufgehoben oder in seinen Wirkungen einstweilen gehemmt worden ist.

2. Die Anerkennung und Vollstreckung eines Schiedsspruches darf auch versagt werden, wenn die zuständige Behörde des Landes, in dem die Anerkennung und Vollstreckung nachgesucht wird, feststellt,

a. dass der Gegenstand des Streites nach dem Recht dieses Landes nicht auf schiedsrichterlichem Wege geregelt werden kann, oder
b. dass die Anerkennung oder Vollstreckung des Schiedsspruches der öffentlichen Ordnung dieses Landes widersprechen würde.

Art. VI Ist bei der Behörde, die im Sinne des Artikels V Absatz 1 Buchstabe *e* zuständig ist, ein Antrag gestellt worden, den Schiedsspruch aufzuheben oder ihn in seinen Wirkungen einstweilen zu hemmen, so kann die Behörde, vor welcher der Schiedsspruch geltend gemacht wird, sofern sie es für angebracht hält, die Entscheidung über den Antrag, die Vollstreckung zuzulassen, aussetzen; sie kann aber auch auf Antrag der Partei, welche die Vollstreckung des Schiedsspruches begehrt, der andern Partei auferlegen, angemessene Sicherheit zu leisten.

Art. VII 1. Die Bestimmungen dieses Übereinkommens lassen die Gültigkeit mehrseitiger oder zweiseitiger Verträge, welche die Vertragsstaaten über die Anerkennung und Vollstreckung von Schiedssprüchen geschlossen haben, unberührt und nehmen keiner beteiligten Partei das Recht, sich auf einen Schiedsspruch nach Massgabe des innerstaatlichen Rechts oder der Verträge des Landes, in dem er geltend gemacht wird, zu berufen.

2. Das Genfer Protokoll über die Schiedsklauseln von 1923[3] und das Genfer Abkommen zur Vollstreckung ausländischer Schiedssprüche von 1927[4] treten zwischen den Vertragsstaaten in dem Zeitpunkt und in dem Ausmass ausser Kraft, in dem dieses Übereinkommen für sie verbindlich wird.

Art. VIII–XVI

(nicht abgedruckt)

Vertragsstaaten: Afghanistan, Ägypten, Albanien, Algerien, Andorra, Angola, Antigua und Barbuda, Argentinien, Armenien, Aserbaidschan, Australien, Bahamas, Bahrain, Bangladesh, Barbados, Belarus, Belgien, Benin, Bhutan, Bolivien, Bosnien und Herzegowina, Botsuana, Brasilien, Brunei, Bulgarien, Burkina Faso, Burundi, Chile, China, China-Hongkong, China-Macau, Cook-Inseln, Costa Rica, Côte d'Ivoire, Dänemark, Deutschland, Dominica, Dominikanische Republik, Dschibuti, Ecuador, El Salvador, Estland, Fidschi, Finnland, Frankreich, Gabun, Georgien, Ghana, Griechenland, Guatemala, Guinea, Guyana, Haiti, Heiliger Stuhl, Honduras, Indien, Indonesien, Iran, Irland, Island, Israel, Italien, Jamaika, Japan, Jordanien, Kambodscha, Kamerun, Kanada, Kasachstan, Katar, Kenia, Kirgisistan, Kolumbien, Kongo (Kinshasa), Korea (Süd-), Kroatien, Kuba, Kuwait, Laos, Lesotho, Lettland, Libanon, Liberia, Liechtenstein, Litauen, Luxemburg, Madagaskar, Malaysia, Mali, Malta, Marokko, Marshallinseln, Mauretanien, Mauritius, Mazedonien, Mexiko, Moldau, Monaco, Mongolei, Montenegro, Mosambik, Myanmar, Nepal, Neuseeland, Nicaragua, Niederlande, Niger, Nigeria, Norwegen, Oman, Österreich, Pakistan, Palästina, Panama, Paraguay, Peru, Philippinen, Polen, Portugal, Ruanda, Rumänien, Russland, Sambia, San Marino, São Tomé und Principe, Saudi-Arabien, Schweden, Schweiz, Senegal, Serbien, Simbabwe, Singapur, Slowakei, Slowenien, Spanien, Sri Lanka, St. Vincent und die Grenadinen, Südafrika, Syrien, Tadschikistan, Tansania, Thailand, Trinidad und Tobago, Tschechische Republik, Tunesien, Türkei, Uganda, Ukraine, Ungarn, Uruguay, Usbekistan, Venezuela, Vereinigte Arabische Emirate, Vereinigte Staaten von Amerika, Vereinigtes Königreich, Vietnam, Zentralafrikanische Republik, Zypern.

3 SR 0.277.11
4 [BS 12 392. AS 46 688, AS 2005 1513. AS 2009 4239].

Originaltext

28. Abkommen zwischen der Schweizerischen Eidgenossenschaft und dem Deutschen Reich über die gegenseitige Anerkennung und Vollstreckung von gerichtlichen Entscheidungen und Schiedssprüchen[1]

Abgeschlossen am 2. November 1929

Von der Bundesversammlung genehmigt am 14. März 1930[2]
Ratifikationsurkunden ausgetauscht am 1. September 1930
In Kraft getreten am 1. Dezember 1930

Der Schweizerische Bundesrat
und
der Deutsche Reichspräsident,

von dem Wunsche geleitet, zur Förderung der rechtlichen Beziehungen zwischen der Schweizerischen Eidgenossenschaft und dem Deutschen Reich die gegenseitige Anerkennung und Vollstreckung von gerichtlichen Entscheidungen und Schiedssprüchen zu regeln, haben beschlossen, hierüber ein Abkommen zu schliessen.

Zu diesem Zwecke haben sie zu Bevollmächtigten ernannt:

(Es folgen die Namen der Bevollmächtigten)

die nach Prüfung ihrer Vollmachten, die in guter und gehöriger Form befunden worden sind, folgendes vereinbart haben:

Art. 1 Die im Prozessverfahren über vermögensrechtliche Ansprüche ergangenen rechtskräftigen Entscheidungen der bürgerlichen Gerichte des einen Staates werden ohne Unterschied ihrer Benennung (Urteile, Beschlüsse, Vollstreckungsbefehle), jedoch mit Ausnahme der Arreste und einstweiligen Verfügungen, und ohne Rücksicht auf die Staatsangehörigkeit der an dem Rechtsstreit beteiligten Parteien im Gebiete des andern Staates anerkannt,

SR 0.276.191.361; BS 12 359; BBl 1929 III 531

1 Das Übereink. vom 30. Okt. 2007 über die gerichtliche Zuständigkeit und die Anerkennung und Vollstreckung von Entscheidungen in Zivil- und Handelssachen (Lugano-Übereinkommen, LugÜ; SR 0.275.12) ersetzt im Rahmen seines Anwendungsbereichs dieses Abk. Vgl. Art. 65 und 66 sowie Anhang VII LugÜ.

2 AS 46 497

wenn für die Gerichte des Staates, in dessen Gebiet die Entscheidung gefällt wurde, eine Zuständigkeit nach Massgabe des Artikels 2 begründet war und nicht nach dem Rechte des Staates, in dessen Gebiet die Entscheidung geltend gemacht wird, für dessen Gerichte eine ausschliessliche Zuständigkeit besteht.

Art. 2 Die Zuständigkeit der Gerichte des Staates, in dem die Entscheidung gefällt wurde, ist im Sinne des Artikels 1 begründet, wenn sie in einer staatsvertraglichen Bestimmung vorgesehen oder eine der folgenden Voraussetzungen erfüllt ist:

1. wenn der Beklagte zur Zeit der Klageerhebung oder zur Zeit der Erlassung der Entscheidung seinen Wohnsitz oder die beklagte juristische Person ihren Sitz in diesem Staate hatte,
2. wenn sich der Beklagte durch eine ausdrückliche Vereinbarung der Zuständigkeit des Gerichts, das die Entscheidung gefällt hat, unterworfen hatte;
3. wenn der Beklagte sich vorbehaltlos auf den Rechtsstreit eingelassen hatte;
4. wenn der Beklagte am Orte seiner geschäftlichen Niederlassung oder Zweigniederlassung für Ansprüche aus dem Betriebe dieser Niederlassung belangt worden ist;
5. für eine Widerklage, wenn der Gegenanspruch mit dem in der Klage geltend gemachten Anspruch oder mit den gegen diesen vorgebrachten Verteidigungsmitteln in rechtlichem Zusammenhange steht.

Art. 3 Die in nichtvermögensrechtlichen Streitigkeiten zwischen Angehörigen eines der beiden Staaten oder beider Staaten ergangenen rechtskräftigen Entscheidungen der bürgerlichen Gerichte des einen Staates werden im Gebiete des anderen Staates anerkannt, es sei denn, dass an dem Rechtsstreit ein Angehöriger des Staates, in dem die Entscheidung geltend gemacht wird, beteiligt war und nach dem Rechte dieses Staates die Zuständigkeit eines Gerichts des anderen Staates nicht begründet war. Dies gilt auch insoweit, als die in einer nichtvermögensrechtlichen Streitigkeit ergangene Entscheidung sich auf einen vermögensrechtlichen Anspruch mit erstreckt, der von dem in ihr festgestellten Rechtsverhältnis abhängt.

Art. 4 Die Anerkennung ist zu versagen, wenn durch die Entscheidung ein Rechtsverhältnis zur Verwirklichung gelangen soll, dem im Gebiete des Staates, wo die Entscheidung geltend gemacht wird, aus Rücksichten der öffentlichen Ordnung oder der Sittlichkeit die Gültigkeit, Verfolgbarkeit oder Klagbarkeit versagt ist.

Sie ist ferner zugunsten eines inländischen Beteiligten zu versagen, wenn in der Entscheidung bei Beurteilung seiner Handlungsfähigkeit oder seiner gesetzlichen Vertretung oder bei Beurteilung eines für den Anspruch massgebenden familien- oder erbrechtlichen Verhältnisses oder der dafür massgebenden Feststellungen des Todes einer Person zu seinem Nachteil andere als die nach dem Rechte des Staates, wo die Entscheidung geltend gemacht wird, anzuwendenden Gesetze zugrunde gelegt sind.

Hat sich der Beklagte auf den Rechtsstreit nicht eingelassen, so ist die Anerkennung zu versagen, wenn die Zustellung der den Rechtsstreit einleitenden Ladung oder Verfügung an den Beklagten oder seinen zur Empfangnahme berechtigten Vertreter nicht rechtzeitig oder lediglich im Wege der öffentlichen Zustellung oder im Auslande auf einem anderen Wege als dem der Rechtshilfe bewirkt worden ist.

Art. 5 Das Gericht des Staates, wo die Entscheidung geltend gemacht wird, ist bei der Prüfung der die Zuständigkeit eines Gerichts des anderen Staates begründenden Tatsachen und der Versagungsgründe an die tatsächlichen Feststellungen der Entscheidung nicht gebunden. Eine weitere Nachprüfung der Gesetzmässigkeit der Entscheidung findet nicht statt.

Art. 6 Die Entscheidungen der Gerichte des einen Staates, die nach den vorstehenden Bestimmungen im Gebiete des anderen Staates anzuerkennen sind, werden auf Antrag einer Partei von der zuständigen Behörde dieses Staates für vollstreckbar erklärt. Vor der Entscheidung ist der Gegner zu hören. Die Vollstreckbarerklärung hat in einem möglichst einfachen und schleunigen Verfahren zu erfolgen.

Die Vollziehung der für vollstreckbar erklärten Entscheidung bestimmt sich nach dem Rechte des Staates, in dem die Vollstreckung beantragt wird.

Art. 7 Die Partei, die für eine Entscheidung die Vollstreckbarerklärung nachsucht, hat beizubringen:

1. eine vollständige Ausfertigung der Entscheidung; die Rechtskraft der Entscheidung ist, soweit sie sich nicht schon aus der Ausfertigung ergibt, durch öffentliche Urkunden nachzuweisen;
2. die Urschrift oder eine beglaubigte Abschrift der Urkunden, aus denen sich die der Vorschrift des Artikels 4 Abs. 3 entsprechende Ladung der nichterschienenen Partei ergibt.

Auf Verlangen der Behörde, bei der die Vollstreckbarerklärung beantragt wird, ist eine Übersetzung der im Abs. 1 bezeichneten Urkunden in die amtliche Sprache dieser Behörde beizubringen. Diese Übersetzung muss von einem dipolomatischen oder konsularischen Vertreter oder einem beeidigten Dolmetscher eines der beiden Staaten als richtig bescheinigt sein.

Art. 8 Die in einem gerichtlichen Güteverfahren (Sühneverfahren) oder nach Erhebung der Klage vor einem bürgerlichen Gericht abgeschlossenen oder von einem solchen bestätigten Vergleiche stehen, vorbehaltlich der Bestimmung des Artikels 4 Abs. 1 hinsichtlich ihrer Vollstreckbarkeit anzuerkennenden gerichtlichen Entscheidungen im Sinne der Artikel 6 und 7 gleich.

Art. 9 Hinsichtlich der Anerkennung und Vollstreckung von Schiedssprüchen gilt im Verhältnis zwischen den beiden Staaten das in Genf zur Zeichnung aufgelegte Abkommen zur Vollstreckung ausländischer Schiedssprüche vom 26. September 1927[3] mit der Massgabe, dass es ohne Rücksicht auf die im Artikel 1 Abs. 1 daselbst enthaltenen Beschränkungen auf alle in einem der beiden Staaten ergangenen Schiedssprüche Anwendung findet.

Zum Nachweis, dass der Schiedsspruch eine endgültige Entscheidung im Sinne des Artikels 1 Abs. 2 lit. *d* des vorbezeichneten Abkommens darstellt, genügt in Deutschland eine Bescheinigung der Geschäftsstelle des Gerichts, bei dem der Schiedsspruch niedergelegt ist, in der Schweiz eine Bescheinigung der zuständigen Behörde des Kantons, in dem der Schiedsspruch ergangen ist.

Vor einem Schiedsgericht abgeschlossene Vergleiche werden in derselben Weise wie Schiedssprüche vollstreckt.

Art. 10

(nicht abgedruckt)

3 [BS 12 392. AS 2009 4239]. Siehe heute das Übereink. vom 10. Juni 1958 über die Anerkennung und Vollstreckung ausländischer Schiedssprüche (SR 0.277.12).

Originaltext

29. Vertrag zwischen der Schweizerischen Eidgenossenschaft und der Republik Österreich über die Anerkennung und Vollstreckung gerichtlicher Entscheidungen[1]

Abgeschlossen am 16. Dezember 1960

Von der Bundesversammlung genehmigt am 15. Dezember 1961[2]
Ratifikationsurkunden ausgetauscht am 12. März 1962
In Kraft getreten am 12. Mai 1962

Die Schweizerische Eidgenossenschaft
und
die Republik Österreich

sind, von dem Wunsche geleitet, den Vertrag vom 15. März 1927[3] über die Anerkennung und Vollstreckung gerichtlicher Entscheidungen den gegenwärtigen Verhältnissen anzupassen, übereingekommen, zu diesem Zweck einen neuen Vertrag zu schliessen. Zu Bevollmächtigten haben sie ernannt:

(Es folgen die Namen der Bevollmächtigten)

die nach gegenseitiger Prüfung ihrer in guter und gehöriger Form befundenen Vollmachten folgendes vereinbart haben:

Art. 1 Die in einem der beiden Staaten gefällten gerichtlichen Entscheidungen in Zivil- und Handelssachen, einschliesslich der in Strafsachen ergangenen Entscheidungen über privatrechtliche Ansprüche, werden im andern Staat anerkannt, wenn sie folgende Voraussetzungen erfüllen:

1. dass die Grundsätze, die in dem Staate, wo die Entscheidung geltend gemacht wird, über die zwischenstaatliche Zuständigkeit der Gerichte bestehen, die Gerichtsbarkeit des andern Staates nicht ausschliessen;

SR 0.276.191.632; AS 1962 265; BBl 1961 I 1564

1 Das Übereink. vom 30. Okt. 2007 über die gerichtliche Zuständigkeit und die Anerkennung und Vollstreckung von Entscheidungen in Zivil- und Handelssachen (Lugano-Übereinkommen, LugÜ; SR 0.275.12) ersetzt im Rahmen seines Anwendungsbereichs diesen Vertrag. Vgl. Art. 65 und 66 sowie Anhang VII LugÜ.

2 AS 1962 263

3 SR 0.276.191.631

2. dass die Anerkennung der Entscheidung nicht gegen die öffentliche Ordnung des Staates verstösst, wo die Entscheidung geltend gemacht wird, insbesondere, dass ihr nicht nach dem Rechte dieses Staates die Einrede der entschiedenen Rechtssache entgegensteht;
3. dass die Entscheidung nach dem Rechte des Staates, wo sie gefällt wurde, die Rechtskraft erlangt hat;
4. dass im Fall eines Versäumnisurteils die den Prozess einleitende Verfügung oder Ladung der säumigen Partei oder ihrem zur Empfangnahme berechtigten Vertreter zu eigenen Handen rechtzeitig zugestellt wurde. Hatte die Zustellung im Gebiete des Staates zu geschehen, wo die Entscheidung geltend gemacht wird, so muss sie im Rechtshilfewege bewirkt worden sein.

Die Behörden des Staates, wo die Entscheidung geltend gemacht wird, dürfen nur prüfen, ob die in Ziffern 1 bis 4 angeführten Voraussetzungen erfüllt sind. Diese Prüfung erfolgt von Amts wegen.

Art. 2 Die Gerichtsbarkeit des Staates, wo die Entscheidung gefällt wurde, gilt für persönliche Ansprüche gegen einen zahlungsfähigen Schuldner insbesondere dann im Sinne des Artikels 1, Ziffer 1 als ausgeschlossen, wenn der Schuldner zur Zeit der Erhebung der Klage seinen Wohnsitz in dem Staat hatte, wo die Entscheidung geltend gemacht wird.

Diese Bestimmung ist jedoch nicht anzuwenden:

1. wenn sich der Beklagte durch eine ausdrückliche Vereinbarung der Zuständigkeit des Gerichtes unterworfen hat, das in der Sache erkannt hat;
2. wenn sich der Beklagte vorbehaltlos auf den Rechtsstreit eingelassen hat;
3. wenn es sich um eine Widerklage handelt;
4. wenn der Schuldner am Orte seiner geschäftlichen Niederlassung oder Zweigniederlassung für Ansprüche aus dem Betriebe dieser Niederlassung belangt worden ist.

Als persönliche Ansprüche im Sinne dieses Artikels gelten nicht: familienrechtliche und erbrechtliche Ansprüche, dingliche Rechte und pfandrechtlich gesicherte Forderungen.

Art. 3 Die Gerichtsbarkeit des Staates, wo die Entscheidung gefällt wurde, gilt nicht als im Sinne des Artikels 1, Ziffer 1 ausgeschlossen, wenn es sich um Entscheidungen über den Ersatz von Schäden handelt, die durch den Betrieb von Kraftfahrzeugen oder von Fahrrädern mit oder ohne Motor verursacht sind, und wenn der Unfall sich im Gebiet dieses Staates ereignet hat.

Die Bestimmung des vorstehenden Absatzes ist jedoch nur insoweit auch auf Entscheidungen über unmittelbare Ansprüche des Geschädigten gegen den Haftpflichtversicherer des Schädigers anwendbar, als nach dem Rechte beider Vertragsstaaten dem Geschädigten ein unmittelbares Klagerecht gegen den Haftpflichtversicherer des Schädigers zusteht. Der Eintritt dieser Voraussetzung wird durch Notenwechsel[4] zwischen den beiden Regierungen festgestellt werden.

Art. 4 Die Gerichtsbarkeit des Staates, wo die Entscheidung gefällt wurde, gilt nicht als im Sinne des Artikels 1, Ziffer 1 ausgeschlossen, wenn es sich um Entscheidungen über familienrechtliche Unterhaltsansprüche in Geld handelt und der Unterhaltsberechtigte zur Zeit der Geltendmachung dieser Ansprüche seinen Wohnsitz in diesem Staat hatte.

Als familienrechtliche Unterhaltsansprüche im Sinne des vorstehenden Absatzes gelten auch die gesetzlichen Unterhaltsansprüche der Mutter eines unehelichen Kindes gegen dessen Vater, einschliesslich des Anspruches auf Ersatz der Entbindungskosten.

Art. 5 Die in einem der beiden Staaten gefällten gerichtlichen Entscheidungen in Zivil- und Handelssachen, einschliesslich der in Strafsachen ergangenen Entscheidungen über privatrechtliche Ansprüche, werden im andern Staate vollstreckt, wenn sie die im Artikel 1, Ziffern 1 bis 4 angeführten Voraussetzungen erfüllen und in dem Staate, wo sie gefällt wurden, vollstreckbar sind.

Die Behörden des Staates, wo die Vollstreckung beantragt wird, dürfen nur prüfen, ob die im Absatz 1 angeführten Voraussetzungen erfüllt sind. Diese Prüfung erfolgt von Amts wegen.

Art. 6 Die Partei, die die Entscheidung geltend macht oder die Vollstreckung beantragt, hat beizubringen:

1. eine Ausfertigung oder Abschrift der Entscheidung;
2. eine Bescheinigung über die Rechtskraft und gegebenenfalls über die Vollstreckbarkeit der Entscheidung; die Bescheinigung ist von der Behörde, die die Entscheidung gefällt hat, oder vom Gerichtsschreiber auszustellen;
3. im Fall eines Versäumnisurteils eine Abschrift der den Prozess einleitenden Verfügung oder Ladung und eine Bescheinigung über die Art und Zeit ihrer Zustellung an die nicht erschienene Partei;
4. wenn die Entscheidung den ihr zu Grunde liegenden Sachverhalt nicht so weit erkennen lässt, dass die Prüfung im Sinne des Artikels 1 möglich ist, eine Abschrift der Klage oder andere geeignete Urkunden;
5. gegebenenfalls eine Übersetzung der in Ziffern 1 bis 4 bezeichneten Urkunden in die Amtssprache der Behörde, bei der die Entscheidung geltend gemacht oder die Vollstreckung beantragt wird. Die Übersetzung muss nach dem Recht eines der beiden Staaten als richtig bescheinigt sein.

4 Notenwechsel vom 28. Sept./29. Dez. 1967, in Kraft seit 1. Jan. 1968 (in der AS nicht veröffentlicht).

Auf die Beglaubigung der in diesem Artikel erwähnten Urkunden sind die Bestimmungen des Staatsvertrages vom 21. August 1916[5] anzuwenden.

Art. 7 Die in einem der beiden Staaten gefällten Schiedssprüche werden im andern Staat anerkannt und vollstreckt, wenn sie den Vorschriften der vorstehenden Artikel, soweit diese Anwendung finden können, genügen.

Dies gilt auch für gerichtliche oder vor Schiedsgerichten abgeschlossene Vergleiche.

Die Bescheinigung über die Rechtskraft und über die Vollstreckbarkeit des Schiedsspruches oder des vor einem Schiedsgericht abgeschlossenen Vergleiches wird in der Schweiz durch die zuständige Behörde des Kantons, wo der Schiedsspruch gefällt oder der Vergleich geschlossen wurde, in Österreich durch das Bezirksgericht, in dessen Sprengel das Schiedsgericht seine Entscheidung gefällt hat oder der Vergleich geschlossen wurde, ausgestellt.

Art. 8 Ist ein Verfahren vor einem Gericht eines der beiden Staaten anhängig und wird die Entscheidung über den Gegenstand dieses Verfahrens im andern Staate voraussichtlich anzuerkennen sein, so hat ein später befasstes Gericht dieses andern Staates die Durchführung eines Verfahrens über denselben Gegenstand und zwischen denselben Parteien abzulehnen.

Art. 9 Entscheidungen, mit denen Ordnungsstrafen verhängt werden, Entscheidungen im Konkursverfahren sowie Entscheidungen schweizerischer Gerichte über die Bestätigung eines Nachlassvertrages und Entscheidungen österreichischer Gerichte im Ausgleichsverfahren gelten nicht als gerichtliche Entscheidungen im Sinne dieses Vertrages.

Art. 10 Entscheidungen anderer als gerichtlicher Behörden, die zur Führung von Vormundschaften oder Pflegschaften berufen sind, sowie die vor solchen Behörden abgeschlossenen Vergleiche sind den gerichtlichen Entscheidungen und Vergleichen im Sinne dieses Vertrages gleichgestellt. Die beiden Regierungen werden einander diese Behörden mitteilen.

Die Vollstreckung von Ansprüchen auf Herausgabe Minderjähriger oder Pflegebefohlener kann aufgeschoben werden, wenn der Durchführung vorläufige Verfügungen der zuständigen Behörden des Staates, wo die Vollstreckung beantragt wird, entgegenstehen, die auf Grund der diesen Behörden obliegenden Fürsorgepflicht wegen veränderter persönlicher Verhältnisse der beteiligten Personen getroffen werden. Die Behörde, von der die zu vollstreckende Entscheidung ausgegangen ist, sowie die Partei, die die Vollstreckung beantragt hat, sind von der Aufschiebung ungesäumt in Kenntnis zu setzen.

5 SR 0.172.031.63

Art. 11 Die Zuständigkeit und das Verfahren für die Zwangsvollstreckung bestimmen sich nach dem Rechte des Staates, wo die Vollstreckung beantragt wird.

Art. 12 Die Bestimmungen zwischenstaatlicher Abkommen, an denen beide Staaten beteiligt sind, werden durch diesen Vertrag nicht berührt.

Die im Artikel 18, Absatz 1 und 2 der Übereinkunft über Zivilprozessrecht (des Übereinkommens betreffend das Verfahren in bürgerlichen Rechtssachen) vom 1. März 1954[6] genannten Kostenentscheidungen, die in einem der beiden Staaten ergangen sind, werden im andern Staat auf ein von der beteiligten Partei unmittelbar zu stellendes Begehren vollstreckt.

Art. 13 Die Bestimmungen dieses Vertrages sind ohne Rücksicht auf die Staatsangehörigkeit der Parteien anzuwenden.

Art. 14 Das Eidgenössische Justiz- und Polizeidepartement und das österreichische Bundesministerium für Justiz werden einander unmittelbar über Fragen, zu denen die Anwendung dieses Vertrages Anlass geben sollte, auf Ersuchen Rechtsauskunft erteilen. Die Entscheidungsfreiheit der Gerichte bleibt unberührt.

Art. 15 Dieser Vertrag ist auf gerichtliche Entscheidungen, Schiedssprüche und Vergleiche anzuwenden, die nach seinem Inkrafttreten erlassen oder geschlossen werden.

Auf gerichtliche Entscheidungen, Schiedssprüche und Vergleiche, die vor dem Inkrafttreten dieses Vertrages erlassen oder geschlossen wurden, ist der Vertrag zwischen der Schweiz und Österreich über die Anerkennung und Vollstreckung gerichtlicher Entscheidungen vom 15. März 1927[7] weiterhin anzuwenden.

Art. 16

(nicht abgedruckt)

6 SR 0.274.12
7 SR 0.276.191.631

Übersetzung[1]

30. Abkommen zwischen der Schweiz und Belgien über die Anerkennung und Vollstreckung von gerichtlichen Entscheidungen und Schiedssprüchen[2]

Abgeschlossen am 29. April 1959

Von der Bundesversammlung genehmigt am 21. Dezember 1959[3]
Ratifikationsurkunden ausgetauscht am 14. August 1962
In Kraft getreten am 15. Oktober 1962

Der Schweizerische Bundesrat
und
Seine Majestät der König der Belgier,

von dem Wunsche geleitet, die Beziehungen zwischen den beiden Ländern im Hinblick auf die Anerkennung und Vollstreckung von gerichtlichen Entscheidungen und Schiedssprüchen zu regeln, haben beschlossen, hierüber ein Abkommen zu schliessen, und haben zu diesem Zwecke zu ihren Bevollmächtigten ernannt:

(Es folgen die Namen der Bevollmächtigten)

die nach Mitteilung ihrer Vollmachten, die in guter und gehöriger Form befunden worden sind, folgende Bestimmungen vereinbart haben:

Art. 1 [1] Die in einem der beiden Staaten gefällten gerichtlichen Entscheidungen in Zivil- und Handelssachen werden im andern Staat, selbst wenn sie durch ein Strafgericht gefällt wurden, anerkannt, falls sie folgende Voraussetzungen erfüllen:

a) die Anerkennung der Entscheidung muss mit der öffentlichen Ordnung des Staates, in dem die Entscheidung angerufen wird, vereinbar sein;
b) Die Entscheidung muss von einem nach den Bestimmungen des Artikels 2 zuständigen Gerichte gefüllt sein;

SR 0.276.191.721; AS 1962 894; BBl 1959 II 309

1 Der Originaltext findet sich unter der gleichen Nummer in der französischen Ausgabe dieser Sammlung.

2 Das Übereink. vom 30. Okt. 2007 über die gerichtliche Zuständigkeit und die Anerkennung und Vollstreckung von Entscheidungen in Zivil- und Handelssachen (Lugano-Übereinkommen, LugÜ; SR 0.275.12) ersetzt im Rahmen seines Anwendungsbereichs dieses Abk. Vgl. Art. 65 und 66 sowie Anhang VII LugÜ.

3 AS 1962 893

c) die Entscheidung darf nach dem Rechte des Staates, in dem sie ergangen ist, durch ordentliche Rechtsmittel nicht mehr anfechtbar sein;
d) im Falle eines Versäumnisurteils muss die den Prozess einleitende Verfügung oder Ladung dem Beklagten gemäss dem Rechte des Staates, wo die Entscheidung ergangen ist, und den allenfalls zwischen den beiden Ländern bestehenden Abkommen zugestellt worden sein und ihn rechtzeitig erreicht haben.

2 Entscheidungen, die einen Arrest oder eine andere vorläufige oder sichernde Massnahme anordnen sowie Entscheidungen in Konkurs- oder Nachlassvertragssachen können auf Grund dieses Abkommens nicht anerkannt oder für vollstreckbar erklärt werden.

3 Entscheidungen von in der Schweiz zur Anordnung und Beaufsichtigung der Vormundschaft berufenen Verwaltungsbehörden werden hinsichtlich dieses Abkommens den gerichtlichen Entscheidungen gleichgestellt.

Art. 2 1 Die Zuständigkeit der Gerichte des Staates, in dem die Entscheidung gefällt wurde, ist im Sinne von Artikel 1 Absatz 1 Bst. b in den folgenden Fällen begründet:
a) wenn der Beklagte im Zeitpunkt der Einleitung des Verfahrens seinen Wohnsitz in dem Staate hatte, wo die Entscheidung ergangen ist, oder wenn er, mangels eines Wohnsitzes in einem der beiden Staaten, seinen gewöhnlichen Aufenthalt in dem Staate hatte, wo die Entscheidung ergangen ist;
b) wenn der Beklagte sich durch eine Vereinbarung der Zuständigkeit des Gerichts unterworfen hat, das in der Sache erkannt hat, wobei eine solche Vereinbarung mindestens eine von der einen Partei schriftlich abgegebene, von der Gegenpartei angenommene Erklärung oder, im Falle einer mündlichen Vereinbarung, eine schriftliche, nicht angefochtene Bestätigung voraussetzt;
c) wenn der Beklagte zur Hauptsache verhandelt hat, ohne hinsichtlich der im Sinne dieses Abkommens zu verstehenden Zuständigkeit der Gerichte des Staates, wo die Entscheidung ergangen ist, einen Vorbehalt anzubringen.
d) im Falle einer mit der Hauptklage in rechtlichem Zusammenhange stehenden Widerklage, wenn das Gericht, welches die Entscheidung gefällt hat, im Sinne dieses Abkommens zuständig war, über die Hauptklage zu erkennen;
e) wenn der Beklagte, der im Staate, wo die Entscheidung ergangen ist, eine geschäftliche Niederlassung, Zweigniederlassung oder Agentur hat, dort für Streitigkeiten aus ihrem Betrieb belangt wurde;
f) wenn die Entscheidung den Ersatz von Schäden aus Unfällen betrifft, die sich im Staate, wo die Entscheidung ergangen ist, ereignet haben

und die durch den Gebrauch von Strassenfahrzeugen verursacht wurden;

g) wenn die Entscheidung von einem Gerichte gefällt wurde, dessen Zuständigkeit durch ein zwischenstaatliches Abkommen vorgesehen ist, das selbst keine Bestimmungen über die Anerkennung und Vollstreckung enthält;

h) wenn die Klage ein dingliches Recht an einem Grundstück betraf, das im Staate gelegen ist, wo die Entscheidung gefällt wurde;

i) in Personenstands-, Handlungsfähigkeits- oder Familienrechtssachen von Angehörigen des Staates, wo die Entscheidung gefällt wurde;

j) in Erbschaftsstreitigkeiten zwischen den Erben einer Person, die ihren letzten Wohnsitz in dem Staate hatte, wo die Entscheidung ergangen ist, gleichgültig, ob zu dem Nachlass bewegliche oder unbewegliche Sachen gehören.

2 Ungeachtet der Bestimmungen von Absatz 1 Bst. a, b, c, d und e dieses Artikels ist die Zuständigkeit der Gerichte des Staates, in welchem die Entscheidung gefällt wurde, im Sinne von Artikel 1 Absatz 1 Bst. b nicht begründet, wenn nach dem Rechte des Staates, in welchem die Entscheidung geltend gemacht wird, eine andere Gerichtsbarkeit ausschliesslich zuständig ist.

Art. 3 Die von den Gerichten des einen der beiden Staaten gefällten Entscheidungen, deren Anerkennung im andern Staat verlangt wird, dürfen nur daraufhin geprüft werden, ob die in Artikel 1 dieses Abkommens vorgesehenen Voraussetzungen erfüllt sind. Eine sachliche Nachprüfung dieser Entscheidungen darf in keinem Falle stattfinden.

Art. 4 Die von den Gerichten des einen der beiden Staaten gefällten Entscheidungen, welche die in Artikel 1 vorgesehenen Voraussetzungen erfüllen. können im andern Staate, nachdem sie für vollstreckbar erklärt wurden, zur Zwangsvollstreckung gelangen.

Art. 5 1 In der Schweiz bestimmen sich die Zuständigkeit und das Verfahren für die Zwangsvollstreckung, wenn diese auf eine Geldzahlung oder Sicherheitsleistung gerichtet ist, nach der Bundesgesetzgebung über Schuldbetreibung und Konkurs und in den übrigen Fällen nach dem Prozessrechte des Kantons, wo die Vollstreckung stattfinden soll.

2 In Belgien ist das Exequaturbegehren beim Gericht erster Instanz des Ortes, wo die Vollstreckung stattfinden soll, zu stellen.

3 Das Exequaturverfahren soll möglichst einfach, rasch und billig sein.

Art. 6 1 Die Partei, welche das Exequatur nachsucht, hat beizubringen:

a) das Original oder eine beweiskräftige Ausfertigung der Entscheidung;

b) eine Urkunde oder Bescheinigung darüber, dass die Entscheidung nach dem Rechte des Staates, in dem sie ergangen ist, durch ordentliche Rechtsmittel nicht mehr anfechtbar und dass sie vollstreckbar ist;

c) eine Urkunde oder Bescheinigung darüber, dass die Entscheidung der Partei, gegen welche die Vollstreckung verlangt wird, gemäss dem Rechte des Staates, wo sie ergangen ist, und den allenfalls zwischen den beiden Ländern bestehenden Abkommen eröffnet wurde;

d) im Falle eines Versäumnisurteils das Original oder eine als richtig bescheinigte Abschrift der Urkunden, aus denen hervorgeht, dass die säumige Partei gemäss den Erfordernissen von Artikel 1 Absatz 1 Bst. d geladen wurde.

2 Auf Verlangen der Behörde, bei der das Exequatur nachgesucht wird, ist überdies eine Übersetzung der in Absatz 1 dieses Artikels bezeichneten Urkunden beizubringen. Diese Übersetzung muss von einem diplomatischen oder konsularischen Vertreter eines der beiden Staaten oder von einem vereidigten Übersetzer eines der beiden Staaten als richtig bescheinigt sein.

3 Die gemäss diesem Artikel beizubringenden Urkunden bedürfen keiner Beglaubigung.

Art. 7 Die Prüfung des Exequaturbegehrens hat sich auf die in Artikel 1 dieses Abkommens vorgesehenen Voraussetzungen und auf die gemäss Artikel 6 beizubringenden Urkunden zu beschränken. Eine sachliche Nachprüfung der Entscheidung darf in keinem Falle stattfinden.

Art. 8 1 In Belgien ist gegen das Urteil über das Exequaturbegehren der Einspruch nicht zulässig, wohl aber kann das Urteil, falls es im kontradiktorischen Verfahren erlassen wurde, innerhalb von dreissig Tagen nach seiner Eröffnung und, falls es im Versäumnisverfahren erlassen wurde, innerhalb von dreissig Tagen nach seiner Zustellung mit der Berufung angefochten werden.

2 In der Schweiz kann der Entscheid über das Exequaturbegehren innerhalb von dreissig Tagen nach seiner Eröffnung mit staatsrechtlicher Beschwerde an das Bundesgericht angefochten werden.

Art. 9 1 Die in einem der beiden Staaten gefällten Schiedssprüche werden im andern Staat anerkannt und als vollstreckbar erklärt, wenn sie die in Artikel 1 Absatz 1 Bst. a, c und d vorgesehenen Voraussetzungen erfüllen und wenn ihre beigebrachte Ausfertigung als echt erscheint.

2 Das Exequatur ist zu versagen, wenn der Schiedsspruch seine Vollstreckung an Bedingungen geknüpft hat, die im Zeitpunkt, in dem das Exequatur nachgesucht wird, nicht erfüllt sind.

3 Der Entscheid über das Exequaturbegehren ist mit den Rechtsmitteln anfechtbar, welche das Recht des Staates, wo er ergangen ist, vorsieht.

Art. 10 [1] Auf Antrag einer Prozesspartei haben sich die Gerichte eines jeden der beiden Staaten der Entscheidung in einer Streitsache zu enthalten, wenn wegen des gleichen Anspruchs und zwischen denselben Parteien bereits ein Verfahren vor einem Gericht des andern Staates hängig ist, vorausgesetzt, dass dieses Gericht im Sinne dieses Abkommens zuständig ist und eine Entscheidung fällen könnte, die im andern Staat anerkannt werden müsste.

[2] Die in der Gesetzgebung Belgiens und der Schweiz vorgesehenen vorläufigen oder sichernden Massnahmen können in dringlichen Fällen bei den Behörden eines jeden der beiden Staaten nachgesucht werden, gleichgültig, welches Gericht sich mit der Hauptsache befasst.

Art. 11 Dieses Abkommen ist auf die vor seinem Inkrafttreten gefällten gerichtlichen Entscheidungen und Schiedssprüche nicht anwendbar.

Art. 12 [1] Dieses Abkommen ist ohne Rücksicht auf die Staatsangehörigkeit der Parteien anzuwenden.

[2] Es schliesst die Anwendung anderer Abkommen oder Vereinbarungen, denen beide Staaten angehören oder angehören werden und welche die Anerkennung und Vollstreckung von gerichtlichen Entscheidungen und Schiedssprüchen regeln oder regeln werden, nicht aus.

Art. 13–14

(nicht abgedruckt)

Übersetzung[1]

31. Vertrag zwischen der Schweiz und Spanien über die gegenseitige Vollstreckung von Urteilen oder Erkenntnissen in Zivil- und Handelssachen[2]

Abgeschlossen am 19. November 1896

Von der Bundesversammlung genehmigt am 8. Oktober 1897[3]
Ratifikationsurkunden ausgetauscht am 6. Juli 1898
In Kraft getreten am 6. Juli 1898

Der Bundesrat der Schweizerischen Eidgenossenschaft
und
Ihre Majestät die Königin-Regentin von Spanien,

im Namen Seiner Majestät des Königs Don Alfons XIII., Ihres erlauchten Sohnes,

gleicherweise von dem Wunsche beseelt, die gegenseitige rasche Vollstreckung der im Gebiete der beiden Staaten ausgefüllten Urteile oder Erkenntnisse in Zivil- und Handelssachen zu erleichtern, sind übereingekommen, zu diesem Zwecke einen Vertrag abzuschliessen, und haben zu ihren Bevollmächtigten ernannt:

(Es folgen die Namen der Bevollmächtigten)

die nach gegenseitiger Mitteilung ihrer in guter und gehöriger Form befundenen Vollmachten die folgenden Artikel vereinbart haben:

Art. 1 Die von den ordentlichen Gerichten oder gesetzmässig errichteten Schieds- oder Gewerbegerichten in einem der beiden Vertragsstaaten erlassenen rechtskräftigen Urteile oder Erkenntnisse in Zivil- und Handelssachen sollen in dem andern Staate unter folgenden Bedingungen vollstreckbar sein.

SR 0.276.193.321; BS 12 378; BBl 1897 III 493

1 Der französische Originaltext findet sich unter der gleichen Nummer in der französischen Ausgabe dieser Sammlung.

2 Das Übereink. vom 30. Okt. 2007 über die gerichtliche Zuständigkeit und die Anerkennung und Vollstreckung von Entscheidungen in Zivil- und Handelssachen (Lugano-Übereinkommen, LugÜ; SR 0.275.12) ersetzt im Rahmen seines Anwendungsbereichs diesen Vertrag. Vgl. Art. 65 und 66 sowie Anhang VII LugÜ.

3 AS 16 778

Art. 2 Die Vollstreckung muss bei dem zur Erteilung der Vollstreckungsklausel zuständigen Gerichte oder bei einer andern hierfür zuständigen Behörde des Ortes, wo die Vollstreckung stattfinden soll, von der beteiligten Partei direkt nachgesucht werden. Dem Vollstreckungsbegehren sind folgende Aktenstücke beizulegen:

1. Das Urteil oder Erkenntnis in einer vollständigen, von dem diplomatischen oder konsularischen Vertreter des Landes, in welchem die Vollstreckung verlangt wird, gehörig beglaubigten Abschrift;
2. der Ausweis darüber, dass die Gegenpartei gehörig vorgeladen war und dass das Urteil oder Erkenntnis ihr eröffnet worden ist;
3. eine in gleicher Weise wie gemäss Ziffer 1 beglaubigte Bescheinigung des Gerichtsschreibers des urteilenden Gerichts, dahingehend, dass das Urteil oder Erkenntnis, dessen Vollstreckung verlangt wird, nach der Gesetzgebung des Landes rechtskräftig und vollstreckbar sei, indem keinerlei Berufung oder Einsprache vorliege.

Art. 3 Der Entscheid über das Vollstreckungsbegehren wird in der gesetzlichen Form und, sofern die Landesgesetzgebung es vorschreibt, nach Anhörung der Staatsanwaltschaft, von der zuständigen Behörde getroffen.

Diese Behörde bewilligt der Partei, gegen welche die Vollstreckung verlangt wird, die gesetzliche oder übliche Frist zur Wahrung ihrer Interessen und gibt beiden Parteien Kenntnis von dem Tage, an welchem über das Vollstreckungsbegehren entschieden werden soll.

Art. 4 Der Vollstreckungsentscheid wird von der erkennenden Behörde in das Urteil oder Erkenntnis eingeschrieben und soll in dem ganzen übrigen Vollstreckungsverfahren anerkannt werden.

Art. 5 Die Behörde, welche über das Vollstreckungsbegehren zu entscheiden hat, darf in keiner Weise in eine materielle Prüfung der Streitsache eintreten.

Der Entscheid, durch welchen die Vollstreckung gestattet oder verweigert wird, ist wegen Nichterscheinens einer Partei nicht anfechtbar, wohl aber kann er, sofern die Gesetzgebung des Landes, wo er ausgefällt wurde, die Weiterziehung zulässt, innerhalb der gesetzlichen Frist und nach der gesetzlichen Form an die zuständige Behörde weitergezogen werden.

Art. 6 Die Vollstreckung kann nur in den folgenden Fällen verweigert werden:

1. wenn der Entscheid von einer nicht zuständigen Behörde ausgegangen ist;
2. wenn er erlassen wurde, ohne dass die Parteien gehörig vorgeladen oder gesetzlich vertreten waren;
3. wenn die Grundsätze des öffentlichen Rechtes des Landes, in welchem die Vollstreckung stattfinden würde, dieser entgegenstehen.

Art. 7 Sofern die Vollstreckung persönliche Haft zur Folge hätte, so ist dieser Teil des Urteils oder Erkenntnisses nicht vollstreckbar, wenn die Gesetzgebung des Landes, wo die Vollstreckung stattfinden soll, die persönliche Haft im betreffenden Falle nicht zulässt.

Art. 8[4] Gerichtliche Aktenstücke, Ladungen, Kundmachungen, Aufforderungen und anderweitige prozessualische Aktenstücke sowie Rogatorien sollen zuständigen Ortes durch Vermittlung der diplomatischen oder konsularischen Vertreter der beidseitigen Regierungen überreicht werden; die Regierungen sorgen für die Zustellung, beziehungsweise Vollziehung, es wäre denn, dass die Grundsätze des öffentlichen Rechts ihres Landes der Zustellung oder Vollziehung entgegenstehen.

Die Kosten fallen dem ersuchten Staate zur Last.

Wenn Aktenstücke, Ladungen, Kundmachungen, Aufforderungen etc. in einer andern Sprache ausgestellt sind, soll ihnen eine gehörig beglaubigte Übersetzung in französischer Sprache beigelegt werden.

Art. 9

(nicht abgedruckt)

4 Zwischen der Schweiz und Spanien sind heute auch das Haager Übereink. vom 15. Nov. 1965 über die Zustellung gerichtlicher und aussergerichtlicher Schriftstücke im Ausland in Zivil- oder Handelssachen (SR 0.274.131) und das Haager Übereink. vorn 18. März 1970 über die Beweisaufnahme im Ausland in Zivil- oder Handelssachen (SR 0.274.132) anwendbar.

Übersetzung[1]

32. Abkommen zwischen der Schweiz und Italien über die Anerkennung und Vollstreckung gerichtlicher Entscheidungen[2]

Abgeschlossen am 3. Januar 1933

Von der Bundesversammlung genehmigt am 20. Juni 1933[3]
Ratifikationsurkunden ausgetauscht am 6. September 1933
In Kraft getreten am 6. Oktober 1933

Der Schweizerische Bundesrat
und
Seine Majestät der König von Italien,

von dem Wunsche geleitet, die Beziehungen zwischen den beiden Ländern im Hinblick auf die Anerkennung und Vollstreckung der Urteile zu regeln, haben beschlossen, ein Abkommen zu schliessen, und haben zu diesem Zwecke zu ihren Bevollmächtigten ernannt:

(Es folgen die Namen der Bevollmächtigten)

die nach Mitteilung ihrer Vollmachten, die in guter und gehöriger Form befunden worden sind, folgende Bestimmungen vereinbart haben:

Art. 1 Den von den Gerichten eines der beiden Staaten gefüllten Entscheidungen in Zivil- und Handelssachen kommt auf dem Gebiete des andern Staates Rechtskraft zu, wenn folgende Voraussetzungen erfüllt sind:

1. dass die Entscheidung von einem Gerichte gefällt wurde, das nach Massgabe des Artikels 2 dieses Abkommens oder, in Ermangelung staatsvertraglicher Bestimmungen, nach den Grundsätzen zuständig ist, die nach dem Rechte des Staates, in dem die Entscheidung geltend gemacht wird, über die internationale Zuständigkeit der Gerichte bestehen;
2. dass die Anerkennung der Entscheidung nicht gegen die öffentliche Ordnung oder gegen die Grundsätze des öffentlichen Rechts des Staates verstösst, in dem die Entscheidung geltend gemacht wird, insbeson-

SR 0.276.194.541; BS 12 363; BBl 1933 I 233

1 Der Originaltext findet sich unter der gleichen Nummer in der französischen Ausgabe dieser Sammlung.

2 Das Übereink. vom 30. Okt. 2007 über die gerichtliche Zuständigkeit und die Anerkennung und Vollstreckung von Entscheidungen in Zivil- und Handelssachen (Lugano-Übereinkommen, LugÜ; SR 0.275.12) ersetzt im Rahmen seines Anwendungsbereichs dieses Abk. Vgl. Art. 65 und 66 sowie Anhang VII LugÜ.

3 AS 49 799

dere dass diese nicht mit einer Entscheidung im Widerspruch steht, die in der nämlichen Streitigkeit von einem Gerichte dieses Staates schon gefällt worden ist;

3. dass die Entscheidung nach dem Rechte des Staates, in dem sie gefällt wurde, die Rechtskraft erlangt hat;
4. dass im Falle eines Versäumnisurteils die den Prozess einleitende Ladung rechtzeitig der säumigen Partei oder ihrem zur Empfangnahme berechtigten Vertreter zugestellt wurde. Hatte die Zustellung im Gebiete des Staates zu geschehen, in dem die Entscheidung geltend gemacht wird, so muss sie im Rechtshilfewege bewirkt worden sein.

Das Verfahren der Anerkennung der Rechtskraft bestimmt sich nach dem Rechte des ersuchten Staates.

Art. 2 Die Zuständigkeit der Gerichte des Staates, in dem die Entscheidung gefällt wurde, ist im Sinne von Artikel 1 Ziff. 1 begründet, wenn sie durch Staatsvertrag vorgesehen ist oder in den folgenden Fällen:

1. wenn der Beklagte seinen Wohnsitz in diesem Staate hatte;
2. wenn der Beklagte durch eine ausdrückliche Vereinbarung sich mit Bezug auf bestimmte Streitigkeiten der Zuständigkeit des Gerichts unterworfen hatte, das die Entscheidung gefällt hat, es sei denn, dass sämtliche Parteien ihren Wohnsitz in dem Staate hatten, in dem die Entscheidung geltend gemacht wird.
   Dasselbe gilt, wenn der Beklagte sich vorbehaltslos auf den Rechtsstreit eingelassen hat;
3. wenn der Beklagte am Orte seiner geschäftlichen Niederlassung oder Zweigniederlassung für Streitigkeiten aus dem Betriebe dieser Niederlassung belangt worden ist;
4. im Falle einer Widerklage, die mit dem in der Klage geltend gemachten Anspruch oder mit den gegen diesen vorgebrachten Verteidigungsmitteln in rechtlichem Zusammenhange steht;
5. in Personenstands-, Handlungsfähigkeits- oder Familienrechtssachen von Angehörigen des Landes, in dem die Entscheidung gefällt wurde;
6. in Erbschaftsstreitigkeiten zwischen den Erben eines Angehörigen des Landes, in dem die Entscheidung gefällt wurde;
7. wenn eine dingliche Klage sich auf ein Grundstück bezieht, das im Lande gelegen ist, in dem die Entscheidung gefällt wurde.

Indessen sind die Bestimmungen der Ziff. 1–4 hievor auf Streitigkeiten nicht anzuwenden, in denen das Recht des ersuchten Staates dessen eigene Gerichte oder diejenigen eines dritten Staates als ausschliesslich zuständig anerkennt.

Art. 3 Die von den Gerichten des einen der beiden Staaten gefällten Entscheidungen, die die im Artikel 1 aufgeführten Voraussetzungen erfüllen, können im andern Staate nach ihrer Vollstreckbarerklärung zur Zwangsvollstreckung gelangen oder die Grundlage für Förmlichkeiten, wie die Eintragung oder Einschreibung in öffentliche Register, bilden.

Im ersuchten Staate werden nur Entscheidungen vollstreckbar erklärt, die im Staate, in dem sie gefällt wurden, volle Vollstreckungskraft besitzen.

Das Verfahren bestimmt sich nach dem Rechte des ersuchten Staates.

Art. 4 Die Gerichte des Staates, in dem die Entscheidung geltend gemacht wird, sind bei der Prüfung der Tatsachen, die die Zuständigkeit der Gerichte des andern Staates begründen, nicht an die tatsächlichen Feststellungen der Entscheidung gebunden.

Eine Nachprüfung der Gesetzmässigkeit der Entscheidung findet nicht statt.

Art. 5 Die Partei, die die Entscheidung geltend macht, hat beizubringen:

1. eine Ausfertigung der Entscheidung, die die für ihre Beweiskraft erforderlichen Voraussetzungen erfüllt;
2. die Urkunden, die dartun, dass die Entscheidung in Rechtskraft erwachsen ist und gegebenenfalls, dass sie vollstreckbar ist;
3. die Urschrift oder eine beglaubigte Abschrift der Ladung der nicht erschienenen Partei;
4. die von einem diplomatischen oder konsularischen Vertreter eines der beiden Staaten als richtig bescheinigte Übersetzung der vorstehend aufgeführten Urkunden, sofern nicht die zuständige Behörde von der Verpflichtung hierzu befreit hat.

Sind diese Urkunden von den Gerichten eines der beiden hohen vertragschliessenden Teile oder von den in Artikel 11 dieses Abkommens genannten Behörden aufgenommen, ausgestellt oder beglaubigt, so bedürfen sie zum Gebrauch im Gebiete des andern Staates keiner Beglaubigung, wenn sie mit dem Stempel oder Siegel des Gerichts oder der erwähnten Behörde versehen sind.

Art. 6 Die in einem der beiden Staaten zum Armenrecht zugelassene Partei geniesst von Rechts wegen auf dem Gebiete des andern Staates das Armenrecht im Verfahren der Anerkennung oder der Vollstreckbarerklärung der zu ihren Gunsten ergangenen Entscheidung.

Art. 7 Die in einem der beiden Staaten gefällten Schiedssprüche, die dort dieselbe Wirksamkeit wie die gerichtlichen Entscheidungen haben, werden im andern Staat anerkannt und für vollstreckbar erklärt, wenn sie den Vorschriften der vorstehenden Artikel genügen, soweit diese Anwendung finden können.

Dasselbe gilt für die gerichtlichen Vergleiche.

Art. 8 Auf Begehren einer Partei haben die Gerichte eines der beiden Staaten das Eintreten auf ihnen vorgelegte Streitigkeiten abzulehnen, wenn diese Streitigkeiten schon vor einem Gerichte des andern Staates anhängig sind, vorausgesetzt, dass dieses Gericht nach Massgabe der Bestimmungen des gegenwärtigen Abkommens zuständig ist.

Art. 9 Auf Arreste und andere einstweilige Verfügungen sowie auf die in einem Strafverfahren ergangenen Entscheidungen über privatrechtliche Ansprüche und auf Entscheidungen in Konkurssachen findet dieses Abkommen keine Anwendung.

Art. 10 Die in der Gesetzgebung eines der beiden Staaten vorgesehenen vorläufigen oder sichernden Massnahmen können bei den Behörden dieses Staates nachgesucht werden, welches immer auch die Gerichtszuständigkeit zur Entscheidung über die Sache selbst sei.

Art. 11 Entscheidungen anderer als gerichtlicher Behörden, die in der Schweiz zur Anordnung und Beaufsichtigung der Vormundschaft berufen sind, werden nur, soweit sie schweizerische Staatsangehörige betreffen, in Ansehung des gegenwärtigen Abkommens den gerichtlichen Entscheidungen gleichgestellt.

Art. 12 Der Ausdruck «Wohnsitz» bedeutet im Sinne des gegenwärtigen Abkommens:

1. für den handlungsfähigen Volljährigen, für den mündig Erklärten und für den Volljährigen, der bloss zur Vornahme gewisser Handlungen der Mitwirkung eines Beirates bedarf, den Ort, wo er sich in einem der beiden Staaten mit der Absicht dauernden Verbleibens aufhält oder, in Ermangelung eines solchen Ortes, den Ort in einem der beiden Staaten, an dem sich der hauptsächliche Sitz seiner Interessen befindet;
2. für Personen, die unter elterlicher Gewalt oder unter Vormundschaft stehen, den Ort des Wohnsitzes ihres gesetzlichen Vertreters;
3. für die Ehefrau den Ort des Wohnsitzes des Ehemannes. Ist jedoch der Wohnsitz des Ehemannes unbekannt, oder ist die Ehefrau von Tisch und Bett getrennt oder berechtigt, einen selbständigen Wohnsitz zu haben, so bestimmt sich der Wohnsitz der Ehefrau nach Massgabe von Ziff. 1;
4. für Gesellschaften den Ort, an dem sich der Gesellschaftssitz befindet.

Art. 13 Die Bestimmungen der Vereinbarungen, die hinsichtlich besonderer Rechtsgebiete die Gerichtszuständigkeit und die Urteilsvollstreckung regeln, werden durch das gegenwärtige Abkommen nicht berührt.

Art. 14 Die in Artikel 18 Absatz 1 und 2 der Haager Übereinkunft vom 17. Juli 1905[4] über Zivilprozessrecht genannten Kostenentscheidungen, die in einem der beiden Staaten ergangen sind, werden im Gebiete des andern Staates auf ein von der beteiligten Partei unmittelbar zu stellendes Begehren als vollstreckbar erklärt.

Art. 15 Die Bestimmungen dieses Abkommens sind ohne Rücksicht auf die Staatsangehörigkeit der Parteien anzuwenden.

Art. 16–18

(nicht abgedruckt)

4 [BS 12 277. AS 2009 7101]. Zwischen der Schweiz und Italien gilt heute die Internationale Übereinkunft vom 1. März 1954 (SR 0.274.12).

Übersetzung[1]

33. Niederlassungs- und Konsularvertrag zwischen der Schweiz und Italien

Abgeschlossen am 22. Juli 1868

Von der Bundesversammlung genehmigt am 18. Dezember 1868[2]
Ratifikationsurkunden ausgetauscht am 1. Mai 1869
In Kraft getreten am 1. Mai 1869

[...]

Art. 1–16

(nicht abgedruckt)

Art. 17 Ist ein Italiener in der Schweiz gestorben, ohne bekannte Erben oder Testamentsvollstrecker zu hinterlassen, so werden die schweizerischen Behörden, denen nach den Gesetzen ihres Landes die Besorgung des Nachlasses obliegt, der italienischen Gesandtschaft[3] oder dem italienischen Konsularbeamten, in dessen Bezirk der Tod stattgefunden hat, davon Anzeige machen, damit die Gesandtschaft[4] oder das Konsulat den Beteiligten die nötige Auskunft erteilen kann.

Die gleiche Anzeige wird von den kompetenten italienischen Behörden der schweizerischen Gesandtschaft[5] oder den schweizerischen Konsularbeamten gemacht werden, wenn ein Schweizer in Italien gestorben ist, ohne bekannte Erben oder Testamentsvollstrecker zu hinterlassen.

Die Streitigkeiten, welche zwischen den Erben eines in der Schweiz verstorbenen Italieners hinsichtlich seines Nachlasses entstehen könnten, sollen vor den Richter des letzten Wohnortes, den der Italiener in Italien hatte, gebracht werden.

Die Reziprozität findet bei Streitigkeiten statt, die sich zwischen den Erben eines in Italien verstorbenen Schweizers erheben könnten.[6]

Art. 18

(nicht abgedruckt)

SR 0.142.114.541; BS 11 671; BBl 1868 III 416 433 863 876

1 Der Originaltext findet sich unter der gleichen Nummer in der französischen Ausgabe dieser Sammlung.
2 Art. 1 Bst. *c* des BB vom 18. Dez. 1868 (AS IX 654)
3 Heute: Botschaft.
4 Heute: Botschaft.
5 Heute: Botschaft.
6 Siehe jedoch Art. IV des Prot. vom 1. Mai 1869 betreffend der am 22. Juli 1868 zwischen der Schweiz und Italien abgeschlossenen und unterzeichneten Verträge und Übereinkünfte (SR 0.142.114.541.1).

Originaltext

34. Abkommen zwischen der Schweizerischen Eidgenossenschaft und dem Fürstentum Liechtenstein über die Anerkennung und Vollstreckung von gerichtlichen Entscheidungen und Schiedssprüchen in Zivilsachen

Abgeschlossen am 25. April 1968

Von der Bundesversammlung genehmigt am 12. Juni 1969[1]

Ratifikationsurkunden ausgetauscht am 15. Januar 1970

In Kraft getreten am 15. März 1970

Der Schweizerische Bundesrat

und

Seine Durchlaucht der Regierende Fürst von Liechtenstein,

von dem Wunsche geleitet, die gegenseitige Anerkennung und Vollstreckung von gerichtlichen Entscheidungen und Schiedssprüchen in Zivilsachen zu regeln, haben beschlossen, hierüber ein Abkommen zu schliessen. Zu diesem Zwecke haben sie zu ihren Bevollmächtigten ernannt:

(Es folgen die Namen der Bevollmächtigten)

die nach gegenseitiger Bekanntgabe ihrer in guter und gehöriger Form befundenen Vollmachten folgendes vereinbart haben:

Art. 1 Die in einem der beiden Staaten gefällten gerichtlichen Entscheidungen in Zivilsachen werden im andern Staat anerkannt, wenn sie folgende Voraussetzungen erfüllen:

1. Die Anerkennung der Entscheidung darf nicht gegen die öffentliche Ordnung des Staates verstossen, in welchem die Entscheidung geltend gemacht wird; insbesondere darf ihr nicht nach dem Rechte dieses Staates die Einrede der entschiedenen Rechtssache entgegenstehen;
2. die Entscheidung muss von einem nach den Bestimmungen des Artikels 2 zuständigen Gerichte gefällt sein;

SR 0.276.195.141; AS 1970 79; BBl 1968 II 693

1 AS 1970 77

3. die Entscheidung muss nach dem Rechte des Staates, in dem sie ergangen ist, in Rechtskraft erwachsen sein;
4. im Falle eines Versäumnisurteils muss die den Prozess einleitende Verfügung oder Ladung rechtzeitig der säumigen Partei, sei es persönlich oder an ihren Vertreter, zugestellt worden sein. Hatte die Zustellung im Gebiete des Staates zu geschehen, in welchem die Entscheidung geltend gemacht wird, so muss sie im Rechtshilfeweg bewirkt worden sein.

In einem Strafverfahren ergangene Entscheidungen über privatrechtliche Ansprüche sowie Entscheidungen, mit denen in einem Zivilprozesse Ordnungsstrafen verhängt werden oder die einen Arrest oder irgendeine andere einstweilige Verfügung anordnen, können auf Grund dieses Abkommens weder anerkannt noch vollstreckt werden. Dasselbe gilt für Entscheidungen in Konkurs- oder Nachlassvertragssachen.

Entscheidungen von in der Schweiz zur Anordnung und Beaufsichtigung der Vormundschaft berufenen Verwaltungsbehörden sowie die vor solchen Behörden abgeschlossenen Vergleiche sind hinsichtlich dieses Abkommens den gerichtlichen Entscheidungen und Vergleichen gleichgestellt.

Art. 2 Die Zuständigkeit der Gerichte des Staates, in welchem die Entscheidung gefällt wurde, ist im Sinne von Artikel 1, Absatz 1, Ziffer 2 in den folgenden Fällen begründet:

1. wenn der Beklagte im Zeitpunkt der Einleitung des Verfahrens seinen Wohnsitz oder, falls der Beklagte nicht eine natürliche Person ist, seinen Sitz in dem Staate hatte, in welchem die Entscheidung ergangen ist;
2. wenn der Beklagte, der im Staate, in welchem die Entscheidung ergangen ist, eine geschäftliche Niederlassung oder Zweigniederlassung hat, dort für Ansprüche aus dem Betriebe dieser Niederlassung belangt worden ist;
3. im Falle einer mit der Hauptklage in rechtlichem Zusammenhange stehenden Widerklage, wenn das Gericht, welches die Entscheidung gefällt hat, im Sinne dieses Abkommens zuständig war, über die Hauptklage zu erkennen;
4. wenn die Entscheidung den Ersatz von Schäden aus Unfällen betrifft, die sich im Staate, in welchem die Entscheidung ergangen ist, ereignet haben und die durch den Betrieb von Kraftfahrzeugen oder von Fahrrädern mit oder ohne Motor verursacht wurden;

4bis.[2] wenn die Entscheidung den Ersatz von Schäden betrifft, die durch fehlerhafte Produkte verursacht worden sind, und im Staate ergangen ist, in dem das schädigende Ereignis eingetreten ist;

2 Eingefügt durch Art. 1 des Abk. vom 2. Nov. 1994, von der BVers genehmigt am 12. Dez. 1994 und in Kraft getreten am 25. Juni 1995 (AS 1995 3823 3813 Art. 1 Abs. 1 Bst. d; BBl 1994 V 661).

5. wenn die Klage ein dingliches Recht an einem Grundstück betraf, das im Staate gelegen ist, in welchem die Entscheidung gefällt wurde;
6. in Personenstands-, Handlungsfähigkeits- oder Familienrechtssachen von Angehörigen des Staates, in welchem die Entscheidung ergangen ist;
7.[3] wenn die Parteien sich durch eine schriftliche Vereinbarung der Zuständigkeit des Gerichts unterworfen haben, das in der Sache erkannt hat;
8.[4] …
9. wenn der Beklagte, gleichgültig, ob er im Handelsregister (Öffentlichkeitsregister) eingetragen ist oder nicht, zur Hauptsache verhandelt hat, ohne hinsichtlich der im Sinne dieses Abkommens zu verstehenden Zuständigkeit der Gerichte des Staates, in welchem die Entscheidung ergangen ist, einen Vorbehalt anzubringen, obschon er vom Richter über die Möglichkeit eines solchen Vorbehaltes belehrt wurde.

Ungeachtet der Bestimmungen von Absatz 1 Ziffer 1, 2, 3, 7 und 9 dieses Artikels ist die Zuständigkeit der Gerichte des Staates, in welchem die Entscheidung gefällt wurde, im Sinne von Artikel 1 Absatz 1 Ziffer 2 nicht begründet, wenn nach dem Rechte des Staates, in welchem die Entscheidung geltend gemacht wird, für das den Streitgegenstand betreffende Sachgebiet ein Gericht dieses oder eines anderen Staates ausschliesslich zuständig ist.[5]

Art. 3 Die von den Gerichten des einen der beiden Staaten gefällten Entscheidungen, deren Anerkennung im andern Staat verlangt wird, dürfen nur daraufhin geprüft werden, ob die in Artikel 1 dieses Abkommens vorgesehenen Voraussetzungen erfüllt sind. Eine sachliche Nachprüfung dieser Entscheidungen darf in keinem Falle stattfinden.

Art. 4 Die von den Gerichten des einen der beiden Staaten gefällten Entscheidungen, welche die in Artikel 1 vorgesehenen Voraussetzungen erfüllen, können im andern Staate zur Zwangsvollstreckung gelangen, wenn sie im Staate, in dem sie gefällt wurden, vollstreckbar sind.

Die Zuständigkeit und das Verfahren für die Zwangsvollstreckung bestimmen sich nach dem Rechte des Staates, in welchem die Vollstreckung beantragt wird.

Art. 5 Die Partei, welche die Anerkennung einer Entscheidung verlangt oder deren Vollstreckung beantragt, hat beizubringen:

1. die Entscheidung in der Urschrift oder in einer beweiskräftigen Ausfertigung;

3 Fassung gemäss Notenaustausch vom 28. Aug. 2014, in Kraft seit 28. Aug. 2014 (AS 2014 2943).
4 Aufgehoben durch Notenaustausch vom 28. Aug. 2014, mit Wirkung seit 28. Aug. 2014 (AS 2014 2943).
5 Fassung gemäss Notenaustausch vom 28. Aug. 2014, in Kraft seit 28. Aug. 2014 (AS 2014 2943).

2. eine Bescheinigung über die Rechtskraft und gegebenenfalls über die Vollstreckbarkeit der Entscheidung; die Bescheinigung ist vom Gericht, welches die Entscheidung gefällt hat, oder vom Gerichtsschreiber auszustellen;
3. im Falle eines Versäumnisurteils eine Abschrift der den Prozess einleitenden Verfügung oder Ladung und eine Bescheinigung über die Art und Zeit ihrer Zustellung an die nicht erschienene Partei;
4. wenn die Entscheidung den ihr zugrunde liegenden Sachverhalt nicht so weit erkennen lässt, dass die Prüfung im Sinne des Artikels 1 möglich ist, eine als richtig bescheinigte Abschrift der Klage oder andere geeignete Urkunden;
5. gegebenenfalls eine Übersetzung der in Ziffern 1 bis 4 bezeichneten Urkunden in die Amtssprache der Behörde, bei welcher die Anerkennung der Entscheidung verlangt oder die Vollstreckung beantragt wird. Die Übersetzung muss nach dem Recht eines der beiden Staaten als richtig bescheinigt sein.

Die gemäss diesem Artikel beizubringenden Urkunden bedürfen keiner Beglaubigung.

Art. 6 Die Prüfung des Vollstreckungsantrages hat sich auf die in Artikel 1 dieses Abkommens vorgesehenen Voraussetzungen und auf die gemäss Artikel 5 beizubringenden Urkunden zu beschränken. Eine sachliche Nachprüfung der Entscheidung darf in keinem Falle stattfinden.

Art. 7 Die in einem der beiden Staaten gefällten Schiedssprüche werden im andern Staat anerkannt und vollstreckt, wenn sie den Vorschriften der vorstehenden Artikel, soweit diese Anwendung finden können, genügen. Insbesondere ist Artikel 2 Absatz 1 Ziffer 7 auf den Schiedsvertrag (Schiedsabrede oder Schiedsklausel), unter Vorbehalt der in Absatz 2 vorgesehenen ausschliesslichen Gerichtszuständigkeit, entsprechend anwendbar.[6]

Dies gilt auch für gerichtliche oder vor Schiedsgerichten abgeschlossene Vergleiche.

Die Bescheinigung über die Rechtskraft und über die Vollstreckbarkeit des Schiedsspruches oder des vor einem Schiedsgericht abgeschlossenen Vergleiches wird in der Schweiz durch die zuständige Behörde des Kantons, in welchem der Schiedsspruch gefällt oder der Vergleich geschlossen wurde, im Fürstentum Liechtenstein durch das Landgericht in Vaduz ausgestellt.

Art. 8 In einem der beiden Staaten vor Gericht oder einer zur Anordnung und Beaufsichtigung einer Vormundschaft berufenen Verwaltungsbehörde abgeschlossene Unterhaltsvergleiche werden, ungeachtet der Staatsangehö-

6 Fassung gemäss Notenaustausch vom 28. Aug. 2014, in Kraft seit 28. Aug. 2014 (AS 2014 2943).

rigkeit der Parteien, im andern Staat vollstreckt, wenn sie den Vorschriften der vorstehenden Artikel, soweit diese Anwendung finden können, genügen.

Art. 9 Ist ein Verfahren vor einem Gericht eines der beiden Staaten anhängig und wird die Entscheidung über den Gegenstand dieses Verfahrens im andern Staate voraussichtlich anzuerkennen sein, so hat ein später befasstes Gericht dieses andern Staates die Durchführung eines Verfahrens über denselben Gegenstand und zwischen denselben Parteien abzulehnen.

Die in der Gesetzgebung der Schweiz und Liechtensteins vorgesehenen vorläufigen oder sichernden Massnahmen können bei den Behörden eines jeden der beiden Staaten nachgesucht werden, gleichgültig, welches Gericht sich mit der Hauptsache befasst.

Art. 10 Die Bestimmungen zwischenstaatlicher Übereinkommen, an denen beide Staaten beteiligt sind, werden durch dieses Abkommen nicht berührt.

Art. 11 Die Bestimmungen dieses Abkommens sind unter Vorbehalt von Artikel 2, Absatz 1, Ziffer 6 ohne Rücksicht auf die Staatsangehörigkeit der Parteien anzuwenden.

Art. 12 Dieses Abkommen ist auf gerichtliche Entscheidungen, Schiedssprüche und Vergleiche anzuwenden, die nach seinem Inkrafttreten gefällt oder geschlossen werden.

Art. 13–15

(nicht abgedruckt)

Sachregister

Die Zahlen verweisen auf die Artikel des IPRG und der Übereinkommen, ohne Hinweis auf deren Unterabschnitte.